Vermeidung einer zukünftigen Finanzkrise durch das Strafrecht?
– Zugleich eine Untersuchung des § 54a KWG unter besonderer Berücksichtigung der verfassungsrechtlichen Rechtsprechung zum Bestimmtheitsgrundsatz

Frankfurter kriminalwissenschaftliche Studien

Bd./Vol. 169

Zu Qualitätssicherung und Peer Review der vorliegenden Publikation

Die Qualität der in dieser Reihe erscheinenden Arbeiten wird vor der Publikation durch Herausgeber der Reihe geprüft.

Notes on the quality assurance and peer review of this publication

Prior to publication, the quality of the work published in this series is reviewed by editors of the series.

Julius Horst Friedrich Henneberg

Vermeidung einer zukünftigen Finanzkrise durch das Strafrecht? – Zugleich eine Untersuchung des § 54a KWG unter besonderer Berücksichtigung der verfassungsrechtlichen Rechtsprechung zum Bestimmtheitsgrundsatz

PETER LANG

Bibliografische Information der Deutschen Nationalbibliothek
Die Deutsche Nationalbibliothek verzeichnet diese Publikation in der Deutschen Nationalbibliografie; detaillierte bibliografische Daten sind im Internet über http://dnb.d-nb.de abrufbar.

Zugl.: Frankfurt (Main), Univ., Diss., 2021

D 30
ISSN 0170-6918
ISBN 978-3-631-86638-2 (Print)
E-ISBN 978-3-631-88082-1 (E-Book)
E-ISBN 978-3-631-88083-8 (EPUB)
DOI 10.3726/b19777

Peter Lang – Berlin · Bern · Bruxelles · New York · Oxford · Warszawa · Wien

Diese Publikation wurde begutachtet.

www.peterlang.com

Vorwort

Die vorliegende Arbeit wurde im Sommersemester 2020 durch den Fachbereich Rechtswissenschaft der Goethe-Universität Frankfurt am Main als Dissertation angenommen. Literatur und Rechtsprechung konnten bis Juli 2020 berücksichtigt werden.

Mein ganz besonderer Dank gilt meinem Doktorvater, Herrn Prof. Dr. Matthias Jahn, für die großartige Unterstützung, aber auch für die Gewährung des Freiraums, meine Ideen zu verfolgen und eigenständige Hypothesen und Lösungsansätze zu entwickeln, diese Ideen und Hypothesen mit sehr wertvoller Kritik zu hinterfragen und zu verfeinern. Zudem möchte ich mich auch für die von ihm gehaltenen Doktorandenseminare hiermit bedanken, die dortigen kontroversen Diskussionen haben meine persönliche, aber auch fachliche Entwicklung gefördert und geprägt. Zugleich möchte ich mich für die Unterstützung bei Bewerbungen unter anderem um ein LL.M. Studium an der New York University Law School sowie der Aufnahme in diese hervorragende Werksreihe bedanken. Frau Prof. Dr. Katja Langenbucher danke ich für die Erstellung des Zweitgutachtens.

Herrn Prof. Dr. Cornelius Prittwitz, M.P.A. (Harvard) und den Strafrechtsprofessoren des Fachbereichs danke ich für die Aufnahme des Werkes in die Reihe „Frankfurter kriminalwissenschaftliche Studien".

Besonderer Dank gilt meinen Eltern, Frau Prof. Dr. Alexandra und Achim Henneberg, die mich durchwegs unterstützt haben. Dank ihnen hatte ich, beginnend mit meiner Kindheit, durch meine Schulzeit und Studium bis hin zur Fertigstellung der Dissertation immer Unterstützung und Rückhalt. Auch möchte ich meinen Geschwistern, Frau Dr. Sophia I. A. Henneberg sowie Herrn Felix K. V. von Kirchbach danken.

Frau Dr. Sophie Eßlinger, LL.M. (NYU), Frau Rechtsanwältin Dr. Fabienne Peter und Barbara Müller danke ich für die kritische und gründliche Durchsicht des Manuskripts. Sie haben einen wesentlichen Anteil daran, dass die Arbeit mit weniger Unschärfen und orthografischen Fehlern gedruckt werden konnte, als es mir allein möglich gewesen ist. Auch möchte ich meinen engen Freunden, Herrn Rechtsanwalt Dr. Max Weber, LL.M. (Vanderbilt) und Tobias Belle für die Aufmunterungen in den letzten Zügen der Arbeit und für die langjährige kritische sowie freundschaftliche Begleitung während des Studiums und der Promotion danken.

Frankfurt am Main, März 2022

Julius H. F. Henneberg

Inhaltsverzeichnis

Abkürzungsverzeichnis

a. A.	andere Ansicht
ABCP	Asset-Backed Commercial Paper
ABl.	Amtsblatt
ABS	Asset-Backed Securities
Abs.	Absatz
a. E.	Am Ende
AEUV	Vertrag über die Arbeitsweise der Europäischen Union
a. F.	Alte Fassung
AG	Aktiengesellschaft
AktG	Aktiengesetz
Anm.	Anmerkung
Art.	Artikel
AT	Allgemeiner Teil
Aufl.	Auflage
BaFin	Bundesanstalt für Finanzdienstleistungsaufsicht
Bayern LB	Bayrische Landesbank
BayOblG	Bayerisches Oberstes Landesgericht
BB	Betriebs-Berater (Zeitschrift)
BCBS	Basel Committee on Banking Supervision
Bd.	Band
BeckOK	Beck'sche Online-Kommentar
Beschl.	Beschluss
BGB	Bürgerliches Gesetzbuch
BGBl.	Bundesgesetzblatt
BGH	Bundesgerichtshof
BGHSt	Entscheidungssammlung des Bundesgerichtshofes in Strafsachen
BGHZ	Entscheidungssammlung des Bundesgerichtshofes in Zivilsachen
BilMoG	Bilanzrechtsmodernisierungsgesetz
BIS	Bank für Internationalen Zahlungsausgleich
BKR	Zeitschrift für Bank- und Kapitalmarktrecht
BRAO	Bundesrechtsanwaltsordnung
BRRD	Bank Recovery and Resolution Directive
Bspw.	Beispielsweise
BT	Bundestag/Besonderer Teil
BVerfG	Bundesverfassungsgericht

BVerfGE	Entscheidungen des Bundesverfassungsgerichts
BVerfGG	Bundesverfassungsgerichtsgesetz
bzw.	beziehungsweise
ca.	circa
CB	Compliance Berater (Zeitschrift)
CCZ	Corporate-Compliance Zeitschrift
CDO	Collateralized Debt Obligation
CDS	Credit Default Swap
CRD IV	Capital Requirements Directive
CRR	Capital Requirements Regulation
DAV	Deutscher Anwaltsverein
DB	Der Betrieb (Zeitschrift)
ders.	Derselbe
d. h.	das heißt
dies.	dieselbe/dieselben
DJT	Deutscher Juristentag
Drs.	Drucksache
DStR	Deutsches Steuerrecht (Zeitschrift)
DVBl	Deutsches Verwaltungsblatt (Zeitschrift)
ebd.	Ebenda
ECB	European Central Bank
EGMR	Europäischer Gerichtshof für Menschenrechte
Einf.	Einführung
EBA	Europäischen Bankaufsichtsbehörde
ESFS	Europäisches System der Finanzaufsicht
ESM	Europäischen Stabilitätsmechanismus
ESMA	Europäische Wertpapier- und Marktaufsichtsbehörde
EU	Europäische Union
EuBestG	Gesetz zu dem Protokoll vom 27. September 1996 zum Übereinkommen über den Schutz der finanziellen Interessen der Europäischen Gemeinschaft
EuZW	Europäische Zeitschrift für Wirtschaftsrecht
EZB	Europäische Zentralbank
f.	folgende/folgender
FAZ	Frankfurter Allgemeine Zeitung
ff.	fortfolgend/e
FG	Festgabe
Finanzkrise	Globale Finanzkrise von 2007-2009
FinDAG	Finanzdienstleistungsaufsichtsgesetz

FMS	Finanzmarkstabilisierungsfonds
FMSA	Finanzmarktstabilisierungsanstalt
FMStFG	Finanzmarktstabilisierungsgesetz
FMStFG	Finanzmarktstabilisierungsfondsgesetzes
Fn.	Fußnote
FR	Frankfurter Rundschau
G7-Staaten	Gruppe der Sieben Staaten
G20-Staaten	Gruppe der zwanzig wichtigsten Industrie- und Schwellenländer
GewO	Gewerbeordnung
Gem.	Gemäß
GenG	Gesetz betreffend die Erwerbs- und Wirtschaftsgenossenschaften (Genossenschaftsgesetz)
GmbH	Gesellschaft mit beschränkter Haftung
GmbHR	GmbH-Rundschau
GmbHG	Gesetz betreffend die Gesellschaften mit beschränkter Haftung
GG	Grundgesetz
GWR	Gesellschafts- und Wirtschaftsrecht (Zeitschrift)
Hdb.	Handbuch
HGB	Handelsgesetzbuch
HRE	Hypo Real Estate
Hrsg.	Herausgeber
HRRS	Onlinezeitschrift für Höchstrichterliche Rechtsprechung zum Strafrecht
HSH Nordbank	Hamburgisch-Schleswig-Holsteinischen Nordbank AG
i. d. S.	in diesem Sinne
Inc.	US Corporation
InsO	Insolvenzordnung
IntBestG	Gesetz zu dem Übereinkommen vom 17. Dezember 1997 über die Bekämpfung der Bestechung ausländischer Amtsträger im internationalen Geschäftsverkehr
i. S.	im Sinne
i. V. m.	in Verbindung mit
JuS	Juristische Schulung (Zeitschrift)
JZ	Juristenzeitung (Zeitschrift)
KredReorgG	Gesetz zur Reorganisation von Kreditinstituten
KTS	Zeitschrift für Insolvenzrecht
KWG	Gesetz über Kreditwesen (Kreditwesengesetz)

LBBW	Landesbank Baden-Württemberg
lit.	littera
MAH	Münchener Anwaltshandbuch
MaRisk (BA)	Rundschreiben zu den Mindestanforderungen an das Risikomanagement
MiFID	Markets in Financial Instruments Directive, Finanzmarktrichtlinie
m. w. N.	mit weiteren Nachweisen
n. F.	neue Fassung
NJW	Neue Juristische Wochenschrift
NJW-RR	Neue Juristische Wochenschrift Rechtsprechungs-Report
NJW-Spezial	Neue Juristische Wochenschrift Spezial
NK	Nomos Kommentar
Nr.	Nummer
NStZ	Neue Zeitschrift für Strafrecht
NVwZ	Neue Zeitschrift für Verwaltungsrecht
NVwZ-RR	Neue Zeitschrift für Verwaltungsrecht Rechtsprechungs-Report
NZG	Neue Zeitschrift für Gesellschaftsrecht
NZI	Neue Zeitschrift für Insolvenz- und Sanierungsrecht
NZWiSt	Neue Zeitschrift für Wirtschafts-, Steuer- und Unternehmensstrafrecht
OLG	Oberlandesgericht
OTC	Over-the-counter/außerbörslich
RGSt	Entscheidungen des Reichsgerichts für Strafsachen
Rn.	Randnummer
RStruktFG	Restrukturierungsfondsgesetz
S.	Satz/Seite(n)
Sachsen LB	Landesbank Sachsen
SE	Societas Europaea, Europäische Aktiengesellschaft
SAG	Gesetz zur Sanierung und Abwicklung von Instituten und Finanzgruppen
SK	Systematischer Kommentar
SoFFin	Sonderfonds Finanzmarktstabilisierung
sog.	sogenannte
SPV	Special Purpose Vehicle/Zweckgesellschaft
SRF	Single Resolution Fund
SRM	Single Resolution Mechanism
SSM	Single Supervisory Mechanism/Einheitlicher Aufsichtsmechanismus

StGB	Strafgesetzbuch
StPO	Strafprozessordnung
StV	Strafverteidiger (Zeitschrift)
U.S.	United States
v.	vom
VAG	Gesetz über die Beaufsichtigung der Versicherungsunternehmen (Versicherungsaufsichtsgesetz)
Var.	Variante
Vorbem.	Vorbemerkung
VerwRspr.	Verwaltungsrechtsprechung in Deutschland Sammlung obergerichtlicher Entscheidungen aus dem Verfassungs- und Verwaltungsrecht
VGH Kassel	Hessischer Verwaltungsgerichtshof
Vgl.	Vergleiche
VO	Verordnung
VRS	Verkehrsrechtssammlung (Zeitschrift)
VwGO	Verwaltungsgerichtsordnung
VwVfG	Verwaltungsverfahrensgesetz
wistra	Zeitschrift für Wirtschafts- und Steuerstrafrecht
WM	Wertpapiermitteilungen (Zeitschrift)
WPg	Wirtschaftsprüfung (Zeitschrift)
ZAP	Zeitschrift für die Anwaltspraxis
z. B.	Zum Beispiel
ZBB	Zeitschrift für Bankrecht und Bankwirtschaft
zfbf	Schmalenbachs Zeitschrift für betriebswirtschaftliche Forschung
ZGR	Zeitschrift für das gesamte Schuldrecht
ZHR	Zeitschrift für das gesamte Handelsrecht
ZInsO	Zeitschrift für das gesamte Insolvenzrecht
ZIP	Zeitschrift für Wirtschaftsrecht
ZIS	Zeitschrift für Internationale Strafrechtsdogmatik
ZPO	Zivilprozessordnung
ZRP	Zeitschrift für Rechtspolitik
ZSE	Zeitschrift für Staats- und Europawissenschaften
ZStW	Zeitschrift für gesamte Strafrechtswissenschaft
ZVglRWiss	Zeitschrift für Vergleichende Rechtswissenschaft
ZWH	Zeitschrift für Wirtschaftsstrafrecht und Haftung im Haftung

A) Krisenvermeidung durch das Strafrecht?

Die Finanzkrise mit einem volkswirtschaftlichen Schaden allein für Deutschland schätzungsweise in Höhe von 237 Milliarden US-Dollar und einem weltweiten Schaden in Höhe von 10 Billionen US-Dollar[1] hat unterschiedliche Frage aufgeworfen, auf welche die Finanzakteure und die betroffenen Staaten reagiert haben. Bei den Ursachen der Finanzkrise handelt es sich um eines der am kontroversesten diskutierten Themen. Nicht nur in der Ökonomie, auch in der Rechtswissenschaft war die Krise Anlass für zahlreiche Diskussionen, Verfahren und Gesetzgebungsvorhaben.

Die vorliegende Arbeit untersucht die Reaktion des Gesetzgebers, welche die Sicherstellung der strafrechtlichen Verantwortung für den nächsten Krisenfall im Finanzsektor zum Inhalt hatte. Es geht bei der Untersuchung um die Frage, ob und wie der Gesetzgeber auf ein besonderes Ereignis wie das der Finanzkrise strafrechtlich zu reagieren hat. Grundsätzlich wäre mit der Prüfung, ob eine strafrechtliche Reaktion überhaupt erforderlich ist, zu beginnen. Nur falls dies angenommen werden könnte, erschiene es sinnvoll, eine mögliche Umsetzung in Form eines Straftatbestands zu thematisieren. Allerdings hat der Gesetzgeber mit Erlass des § 54a Kreditwesengesetz („KWG“) eine Strafvorschrift eingeführt. Daher wird zunächst auf diese Norm eingegangen, bevor im Anschluss die Frage zu klären ist, ob der Erlass einer neuen Strafnorm überhaupt erforderlich war.

Seitens der Gesetzgebung ist die freiheitswahrende Funktion des Strafrechts zu berücksichtigen, auf welcher *Beccaria* vor über 200 Jahren insistierte. Nach *Beccaria* stellte das Strafrecht ein Instrument zur Garantie unserer Freiheit dar, und diese Funktion war von substanzieller Bedeutung für die gesellschaftliche und die soziale Ordnung.[2] Durch die Normierung des § 54a KWG wird der Eindruck erweckt, der bereits während der Krise zu beobachten war[3], dass der Gesetzgeber zur „Überreaktion“ neigt und dadurch der freiheitswahrenden Funktion

---

1 Vgl. *Kasiske,* Bestandsgefährdung systemrelevanter Kreditinstitute als eigener Straftatbestand, ZRP 2011, S. 137 (137).

2 *Beccaria,* Von den Verbrechen und von den Strafen (1767), S. 10 f.; daran erinnernd *Seminara,* Das Werk „Von den Verbrechen und von den Strafen“, JZ 2014, S. 1121 (1124).

3 Siehe *Hopt,* Auf dem Weg zu einer neuen Finanzmarktarchitektur, NZG 2009, S. 1401 (1402).

des Strafrechts nicht gerecht wird. Worin diese gesetzgeberische „Überreaktion" liegt, wird im Rahmen der vorliegenden Untersuchung veranschaulicht.

Überraschend ist zunächst, dass eine Strafnorm ins KWG im Rahmen des Trennbankengesetzes eingeführt wurde, dessen Abkürzung nicht den Eindruck erweckt, dass eine strafrechtliche Sanktionsvorschrift normiert werden soll. Auch der vollständige Name des Gesetzes: „*Gesetz zur Abschirmung von Risiken und zur Planung und Sanierung und Abwicklung von Kreditinstituten und Finanzgruppen*"[4], lässt eine solche nicht erahnen. Das liegt daran, dass der Großteil des Gesetzes Regelungen zum Trennbankensystem beinhaltet und zur Einführung sogenannter Bankentestamente.[5] Bei diesen Testamenten geht es darum, dass für den Fall, dass die Abwicklung einer Bank droht, Sicherungsmaßnahmen normiert werden, damit die Bank nicht zahlungsunfähig wird und so eine Gefährdung der Stabilität der Finanzmärkte verhindert.[6] Ein Hauptinstrument in diesem Zusammenhang ist es, dass für größere Einlagenkreditinstitute[7] ein Verbot für spekulative Geschäfte vorliegen kann, welche entweder einzustellen oder auf selbstständige Einheiten auszugliedern sind.[8] Mit den Trennbankenregelungen wird das Ziel verfolgt, Kundeneinlagen vor den Risiken hochspekulativer Eigengeschäfte von Kreditinstituten abzuschirmen.[9] Grundsätzlicher Tenor schien seit der Finanzkrise zu sein, dass diese unter anderem durch mangelnde Regulierung entstanden sei und deswegen die nächste Krise durch entsprechende Regulierungsmaßnahmen verhindert werden könne.[10] Denn trotz der unterschiedlichen Erklärungsmodelle und Sichtweisen kann nicht davon ausgegangen werden, dass die nächste Krise von unsteuerbaren Zufällen abhängig sein wird.[11] Einigkeit besteht hingegen darüber, dass mit einer

---

4 Gesetz vom 7. August 2013, BGBl. I S. 3090.

5 *Weber*, Die Entwicklung des Kapitalmarktrechts, NJW 2013, S. 2324 (2326).

6 BT-Drs. 17/12601, S. 2.

7 Def.: „Unternehmen, deren Tätigkeit darin besteht, Einlagen oder andere rückzahlbare Gelder des Publikums entgegenzunehmen und Kredite für eigene Rechnung zu gewähren," aus *van Kann/Rosak*, Das geplante Trennbankengesetz, NZG 2013, S. 572 (572).

8 *van Kann/Rosak*, Das geplante Trennbankengesetz, NZG 2013, S. 572 (572).

9 *Kirchhartz*, in: *Claussen*, Bank- und Börsenrecht, § 1 Rn. 88.

10 *Oehlrich u.a.*, Finanzmarktkrise damals und heute, ZRP 2011, S. 40 (43); so wurde etwa angenommen, dass die Krise das nächste Mal mit Kreditgeschäften im Zusammenhang mit Autokäufen eintreten wird, siehe *Stocker*, Amerika wiederholt fatale Fehler der Finanzkrise, Die Welt vom 10. März 2015.

11 Vgl. *Otto*, Ethik, rechtlicher Rahmen und strafrechtliche Sanktionen beim unternehmerischen Handeln, S. 375 (376).

Wiederkehr der durch die Finanzkrise zutage getretenen Probleme zu rechnen ist.[12]

Dadurch wird der Zusammenhang mit der strafrechtlichen Regelung verständlicher, welche im 3. und 4. Artikel des Gesetzes zu finden ist.[13] Mit Art. 3 des Trennbankengesetzes wurde neben den damals bereits bestehenden § 54 KWG eine weitere Strafnorm, § 54a KWG, in das Kreditwesengesetz aufgenommen, welche Kredit- und Finanzleistungsinstitute adressiert und Regelungen zur Bankaufsicht enthält. Ein elementares Ziel dieser Aufsicht ist es, durch vorbeugende Überwachung allgemein das Entstehen von Schäden im Kreditwesen und von Verlusten der Institutsgläubiger zu verhindern.[14] Die Bankenaufsicht soll Missständen in der Kreditwirtschaft entgegenwirken und auf diese Weise das Vertrauen der Öffentlichkeit in die Funktionsweise der Kreditwirtschaft gewährleisten.[15] Laut der Gesetzesbegründung soll die Möglichkeit geschaffen werden, unter anderem Geschäftsleiter[16] von Bankinstituten strafrechtlich zur Verantwortung ziehen zu können, wenn das Institut durch falsches Management in Schieflage geraten ist.[17] Zusammenfassend lässt es sich als die Strafbarkeit wegen Pflichtverletzungen der Geschäftsführer von Kreditinstituten im Risikomanagement beschreiben.[18] Mit dem Gesetz, das am 2. Januar 2014 in Kraft getreten ist, sind zwei Straftatbestände ins Nebenstrafrecht eingefügt worden, zum einen § 54a KWG mit Art. 3 und zum anderen § 142 VAG a. F. mit Art. 4 des Trennbankengesetzes.[19] Die vorliegende Arbeit untersucht die Verfassungsmäßigkeit des § 54a KWG.

Die Finanzkrise löste eine Diskussion aus, ob die Regulierung durch das Recht erfolgen soll oder die Wirtschaft diese Regulierung in Form einer eigens zu setzenden Unternehmensethik vornehmen soll.[20] Für eine strafrechtliche Regelung

---

12 *Lüderssen*, „Die Sachlogik des Finanzmarkts", S. 241 (267 f.).

13 *Hageböke/Leuering*, Übertragung risikoreicher Aktivitäten nach dem „Trennbankengesetz", NJW-Spezial 2013, S. 463 (463); *Strafrechtsausschuss des DAV*, Stellungnahme, NZG 2013, S. 577 (577).

14 *Fischer*, in: *Boos/Fischer/Schulte-Mattler*, Einf. KWG Rn. 137; *Kirchhartz*, in: *Claussen*, Bank- und Börsenrecht, § 1 Rn. 123.

15 *Kirchhartz*, in: *Claussen*, Bank- und Börsenrecht, § 1 Rn. 21.

16 In der vorliegenden Untersuchung sind stellvertretend mit den Worten Geschäftsleiter und Vorstand auch Geschäftsleiter*innen und Vorständinnen gemeint.

17 BT-Drs. 17/12601, S. 2.

18 Vgl. *Hetzer*, Kriegserklärung der Finanzmafia?, Kriminalistik 2013, S. 558 (559).

19 Trennbankengesetz vom 7. August 2013, BGBl. I S. 3104–3106.

20 *Lüderssen*, „Die Sachlogik des Finanzmarkts", S. 241 (242).

ist vor allem eine Auseinandersetzung mit denjenigen Ursachen der Krise, die in dem Handeln einzelner Personen liegen, erforderlich. Im Strafrecht geht es um die Schuld des Einzelnen und nicht um ein Systemversagen[21], sodass zu klären ist, ob eine der einzelnen Person zuweisbare Schuld gegeben ist. Hinsichtlich der Finanzkrise ist diese Frage umstritten. Auf der einen Seite wird von einem Systemversagen ausgegangen, bei welchem die individuelle Zuweisung von Verantwortung und Schuld schlicht unmöglich ist.[22] Von anderen wird diese Zuweisung hingegen für möglich gehalten[23], weswegen Ermittlungsverfahren gegen Vorstände gefährdeter Institute eingeleitet wurden.[24]

Mit der Einführung des § 54a KWG machte der Gesetzgeber deutlich, dass er eine solche Zuweisung für möglich erachtet. Ferner folgte er aber auch der verbreiteten Vorstellung, dass man tatsächlichen oder auch nur vermeintlichen gesellschaftlichen Fehlentwicklungen mit dem nur als Ultima Ratio legitimen Strafrecht entgegentreten müsse.[25] Ob diese Annahme zutrifft, wird in der vorliegend Arbeit untersucht. Um die Problematik besser verstehen zu können, erfolgen zu Beginn der Arbeit Ausführungen zur Finanzkrise.

Unabhängig von der Bewertung der strafrechtlichen Norm versucht das Trennbankengesetz eine Antwort auf die Frage zu geben, wie eine solche zukünftige Krise verhindert werden kann. Im Anschluss an die Finanzkrise gab es unterschiedliche Lösungsansätze außerhalb des Strafrechts. So wurde beispielsweise vorgeschlagen, ein spezielles Bankinsolvenzrecht zu entwickeln, um der *too-big-to-fail*-Problematik entgegentreten zu können.[26] Solche Vorschläge wurden nicht nur aufgenommen, sondern sie wurden sowohl national als auch international umgesetzt. Zudem ist der Gesetzgeber nach der Finanzkrise im Bankaufsichtsrecht auch aufgrund von europarechtlichen Vorgaben tätig geworden. Beispielsweise wurden die Handlungsmöglichkeiten der Aufsichtsbehörden im Krisenfall eines Kreditinstituts erweitert. Auch der Straftatbestand des Trennbankengesetzes knüpft an bankaufsichtsrechtliche Vorgaben an und erfordert ein Tätigwerden der zuständigen Aufsichtsbehörde. Im Laufe der Arbeit werden die bankaufsichtsrechtlichen Reaktionen auf die Finanzkrise dargestellt.

---

21 *Ransiek,* Asset Backed Securities und Strafrecht, WM 2010, S. 869 (875).

22 *Lüderssen,* Finanzmarktkrise, Risikomanagement und Strafrecht, StV 2009, S. 486 (486).

23 *Strate,* Der Preis der Freiheit, HRRS 2009, S. 441 (442).

24 *Kasiske,* Bestandsgefährdung systemrelevanter Kreditinstitute als eigener Straftatbestand, ZRP 2011, S. 137 (137).

25 *Strafrechtsausschuss des DAV,* Stellungnahme, NZG 2013, S. 577 (577); kritisch *Wegner,* in: *Schork/Groß,* Bankstrafrecht, Rn. 668.

26 *Hellwig,* Gutachten für den 68. Juristentag, S. 3.

I) Ziel der Untersuchung

Das Ziel der vorliegenden Arbeit ist es, die Vereinbarkeit des § 54a KWG mit dem Grundgesetz zu prüfen, da diese Vereinbarkeit bereits in der Entwurfsphase bezweifelt wurde.[27] Notwendig hierfür ist es, die Hintergründe herauszuarbeiten, die zum Erlass der Norm geführt haben. Auch sind Alternativen zu § 54a KWG sowie zum Strafrecht als Ganzem zu thematisieren. Es soll untersucht werden, ob es nicht sowohl im Strafrecht als auch außerhalb des Strafrechts einschlägige Sanktionsmöglichkeiten gibt, wodurch eine weitere Regelung nicht erforderlich gewesen wäre.

Ausgangspunkt ist dabei folgender: Im Strafrecht erfolgt durch einfache Regeln eine Festlegung, durch welche „sozial ächtenswertes Verhalten“ vom Durchschnitt des „Sozialverträglichen“ abgegrenzt wird.[28] Die Rechtsgutslehre dient in diesem Zusammenhang der materiellen Identifizierung solchen schädlichen Verhaltens, während der Grundsatz der Tatbestandsbestimmtheit für die formelle Identifizierung des ächtenswerten Verhaltens zur Verfügung steht.[29] Im Laufe der Arbeit sollen diese Aspekte behandelt werden. Zum einen wird es um die Frage gehen, ob es sich bei § 54a KWG um eine in der Praxis anwendbare Strafnorm handelt. Zum anderen ist zu klären, welches Rechtsgut geschützt werden soll und ob die Tatbestandsbestimmtheit bei der Normierung beachtet wurde. Da aufgrund der komplexen Materie auch befürchtet wurde, dass entsprechende Normen rein symbolischer Natur sein könnten[30], ist auch auf diesen Aspekt einzugehen.

Hinsichtlich der Untersuchung von Alternativen zu § 54a KWG wird dargelegt, ob eine andere strafrechtliche Regelung denkbar ist, oder ob eine strafrechtliche Regelung entbehrlich ist, weil die Sachverhaltskonstellationen bereits unter bestehende Straftatbestände subsumierbar sind. Grundsätzlich besteht Einigkeit, dass das Recht wegen seiner sozialordnenden Aufgabe auch immer auf die sich geschichtlich wandelnden sozialen Ordnungsaufgaben zu reagieren hat.[31] Für die Probleme des Finanzmarkts hat *Lüderssen* die Frage wie folgt

---

27 *Beukelmann,* Strafbarkeit von Bankern bei fehlendem Risikomanagement, NJW-Spezial 2013, S. 120 (120); *Hamm/Richter,* Symbolisches und hypertrophes Strafrecht, WM 2013, S. 865 (870); *Jahn,* Compliance an der Verfassungsgrenze, FAZ vom 31.07.2013, S. 19.

28 *Fischer,* Die strafrechtliche Bewältigung der Finanzkrise, ZStW 2011, S. 816 (820).

29 *Fischer,* Die strafrechtliche Bewältigung der Finanzkrise, ZStW 2011, S. 816 (820).

30 *Lüderssen,* „Die Sachlogik des Finanzmarkts“, S. 241 (257 Fn. 50).

31 *Böckenförde,* Recht, Staat, Freiheit, S. 31.

gefasst: „*Wie viele genuine Risikoabschätzungsgewohnheiten des Finanzmarkts muss das Recht akzeptieren, was muss es normativ und abstrakt vorgeben?*"[32]. Ziel der Untersuchung ist es, diese Frage aus strafrechtlicher Sicht im Nachgang zur Finanzkrise zu beantworten. Für die Beantwortung dieser Frage ist abschließend zu klären, ob eine Regulierung des Finanzsystems durch Normen außerhalb des Strafrechts – im konkreten des Bankaufsichtsrechts – gleich wirksam erfolgen kann und es deswegen keines neuen Straftatbestands bedarf.

II) Gang der Untersuchung

Zum besseren Verständnis soll zunächst der gesetzgeberische Hintergrund der Norm und die Intention des Gesetzgebers dargelegt werden. Beide spielen für die Auslegung der Norm eine Rolle. Zudem ist eine Klärung des Gesetzeszwecks und der Rechtsgüter zur Prüfung der Verfassungskonformität erforderlich. In der Literatur wurde diese hinsichtlich des Bestimmtheitsgrundsatzes infrage gestellt. Die Überprüfung der Vereinbarkeit mit dem Grundgesetz soll anhand der einzelnen Tatbestandsmerkmale und vor dem Hintergrund der einschlägigen Entscheidungen des Bundesverfassungsgerichts erfolgen. Im Anschluss an die Prüfung werden mögliche Alternativen zu § 54a KWG thematisiert. Abschließend wird die Sanktionsbreite des Bankaufsichtsrechts dargestellt.

Nach der Darlegung der aus dem Bestimmtheitsgebot fließenden Anforderungen, werden alle Tatbestandsmerkmale veranschaulicht, jedoch nur die, die für die weitere Untersuchung entscheidend sind, ausführlich betrachtet. Bei der Erörterung der Tatbestandsmerkmale wird die Abhängigkeit der Norm von bankaufsichtsrechtlichen Regelungen deutlich. Auf deren speziellen Regelungscharakter ist auch einzugehen, ebenso darauf, wie dieser sich von den sonst bekannten Normen unterscheidet. Zudem wird hervorgehoben, wie sich das Bankaufsichtsrecht laufend fortentwickelt. Neben den bankaufsichtsrechtlichen Normen ist das Insolvenzrecht für die Auslegung der in § 54a KWG sanktionierten Bestandsgefährdung entscheidend.

Im Anschluss daran ist auf den dritten Absatz des § 54a KWG einzugehen, welcher nachträglich aber noch im Gesetzgebungsverfahren eingefügt wurde, um bereits geäußerten Bedenken gegen die Strafvorschrift entgegenzutreten. Allerdings bereitet nicht nur die dogmatische Einordnung dieses Absatzes Schwierigkeiten, bereits dessen Voraussetzungen ergeben Probleme für die Praxis. Zu klären ist insbesondere die Frage, wie sich der vorläufige Rechtsschutz

32 *Lüderssen*, „Die Sachlogik des Finanzmarkts", S. 241 (243).

gegen die in der Norm vorausgesetzte Anordnung auf eine etwaige Strafbarkeit auswirkt. In diesem Zusammenhang wird auf bestehende Strafvorschriften mit vergleichbaren Voraussetzungen eingegangen, um eine nachvollziehbare Lösung zu finden. Nachdem der Tatbestand dargestellt ist, ist die Ungewissheit, ob es sich bei § 54a KWG um ein konkretes oder abstraktes Gefährdungsdelikt handelt, zu beseitigen.

Die Prüfung der Verfassungsmäßigkeit schließt an die Darlegung der Tatbestandsmerkmale an. Die hierfür relevanten Merkmale des § 54a KWG werden vor dem Hintergrund der einschlägigen Rechtsprechung des Bundesverfassungsgerichts besprochen. In diesem Kontext wird geklärt, ob der spezielle Adressatenkreis niedrigere Anforderungen an die Bestimmtheit zulässt. Ferner muss darauf eingegangen werden, ob die Norm, sofern sie derzeit nicht bestimmbar wäre, durch die Rechtsprechung konkretisiert werden kann.

Neben der verfassungsrechtlichen Überprüfung des § 54a KWG ist jedoch auch die Ausgangsthese des Gesetzgebers zu überprüfen. Dem Gesetzgebungsverfahren lag die Annahme zugrunde, dass bei Ausbruch der Finanzkrise unzureichende Möglichkeiten bestanden, Geschäftsleiter von Kreditinstituten strafrechtlich zur Verantwortung zu ziehen, wenn das Institut durch Missmanagement in die Schieflage geraten sollte.[33] Auf diese Annahme ist ausführlich einzugehen. Hierbei sind die Verfahren zu betrachten, die im Zuge der strafrechtlichen Aufarbeitung der Finanzkrise geführt wurden. Zudem ist auf das Verhältnis der Untreue als etabliertem Straftatbestand und § 54a KWG einzugehen. Letzteres ist notwendig, da in Teilen der Literatur angenommen wurde, dass der Tatbestand des § 54a KWG bereits durch die Untreue erfasst sei.

Im Anschluss daran ist auf die unterschiedlichen Vorschläge, die im Nachgang zu der Finanzkrise gemacht wurden, und die Veränderung bestehender oder Einführung neuer Straftatbestände zum Inhalt hatten, einzugehen, in diesem Zusammenhang wird die Arbeit von *Leonhard Gehlen* betrachtet, der sich ebenfalls mit der Fragestellung auseinandergesetzt hat sowie eigene Vorschläge und Richtlinien für eine neue Strafnorm präsentiert.

In der vorliegenden Untersuchung wird das Strafrecht zwar als Verbrechensbekämpfungs- aber auch als Verbrechensbegrenzungsrecht verstanden.[34] Die Untersuchung schließt daher mit Alternativen zum Strafrecht. Es wird auf die

---

33 BT-Drs. 17/12601, S. 2.

34 *Naucke*, Die Kriminalpolitik des Marburger Programms 1882, ZStW 1982, S. 525 (563); an diese Tradition der Frankfurter Schule erinnernd *Jahn/Ziemann*, Die Frankfurter Schule des Strafrechts, ZIS 2014, S. 943 (946).

bankaufsichtsrechtlichen Regelungs- und Sanktionsaspekten sowie deren Entwicklung eingegangen. Den Ultima-Ratio-Grundsatz würdigend ist zu klären, welche Sanktionsmechanismen im Bankaufsichtsrecht bestehen. Nur wenn hierüber Klarheit herrscht, kann festgestellt werden, ob es einer Flankierung durch strafrechtliche Tatbestände bedarf.

B) Verfassungswidrigkeit von § 54a KWG?

Der Wortlaut des § 54a KWG, der im Folgenden untersucht wird, lautet:

> *(1) Mit Freiheitsstrafe bis zu fünf Jahren oder mit Geldstrafe wird bestraft, wer entgegen § 25c Absatz 4a oder § 25c Absatz 4b Satz 2 nicht dafür Sorge trägt, dass ein Institut oder eine dort genannte Gruppe über eine dort genannte Strategie, einen dort genannten Prozess, ein dort genanntes Verfahren, eine dort genannte Funktion oder ein dort genanntes Konzept verfügt, und hierdurch eine Bestandsgefährdung des Instituts, des übergeordneten Unternehmens oder eines gruppenangehörigen Instituts herbeiführt.*
> *(2) Wer in den Fällen des Absatzes 1 die Gefahr fahrlässig herbeiführt, wird mit Freiheitsstrafe bis zu zwei Jahren oder mit Geldstrafe bestraft.*
> *(3) Die Tat ist nur strafbar, wenn die Bundesanstalt dem Täter durch Anordnung nach § 25c Absatz 4c die Beseitigung des Verstoßes gegen § 25c Absatz 4a oder § 25c Absatz 4b Satz 2 aufgegeben hat, der Täter dieser vollziehbaren Anordnung zuwiderhandelt und hierdurch die Bestandsgefährdung herbeigeführt hat.*

Für die Prüfung der Verfassungswidrigkeit des § 54a KWG ist zu Beginn die Intention des Gesetzgebers darzustellen, sodass der Hintergrund zum Gesetzesvorhaben aufgezeigt sowie der beabsichtigte Zweck des Gesetzes und die zu schützenden Rechtsgüter dargelegt werden. Sodann wird der Prüfungsrahmen für einen möglichen Verstoß gegen das Bestimmtheitsgebot präsentiert. Im Anschluss werden die Voraussetzungen von § 54a KWG erörtert. Beginnend mit der Darstellung der Voraussetzungen und der Probleme, die sich bei der Anwendung ergeben können, wird auf wesentliche Aspekte eingegangen, welche für die anschließende Verfassungsmäßigkeitsprüfung erforderlich sind. Diese Darstellung ist notwendig, weil mit dem Trennbankengesetz nicht nur § 54a KWG eingeführt wurde, sondern auch weitere Änderungen im KWG vorgenommen wurden, die für die weitere Untersuchung relevant sind.

I) Hintergrund des Gesetzgebungsvorhabens

Die Normierung der Strafvorschrift in § 54a KWG wurde in der Literatur vielfach als symbolische Strafgesetzgebung bezeichnet.[35] Mit der Bezeichnung als solche geht der Vorwurf einher, dass eine Strafvorschrift grundsätzlich keine

---

35 *Hamm/Richter*, Symbolisches und hypertrophes Strafrecht, WM 2013, S. 865 (869); so auch *Beukelmann*, Strafbarkeit von Bankern bei fehlendem Risikomanagement, NJW-Spezial 2013, S. 120 (120) und *Schröder*, Hdb. Kapitalmarktstrafrecht, Rn. 1014q.

konkrete Schutzwirkung entfalte[36] und konkret § 54a KWG zudem auch nicht justiziabel sei[37]. Der Vorwurf an den Gesetzgeber geht in Teilen soweit, dass es ihm bei der Einführung des § 54a KWG lediglich darum gegangen sei, ein unbeliebtes Wahlkampfthema zu vermeiden[38] sowie politische Handlungskompetenz zu demonstrieren[39]. Die Einführung des § 54a KWG wird in diesem Zusammenhang auch als „legislativer Totalschaden" bezeichnet.[40] Auf der anderen Seite hatte der Gesetzgeber nach dem Beginn der Finanzkrise zunächst widerstanden, unmittelbar einen Strafbarkeit einzuführen, trotz der entsprechenden öffentlichen Stimmung und einer Forderung danach.[41] Mit der Einführung des Tatbestands im Jahr 2014 hat der Gesetzgeber eine längere Zeit gewartet, anlässlich der Finanzkrise, einen Straftatbestand zu normieren, ihn jedoch durchaus am Ende der Legislaturperiode verabschiedet.

Mit abschließender Gewissheit werden sich die Motive des Gesetzgebers nicht klären lassen. Die Gesetzesbegründung enthält Angaben, was mit der Strafvorschrift bezweckt und welches Rechtsgut geschützt werden sollte. Darin heißt es:

> „*Pflichtverletzungen im Risikomanagement, mit denen nicht nur die Stabilität des einzelnen Instituts, sondern das Finanzsystem als Ganzem auf dem Spiel steht, werden nicht (strafrechtlich) bewehrt.*"[42]

Diese Annahme fügt sich ins restliche Gesetzesvorhaben des Trennbankengesetzes ein. Sowohl bei dessen strafrechtlichem als auch bei den übrigen Teilen geht es darum, die durch die Finanzkrise aufgezeigten Probleme zu lösen, um die Wiederholung einer solchen Krise zu verhindern,[43] wie sie in der Literatur für möglich gehalten wird[44]. Außerdem geht es dem Gesetzgeber darum, die (vermeintlich) Verantwortlichen der Finanzkrise vor Gericht zu stellen und ihrer

---

36 Vgl. *Roxin,* Strafrecht AT I, § 2 Rn. 37.

37 *Hamm/Richter,* Symbolisches und hypertrophes Strafrecht, WM 2013, S. 865 (869).

38 Vgl. *Hetzer,* Kriegserklärung der Finanzmafia?, Kriminalistik 2013, S. 558 (558); etwa auch *Hamm,* Modern Crimes, S. 259 (276).

39 *Goeckenjan,* Die neuen Strafvorschriften, wistra 2014, S. 201 (206).

40 *Kasiske,* Das Kapitalmarktstrafrecht, ZIS 2013, S. 257 (258).

41 *Schröder,* Keine Strafbarkeitsrisiken für verantwortungsvoll handelnde Geschäftsleiter, WM 2014, S. 100 (101 f.).

42 BT-Drs. 17/12601, S. 2.

43 *Hamm,* Modern Crimes, S. 259 (272).

44 So etwa *Kasiske,* Bestandsgefährdung systemrelevanter Kreditinstitute als eigener Straftatbestand, ZRP 2011, S. 137 (137 f.); aber auch *Kubiciel,* Die Finanzmarktkrise zwischen Wirtschaftsstrafrecht und politischem Strafrecht, ZIS 2013, S. 53 (60).

Verantwortung entsprechend zu bestrafen.[45] Dies kann, aufgrund des verfassungsrechtlich in Art. 103 Abs. 2 GG verankerten Rückwirkungsverbots, jedoch nur für zukünftige Krisen gelten.

Der Gesetzgeber geht davon aus, dass die Finanzkrise deutlich gemacht habe, dass die Mitarbeiter von Kreditinstituten im Vergleich zu anderen Wirtschaftszweigen hinsichtlich einer möglichen Strafbarkeit bevorzugt würden.[46] Dies sei der Fall, wenn es um eine mögliche Bankrottstrafbarkeit i. S. des § 283 StGB gehe, weil für jene der Eintritt der Insolvenz nach § 283 Abs. 6 StGB verlangt werde, welcher jedoch von staatlicher Seite durch Rettungsmaßnahmen für Kreditinstitute verhindert worden sei.[47] Deswegen wurde auch in der Literatur eine Strafbarkeit an sich befürwortet, da durch den § 54a KWG eine Gerechtigkeitslücke geschlossen werden könne.[48] Auf diese Aspekte wird in der Arbeit ebenfalls eingegangen. Zunächst soll jedoch die Finanzmarktkrise als Ausgangspunkt zum Gesetzesvorhaben dargestellt werden, dann der beabsichtigte Zweck des Gesetzes sowie die zu schützenden Rechtsgüter des § 54a KWG.

1) Finanzmarktkrise als Anlass zum Gesetzesvorhaben

Die Gesetzesbegründung präsentiert § 54a KWG als strafrechtliche Reaktion auf die Finanzmarktkrise.[49] Deswegen wird deren Verlauf ohne Anspruch auf Vollständigkeit im Folgenden im Überblick dargestellt.[50]

---

45 *Hamm*, Modern Crimes, S. 259 (273).

46 *Schröder*, Keine Strafbarkeitsrisiken für verantwortungsvoll handelnde Geschäftsleiter, WM 2014, S. 100 (102).

47 *Schröder*, Keine Strafbarkeitsrisiken für verantwortungsvoll handelnde Geschäftsleiter, WM 2014, S. 100 (102).

48 *Schröder*, Keine Strafbarkeitsrisiken für verantwortungsvoll handelnde Geschäftsleiter, WM 2014, S. 100 (102).

49 BT-Drs. 17/12601, S. 2 f.; *Reichling*, in: Münchener Kommentar zum StGB, § 54a KWG Rn. 2; zum Teil wird ein stärkerer Bezug zur Finanzkrise vermisst: *Schröder*, Keine Strafbarkeitsrisiken für verantwortungsvoll handelnde Geschäftsleiter, WM 2014, S. 100 (101).

50 Für eine ausführliche Darstellung des Verlaufs siehe *Hellwig*, Gutachten für den 68. Juristentag; der sogenannte *de Larosière-Bericht*, einer von der EU-Kommission eingesetzten Expertengruppe aus dem Jahr 2009, benannt nach dem Vorsitzenden *Jacques de Larosière*; *Schröder*, Hdb. Kapitalmarktstrafrecht, Rn. 1080 ff.; das bedeutet auch, dass die zahlreichen Literaturstellen und die unterschiedlichsten Meinungen an dieser Stelle nicht wiedergegeben werden können.

Die im Zusammenhang mit der Krise genannten Ursachen sind mannigfaltig und stehen teilweise in Verbindung zueinander, sodass sie nicht isoliert betrachtet werden können. Als wesentlicher Faktor werden in diesem Zusammenhang die Risikogeschäfte der Institute genannt, bei denen in großem Umfang die Refinanzierung langfristiger Investitionen durch kurzfristige Schuldverschreibungen vorgenommen wurde, die sogenannte Fristentransformation.[51] Das Geschäftsmodell der Fristentransformation führte bei der eingetretenen Störung des Refinanzierungsmarkts zu existenzbedrohenden Liquiditätsengpässen.[52] Als weitere Faktoren für die Finanzmarktkrise werden neben der US-amerikanischen Geldpolitik sowohl die Fehlbeurteilungen durch Ratingagenturen als auch falsche Vergütungsansätze für Bankmanager aufgezählt.[53] Letzteres wird angenommen, weil Bankmitarbeiter Bonuszahlungen erhielten, die sich am kurzfristigen Geschäftserfolg orientierten, ohne dass die dafür eingegangen Risiken eine Rolle spielten.[54] Schließlich sind auch die Defizite bei den Eingriffskompetenzen der nationalen Aufsichtsbehörden, vor allem im Bereich grenzüberschreitender und internationaler Finanztransaktionen und der damit verbundene, fehlende Überblick über das Gesamtrisiko zu nennen.[55]

Die jahrelange expansive Geldpolitik in den USA ermöglichte die dortige Blase des Immobilienmarkts und hatte die umfangreiche Ausgabe und Verbriefung von Immobilienkrediten zur Folge.[56] Der Zweck der Senkung des Leitzinses war, dass durch die verbilligten Kredite Investitionen und Konsum angeregt werden sollten.[57] Hingegen hatte diese Geldpolitik die Markteilnehmer nicht dazu veranlassen sollen, die Risiken ihrer Geschäftsstrategien zu ignorieren.[58] Die Banken hatten nämlich im Laufe der Zeit angefangen, Kredite auch an nicht hinreichend zahlungskräftige Schuldner zu vergeben (sogenannte *Subprime*-Kredite) und anschließend verbrieft an andere Banken zu veräußern.[59] Die

51 *Jahn,* Die strafrechtliche Aufarbeitung der Finanzmarktkrise, wistra 2013, S. 41 (42).

52 *Jahn,* Die strafrechtliche Aufarbeitung der Finanzmarktkrise, wistra 2013, S. 41 (42).

53 *Blaurock,* Regelbildung und Grenzen des Rechts, JZ 2012, S. 226 (227 f.).

54 Vgl. *Hellwig,* Gutachten für den 68. Juristentag, S. 28.

55 *Blaurock,* Regelbildung und Grenzen des Rechts, JZ 2012, S. 226 (227 f.).

56 *Wieland,* Die Zukunft Europas – Krise als Chance, JZ 2012, S. 213 (214); so auch *Blaurock,* Regelbildung und Grenzen des Rechts, JZ 2012, S. 226 (227); zustimmend *Hellwig,* Gutachten für den 68. Juristentag, S. 8.

57 *Otto,* Ethik, rechtlicher Rahmen und strafrechtliche Sanktionen beim unternehmerischen Handeln, S. 375 (379).

58 *Hellwig,* Gutachten für den 68. Juristentag, S. 28.

59 *Wieland,* Der Staat als Aktionär der letzten Instanz, ZSE 2009, S. 470 (477); *Brüning/Samson,* Bankenkrise und strafrechtliche Haftung, ZIP 2009, S. 1089 (1089).

Kredite wurden zum Immobilienerwerb an Personen vergeben, welche weder einen Arbeitsplatz noch sonst ein geregeltes Einkommen oder irgendwelche als Sicherheit in Betracht kommenden Vermögenswerte aufweisen konnten.[60] Auf die Kreditwürdigkeit wurde unter anderem deswegen nicht geachtet, da die Hypothekengläubiger annahmen, bereits durch die Wertsteigerung der als Sicherheit dienenden Immobilien ausreichend abgesichert zu sein, auch wenn die Hypothekenschuldner nicht würden zahlen können.[61] Zu beachten ist, dass Hypotheken nach der amerikanischen Praxis in der Regel ohnehin nicht mit einer persönlichen Haftung des Hauseigentümers verbunden waren.[62] Zu dieser Zeit war man aber auch davon ausgegangen, dass die Immobilienpreise stetig steigen würden.[63] Nicht nur die Vergabepraxis der Kredite, auch die anschließende Verbriefung der Kredite ist in diesem Zusammenhang näher zu betrachten. Die Verbriefung der Forderung erfolgte ohne genaue Kenntnis der Risiken.[64] Risikoverschärfend war insoweit die Schaffung von strukturierten Wertpapieren, in welchen verschiedene Forderungen gebündelt und die unterschiedlichsten Ansprüche aus Kreditverträgen, versicherungsartigen Risikobeteiligungsverträgen und auch aus schlichten Wetten zusammengefasst wurden.[65]

Die ursprünglich kreditgebende Bank wird als Originator bezeichnet.[66] Die verbrieften Kredite wurden dann an Finanzunternehmen veräußert, die oftmals ihrerseits noch eine Neubündelung der verbrieften Kredite vornahmen.[67] Bei dem Handel mit den verbrieften Kreditforderungen wurden Teile des Forderungsbestands an eigens für solche Transaktion geschaffene Gesellschaften veräußert.[68] Die Verbriefung der Kredite diente dem Zweck, Freiräume hinsichtlich der Anforderungen an das Eigenkapital zu schaffen.[69] Hierfür wurde ein sogenanntes Schattenbanksystem durch Zweckgesellschaften (*Single Purpose Corporation*, auch *Special Purpose Vehicle*[70] oder *Conduit*

60 *Kasiske*, Aufarbeitung der Finanzkrise durch das Strafrecht?, S. 13 (18).
61 *Hellwig*, Gutachten für den 68. Juristentag, S. 8.
62 *Blaurock*, Regelbildung und Grenzen des Rechts, JZ 2012, S. 226 (227).
63 *Brüning/Samson*, Bankenkrise und strafrechtliche Haftung, ZIP 2009, S. 1089 (1089).
64 *Blaurock*, Regelbildung und Grenzen des Rechts, JZ 2012, S. 226 (227).
65 *Blaurock*, Regelbildung und Grenzen des Rechts, JZ 2012, S. 226 (227).
66 *Zeising*, Asset Backed Securities, BKR 2007, S. 311 (312).
67 *Otto*, Ethik, rechtlicher Rahmen und strafrechtliche Sanktionen beim unternehmerischen Handeln, S. 375 (381).
68 *Schumann*, in: *Müller-Gugenberger*, Wirtschaftsstrafrecht, § 67 Rn. 66.
69 *Otto*, Ethik, rechtlicher Rahmen und strafrechtliche Sanktionen beim unternehmerischen Handeln, S. 375 (380).
70 *Rudolph*, Lehren aus den Ursachen der Finanzkrise, zfbf 2008, S. 713 (718).

genannt[71]) eingeführt, die abseits der Bankbilanzen gehalten wurden.[72] Die Zweckgesellschaften hatten selbst faktisch kein Eigenkapital und finanzierten sich durch die Ausgabe von Schuldverschreibungen in Form sogenannter *Asset-Backed Commercial Papers* (ABCP), also Geldmarkttiteln mit einer Laufzeit von weniger als einem Jahr, in den meisten Fällen sogar von weniger als 30 Tagen.[73] Hierbei dienten die erworbenen Wertpapiere als Sicherheit.[74] Da die aufnehmenden Gesellschaften den Kauf der Forderung durch die entsprechende Aufnahme kurzfristigen Geldes finanzierten, musste die Finanzierung regelmäßig – in Monatsabständen – erneuert werden.[75] Zum Teil finanzierten sich die Gesellschaften auch, indem sie am Kapitalmarkt handelbare Wertpapiere an Investoren wie etwa Banken verkauften.[76] Die Wertpapiere waren durch Kreditforderungen abgesichert.[77] Wirtschaftlich betrachtet wurde also das Risiko ganzer Kreditportfolios auf Dritte übertragen.[78] Die Käufer von ABCP waren in der Regel institutionelle Anleger, welche äußerst vorsichtig handelten, sodass die Zweckgesellschaften als Verkäufer auf diesem Markt nur auftreten konnten, wenn dahinter ein Institut stand, welches entsprechende Garantien aussprach.[79] Diese Liquiditätszusagen für den Notfall waren so gestaltet, dass in der Regel keine Pflicht zur Eigenkapitalunterlegung bestand.[80] In der Bankenwelt werden diese Garantiezusagen als „Liquiditätsfazilität“ oder auch als „Liquiditätslinien“ bezeichnet.[81]

Die erworbenen Kreditforderungen wurden von den Zweckgesellschaften zu Tausenden in einem Pool gebündelt und verbrieft.[82] Das bedeutet, dass die Gesellschaften Wertpapiere in Form von Anleihen ausgaben, welche einen Anspruch auf einen Anteil am Zahlungsfluss aus dem Kreditpool, also Zins- und

---

71 *Schröder,* Untreue durch Investitionen in ABS-Anleihen, NJW 2010, S. 1169 (1170).

72 *Hellwig,* Gutachten für den 68. Juristentag, S. 2.

73 *Hellwig,* Gutachten für den 68. Juristentag, S. 18; vgl. *Schröder,* Untreue durch Investitionen in ABS-Anleihen, NJW 2010, S. 1169 (1170).

74 *Kasiske,* Aufarbeitung der Finanzkrise durch das Strafrecht?, S. 13 (20).

75 *Otto,* Ethik, rechtlicher Rahmen und strafrechtliche Sanktionen beim unternehmerischen Handeln, S. 375 (381).

76 *Schumann,* in: *Müller-Gugenberger,* Wirtschaftsstrafrecht, § 67 Rn. 66.

77 *Schumann,* in: *Müller-Gugenberger,* Wirtschaftsstrafrecht, § 67 Rn. 66.

78 *Schumann,* in: *Müller-Gugenberger,* Wirtschaftsstrafrecht, § 67 Rn. 66.

79 *Kasiske,* Aufarbeitung der Finanzkrise durch das Strafrecht?, S. 13 (20).

80 *Brüning/Samson,* Bankenkrise und strafrechtliche Haftung, ZIP 2009, S. 1089 (1090).

81 *Schröder,* Untreue durch Investitionen in ABS-Anleihen, NJW 2010, S. 1169 (1170).

82 *Kasiske,* Aufarbeitung der Finanzkrise durch das Strafrecht?, S. 13 (16).

Tilgungsleistungen, gewährten.[83] Dabei dienten die gebündelten Kreditforderungen gleichzeitig auch als Sicherheit für diese Anleihen, weswegen man auch von *Asset-Backed-Securities*, vor allem *Mortgage-Backed-Securities* (also ABS und MBS) spricht[84]. Unter den anspruchsgesicherten Wertpapieren (ABS) spielten die hypothekengedeckten Wertpapiere (MBS) die größte Rolle.[85] Wurden die Forderungen aus den Erstverbriefungen (beispielsweise aus den ABS oder MBS) erneut gepoolt und die Ansprüche auf den Zahlungsfluss zu Wertpapieren verbrieft, sprach man von *Collateralized Debt Obligations* (CDO), das Ergebnis des erneuten Vorgangs wurde als CDO zum Quadrat oder CDO^2 bezeichnet.[86]

Die Anteile an den Papieren selbst wurden in sogenannte Tranchen geteilt und herausgegeben, welche dann in einer bestimmten Rangfolge bedient wurden, sodass erst wenn die Ansprüche aus der ranghöchsten Tranche vollständig bedient worden waren, die nächste bedient wurde.[87] Das bedeutet, dass die nachrangige Tranche einen Risikopuffer für die weiteren darstellte.[88] Der Ausgleich für das unterschiedliche Ausfallrisiko erfolgte durch die unterschiedliche Verzinsung der einzelnen Tranche, sodass es zeitweise eine fünffach höhere Verzinsung für die niedrigste Tranche im Vergleich zur höchsten gab.[89] Dabei wurde die Rangfolge bestimmt durch die Werthaltigkeit und Besicherung der den Tranchen zugrunde liegenden Forderungen.[90] Das Risiko des Zahlungsausfalls sollte durch diese Tranchenbildung begrenzt werden.[91]

Ferner spielten Verbriefungen von Ansprüchen aus Kreditderivaten in Form sogenannter *Credit Default Swaps* (CDS) eine Rolle.[92] In diesen Fällen übernimmt der Zeichner gegen Gebühr das Ausfallrisiko für einen Kredit, wobei es auch hier zu einer Bündelung und Verbriefung zu Tranchen kam.[93] Allerdings

---

83 *Kasiske*, Aufarbeitung der Finanzkrise durch das Strafrecht?, S. 13 (16).
84 *Kasiske*, Aufarbeitung der Finanzkrise durch das Strafrecht?, S. 13 (16).
85 *Lüderssen*, Finanzmarktkrise, Risikomanagement und Strafrecht, StV 2009, S. 486 (487).
86 *Kasiske*, Aufarbeitung der Finanzkrise durch das Strafrecht?, S. 13 (16); siehe zum Ablauf auch *Rudolph*, Lehren aus den Ursachen der Finanzkrise, zfbf 2008, S. 713 (722 Fn. 28).
87 *Kasiske*, Aufarbeitung der Finanzkrise durch das Strafrecht?, S. 13 (16).
88 *Schröder*, Hdb. Kapitalmarktstrafrecht, Rn. 1103.
89 *Kasiske*, Aufarbeitung der Finanzkrise durch das Strafrecht?, S. 13 (16).
90 *Schröder*, Hdb. Kapitalmarktstrafrecht, Rn. 1103.
91 *Meyer*, Finanzmarktkrise und Organhaftung, CCZ 2011, S. 41 (45).
92 *Kasiske*, Aufarbeitung der Finanzkrise durch das Strafrecht?, S. 13 (17).
93 *Kasiske*, Aufarbeitung der Finanzkrise durch das Strafrecht?, S. 13 (17).

war der Gegenstand der Verbriefung kein Zahlungsanspruch, sondern die Risiken der Kredite und die für diese zu leistenden „Versicherungsprämien".[94]

Daraufhin wurde in diese hochkomplexen Wertpapiere investiert, welche durch die beschriebene Fristentransformation refinanziert wurden.[95] Diese Transformation bedeutet im Konkreten, dass langfristig ausgeliehene Gelder kurzfristig refinanziert werden.[96] Der Gewinn liegt bei diesen Geschäften in der Zinsdifferenz zwischen verliehenem und geliehenem Kapital.[97] Die von den Zweckgesellschaften ausgegebenen Wertpapiere hatten eine Laufzeit von durchschnittlich bis zu drei Monaten, während die erworbenen CDOs eine Laufzeit bis zu fünf Jahren hatten.[98] Da die Zinsen für eine kurzfristige Finanzierung deutlich niedriger waren als die Zinserträge aus etwa den CDOs, ergab sich durch diese Zinsdifferenz ein erheblicher Gewinn.[99] Notwendig für das Funktionieren dieses Systems ist jedoch, dass die Anschlussfinanzierung gelingt.[100] Der Vorteil durch das Poolen, die Tranchenbildung und den Einsatz der Zweckgesellschaften war für die verkaufende Bank, dass auf diese Weise eine insolvenzferne Position bestand, um mit den Forderungen zu handeln und dass die Käufer lediglich Ansprüche gegen die Zweckgesellschaften hatten.[101] Der Vorteil für die Käufer war, dass diese unbeeinflusst von der Insolvenz der verkaufenden Bank Ansprüche gegen die Zweckgesellschaft geltend machen konnten.[102] Durch die Liquiditätsfazilität der Banken gegenüber den Gesellschaften und der Tatsache, dass die Zweckgesellschaften kaum Eigenkapital hatten, waren die Vorteile für die Banken und Kunden nur vermeintlich vorhanden.

Gekauft wurden diese Geldmarkttitel gleichwohl von den Geldmarktfonds, weil sie durch die Papiere, die die Zweckgesellschaften hielten, und durch die Zusagen der jeweiligen dahinter stehenden Institute, die im Ernstfall für die Verbindlichkeiten der Zweckgesellschaften aufkommen würden, abgesichert waren.[103] Nachdem die Refinanzierung der Zweckgesellschaften über den

---

94 *Kasiske,* Aufarbeitung der Finanzkrise durch das Strafrecht?, S. 13 (17).

95 *Kasiske,* Bestandsgefährdung systemrelevanter Kreditinstitute als eigener Straftatbestand, ZRP 2011, S. 137 (137 f.).

96 *Lüderssen,* Finanzmarktkrise, Risikomanagement und Strafrecht, StV 2009, S. 486 (489).

97 *Lüderssen,* Finanzmarktkrise, Risikomanagement und Strafrecht, S. 211 (221).

98 *Kasiske,* Aufarbeitung der Finanzkrise durch das Strafrecht?, S. 13 (20).

99 *Kasiske,* Aufarbeitung der Finanzkrise durch das Strafrecht?, S. 13 (20); vgl. *Schröder,* Untreue durch Investitionen in ABS-Anleihen, NJW 2010, S. 1169 (1170).

100 *Schröder,* Untreue durch Investitionen in ABS-Anleihen, NJW 2010, S. 1169 (1170).

101 *Rudolph,* Lehren aus den Ursachen der Finanzkrise, zfbf 2008, S. 713 (718).

102 *Rudolph,* Lehren aus den Ursachen der Finanzkrise, zfbf 2008, S. 713 (718).

103 *Hellwig,* Gutachten für den 68. Juristentag, S. 18.

Geldmarkt kollabierte, mussten die Wertpapiere in die Bilanz der Bank aufgenommen oder verkauft werden.[104] Damit verbunden war das Versagen des Risikomanagements bei den Investoren, welche bei der Suche nach höheren Renditen die Risiken nicht mehr zutreffend eingeschätzt hatten.[105]

Diese Fehleinschätzung des Risikos hatte ihre Ursache unter anderem in der zugrunde liegenden Bewertung der verbrieften Forderungen. Die hochkomplexen Finanzinstrumente wurden von Ratingagenturen bewertet und erhielten gute Ratings, allerdings bewerteten die Agenturen nur Einzelfälle und ließen das Systemrisiko außer Acht.[106] Zudem waren die Ratingagenturen davon ausgegangen, dass die Papiere so unabhängig voneinander seien, dass ein starker Diversifizierungseffekt vorliege.[107] Die Agenturen ihrerseits konnten die Risiken der Hypothekenverbriefung jedoch nicht erkennen.[108] Durch die Tranchenbildung konnte zumindest in Teilen ein falscher Eindruck entstehen. So konnte bei der Verbriefung von CDO-Papieren die höchste Tranche ein exzellentes Rating erhalten, da nach den zugrunde liegenden Berechnungen deren Ausfallsicherheit entsprechend hoch war.[109] Dass die Ratingagenturen die Ausfallrisiken dieser durch zweitklassige Hypotheken besicherten Instrumente falsch einschätzen, ist auf Mängel in der Ratingmethode zurückzuführen.[110] Das unzutreffende Rating von strukturierten Produkten im Zeitraum von 2004 bis 2007 ist darin begründet, dass keine hinreichend langen Zeitreihen für den US-amerikanischen Subprime-Markt vorlagen, die Wechselwirkung zwischen den im Abschwung auftretenden Ausfällen unterschätzt und die folgenschwere Aufweichung der Emissionsstandards gewisser Urheber nicht ausreichend berücksichtigt wurden.[111] Der Faktor der zusammenhängenden internationalen Finanzmärkte

---

104 *Hellwig,* Gutachten für den 68. Juristentag, S. 2.

105 *Blaurock,* Regelbildung und Grenzen des Rechts, JZ 2012, S. 226 (227).

106 *Otto,* Ethik, rechtlicher Rahmen und strafrechtliche Sanktionen beim unternehmerischen Handeln, S. 375 (380); auch an der Kompetenz der Agenturen zweifelnd *Galandi,* Strafrechtliche Aspekte der ABS, wistra 2009, S. 41 (43).

107 *Hellwig,* Gutachten für den 68. Juristentag, S. 15.

108 *Hellwig,* Gutachten für den 68. Juristentag, S. 16; *Brüning/Samson,* Bankenkrise und strafrechtliche Haftung, ZIP 2009, S. 1089 (1090); *Lutter,* Bankenkrise und Organhaftung, ZIP 2009, S. 197 (198).

109 *de Larosière-Bericht,* S. 9; *Kasiske,* Aufarbeitung der Finanzkrise durch das Strafrecht?, S. 13 (19); so auch *Brüning/Samson,* Bankenkrise und strafrechtliche Haftung, ZIP 2009, S. 1089 (1090).

110 *de Larosière-Bericht,* S. 10.

111 *de Larosière-Bericht,* S. 10.

wurde in diesem Rahmen ebenfalls unterschätzt. So ist man zu Beginn der Krise noch davon ausgegangen, dass sich die Krise der Hypothekenkredite nicht auf die internationalen Märkte auswirken werde.[112] Für die Bewertung der Geschäfte kam hinzu, dass den Ratingagenturen bekannt war, dass im Zweifel das dahinterstehende Institut leisten würde.[113] Das ganze System lohnte sich nur, weil man durch den Einsatz von Zweckgesellschaften diese Art von Geschäften vornehmen konnte, ohne sie mit Eigenkapital unterlegen zu müssen.[114] Es entstanden jedoch versteckte Haftungsrisiken, wenn der Verkäufer – Kreditinstitut – Garantien ausgab, die nicht bilanziert wurden, über die er aber letztlich doch noch für die ursprünglichen Kreditausfallrisiken einstehen musste.[115]

Als diese expansive US-Geldpolitik aufgegeben und die Zinsen zwischen 2004 und 2006 erhöht wurden, um den Boom und die Inflation unter Kontrolle zu halten, konnten viele Hausbesitzer ihren Zahlungsverpflichtungen nicht mehr nachkommen und die Kredite fielen aus.[116] Diese Entwicklung wurde dadurch begünstigt, dass US-amerikanische Häuserkredite in der Regel nach einer anfänglichen Festzinsperiode in eine variable Verzinsung übergingen und die Erhöhung der Zinsen so an die Kreditnehmer weitergegeben werden konnte.[117] Auf den Zahlungsausfall reagierten Banken mit Pfändungen sowie Zwangsvollstreckungen, wodurch eine verhängnisvolle Abwärtsspirale in Gang gesetzt wurde.[118] Nachdem die Spekulationsblase hinsichtlich des US-Immobilienmarkts geplatzt war und dadurch die zuvor stark gestiegenen Immobilienpreise in großem Umfang fielen, konnten immer mehr Kredite nicht mehr bedient werden.[119] Dabei wäre die Blase auch ohne eine Zinserhöhung geplatzt, was vor allem an der zu lockeren Kreditvergabe lag.[120]

---

112 *Hellwig*, Gutachten für den 68. Juristentag, S. 17.

113 *Schröder*, Untreue durch Investitionen in ABS-Anleihen, NJW 2010, S. 1169 (1170).

114 *Hellwig*, Gutachten für den 68. Juristentag, S. 17; *Schröder*, Untreue durch Investitionen in ABS-Anleihen, NJW 2010, S. 1169 (1169).

115 Vgl. *Schumann*, in: *Müller-Gugenberger*, Wirtschaftsstrafrecht, § 67 Rn. 66.

116 *Otto*, Ethik, rechtlicher Rahmen und strafrechtliche Sanktionen beim unternehmerischen Handeln, S. 375 (383).

117 *Schröder*, Hdb. Kapitalmarktstrafrecht, Rn. 1131.

118 *Otto*, Ethik, rechtlicher Rahmen und strafrechtliche Sanktionen beim unternehmerischen Handeln, S. 375 (383).

119 *Wieland*, Der Staat als Aktionär der letzten Instanz, ZSE 2009, S. 470 (477).

120 So beispielsweise *Schröder*, Hdb. Kapitalmarktstrafrecht, Rn. 1131.

Die Subprime-Papiere wurden daraufhin als „Schrott“ betrachtet.[121] Aufgrund der in den USA eingetretenen Subprime-Krise verschlechterte sich im Jahr 2007 das Umfeld für eine Vielzahl von Bankgeschäften in den USA, in Deutschland und auch sonst weltweit.[122] Dies lag daran, dass die geschaffenen verbrieften Kredite global gestreut wurden, wobei die Käufer (Banken, Versicherungen, Fonds) wegen der verlockenden Renditen und guten Ratings die verbrieften Kredite kauften, ohne diese zu hinterfragen.[123] Aufgrund der Tatsache, dass die Immobiliendarlehen, insbesondere die aus einer Eigenheimfinanzierung, notleidend wurden, war nicht nur die schlechteste Tranche, sondern die gesamte Produktklasse eines Kredittyps betroffen.[124] Es verbreitete sich daraufhin ein Misstrauen gegenüber bestimmten Finanzprodukten, vor allem bestand die Sorge der Marktteilnehmer darin, dass die Entwicklung solcher Produkte direkt oder indirekt von gefährdeten US-amerikanischen Immobiliendarlehen abhängen könnte.[125] Diese Entwicklung führte soweit, dass es durch die stark rückläufige Nachfrage zu einem vorübergehenden vollständigen Zusammenbruch des Markts für bestimmte Wertpapiere kam.[126] Im weiteren Verlauf, bedingt durch ein steigendes Misstrauen und steigenden Angebotsüberhang, brach der gesamte Markt für strukturierte Wertpapiere zusammen.[127] Das hatte zur Konsequenz, dass auch deutsche Banken Abschreibungen in Milliardenhöhe vornehmen mussten.[128]

Nach dem Zusammenbruch des Hypothekenkreditmarkts gab es für die Zweckgesellschaften ein Finanzierungsproblem.[129] Da mangels Transparenz nicht erkennbar war, welche Subprime-Kredite „faul“ waren, wurden darauf beruhende Wertpapiere nicht mehr als Sicherheit akzeptiert.[130] Mit dem Ausfall der Refinanzierung, also durch den Verkauf von Wertpapieren, wurden die Beistandszusagen der jeweiligen Institute fällig.[131] Es folgte eine Inanspruchnahme

---

121 *Otto,* Ethik, rechtlicher Rahmen und strafrechtliche Sanktionen beim unternehmerischen Handeln, S. 375 (383).

122 *LG Hamburg,* Urteil vom 09.07.2014 – 608 KLs 12/11, juris JURE150003048, Rn. 9.

123 *Otto,* Ethik, rechtlicher Rahmen und strafrechtliche Sanktionen beim unternehmerischen Handeln, S. 375 (381).

124 *Meyer,* Finanzmarktkrise und Organhaftung, CCZ 2011, S. 41 (45).

125 *LG Hamburg,* Urteil vom 09.07.2014 – 608 KLs 12/11, juris JURE150003048, Rn. 9.

126 *Meyer,* Finanzmarktkrise und Organhaftung, CCZ 2011, S. 41 (45).

127 *Meyer,* Finanzmarktkrise und Organhaftung, CCZ 2011, S. 41 (45).

128 *Wieland,* Der Staat als Aktionär der letzten Instanz, ZSE 2009, S. 470 (477).

129 Vgl. *Kasiske,* Aufarbeitung der Finanzkrise durch das Strafrecht?, S. 13 (22).

130 Vgl. *Kasiske,* Aufarbeitung der Finanzkrise durch das Strafrecht?, S. 13 (22).

131 *Hellwig,* Gutachten für den 68. Juristentag, S. 19.

der dahinter stehenden Institute, welche wiederum selbst in Liquiditätsnöte kamen.[132] Dieser Ausfall und die Rückstufung vieler Wertpapiere durch die Ratingagenturen sorgten für einen Schock auf den Finanzmärkten.[133]

In der darauffolgenden Zeit verschärfte sich die Krise zu einer umfassenden Finanzmarktkrise, wobei der Höhepunkt im Jahr 2008 unter anderem mit dem Zusammenbruch der US-amerikanischen Bank Lehman Brothers Holding Inc. („Lehman Brothers") erreicht wurde.[134] Es drohten im Oktober 2008 Finanzmärkte und -institutionen weltweit zusammenzubrechen, sodass staatliche Hilfe notwendig war, um die Funktionsfähigkeit des Finanzsektors zu schützen.[135] Der Grund war, dass der Interbankenmarkt faktisch aufgrund der zugleich eingetretenen Vertrauenskrise im Bank- und Finanzsektor zum Erliegen kam.[136] Um den völligen Zusammenbruch des Finanzsystems zu verhindern, half der Staat mit „Finanzspritzen" und Bürgschaften in Milliardenhöhe, um die systemrelevanten Finanzinstitute zu retten, deren Insolvenzen wegen absehbar katastrophaler Folgen auf das Finanzsystem als Ganzes nicht in Kauf genommen werden sollten.[137] Diese Institute konnten sich in der Finanzmarktkrise darauf verlassen, dass sie im Zweifel vom Staat gerettet werden, da ansonsten ihre Insolvenz zu massiven Verwerfungen auf dem Finanzmarkt und zu einer Kettenreaktion geführt hätten.[138] Im weiteren Verlauf wären auch einige deutsche Kreditinstitute wirtschaftlich zusammengebrochen, wenn sie keine Fremdhilfe erhalten hätten.[139]

Allein aus dem Umstand, dass sich ein Risiko verwirklich hat, lässt sich zunächst nicht zwingend schlussfolgern, dass es nicht hätte eingegangen werden dürfen.[140] Bei der Bewertung der Finanzmarktkrise ist zu berücksichtigen, dass grundsätzlich die Idee der Verbriefung und des Weiterverkaufs von Kreditrisiken nicht verwerflich ist.[141] Der durchaus legitime Zweck kann dabei sein, Kreditrisiken breiter zu streuen, um so das Risiko für die einzelnen

---

132 Vgl. *Kasiske,* Aufarbeitung der Finanzkrise durch das Strafrecht?, S. 13 (22).

133 *Hellwig,* Gutachten für den 68. Juristentag, S. 19.

134 *LG Hamburg,* Urteil vom 09.07.2014 – 608 KLs 12/11, juris JURE150003048, Rn. 10.

135 *Hellwig,* Gutachten für den 68. Juristentag, S. 4.

136 Vgl. *Hellwig,* Gutachten für den 68. Juristentag, S. 37.

137 *Kasiske,* Aufarbeitung der Finanzkrise durch das Strafrecht?, S. 13 (13).

138 *Blaurock,* Regelbildung und Grenzen des Rechts, JZ 2012, S. 226 (227).

139 *LG Hamburg,* Urteil vom 09.07.2014 – 608 KLs 12/11, juris JURE150003048, Rn. 10; so etwa die IKB Deutsche Industriebank (IKB) und die Landesbank Sachsen (Sachsen LB).

140 *Hellwig,* Gutachten für den 68. Juristentag, S. 25.

141 *Kasiske,* Aufarbeitung der Finanzkrise durch das Strafrecht?, S. 13 (13).

Finanzmarktteilnehmer zu reduzieren und die Effizienz der Kreditmärkte auszubauen.[142] Nach einer rein wirtschaftlichen Betrachtung wird auch angenommen, dass sich in der Krise lediglich die typischen Kreditrisiken verwirklicht haben, auch wenn die Geschäfte in besonders großem Ausmaß getätigt wurden.[143]

Andererseits wurde im Laufe der Krise ersichtlich, dass viele Banken sehr fragil waren. Die Fragilität beruhte auf den entwickelten unterschiedlichen Mechanismen, welche auf die Umgehung der besonderen Regulierungsvorschriften abzielten, um so das Ausmaß der Fristentransformation sowie der Verschuldung erheblich in die Höhe treiben zu können.[144] Durch den Einsatz von Zweckgesellschaften, für welche kein Eigenkapital unterlegt werden musste, und durch den unterjährigen Charakter der Garantien für diese Gesellschaften, wodurch das Verbot von Klumpenrisiken[145] nicht galt, wird aber deutlich, dass es auch darum ging, aufsichtsrechtliche Vorschriften zu umgehen.[146] Die mangelnde Haftung der emittierenden Zweckgesellschaft tritt risikoverschärfend hinzu.[147] Der sich unter anderem aus dem Einsatz durch Zweckgesellschaften ergebene Eigenkapitalmangel ist in zweifacher Hinsicht relevant gewesen.

Zum einen ist mit Eigenkapitalmangel gemeint, dass kein Überschuss über das hinaus vorhanden war, was die Eigenkapitalregulierung oder die Gläubiger erforderten.[148] Das hatte zur Folge, dass bei negativen finanziellen Überraschungen Korrekturmaßnahmen, wie das sogenannte *Deleveraging*, erforderlich waren, also eine Verkürzung der Bilanz durch Veräußerung von Wertpapieren und Rückführung von Schulden.[149] Diese Maßnahme funktioniert für einzelne Kreditinstitute, allerdings stößt diese Korrekturmöglichkeit an ihre Grenzen, wenn alle Institute gleichermaßen in Schwierigkeiten gelangen und auf diese Weise versuchen, finanzielle Probleme zu lösen.[150]

Zum anderen ist Eigenkapitalmangel in dem Sinne zu verstehen, dass selbst wenn die Eigenkapitalregulierung eingehalten wurde, es möglich war,

---

142 *Kasiske,* Aufarbeitung der Finanzkrise durch das Strafrecht?, S. 13 (13).

143 *Forkel,* Zwischenruf – Finanzmarktkrise und Untreue, ZRP 2010, S. 158 (158).

144 *Hellwig,* Gutachten für den 68. Juristentag, S. 18; siehe auch *Zeising,* Asset Backed Securities, BKR 2007, S. 311 (315).

145 Klumpenrisiko wird definiert als die Häufung ähnlicher Ausfallrisiken, *OLG Düsseldorf* ZIP 2010, S. 28 (32), siehe auch C) II) 6) d).

146 *Hellwig,* Gutachten für den 68. Juristentag, S. 30.

147 *Lutter,* Bankenkrise und Organhaftung, ZIP 2009, S. 197 (198).

148 *Hellwig,* Gutachten für den 68. Juristentag, S. 22.

149 *Hellwig,* Gutachten für den 68. Juristentag, S. 22.

150 *Hellwig,* Gutachten für den 68. Juristentag, S. 22.

die Bilanzsumme auf ein Vierzig- bis Fünfzigfaches des Eigenkapitals „aufzublähen".[151] Große, international tätige Banken hatten die Möglichkeit extensiv genutzt, die erforderliche Eigenkapitalunterlegung für Wertpapiere im Handelsbuch anhand ihrer eigenen Risikomodelle zu bestimmen.[152] Die Hypothekenverbriefungen wurden im Handelsbuch statt im Kreditbuch geführt, weil auf diese Weise die Möglichkeit bestand, sie mit weniger Eigenkapital zu unterlegen.[153] Die Papiere konnten mit ihrem Markt- statt mit ihrem Ertragswert bilanziert werden.[154] Irrelevant waren damit die zugrunde liegenden Kreditrisiken und entscheidend die Kursrisiken.[155]

Aus der gesamten Darstellung wird deutlich, dass es nicht nur eine Ursache für den Ausbruch der Finanzmarktkrise gab. Die Bewertung der Ereignisse fällt in der Literatur sehr unterschiedlich aus. So wird unter anderem angenommen, dass die wesentliche Ursache der Finanzkrise ungezügeltes und gieriges Wirtschaften war.[156] Es wird weiter angenommen, dass eine sorgfältige Prüfung der Wertpapiere durchaus zu der Erkenntnis geführt hätte, dass es sich zum Teil um hochspekulative Papiere handelte, deren Anhäufung ein Existenzrisiko für das ankaufende Unternehmen bedeutete.[157] Für eine strafrechtliche Bewertung ist zunächst klarzustellen, dass die grundsätzliche Teilnahme am ABS-Geschäft nicht pflichtwidrig war.[158] Auch die Fristentransformation als solche stellt noch kein pflichtwidriges Verhalten dar.[159] Wenn ABS-Anleihen allerdings Gegenstand exzessiver Fristentransformationen werden und Banken darauf bezogene Garantieerklärungen abgeben, die nicht mit Eigenkapital unterlegt werden können, kann die Grenze zum strafbaren Vorwurf erreicht sein.[160]

Fraglich ist, ob den Verantwortlichen betrügerisches Handeln vorgeworfen werden kann, wenn Kredite zweifelhafter Bonität zu Wertpapieren verbrieft

---

151 *Hellwig*, Gutachten für den 68. Juristentag, S. 23.
152 *Hellwig*, Gutachten für den 68. Juristentag, S. 23.
153 *Hellwig*, Gutachten für den 68. Juristentag, S. 23.
154 *Hellwig*, Gutachten für den 68. Juristentag, S. 23–24.
155 *Hellwig*, Gutachten für den 68. Juristentag, S. 23–24.
156 *Müller-Gugenberger*, in: *Müller-Gugenberger*, Wirtschaftsstrafrecht, § 1 Rn. 78; auch bei *Hellwig*, Gutachten für den 68. Juristentag, S. 4 ist diese Ansicht zu lesen, der dies allerdings als zu kurzsichtig bewertet.
157 *Otto*, Ethik, rechtlicher Rahmen und strafrechtliche Sanktionen beim unternehmerischen Handeln, S. 375 (381).
158 *Schröder*, Hdb. Kapitalmarktstrafrecht, Rn. 1201.
159 *Schröder*, Untreue durch Investitionen in ABS-Anleihen, NJW 2010, S. 1169 (1170).
160 *Schröder*, Hdb. Kapitalmarktstrafrecht, Rn. 1201.

werden, diese anschließend von Ratingagenturen mittels zweifelhafter finanzmathematischer Methoden mit dem Gütesiegel eines Triple-A-Ratings versehen und auf den Finanzmärkten weiterverkauft wurden.[161] In der Literatur wird angenommen, dass den Managern die Geschäftsrisiken, die im Zusammenhang mit den Zweckgesellschaften standen, sowie die Risiken des betriebenen Eigenkapitalmanagements bekannt gewesen sein müssten.[162] Ungeklärt bleibt die Frage, ob den Risikomanagern vorgeworfen werden kann, dass sie die durch den Einsatz von Zweckgesellschaften entstandenen systemischen Risiken nicht berücksichtigt hatten.[163] Die eingesetzten Risikomodelle erfassten wesentliche Risiken nicht und konnten diese Aufgabe auch nicht leisten.[164] Die Finanzkrise im Ganzen wird sich dennoch nicht einzelnen Personen, vor allem nicht strafrechtlich, zurechnen lassen. Eine andere Frage ist jedoch, ob vor, während oder nach dem Ausbruch der Krise Geschäfte vorgenommen wurden, die strafrechtlich relevant sind. Dabei besteht hinsichtlich der Zurechnungsannahme kein allgemeiner Konsens. So wird vertreten, dass die Finanzkrise nicht mit einer Naturkatastrophe zu vergleichen, sondern sie zu großen Teilen durch Personen in verantwortungsvollen Positionen durch leichtfertiges Handeln zu verantworten sei.[165] Relevant dürfte die Beantwortung dieser Fragen nicht nur für die Vergangenheit sein. Es wird bereits vermutet, dass sich im kritischen Bereich der Subprime-Kredite bereits der nächste „Boom“ anbahnt.[166]

Es gab daher Forderungen in der Literatur nach mehr Regulierung, durch welche die Verantwortlichen nicht nur zivil-, sondern auch strafrechtlich zur Verantwortung gezogen werden können. Dementsprechend wurden Vorschläge formuliert, den strafrechtlichen Schutz auszuweiten.[167] Im Anschluss an die

161 So *Kasiske*, Aufarbeitung der Finanzkrise durch das Strafrecht?, S. 13 (13); für den Interbankenmarkt ablehnend *Gallandi*, Strafrechtliche Aspekte der ABS, wistra 2009, S. 41 (43).

162 *Hellwig*, Gutachten für den 68. Juristentag, S. 27.

163 Verneinend *Hellwig*, Gutachten für den 68. Juristentag, S. 27; ein strafbares Handeln im Grund annehmend: *Kasiske*, Aufarbeitung der Finanzkrise durch das Strafrecht?, S. 13 (13).

164 *Hellwig*, Gutachten für den 68. Juristentag, S. 27.

165 *Strate*, Der Preis der Freiheit, HRRS 2009, S. 441 (442).

166 *Stocker*, Amerika wiederholt fatale Fehler der Finanzkrise, Die Welt vom 10. März 2015.

167 Wohl am weitesten gehend *Naucke*, Der Begriff der politischen Wirtschaftsstraftat, S. 101, wonach der traditionelle Fächerkanon auch um ein freiheitsschützendes Wirtschaftsstrafrecht für Güter, Dienstleistungen und Finanzprodukte erweitert werden müsste, siehe hierzu *Jahn*, Die strafrechtliche Aufarbeitung der Finanzmarktkrise,

Finanzkrise fanden zahlreiche Prozesse vor allem gegen die Vorstände deutscher Banken statt.[168] Das Ausbleiben einer Welle von Verurteilungen von Mitarbeitern der Kreditinstitute bekräftigte die Forderung nach der Ausweitung strafrechtlichen Schutzes. Um dieser Forderung noch gerecht zu werden, hat der Gesetzgeber eilig reagiert. Die Eile ist daran ersichtlich, dass kurze Zeit nach dem Beschluss des Gesetzes bereits die erste Änderung erfolgte. Noch bevor das Gesetz in Kraft getreten ist, wurde es bereits geändert und hierbei nicht nur redaktionelle Korrekturen vorgenommen, sondern ein vollkommen neuer Absatz eingefügt.[169] Der Eindruck ist durchaus berechtigt, dass der Gesetzgeber der Forderung nach einer Ausweitung des Strafrechts nachgekommen ist. Der Gesetzgeber scheint hingegen davon auszugehen, dass die Finanzkrise sich auch auf das Handeln einzelner zurückführen lässt. Wenn mit der Einführung des § 54a KWG bezweckt wird, die Geschäftsleiter von Kreditinstituten zukünftig zur Rechenschaft ziehen zu können, wird der Gesetzgeber so verstanden, dass die globale Finanzkrise die Folge einer Verkettung von Managerfehlentscheidungen gewesen sei.[170]

2) Zweck des Gesetzes

Die Annahme, dass eine solche individuelle Zuweisung möglich sei, spiegelt sich im Zweck des Gesetzes wider. Nach der Gesetzesbegründung war für die Einführung der Strafbarkeit die Annahme relevant, dass zuvor nur unzureichende Möglichkeiten bestanden, „*Geschäftsleiter von Kreditinstituten, Finanzdienstleistungsinstituten und Versicherungsunternehmen strafrechtlich zur Verantwortung*" ziehen zu können, wenn das Institut oder das Versicherungsunternehmen durch Missmanagement in eine Schieflage geraten ist.[171] Die bis dahin bestehenden Straftatbestände setzten laut der Begründung bezüglich ihres Schutzzwecks und des strafbewehrten Verhaltens einen anderen Schwerpunkt.[172]

---

wistra 2013, S. 41 (41); auf mögliche Alternativen zu § 54a KWG wird unter C) II) eingegangen.

168 Siehe zu einem Überblick über die Verfahren C) I) 1).

169 Siehe dazu ausführlich B) III) 3).

170 Siehe *Janssen*, in: Münchener Kommentar zum StGB (2015), § 54a KWG Rn. 3; gleichzeitig wird bei Rn. 4 darauf hingewiesen, dass erst durch die Änderung der Gesetzgebung entgegen den damaligen Warnungen die Ursachen für die Krise erst gesetzlich erlaubt wurden.

171 BT-Drs. 17/12601, S. 2.

172 BT-Drs. 17/12601, S. 2; dies bezweifelnd *Wastl*, Trennbankengesetz, Strafrecht, verschärfte Sanktionen, WM 2013, S. 1401 (1403).

Pflichtverletzungen im Risikomanagement, welche nicht nur die Stabilität des Instituts, sondern das gesamte Finanzsystem gefährden, konnten bislang nicht bestraft werden, so lautet die Annahme des Gesetzgebers.[173] Entsprechende Unternehmenskrisen im Banken- und Versicherungssektor könnten zu Verwerfungen auf den Finanzmärkten führen und darüber hinaus könnten sie im Fall von staatlichen Stützungsmaßnahmen die öffentlichen Haushalte belasten.[174] Das Gesetzesvorhaben sollte diesen Zustand ändern.

§ 54a KWG sollte die Möglichkeit schaffen, die verantwortlichen Geschäftsleiter zur Rechenschaft zu ziehen, wenn sie durch Pflichtverletzungen im Risikomanagementbereich die Krise des Instituts oder des Unternehmens mitverursacht haben.[175] Präventiv hingegen ging es darum, Geschäftsleiter in Banken und Versicherungsunternehmen zur Vermeidung zukünftiger Unternehmenskrisen anzuhalten, die aufgrund von Missständen im Risikomanagement entstanden könnten.[176] Der Gedanke hinter der Regelung soll demnach sein, dass strafrechtliche Sanktionen dazu geeignet seien, in komplexen wirtschaftlichen Zusammenhängen regulierend zu wirken.[177] Widersprüchlich zum Anlass der Gesetzeseinführung erscheint, dass die konkreten Handlungen im Verlauf zu der Finanzkrise, das Eingehen enorm hoher Risiken unter gleichzeitiger Umgehung der bestehenden Kontrollmechanismen, nicht von § 54a KWG erfasst werden.[178] Eine entsprechende Erweiterung wurde nicht beschlossen.[179] Der Zweck des Gesetzes ist es daher, Missstände im Risikomanagement, welche sich auf das ganze Institut auswirken, strafrechtlich sanktionieren zu können.

3) Mögliche Rechtsgüter

Das oder die Rechtsgüter werden in der Gesetzesbegründung nicht ausdrücklich als solche bezeichnet. Die Gesetzesbegründung muss daher insgesamt herangezogen werden, um zu klären, welche Rechtsgüter § 54a KWG schützen soll. Die Klärung dieser Frage ist sowohl für die Auslegung des Tatbestands[180], für

---

173 BT-Drs. 17/12601, S. 2.

174 BT-Drs. 17/12601, S. 3.

175 BT-Drs. 17/12601, S. 3.

176 BT-Drs. 17/12601, S. 29.

177 *Krause,* Symbolische Gesetzgebung, S. 113 (128).

178 *Brand,* Konfliktherde des § 54a KWG, ZVglRWiss 2014, S. 142 (153).

179 Ein entsprechender Antrag der Fraktionen SPD und Bündnis 90/Die Grünen war vorhanden, siehe BT-Drs. 17/13539, S. 4.

180 Siehe dazu B) III) 1) b) cc) (1).

die Prüfung der Verfassungskonformität[181] als auch für mögliche Alternativen relevant[182].

Nach der Gesetzesbegründung soll die strafrechtliche Regelung notwendig sein

> *„zum Schutz der anvertrauten Vermögenswerte und der ordnungsgemäßen Durchführung der Bank- und Versicherungsgeschäfte und Finanzdienstleistungen sowie zum Schutz der Stabilität des Finanzsystems und der Vermeidung von Nachteilen für die Gesamtwirtschaft durch Missstände im Kredit-, Finanzdienstleistungs- und Versicherungswesen“.*[183]

Durch diese Aufzählung bleibt unklar, ob die Rechtsgüter nur zusammengenommen oder bereits einzeln durch § 54a KWG geschützt sein sollen. So wird beispielsweise hinterfragt, ob es sich bei den einzelnen „Vermögenswerten“ des Unternehmens bereits für sich genommen um von der Norm allein zu schützende Rechtsgüter handele.[184] Auf die einzelnen genannten Aspekte ist einzugehen und zu prüfen, was § 54a KWG schützen soll.

a) *Vermögenswerte des Kreditinstituts*

Diese Argumentation des bisher mangelnden Schutzes lässt sich zunächst nicht auf den Punkt der einzelnen Vermögenswerte des Unternehmens übertragen. Für den Schutz der „Vermögenswerte“ des Instituts durch § 54a KWG spricht die Aufzählung in der Gesetzesbegründung. In der Begründung heißt es jedoch weiter: *„Es bestehen unzureichende Möglichkeiten, Geschäftsleiter von Kreditinstituten […] strafrechtlich zur Verantwortung zu ziehen, wenn das Institut […] durch Missmanagement in die Schieflage gerät.“*[185] Ein Schutz einzelner Vermögenswerte ist also bei näherer Betrachtung nicht zwingend intendiert, hierfür bestehen zudem bereits Straftatbestände, welche dieses Rechtsgut schützen wie § 266 StGB oder § 263 StGB.[186] Auch um keinen systematischen Wertungswiderspruch

---

181 Siehe dazu B) IV) 2) a) cc).

182 Siehe dazu ab C) II).

183 BT-Drs. 17/12601, S. 28 f.; die genannten Güter hinterfragend *Wegner,* in: *Schork/Groß,* Bankstrafrecht, Rn. 669.

184 *Häberle,* in: *Erbs/Kohlhaas,* Strafrechtliche Nebengesetze, § 54a KWG, Rn. 1; fragend *Wastl,* Trennbankengesetz, Strafrecht, verschärfte Sanktionen, WM 2013, S. 1401 (1402; 1404 Fn. 45); zweifelnd *Hamm/Richter,* Symbolisches und hypertrophes Strafrecht, WM 2013, S. 865 (868); *Strafrechtsausschuss des DAV,* Stellungnahme, NZG 2013, S. 577 (580).

185 BT-Drs. 17/12601, S. 2.

186 *BVerfG* NJW 2010, S. 3209 (3212/3218); verweist bezüglich der Untreue auf *BGHSt* 43, S. 293 (297); *BGH* NJW 2000, S. 154 (155); *BGH* NStZ 1998, S. 514 (515); *Schünemann,* in: Leipziger Kommentar zum StGB, § 266 Rn. 23, wobei umstritten ist, ob nur

im Vergleich zu den bis dahin geltenden Strafnormen zu schaffen, ist nicht von einem Schutz der einzelnen Vermögenswerte auszugehen. In § 266 Abs. 2 StGB i. V. m. § 263 Abs. 3 Nr. 2 StGB ist zudem im Falle der Vernichtung von einzelnen Vermögenswerten in besonders großem Ausmaß der besonders schwere Fall mit einer Höchststrafe von bis zu zehn Jahren Freiheitsstrafe normiert.[187] Eine vergleichbare Strafandrohung ist hingegen bei § 54a KWG nicht vorgesehen, was ebenfalls gegen einen mit § 54a KWG beabsichtigten Schutz einzelner Vermögenswerte spricht.[188] Weiterhin reicht für eine Strafbarkeit nach § 54a KWG die Vernichtung von Vermögenswerten nicht aus. Sofern eine Unternehmenskrise ausbleibt, bleiben Pflichtverletzungen in Form des Zerstörens einzelner Vermögenswerte nach § 54a KWG ohne strafrechtliche Konsequenz.[189] Für die Strafbarkeit ist es ausweislich der Gesetzesbegründung erforderlich, dass *„sich eine tatsächliche Unternehmenskrise realisiert“*.[190] Durch das Erfordernis der Bestandsgefährdung kommt die Strafbarkeit nur im Falle des Eintritts einer Unternehmenskrise in Betracht, sodass der Gesetzgeber den Schutz der einzelnen Vermögenswerte des Unternehmens und der Anleger nicht isoliert im Blick hatte.[191] Damit geht auch die Angabe in den Gesetzesmaterialien einher, dass es sich bei § 54a KWG um ein abstraktes Gefährdungsdelikt handele.[192]

Ein Schutz der Vermögenswerte kann zwar durch § 54a KWG faktisch mit der Vorschrift erreicht werden, allerdings bezweckt die Vorschrift, eine Bestandsgefährdung nicht eintreten zu lassen.[193] Nach dieser Vorschrift bildet das Vernichten einzelner Vermögenswerte bis zur Bestandsgefährdung lediglich ein sanktionsloses Durchgangsstadium. Der Gesetzgeber wollte mit dem strafrechtlichen Teil des Trennbankengesetzes eine vorhandene Strafbarkeitslücke schließen, da vorher in bestimmter Hinsicht nur unzureichende Möglichkeiten bestanden, Geschäftsleiter strafrechtlich zur Verantwortung ziehen zu

---

das anvertraute Vermögen geschützt ist; *Häberle*, in: *Erbs/Kohlhaas*, Strafrechtliche Nebengesetze, § 54a KWG, Rn. 1; *Perron*, in: *Schönke/Schröder*, StGB, § 266 Rn. 1.

187 Vgl. *Wastl*, Trennbankengesetz, Strafrecht, verschärfte Sanktionen, WM 2013, S. 1401 (1404); im Anschluss *Häberle*, in: *Erbs/Kohlhaas*, Strafrechtliche Nebengesetze, § 54a KWG, Rn. 1.

188 *Häberle*, in: *Erbs/Kohlhaas*, Strafrechtliche Nebengesetze, § 54a KWG, Rn. 1.

189 *Eidam, G.*, in: *Eidam, G.*, Nachtrag zu Unternehmen und Strafe, S. 7 (16).

190 BT-Drs. 17/12601, S. 29; siehe zum Merkmal der Bestandsgefährdung B) III) d).

191 *Häberle*, in: *Erbs/Kohlhaas*, Strafrechtliche Nebengesetze, § 54a KWG, Rn. 1.

192 *Häberle*, in: *Erbs/Kohlhaas*, Strafrechtliche Nebengesetze, § 54a KWG, Rn. 1.

193 *Schwerdtfeger*, Strafbarkeitsrisiken für Geschäftsleiter, ZWH 2014, S. 336 (338).

können.[194] Somit bildet das Zerstören einzelner Vermögenswerte eines Instituts eine notwendige, aber keine hinreichende Bedingung für die Strafbarkeit und stellt somit kein von § 54a KWG allein geschütztes Rechtsgut dar.

b) Ordnungsgemäße Durchführung der Bankgeschäfte und Finanzdienstleistungen

Bezüglich der ordnungsgemäßen Durchführung der Bankgeschäfte und Finanzdienstleistungen lässt sich zunächst ebenfalls festhalten, dass der Tatbestand an sich zwar daran anknüpft, aber nicht ausschließlich oder umfassend. Nach § 25a Abs. 1 Satz 2 KWG gehört zur ordnungsgemäßen Geschäftsorganisation ein wirksames und angemessenes Risikomanagement.[195] Dies ist auch der Grund, warum ebenfalls infrage gestellt wird, ob es sich bei dem zweiten genannten „Rechtsgut" um ein allein zu Schützendes handele.[196] Erforderlich für die Strafbarkeit sind Pflichtverletzungen im Risikomanagementbereich, allerdings sind diese für sich genommen in § 54a KWG nicht strafrechtlich relevant. Neben diesen Pflichtverletzungen ist der Eintritt einer existenzbedrohenden Unternehmenskrise erforderlich.[197] Allein das ordnungswidrige Durchführen der Geschäfte reicht daher nicht aus, um den Tatbestand des § 54a KWG zu erfüllen. Daher ist die ordnungswidrige Durchführung der Bankgeschäfte und Finanzdienstleistungen ebenfalls nur ein Stadium, das in letzter Konsequenz zur Erfüllung des Straftatbestands führen kann, aber nicht zwingend muss. Zudem ist auch nicht jede Art ordnungswidriger Durchführung der Geschäfte erfasst, sondern lediglich der Bereich der Risikomanagementpflichten. Das bedeutet, dass auch die ordnungsgemäße Durchführung der Bankgeschäfte und Finanzdienstleistungen allein nicht von § 54a KWG geschützt ist.

c) Stabilität des Finanzsystems

Ohne Zweifel kann angenommen werden, dass die Stabilität des Finanzsystems geschützt werden soll, da dies eindeutig aus der Gesetzesbegründung

---

194 Vgl. BT-Drs. 17/12601, S. 2; teilweise als Gerechtigkeitslücke bezeichnet, siehe *Schröder,* Keine Strafbarkeitsrisiken für verantwortungsvoll handelnde Geschäftsleiter, WM 2014, S. 100 (102).

195 Siehe dazu B) III) 1) b) aa).

196 *Häberle,* in: *Erbs/Kohlhaas,* Strafrechtliche Nebengesetze, § 54a KWG, Rn. 1.

197 Vgl. BT-Drs. 17/12601, S. 44.

hervorgeht.[198] Das ergibt sich aus der Tatsache, dass die Strafnorm an die Finanzkrise anknüpft[199] und unter anderem bezweckt, eine zukünftige zu verhindern. Dabei geht es darum, dass Pflichtverletzungen im Risikomanagement grundsätzlich zu schweren Verwerfungen auf dem Finanzmarkt bis hin zu einer Belastung der öffentlichen Haushalte führen können.[200] Der Zweck des Gesetzes ist diesbezüglich, dass *„im Fall der Gefährdung der Finanzmarktstabilität durch Unternehmenskrisen die individuell verantwortlichen Personen auf Managementebene haftbar“*[201] gemacht werden können. Der Gesetzgeber verweist zudem auf Systemgefährdungen i. S. des § 48b KWG und dass die Verursachung einer solchen Gefährdung durch § 54a KWG unter Strafe gestellt wird.[202] Die Gefährdung der Funktionsfähigkeit des Finanzsystems als solches wird nicht vom Tatbestand der Untreue erfasst. Fraglich ist, ob eine solche Gefährdung im Falle des § 54a KWG wirklich Berücksichtigung findet, denn eine Systemgefährdung gehört dem Wortlaut nach nicht zum erforderlichen Tatbestand.[203] Allerdings ist es kaum möglich, mit einer einzelnen Handlung die Funktionsfähigkeit des Markts zu beeinträchtigen oder gar zu gefährden, sodass die Aufnahme dieser Voraussetzung in den Tatbestand riskiere, dieser eines praktischen Anwendungsbereichs zu berauben.[204] Eine solche Formulierung in einem Tatbestand wäre auch bedenklich, so war die Regelung in § 48b Abs. 2 KWG a. F., welche die Voraussetzungen für die Annahme einer Systemgefährdung normierte, sehr allgemein und unbestimmt gehalten.[205] Aber auch wenn die Systemgefährdung oder positiv formuliert die Stabilität des Finanzsystems kein Tatbestandsmerkmal ist, kann sie dennoch als Rechtsgut der Norm dienen, sofern ihr Schutz durch die beschriebenen Tatbestandsmerkmale bezweckt ist. Als ein solches wird die Bestandsgefährdung eines Kreditinstituts genannt.[206] In der Begründung wird in diesem Zusammenhang aufgeführt, dass die Bestandsgefährdung eines Unternehmens aus dem Bereich des Finanzsektors *„die Funktionsfähigkeit*

198 *Häberle*, in: *Erbs/Kohlhaas*, Strafrechtliche Nebengesetze, § 54a KWG, Rn. 1; *Schwerdtfeger*, Strafbarkeitsrisiken für Geschäftsleiter, ZWH 2014, S. 336 (338); *Wastl*, Trennbankengesetz, Strafrecht, verschärfte Sanktionen, WM 2013, S. 1401 (1402).

199 Vgl. BT-Drs. 17/12601, S. 2.

200 BT-Drs. 17/12601, S. 2 f.

201 BT-Drs. 17/12601, S. 29.

202 BT-Drs. 17/12601, S. 44.

203 *Volk*, Strafrecht ohne Grenzen im neuen Trennbankengesetz, S. 669 (670).

204 Siehe dazu *Ransiek*, Asset Backed Securities und Strafrecht, WM 2010, S. 869 (869).

205 *Volk*, Strafrecht ohne Grenzen im neuen Trennbankengesetz, S. 669 (675).

206 BT-Drs. 17/12601, S. 44.

des Finanzsystems als Ganzes“ tangiere.[207] Die Funktionsfähigkeit des Finanzmarkts wurde bereits zuvor durch § 54 KWG geschützt[208], allerdings nicht abschließend, sondern nur sehr spezifisch hinsichtlich des Zulassungsrechts und zum Teil hinsichtlich der Solvenzaufsicht.[209] Das bedeutet, dass der Schutz des Finanzsystems in der Tat durch § 54a KWG erweitert wurde. Allerdings ist davon auszugehen, dass auch dadurch kein umfassender Schutz des Finanzsystems bezweckt wurde. Der Schutzbereich wurde vielmehr in der Hinsicht erweitert, dass das Finanzsystem vor Gefahren, die durch Bestandsgefährdungen von Kreditinstituten entstehen können, geschützt werden soll. Dass es dem Gesetzgeber nicht darum ging, mit § 54a KWG das Finanzsystem vor sämtlichen Gefahren zu schützen, ergibt sich auch aus einer anderen Erwägung. Durch die damalige gleichzeitige Änderung des § 3 KWG[210] sind über die Strafnorm des § 54 KWG, der auf diesen verweist, inzwischen auch bestimmte Fälle spekulativer Geschäfte verboten.[211] Das bedeutet, dass auch der Schutzbereich des § 54 KWG durch die Gesetzesänderung erweitert wurde.

Das bedeutet, dass die Stabilität des Finanzsystems durch § 54a KWG zwar geschützt werden soll, allerdings nur vor Beeinträchtigungen, die durch Bestandsgefährdungen von Kreditinstituten verursacht wird. Ein umfassender Schutz ist nicht anzunehmen. Andererseits hätte es eine Schutzbereichserweiterung des § 54 KWG nicht bedarf.

d) Nachteile für die Gesamtwirtschaft

Es ging bei der Gesetzesinitiative des § 54a KWG auch um die Vermeidung von Nachteilen für die Gesamtwirtschaft durch Missstände im Kredit- und Finanzdienstleistungswesen.[212] Allerdings ist auch der Schutz der Gesamtwirtschaft nicht im Wortlaut der Norm angelegt. Notwendig ist dies nicht, allerdings ist fraglich, ob der Schutz durch § 54a KWG erreicht werden kann. Problematisch ist zunächst, dass die Formulierung sehr weit gefasst ist. Hierbei nutzte der Gesetzgeber nicht die Möglichkeit, diesen Begriff zu erläutern oder zu konkretisieren.

---

207 BT-Drs. 17/12601, S. 29; dem sich anschließend *Kasiske,* Das Kapitalmarktstrafrecht, ZIS 2013, S. 257 (258).

208 Vgl. *BGH* NStZ 2007, S. 647 (648); *Häberle,* in: *Erbs/Kohlhaas,* Strafrechtliche Nebengesetze, § 54 KWG, Rn. 1.

209 *Schröder,* Hdb. Kapitalmarktstrafrecht, Rn. 886.

210 BT-Drs. 17/12601, S. 20.

211 *Schröder,* Hdb. Kapitalmarktstrafrecht, Rn. 1014q.

212 BT-Drs. 17/12601, S. 28.

Während eine Krise ein gewisses Ausmaß erreichen muss, um die Stabilität des Finanzsystems zu beeinflussen, tritt ein Nachteil deutlich früher ein. Nach der Gesetzesbegründung muss es sich auch nicht um einen schwerwiegenden oder weitreichenden Nachteil handeln.[213] Lediglich der Aspekt, dass der Nachteil für die Gesamtwirtschaft vorliegen muss, begrenzt dasjenige, was von § 54a KWG geschützt werden soll. Auch ist die weitere Formulierung des Missstands im Kredit- und Finanzdienstleistungswesen sehr weitreichend. Dabei soll § 54a KWG nach seinen Tatbestandsvoraussetzungen auch nicht jeglichen Missstand im Kredit- und Finanzdienstleistungswesen verhindern. Erfasst sind vielmehr nur Missstände im Bereich des Risikomanagements. Weitere mögliche Missstände im Kredit- und Finanzdienstleistungswesen lassen sich hingegen nicht unter § 54a KWG subsumieren und es ist auch nicht nach der Gesetzesbegründung ersichtlich, dass sie erfasst werden sollten. Mithin handelt es sich um eine sehr weit gefasste Beschreibung. Hinzu tritt die Frage, wann das Rechtsgut Gesamtwirtschaft unabhängig von der Stabilität des Finanzsystems durch einen Verstoß gegen § 54a KWG betroffen sein kann. Denn sofern die Stabilität des Finanzsystems betroffen ist, hat dies auch Nachteile für die Gesamtwirtschaft zur Folge. Jedoch hat nicht jeder denkbare Nachteil für die Gesamtwirtschaft, welcher durch Missstände im Kredit- und Finanzdienstleistungswesen verursacht wird, Einfluss auf die Stabilität des Finanzsystems. Die in der Gesetzesbegründung aufgeführten Nachteile für die Gesamtwirtschaft, welche durch Missstände im Kredit- und Finanzdienstleistungswesen verursacht werden, sind also nicht als eigenes Rechtsgut des § 54a KWG anzusehen. Weder ist ein solcher Schutz im Wortlaut der Norm angelegt, noch ergibt sich einer solcher mittelbar aus der Norm.

e) *Ein mehrteiliges Rechtsgut?*

Als einziges Rechtsgut des § 54a KWG verbleibt mithin die Stabilität des Finanzsystems. Es stellt sich jedoch die Frage, warum der Gesetzgeber die weiteren Aspekte aufgezählt hat. Der Sinn von § 54a KWG ist, den spezifischen Unrechtsgehalt zu erfassen, welcher darin liegt, durch Missmanagement eine grundlegende Krise eines systemrelevanten Kreditinstituts auszulösen und dadurch das Finanzsystem insgesamt zu destabilisieren.[214] Es geht daher um eine spezielle Art der Beeinflussung der Stabilität des Finanzsystems. Die anderen Aspekte

213 Vgl. BT-Drs. 17/12601, S. 28 f.

214 *Goeckenjan,* Die neuen Strafvorschriften, wistra 2014, S. 201 (202).

könnten dazu dienen, diese Art der Beeinträchtigung näher zu umschreiben, sodass man die aufgezählten Aspekte in Verbindung setzen muss.

Die Art der Beeinträchtigung könnte darin liegen, dass durch die ordnungswidrige Durchführung der Bankgeschäfte und Finanzdienstleistungen anvertraute Vermögenswerte zerstört werden und dadurch letztlich die Stabilität des Finanzsystems durch eine eingetretene Bestandsgefährdung bedroht wird, wodurch Nachteile für die Gesamtwirtschaft durch die eingetretenen Missstände im Kredit- und Finanzdienstleistungswesen entstehen. Dies stellte einen sehr umfangreichen Anforderungskatalog für ein einziges Rechtsgut dar, was zweifelhaft erscheinen lässt, dass es sich bei den übrigen Aspekten um eine Konkretisierung des Rechtsguts oder seiner Beeinträchtigung handelt. Wie bereits dargelegt, liegt ein Nachteil für die Gesamtwirtschaft vor, sobald die Stabilität des Finanzsystems tangiert ist. Auch aus den genannten Gründen eignet sich die Beschreibung der Nachteile für die Gesamtwirtschaft nicht, das Merkmal der Stabilität des Finanzsystems weiter einzugrenzen.

Das könnte bedeuten, dass die anderen aufgezählten Aspekte das Rechtsgut des § 54a KWG näher beschreiben, dass also durch die ordnungswidrige Durchführung der Bankgeschäfte und Finanzdienstleistungen anvertraute Vermögenswerte zerstört werden und dadurch letztlich die Stabilität des Finanzsystems durch eine eingetretene Bestandsgefährdung bedroht wird. Wie bereits dargelegt, sind weder die ordnungsmäßige Durchführung der Bankgeschäfte noch die anvertrauten Vermögenswerte selbstständig geschützt. Das Rechtsgut, welches § 54a KWG schützen soll, ist die Stabilität des Finanzsystems. Dabei soll dieses Rechtsgut jedoch nicht umfassend vor jeglicher Beeinträchtigung geschützt werden, sondern es geht darum, Missstände im Bereich der Bankgeschäfte und Finanzdienstleistungen zu vermeiden, konkreter um ein ordentliches Risikomanagement, welches das Kreditinstitut davor bewahren soll, Risikogeschäfte in einem solchen Maße einzugehen, dass der Bestand des Instituts im Ganzen gefährdet ist. In diesem Zusammenhang können einzelne Vermögenswerte zerstört werden. Der Bestand kann auch dadurch gefährdet werden, dass Risiken in Form von Garantien eingegangen werden, womit die Bestandsgefährdung dadurch bevorsteht, dass der Garantiefall in absehbarer Zukunft eintreten kann. Damit ist es nicht erforderlich, dass zunächst einzelne Vermögenswerte zerstört werden. Hinsichtlich der ordnungswidrigen Durchführung von Bankgeschäften ist zu betonen, dass das Risikomanagement Teil einer ordnungsgemäßen Geschäftsorganisation ist. Das bedeutet, dass es sich schlicht um einen Oberbegriff handelt, zu welchem auch das Risikomanagement gehört.

Damit könnten die Aspekte der zerstörten einzelnen Vermögenswerte und die ordnungswidrige Durchführung der Bankgeschäfte nicht dazu beitragen, das Rechtsgut des § 54a KWG, die Stabilität des Finanzsystems, einzugrenzen.

f) Rechtsgut des § 54a KWG

Die Frage bleibt, ob die Stabilität des Finanzsystems für sich ein geeignetes Rechtsgut sein kann. Bereits der Rechtsgutsbegriff selbst ist umstritten.[215] Diese Aspekte sind bei der Prüfung der Verfassungswidrigkeit zu beachten, wenn die verfassungskonforme Auslegung der Norm notwendig sein wird[216]. Aber auch für den späteren Verlauf der Arbeit, wenn Alternativen zu § 54a KWG zu diskutieren sein werden, ist die beabsichtigte Intension des Gesetzgebers zu berücksichtigen. Für die vorliegende Arbeit werden Rechtsgüter definiert als alle Gegebenheiten oder Zwecksetzungen, welche für die freie Entfaltung des Einzelnen, die Verwirklichung seiner Grundrechte und das Funktionieren eines auf dieser Zielvorstellung aufbauenden staatlichen Systems notwendig sind.[217]

aa) Kritikwürdigkeit der Anknüpfung an überindividuelle Rechtsgüter

Nicht zuletzt durch die Einführung des § 54a KWG wird erneut eine Tendenz der Gesetzgebung deutlich, neuere und vom einzelnen Individuum entferntere Rechtsgüter zu schaffen und zu schützen.[218] Unterstützung erhält der Gesetzgeber hierbei durch die Rechtsprechung.[219] An dieser Stelle kann nicht die grundsätzliche Frage geklärt werden, ob und wenn ja, welche Universalrechtsgüter existieren. Grundsätzlich sind die Allgemeinrechtsgüter, auch als Universalrechtsgüter bezeichnet, Gegenstand einer kritischen Diskussion.[220] Bei der Kritik geht es allerdings in erster Linie darum, möglichen Missbrauch dieses Konzepts zu verhindern.[221] Ein solcher liegt nach *Roxin* dann vor, wenn die zu

---

215 Siehe etwa zu den Problemen bei dem Rechtsgutkonzept *Hassemer/Neumann,* in: *Kindhäuser/Neumann/Paeffgen,* NK-StGB, Vorbem. zu § 1 Rn. 116 ff.

216 Vgl. *BVerfGE* 2, S. 266 (282) unter Hinweis auf *Bayer. Verfassungsgerichtshof* VerwRspr. 1952, S. 789 (797).

217 *Roxin,* Strafrecht AT I, § 2 Rn. 7.

218 Zu nennen ist hier etwa die Strafbarkeit wegen Dopings § 4 AntiDopG, Bestechung und Bestechlichkeit im Gesundheitswesen §§ 299a; 299b StGB.

219 So wurde die Initiative des Gesetzgebers zu §§ 299a; 299b StGB auch durch den Großen Senat für Strafsachen des Bundesgerichtshofs unterstützt, *BGH* NJW 2012, S. 2530 (2535).

220 *Roxin,* Strafrecht AT I, § 2 Rn. 10.

221 *Roxin,* Strafrecht AT I, § 2 Rn. 10.

schützenden Individualrechtsgüter nicht in strafwürdiger Weise beeinträchtigt werden.[222] Vor der Gefahr der exzessiven Erweiterung von und der Schaffung neuer Straftatbestände wurde bereits vor 30 Jahren gewarnt.[223] Die Bedeutung dieser Warnung hat seitdem zu- statt abgenommen, so dass sie nicht oft genug wiederholt werden kann.[224] Eines der wichtigsten Anliegen ist in diesem Zusammenhang, sogenannte Scheinrechtsgüter zu eliminieren.[225]

Auch wenn es durchaus angebracht sein kann, die Erweiterung des Strafrechtsschutzes zu monieren, gibt es bestimmte überindividuelle Rechtsgüter, die schützenswert sind. Beispielsweise kann hier § 81 StGB genannt werden, der unter anderem den Schutz der Existenz des Staates Bundesrepublik Deutschland bezweckt[226], oder auch § 146 StGB, der das Allgemeininteresse an der Sicherheit und der Zuverlässigkeit des Geldverkehrs und das Vertrauen in diesen Verkehr schützt[227]. Zu berücksichtigen ist, dass auch bestehende Straftatbestände teilweise zum Schutz weiterer Rechtsgüter erweitert werden. So schützen die §§ 331 ff. StGB vor der generellen Gefährdung der Funktionsfähigkeit des Staatsapparats, die sich aus der verbotenen Beziehung zwischen Bestochenem und Bestechendem ergibt.[228] Durch eine Erweiterung[229] bezwecken die Korruptionsdelikte auch den Schutz des internationalen Wettbewerbs auf europarechtlicher und internationaler Ebene, wodurch sie einen sehr weiten Anwendungsbereich

---

222 *Roxin*, Strafrecht AT I, § 2 Rn. 10.

223 *Hassemer*, Symbolisches Strafrecht und Rechtsgüterschutz, NStZ 1989, S. 553 (557); schon damals sich intensiv damit beschäftigend *Jakobs*, Kriminalisierung im Vorfeld einer Rechtsgutsverletzung, ZStW 97 (1985), S. 751–785.

224 Dies geschieht neben der Kritik an § 54a KWG und den bereits genannten eingefügten Straftatbeständen etwa auch hinsichtlich Überlegungen, wie der Schaffung eines Rechtsgut „Vertrauen in die Funktionsfähigkeit der Märkte", dies ablehnend: *Beckemper*, Das Rechtsgut „Vertrauen in die Funktionsfähigkeit der Märkte", ZIS 2011, S. 318 ff.

225 *Roxin*, Strafrecht AT I, § 2 Rn. 10.

226 *Lampe/Hegmann*, in: Münchener Kommentar zum StGB, § 81 Rn. 1.

227 *Sternberg-Lieben*, in: *Schönke/Schröder*, StGB, § 146 Rn. 1.

228 *Heine/Eisele*, in: *Schönke/Schröder*, StGB, § 331 Rn. 9.

229 Durch das Gesetz zu dem Übereinkommen vom 17. Dezember 1997 über die Bekämpfung der Bestechung ausländischer Amtsträger im internationalen Geschäftsverkehr (IntBestG), in Kraft getreten am 22. September 1998, sowie durch Gesetz zu dem Protokoll vom 27. September 1996 zum Übereinkommen über den Schutz der finanziellen Interessen der Europäischen Gemeinschaft (EUBestG), BGBl. 1998 II S. 2340 (Nr. 37), in Kraft getreten zum 22. September 1998.

haben.[230] Neben der durchaus nachvollziehbaren Erweiterung strafrechtlicher Tatbestände bedeutet überindividuell in diesen Fällen nicht, dass gar keine Beziehung mehr zu einzelnen Personen hergestellt werden kann, denn nur weil die Individuen und deren Rechtsgüter nicht direkt ersichtlich sind, heißt es nicht, dass das Rechtsgut für den Einzelnen nicht auch relevant sein kann.

Die Tendenz zur Entwicklung neuer kollektiver Rechtsgüter ist vor dem Hintergrund zu sehen, dass durch den Einsatz von modernen Compliance-Systemen die Schutzwürdigkeit von Interessen bekannt wurde, die vorher in diesem Zusammenhang nicht deutlich waren.[231] Dem ist entgegnen zuhalten, dass wichtige liberale Traditionen nicht verlassen werden dürfen und die strafrechtliche Relevanz kollektive Rechtsgüter nur erhalten bleiben kann, wenn als Bezugsgröße an irgendeiner Stelle doch die einzelne Person eingesetzt werden kann.[232] Der Gesetzgeber soll nur, bevor der Einzelne einen Schaden erleidet, intervenieren.[233] Sofern der Ursprung des Angriffswegs sich zu weit entfernt und in den unübersehbaren Strukturen des Finanzmarkts verloren geht, erfüllt ein Tatbestand, der diese Strukturen hinsichtlich der Schutzwürdigkeit auf den Einzelnen fixieren will, nicht mehr der Voraussetzung der grundgesetzlich geforderten Bestimmtheit[234] sowie des Grundsatzes der Verhältnismäßigkeit als Schranke-Schranke des Angriffs in Art. 2 Abs. 1 GG[235]. Dabei ist es nicht ausreichend, allein eine Verbindung zwischen dem Funktionieren des Markts und der Wohlfahrt des Einzelnen aufzuzeigen, sondern es muss auch geklärt werden, ob es im Namen des Gemeinwohls wirklich erforderlich ist, die Akteure über die möglichen Schadensersatz- oder Wiedergutmachungspflichten hinaus zu disziplinieren.[236] Sofern an dieser Stelle auf die Steuerungsfunktion des

---

230 *Kuhlen,* Grundfragen von Compliance und Strafrecht, S. 1 (2 f.).

231 *Lüderssen,* Finanzmarktkrise, Risikomanagement und Strafrecht, StV 2009, S. 486 (494).

232 *Lüderssen,* Finanzmarktkrise, Risikomanagement und Strafrecht, StV 2009, S. 486 (494).

233 *Lüderssen,* Finanzmarktkrise, Risikomanagement und Strafrecht, StV 2009, S. 486 (494).

234 *Lüderssen,* Finanzmarktkrise, Risikomanagement und Strafrecht, StV 2009, S. 486 (494).

235 Grundsätzlich zur Schranke-Schranke *Lang,* in: *Epping/Hillgruber,* BeckOK, GG, Art. 2 Rn. 25, konkret zum Rechtsgüterschutz *BVerfG* NJW 2008, S. 1137 (1138); ausführlicher unter B) I) 3) f) bb).

236 *Lüderssen,* Finanzmarktkrise, Risikomanagement und Strafrecht, StV 2009, S. 486 (494).

Strafrechts verwiesen wird, ist zu bedenken, dass diese besonders im Bereich des Wirtschaftsstrafrechts umstritten ist.[237] Zwar kann sich die Wirtschaft als intelligentes Teilsystem an die Vorgaben des Strafrechts derart anpassen, dass es nicht zu einem Verstoß kommen wird, allerdings kann das Strafrecht keine konkreten Ziele für die Wirtschaft oder die Art der Zielerreichung vorgeben.[238] Zwar kann durch strafrechtliche Verbote eine mittelbare Lenkung erfolgen, die entscheidende langfristige Lenkung und Gestaltung von Vorgaben kann aber nur intrinsisch von der Wirtschaft selbst erfolgen.[239] Davon abgesehen sollte das Strafrecht als Freiheitsbeschränkung nicht auf seinen möglichen Steuerungscharakter reduziert werden. Ein anderer Legitimationsgrund für die Wahl des Strafrechts könnte sich aus der Höhe und dem Umfang des potenziellen Schadens ergeben. Schadens- oder Wiedergutmachungspflichten einzelner Personen, sofern diese sich nachweisbar pflichtwidrig verhalten haben, sind jedoch primär zivilrechtlich zu regeln. Die Anwendung des Strafrechts findet seine Rechtfertigung in einem darüber hinausgehenden Sanktionsbedürfnis.[240] Ein solches Bedürfnis kann sich daraus ergeben, dass der angerichtete Schaden finanziell nicht von einzelnen Personen wiedergutgemacht werden kann. Das liegt daran, dass der Schaden etwa im Rahmen der Finanzkrise ein Ausmaß erreicht hat, welches sogar das Bruttoinlandsprodukt von wirtschaftlich starken Ländern überstiegen hat.[241] Zu erwähnen ist in diesem Zusammenhang, dass es Kritik an dem bestehenden Rechtsgüterschutz gibt, die in eine Strafrechts ausweitende Richtung deutet. Danach soll es eine Erweiterung des Rechtsgüterschutzes des Wirtschaftsstrafrechts hinsichtlich der Güter, Dienstleistungen und Finanzprodukten geben.[242] Dieser Richtung folgend wird auch § 54a KWG als nicht weitreichend genug empfunden.[243] Dem uferlosen Ausbau des Rechtsgüterschutzes

---

237 *Lüderssen,* Finanzmarktkrise, Risikomanagement und Strafrecht, StV 2009, S. 486 (493); *Hassemer,* Die Basis des Wirtschaftsstrafrechts, wistra 2009, S. 169 (173).

238 *Hassemer,* Die Basis des Wirtschaftsstrafrechts, wistra 2009, S. 169 (173).

239 *Hassemer,* Die Basis des Wirtschaftsstrafrechts, wistra 2009, S. 169 (173).

240 Vgl. *Volk,* Untreue und Gesellschaftsrecht, S. 803 (804); *Lüderssen,* Risikomanagement und Risikoerhöhungstheorie, S. 345 (346).

241 Der volkswirtschaftliche Schaden wird weltweit auf etwa 10 Billionen US-Dollar geschätzt, *Kasiske,* Bestandsgefährdung systemrelevanter Kreditinstitute als eigener Straftatbestand, ZRP 2011, S. 137 (137).

242 *Naucke*, Der Begriff der politischen Wirtschaftsstraftat, S. 100 f., mit Bedenken dazu: *Jahn,* Die strafrechtliche Aufarbeitung der Finanzmarktkrise, wistra 2013, S. 41 (41).

243 *Hopt,* Die Verantwortlichkeit von Vorstand und Aufsichtsrat, ZIP 2013, S. 1793 (1805); *Kasiske,* Das Kapitalmarktstrafrecht, ZIS 2013, S. 257 (264).

ist aber entgegenzutreten. Legitimationsbedürftig ist die Anwendung des Strafrechts aufgrund des Eingriffs der in Art. 2 Abs. 1 GG garantierten Freiheit, und nicht der Verzicht auf dieses einschneidende Instrument.

bb) Schutzwürdigkeit der Stabilität des Finanzsystems

Fraglich ist, ob es sich bei der Stabilität des Finanzsystems um ein schutzwürdiges Rechtsgut handelt. Zunächst ist trotz aller Kritik an der Umsetzung des § 54a KWG der Ausgangspunkt, die Stabilität des Finanzsystems zu schützen, begrüßenswert.[244] Zu berücksichtigen ist, dass der Gesetzgeber nur das Verhalten unter Strafe stellen darf, welches ein Rechtsgut auch wirklich bedroht.[245] Wie bereits erwähnt, ist eine Grenze der Grundsatz der Verhältnismäßigkeit als Schranke-Schranke.[246] Ausgangspunkt ist die allgemeine Handlungsfreiheit in Art. 2 Abs. 1 GG. Als eine Schranke und damit als Beschränkung der Handlungsfreiheit werden diejenigen Rechtsnormen betrachtet, die formell und materiell mit der Verfassung im Einklang stehen.[247] Diese Schranken unterliegen selbst den verfassungsrechtlichen Begrenzungen, den Schranken-Schranken, wovon dem Grundsatz der Verhältnismäßigkeit eine wichtige Stellung zukommt.[248] Insbesondere bei der Prüfung von Strafvorschriften kommt dem Grundsatz der Verhältnismäßigkeit eine gesteigerte Bedeutung zu.[249] Ein Gesetz muss nach diesem Grundsatz geeignet und erforderlich, um den erstrebten Zweck zu erreichen.[250]

Ein Gesetz ist geeignet, wenn mit seiner Hilfe der erwünschte Erfolg gefördert werden kann.[251] Hierfür ist zunächst klarzustellen, was passiert, wenn die Stabilität des Finanzsystems beeinträchtigt ist. Grundsätzlich lässt sich die Überlegung nur schwer abstrakt darlegen, welche Konsequenzen eine Beeinträchtigung eines vermeintlichen Rechtsguts haben kann. Hinsichtlich der Stabilität des Finanzmarkts ist dafür die Finanzkrise von 2007/2008 ein anschauliches Beispiel. Es handelt sich auch nicht um die erste Beeinträchtigung der Stabilität des Finanzmarkts. Eines der bekanntesten Beispiele, welches in diesem Zusammenhang

---

244 Vgl. *Jahn*, Compliance an der Verfassungsgrenze, FAZ vom 31.07.2013, S. 19.
245 *Hassemer*, Symbolisches Strafrecht und Rechtsgüterschutz, NStZ 1989, S. 553 (557).
246 *Lang*, in: *Epping/Hillgruber*, BeckOK, GG, Art. 2 Rn. 25.
247 Seit *BVerfG* NJW 1957, S. 297 (297 f.).
248 *Lang*, in: *Epping/Hillgruber*, BeckOK, GG, Art. 2 Rn. 25.
249 *BVerfG* NJW 1995, S. 1577 (1578); NJW 1995, S. 1811 (1814); NJW 2008, S. 1137 (1138).
250 *BVerfG* NJW 1995, S. 1577 (1578 f.); *Lang*, in: *Epping/Hillgruber*, BeckOK, GG, Art. 2 Rn. 26.
251 *BVerfG* NJW 2008, S. 1137 (1138).

regelmäßig genannt wird, ist die Bankenkrise von 1931, die zu einer in ganz Deutschland abdeckenden Bankenschließung führte.[252] In einer kapitalistischen Gesellschaftsordnung ist das Vertrauen auf die Finanzmarktstabilität von elementarer Bedeutung. Jede ernst zu nehmende Beeinträchtigung dieser Stabilität führt nicht nur zur Verunsicherung innerhalb des Finanzmarkts, sondern weit darüber hinaus innerhalb der Bevölkerung. Das Funktionieren des Finanzsystems hat also für unser Zusammenleben eine hohe Bedeutung.[253] Daher eignet sich die Stabilität des Finanzsystems als Rechtsgut, dessen Schutz notwendig ist. Auch hat die Finanzkrise gezeigt, auf welche Weise das Rechtsgut beeinträchtigt werden kann, nämlich durch eine Gefährdung eines am internationalen Finanzmarkt teilnehmenden Kreditinstituts in seinem Bestand.

Ein Strafgesetz ist erforderlich, wenn der Gesetzgeber nicht ein anderes, gleich wirksames, aber das Grundrecht nicht oder weniger stark einschränkendes Mittel hätte wählen können.[254] Andere möglicherweise gleichwirksame Mittel des Gesetzgebers stellen die Anpassungen des bestehenden Strafrechts[255] oder außerhalb des Strafrechts dar[256]. Die Frage der Erforderlichkeit wird an anderer Stelle geprüft. Zunächst wird auf den weiten Beurteilungsspielraum des Gesetzgebers verwiesen, der diesem bei der Wahl der Mittel und Umsetzung zukommt.[257]

4) Zwischenergebnis

Ob *Birnbaum*[258], der bekanntermaßen als Schöpfer des Rechtsgutsbegriffs gilt, dem Begriff auch eine strafbarkeitsbegrenzende Funktion zudachte, ist wie so vieles in diesem Zusammenhang mit diesem Begriff umstritten.[259] Für die Untersuchung des eingeführten Tatbestands lässt sich festhalten, dass erneut ein „neues“ Rechtsgut geschaffen und als schützenswert erachtet wurde. Diese Feststellung ist für sich genommen noch kein Kritikpunkt an der Einführung

---

252 *Claussen*, Bankrechtliche Fragen zur Finanzmarktkrise, S. 1695 (1696).
253 *Fischer*, Die strafrechtliche Bewältigung der Finanzkrise, ZStW 2011, S. 816 (820).
254 *BVerfG* NJW 1995, S. 1577 (1579).
255 Dazu unter C) II).
256 Dazu unter C) III).
257 *Lang*, in: *Epping/Hillgruber*, BeckOK, GG, Art. 2 Rn. 26.
258 Etwa in: *Birnbaum*, Über das Erfordernis einer Rechtsverletzung, Archiv d. Criminalrechts Bd. 15 (1834), S. 149–194, wobei er sich für einen engeren Begriff des Verbrechens aussprach, S. 153–154.
259 *Roxin*, Strafrecht AT I, § 2 Rn. 6.

des § 54a KWG. In einer Gesellschaft, die sich stets fortentwickelt, muss kontinuierlich überprüft werden, ob damit einhergehend auch neue Rechtsgüter zu schützen sind.[260] Entscheidend ist jedoch, dass die darauf bezogenen neuen Tatbestände oder die Änderung oder Erweiterung bestehender Tatbestände die verfassungsrechtlichen Vorgaben einhalten.[261] Um diese Fragestellungen für § 54a KWG zu klären, war die Herausarbeitung der Stabilität des Finanzmarkts als dessen Rechtsgut notwendig. Bei diesem handelt es sich um ein sehr weites überindividuelles, aber durchaus schützenswertes Rechtsgut. Neben der Feststellung des Rechtsguts war auch der Strafzweck für die Einführung des neuen Tatbestands im KWG darzulegen. Für den nächsten gravierenden Fall einer Finanzkrise besteht durch § 54a KWG die theoretische Möglichkeit, Geschäftsleiter strafrechtlich zur Verantwortung zu ziehen. Dass das vorher nicht der Fall war und durch den Straftatbestand geändert wurde, sind beides Annahmen, die im Laufe der Untersuchung überprüft werden.

II) Verfassungsrechtlicher Prüfungsmaßstab

Bevor auf die einzelnen Tatbestandsmerkmale einzugehen ist, werden im Überblick die Grundzüge des Bestimmtheitsgrundsatzes dargelegt, an dessen Maßstab § 54a KWG gemessen wird. Der Bestimmtheitsgrundsatz als eine Ausprägung des Gesetzlichkeitsprinzips lautet: *nullum crimen, nulla poena sine lege certa.* Es ist Teil des Rechtsstaatsprinzips und in Art. 103 Abs. 2 GG sowie in § 1 StGB normiert[262]:

> *„Eine Tat kann nur bestraft werden, wenn die Strafbarkeit gesetzlich bestimmt war, bevor die Tat begangen wurde."*

Die in Art. 103 Abs. 2 GG enthalten Garantien bezwecken zweierlei:

Zum einen geht es um den rechtsstaatlichen Schutz des Normadressaten[263], denn jedermann soll vorhersehen können, welches Verhalten verboten und mit Strafe bedroht ist[264]. Nur an einer hinreichend bestimmten Formulierung kann

---

260 So bereits *Birnbaum,* Über das Erfordernis einer Rechtsverletzung, Archiv d. Criminalrechts Bd. 15 (1834), S. 177.

261 Siehe dazu B) IV).

262 *Kempf/Schilling,* Revisionsrichterliche Rechtsfortbildung in Strafsachen, NJW 2012, S. 1849 (1851).

263 *BVerfG* NJW 1987, S. 3175 (3175); NJW 2010, S. 3209 (3210).

264 *BVerfG* NJW 1969, S. 1059 (1061); *BVerfGE* 33, S. 206 (209); *BVerfGE* 41, S. 314 (319); NJW 1987, S. 3175 (3175); NJW 2010, S. 3209 (3210).

der Bürger sein Verhalten ausrichten.[265] Strafgesetze sollen dem Freiheitsspielraum der Bürger klar definierte Grenzen setzen.[266]

Zum anderen soll sichergestellt werden, dass der Gesetzgeber selbst abstrakt-generell über die Strafbarkeit entscheidet.[267] Art. 103 Abs. 2 GG enthält daher einen strengen Gesetzesvorbehalt, welcher es der vollziehenden und rechtsprechenden Gewalt verwehrt, die normativen Voraussetzungen einer Bestrafung festzulegen.[268] Es liegt in der demokratisch legitimierten Verantwortung des Gesetzgebers, zu entscheiden, welches Verhalten strafwürdig ist.[269] Dabei handelt es sich um eine grundlegende Entscheidung, in welchem Umfang und in welchen Bereichen ein politisches Gemeinwesen das Mittel des Strafrechts als Instrument sozialer Kontrolle einsetzen soll.[270]

Für die Untersuchung des § 54a KWG werden beide Aspekte berücksichtigt. Es wird sowohl darum gehen, ob der Normadressat eine potenzielle Strafbarkeit erkennen kann, als auch um die Frage, ob der Gesetzgeber die wesentlichen Voraussetzungen der Strafbarkeit selbst geregelt hat. Die Beantwortung dieser Aspekte bemisst sich anhand der einschlägigen Rechtsprechung des Bundesverfassungsgerichts. Der Maßstab des Bundesverfassungsgerichts wird zugrunde gelegt, da dem Gericht nach Art. 93 und Art. 100 Abs. 1 GG die Kompetenz zusteht, über die Verfassungskonformität eines Gesetzes zu entscheiden und dem Gericht die alleinige Kompetenz zusteht, ein Bundesgesetz im Sinne des § 78 BVerfGG für nichtig zu erklären, wenn das Gesetz mit dem Grundgesetz für unvereinbar gehalten wird. Dieser Entscheidung kommt nach § 31 Abs. 2 S. 2 BVerfGG Gesetzeskraft zu.

Hinsichtlich der Voraussehbarkeit i. S. des Art. 103 Abs. 2 GG führt das Bundesverfassungsgericht aus, dass es für die Wahrung des Bestimmtheitsgrundsatzes nicht erforderlich sei, *„sämtliche Straftatbestände ausschließlich mit unmittelbar in ihrer Bedeutung für jedermann erschließbaren deskriptiven Tatbestandsmerkmalen zu umschreiben“*[271]. Auch wenn die Parallelwertung in der Laiensphäre als Maßstab an Bedeutung verloren hat, ist die Ausrichtung

---

265 *BVerfG* NJW 1969, S. 1059 (1061 f.).

266 *Kasiske,* Das Kapitalmarktstrafrecht, ZIS 2013, S. 257 (259).

267 *BVerfG* NJW 2010, S. 3209 (3210); ausführlich zu dieser Thematik *Schmitz,* in: Münchener Kommentar zum StGB, § 1 Rn. 43 ff.

268 Vgl. nur *BVerfG* NJW 1978, S. 933 (934); NJW 1987, S. 3175 (3175); NJW 2010, S. 3209 (3210).

269 *BVerfG* NJW 2010, S. 3209 (3210).

270 *BVerfG* NJW 2009, S. 2267 (2287).

271 *BVerfG* NJW 2010, S. 3209 (3210 f.).

am angesprochenen Täterkreis etabliert.[272] Der letzte Aspekt wird nach der Beschreibung der Tatbestandsmerkmale nochmals aufgegriffen.

Zudem ist in der Rechtsprechung des Bundesverfassungsgerichts anerkannt, dass der Gesetzgeber, um die Vielgestaltigkeit des Lebens Rechnung tragen zu können, im Strafrecht Begriffe verwenden darf, die in besonderem Maß einer Deutung durch den Richter bedürfen.[273] Es lässt sich keine pauschale Aussage darüber treffen, welchen Grad an gesetzlicher Bestimmtheit der einzelne Straftatbestand haben muss.[274] Die Gesetzesbestimmtheit ist abhängig von der Besonderheit des jeweiligen Straftatbestands und den Umständen, die zu einer gesetzlichen Regelung geführt haben.[275] Im Folgenden soll es nicht um die Frage gehen, ob § 54a KWG bereits aufgrund seiner Verweisung verfassungsrechtlich problematisch formuliert sei. Im Vergleich zu früher, als die Verwaltungsrechtsakzessorietät des Strafrechts grundsätzlich kontrovers diskutiert wurde[276], ist diese Gesetzestechnik im Strafrecht inzwischen verfassungsrechtlich anerkannt.

III) Voraussetzungen von § 54a KWG

Aufgrund der vielfältigen Kritik bezüglich der einzelnen Tatbestandsmerkmale des § 54a KWG werden diese Merkmale im Einzelnen besprochen. Für die im Anschluss stattfindende Prüfung hinsichtlich des Bestimmtheitsgrundsatzes ist sowohl das Tatbestandsmerkmal der Sorgetragungspflichten als auch der Bestandsgefährdung ausführlicher darzulegen. Vorab wird das Merkmal des Geschäftsleiters erörtert, weil sich dadurch Veränderungen im Prüfungsmaßstab ergeben können. Die Tathandlung ist aufgrund einer Änderung des Wortlauts näher darzulegen. Die Kausalität und der subjektive Tatbestand sind der Vollständigkeit halber zu erörtern.

1) Objektive Tatbestandsmerkmale

Zweifelhaft in diesem Zusammenhang ist bereits, was der objektive Tatbestand des § 54a KWG umfasst. Der Gesetzgeber hatte auf die Kritik in der Literatur noch im Gesetzgebungsverfahren reagiert und vor Inkrafttreten einen weiteren

---

272 *Krüger*, Neues aus Karlsruhe zu Art. 103 II GG und § 266 StGB, NStZ 2011, S. 369 (371).

273 *BVerfG* NJW 1956, S. 99 (100); NJW 1978, S. 933 (934); NJW 1987, S. 3175 (3175); NJW 1993, S. 1909 (1910); NVwZ 2012, S. 504 (505).

274 *BVerfG* NJW 1993, S. 1909 (1910).

275 *BVerfGE* 28, S. 175 (183); *BVerfG* NJW 1993, S. 1909 (1910).

276 Vgl. etwa *Schall*, Umweltschutz durch Strafrecht, NJW 1990, S. 1263 (1265) m.w.N.

Absatz in § 54a KWG eingefügt.[277] Unklar ist, ob § 54a Abs. 3 KWG weitere objektive Tatbestandsmerkmale beinhaltet[278] oder ob Voraussetzungen außerhalb der Tatbestandsebene normiert wurden. Auf diese Fragestellung sowie die Voraussetzungen des § 54a Abs. 3 KWG wird im Anschluss eingegangen.

a) *Geschäftsleiter*

Die Tatbestandsmerkmale können nur von einem Geschäftsleiter im Sinne des KWG begangen werden[279], welcher in § 1 Abs. 2 KWG legaldefiniert ist. Danach sind Geschäftsleiter natürliche Personen, die entweder nach Gesetz, Satzung oder Gesellschaftsvertrag sowohl zur Führung als auch zur Vertretung eines Instituts in der Rechtsform einer juristischen Person oder einer Personenhandelsgesellschaft berufen sind. Die Geschäftsleiter sind die Adressaten aufsichtsrechtlicher Anordnungen und ihnen werden an einigen Stellen im KWG besondere Rechte zugewiesen.[280] Es handelt sich um den Vorstand des Kreditinstituts.[281] Dass der Geschäftsleiter Normadressat des Straftatbestands ist, ergibt sich aus § 25c Abs. 4a KWG, auf welchen in § 54a KWG verwiesen wird. Zwar stellt § 54a KWG isoliert betrachtet nicht ausdrücklich ein Sonderdelikt dar, jedoch genügt für eine entsprechende Einordnung, wenn dieses durch Auslegung zu ermitteln ist[282]. Dass es sich bei § 54a KWG damit um ein Sonderdelikt handelt[283], ergibt sich aus der Tatsache, dass hier die Stellung als Geschäftsleiter notwendig ist, um das Rechtsgut überhaupt gefährden oder verletzen zu können. Die Eigenschaft wirkt strafbegründend, sodass es sich um ein echtes Sonderdelikt[284] handelt.

---

277 Siehe dazu B) III) 3).

278 Vgl. *Schröder*, Keine Strafbarkeitsrisiken für verantwortungsvoll handelnde Geschäftsleiter, WM 2014, S. 100 (104 f.); *Jahn*, Compliance an der Verfassungsgrenze, FAZ vom 31.07.2013, S. 19; übersichtshalber wird erst später auf dieses Problem eingegangen, siehe B) III) 3) b).

279 Vgl. *Cichy/Cziupka/Wiersch*, § 54a KWG n.F., NZG 2013, S. 846 (847).

280 *Schwennicke*, in: *Schwennicke/Auerbach*, KWG, § 1 Rn. 162.

281 *Otto*, Die Strafvorschriften des Trennbankengesetzes, S. 61 (61).

282 Vgl. *Tiedemann*, Wirtschaftsstrafrecht AT, Rn. 56.

283 *Wegner*, in: *Schork/Groß*, Bankstrafrecht, Rn. 680; *Hamm/Richter*, Symbolisches und hypertrophes Strafrecht, WM 2013, S. 865 (868); *Schork/Reichling*, Der strafrechtliche Schutz des Risikomanagements durch das sog. Trennbankengesetz, CCZ 2013, S. 269 (269).

284 Vgl. *Kindhäuser*, Strafrecht AT, § 8 Rn. 16.

Diese Einordnung kann Einfluss auf den Prüfungsmaßstab hinsichtlich der Verfassungsmäßigkeit haben.[285]

b) *Sorgetragungspflichten*

Der Geschäftsleiter hat nach § 25c Abs. 4a KWG gewisse Sorgetragungspflichten zu erfüllen, an welche § 54a Abs. 1 KWG anknüpft. Damit handelt es sich bei § 54a KWG um einen Unterfall der Blankettstrafgesetzgebung[286], da sich das zu prüfende Unrecht nicht allein aus § 54a KWG ergibt, sondern § 25c KWG herangezogen werden muss.[287] In § 25c Abs. 4a KWG wird auf § 25a Abs. 1 S. 2 KWG verwiesen, nach welchem die Geschäftsleiter für die ordnungsgemäße Geschäftsorganisation verantwortlich sind. Außerdem haben sie die erforderlichen Maßnahmen für die Aufarbeitung der entsprechenden institutsinternen Vorgaben zu ergreifen, soweit nicht das Verwaltungs- oder Aufsichtsorgan entscheidet. Durch den Verweis auf § 25a Abs. 1 KWG wird klargestellt, dass das Einhalten der in § 25c Abs. 4a KWG genannten Pflichten Teil der ordnungsgemäßen Geschäftsführung ist, für welche die Geschäftsführer grundsätzlich verantwortlich sind. Die Aspekte sind näher zu beleuchten, da insbesondere wegen dieser Pflichten die Unbestimmtheit des § 54a KWG angenommen wird.[288] Die Pflichten werden daher im Folgenden ausführlich dargestellt, um in der anschließenden Prüfung darauf Bezug nehmen zu können.

aa) *Ordnungsgemäße Geschäftsorganisation*

In § 25a Abs. 1 S. 3 KWG wird geregelt, was eine ordnungsgemäße Geschäftsorganisation zu umfassen hat, insbesondere wird hierbei ein angemessenes und umfassendes Risikomanagement genannt.[289] Schon in § 25a Abs. 1 S. 3 Hs. 2

---

285 Siehe dazu B) IV) 2) b).

286 Dieser Begriff hat sich im Laufe der Zeit etabliert, wobei die Beschreibung einer solchen Norm von *Binding* als ein Strafgesetz, das *„wie ein irrender Körper seine Seele sucht“*, nicht an Wahrheitsgehalt eingebüßt hat: *Binding*, Die Normen und ihre Übertretung, Bd. 1, S. 162.

287 *Goeckenjan*, Die neuen Strafvorschriften, wistra 2014, S. 201 (202); *Schröder*, Keine Strafbarkeitsrisiken für verantwortungsvoll handelnde Geschäftsleiter, WM 2014, S. 100 (102).

288 *Häberle*, in: *Erbs/Kohlhaas*, Strafrechtliche Nebengesetze, § 54a KWG, Rn. 3; *Hamm/Richter*, Symbolisches und hypertrophes Strafrecht, WM 2013, S. 865 (867); *Volk*, Strafrecht ohne Grenzen im neuen Trennbankengesetz, S. 669 (673); *Wegner*, in: *Schork/Groß*, Bankstrafrecht, Rn. 675.

289 Dies ebenfalls betonend *Lunk/Besenthal*, Die neuen EU Regelungen zu Banker Boni, NZG 2013, S. 1010 (1013).

KWG wird näher erläutert, was ein solches Risikomanagement ausmacht, so beispielsweise Verfahren zur Ermittlung der Risikotragfähigkeit, (Nr. 2). In § 25a Abs. 1 S. 4 KWG erfolgt der ausdrückliche Hinweis darauf, dass die grundsätzliche Ausgestaltung des Risikomanagements abhängig von Art, Umfang, Komplexität und Risikogehalt der Geschäftstätigkeit ist. Hierdurch wird verdeutlicht, dass ein Risikomanagement eines Instituts nicht ohne Weiteres auf ein anderes Institut übertragbar ist. Daneben sind in § 25a Abs. 1 S. 6 KWG noch weitere Regelungen enthalten, nach welchen man beispielsweise jederzeit relativ genau die finanzielle Lage des Instituts bestimmen lassen muss (Nr. 1) oder etwa eine umfangreiche Dokumentationspflicht der Geschäftstätigkeit und Aufbewahrungspflicht bezüglich der anzufertigenden Dokumente besteht (Nr. 2). Die Sorgetragungspflicht für ein funktionierendes Risikomanagement stellt in diesem Zusammenhang eine der zentralen Pflichten der Geschäftsleiter dar. Die ordnungsgemäße Geschäftsorganisation ist demnach die grundlegende Pflicht der Geschäftsführer. Zu dieser Organisation gehört auch das Risikomanagement als solches.

bb) Gesamtverantwortung für diese Organisation

Die Geschäftsleiter sind für die ordnungsgemäße Geschäftsorganisation verantwortlich, § 25a Abs. 1 S. 2 Hs. 1 KWG. Nach § 25c Abs. 4a KWG, der auf diese Verantwortung verweist, wird von einer Gesamtverantwortung der Geschäftsleiter ausgegangen. Dabei war noch in der Entwurfsfassung des § 25c Abs. 4a KWG[290] vorgesehen, dass „jeder" Geschäftsführer im Rahmen „seiner Gesamtverantwortung" für die ordnungsgemäße Geschäftsorganisation „sicherzustellen" hat, dass das Institut über das entsprechende Risikomanagement verfügt.[291] Die Pflichten sollten weder delegierbar, noch sollte die Schaffung eines Einzelressorts möglich sein.[292] Dies entsprach und entspricht immer noch[293] den Verwaltungsvorschriften der Bundesanstalt für Finanzdienstleistungsaufsicht

290 Nach dem Trennbankengesetz sollten die Pflichten in § 25c KWG eingefügt werden, allerdings hat das spätere CRD IV-Umsetzungsgesetz (siehe dazu C) III) 2)) die Pflichten in § 25g KWG verschoben. Aufgrund der Reihenfolgen des Inkrafttretens der beiden Gesetze standen die Pflichten lediglich am 1. Januar 2014 in § 25g KWG und ab dem 2. Januar 2014 wieder in § 25c KWG.

291 BT-Drs. 17/12601, S. 23, die Begriffe in Anführungszeichen wurden verändert.

292 BT-Drs. 17/12601, S. 44.

293 Letzte Aktualisierung vom 27. Oktober 2017 (https://www.bafin.de/SharedDocs /Veroeffentlichungen/DE/Rundschreiben/2017/rs_1709_marisk_ba.html, zuletzt aufgerufen am 14. April 2018).

(BaFin) in Form von „*Rundschreiben zu den Mindestanforderungen an das Risikomanagement*" (MaRisk (BA)), welche in MaRisk (BA) AT 4.2 vorsehen, dass die Verantwortung für die Risikostrategie nicht delegierbar ist.[294]

Es wurde jedoch Kritik an dieser Formulierung geübt, weil dadurch eine Gesamthaftung[295] aller Geschäftsleiter auch für Bereiche bestünde, für welche andere Personen zuständig seien.[296] Grundsätzlich ist es umstritten, inwieweit die Garantenpflicht reicht, um Straftaten nachgeordneter Mitarbeiter zu verhindern, nicht weniger problematisch ist diese Frage innerhalb der Geschäftsleitung selbst.[297] Einigkeit besteht lediglich in dem Punkt, dass es keine organisierte Unverantwortlichkeit geben darf.[298] Andererseits ist es schlicht nicht anders möglich und aufgrund des Schuldprinzips auch nicht anders mit der Verfassung zu vereinbaren, als wenn eine Strafbarkeit nur in Erwägung gezogen wird, sofern die Tat dem Handelnden persönlich zum Vorwurf gemacht werden kann.[299] Denn aufgrund des Schuldprinzips muss dem Täter die Straftat zugerechnet werden können, derjenige muss also für das rechtswidrige Verhalten verantwortlich sein.[300] Das bedeutet, dass dem Geschäftsleiter konkret die Verletzung einer ihm obliegenden Plicht vorgeworfen werden muss.[301] Der Gesetzgeber hat auf diese Kritik reagiert und § 25c Abs. 4a KWG noch vor Inkrafttreten wie folgt geändert:

> „*Im Rahmen **ihrer** Gesamtverantwortung für die ordnungsgemäße Geschäftsorganisation des Instituts nach § 25a Abs. 1 Satz 2 haben **die** Geschäftsleiter eines Instituts dafür **Sorge zu tragen**, dass das Institut über folgende Strategien, Prozesse, Verfahren, Funktionen und Konzepte verfügt: (...)*"[302].

Umstritten ist daraufhin gewesen, wie diese vorgenommenen Änderungen zu verstehen sind. In der MaRisk (BA) AT 3 wird geregelt, dass alle Geschäftsleiter im Sinne des § 1 Abs. 2 KWG für die ordnungsgemäße Geschäftsorganisation

---

294 *Pietzke*, Die Verantwortung für Risikomanagement, CCZ 2010, S. 45 (48).

295 Kritik an der Verwendung des Begriffs „Haftung" überhaupt im Strafrecht bei: *Achenbach*, Haftung und Ahndung, ZIS 2012, S. 178 ff.; kritisiert wird daran, dass der Begriff der Haftung aus dem Zivilrecht komme und dort eine andere Bedeutung habe, als sie im Strafrecht gewollt sei.

296 *Hamm/Richter*, Symbolisches und hypertrophes Strafrecht, WM 2013, S. 865 (869); so auch *Deutsche Kreditwirtschaft*, Stellungnahme vom 17. April 2013, S. 25.

297 *Volk*, Strafrecht ohne Grenzen im neuen Trennbankengesetz, S. 669 (678).

298 *Krause*, Symbolische Gesetzgebung, S. 113 (125).

299 *Krause*, Symbolische Gesetzgebung, S. 113 (125).

300 Vgl. *Kindhäuser*, Strafrecht AT, § 21 Rn. 5.

301 *Ahlbrecht*, Banken im strafrechtlichen Regulierungsfokus, BKR 2014, S. 98 (101).

302 BT-Drs. 17/13539, S. 13 f, Hervorhebungen nicht im Original.

und deren Weiterentwicklung verantwortlich sind, unabhängig von der internen Zuständigkeitsregelung. Es wird angenommen, dass es eine ressortunabhängige Gesamtverantwortung gibt, aufgrund derer der für das Ressort nicht zuständige Geschäftsleiter dennoch eine allgemeine Überwachungspflicht über die Geschäftsbereiche der anderen Geschäftsleiter habe.[303] Eine Eingriffspflicht des unzuständigen Geschäftsleiters soll allerdings nur dann bestehen, wenn der zuständige Geschäftsleiter seinen wesentlichen Pflichten nicht nachkommt.[304]

Dies widerspricht auch nicht der MaRisk (BA) AT 4.2, wonach die Geschäftsleitung für die Risikostrategie verantwortlich[305] und diese Verantwortung auch nicht delegierbar ist[306]. Damit wird festgelegt, dass das Risikomanagement zur Geschäftsleitung gehört[307], nicht jedoch, dass diese Verantwortung innerhalb der Geschäftsleitung nicht aufgeteilt werden kann. Wohl aber können Aufgaben, welche zur Wahrnehmung der Verantwortung zu erfüllen sind, delegiert werden, auch wenn die Verantwortung selbst nicht delegierbar ist.[308]

Diese Art der Auslegung entspricht den Grundsätzen der strafrechtlichen Haftung bei bestehender Ressortzuständigkeit.[309] Nach der Ressortverantwortung gibt es einzelne Bereiche, welche bestimmten Personen zugeordnet sind, um die sich die anderen Mitglieder im Einzelnen nicht zu kümmern haben.[310] Eine solche Praxis ist im Bereich von größeren Unternehmen üblich[311] und rechtlich zulässig[312]. Allerdings greift hier aus den gesellschaftsrechtlichen Grundsätzen der Allzuständigkeit und der entsprechenden Gesamtverantwortung aller Mitglieder der Geschäftsleitung eine Überwachungspflicht bei der Ressortverteilung der nicht zuständigen Geschäftsleiter.[313] Dabei kann sich der Geschäftsleiter auf die Informationen des ressortverantwortlichen Geschäftsleiters verlassen und auf dessen ordnungsgemäße Amtsführung vertrauen.[314]

---

303 *Braun/Wolfgarten*, in: *Boos/Fischer/Schulte-Mattler*, § 25a KWG Rn. 68.

304 *Langen*, in: *Schwennicke/Auerbach*, KWG, § 25a Rn. 26.

305 MaRisk (BA) AT 4.2.2, S. 1.

306 MaRisk (BA) AT 4.2.3, S. 1.

307 *Pietzke*, Die Verantwortung für Risikomanagement, CCZ 2010, S. 45 (48).

308 *Pietzke*, Die Verantwortung für Risikomanagement, CCZ 2010, S. 45 (49).

309 *Krause*, Symbolische Gesetzgebung, S. 113 (125).

310 Vgl. *BGHSt* 37, S. 106 (126); *Schmidt-Salzer*, Konkretisierung der strafrechtlichen Produktverantwortung, NJW 1996, S. 1 (4).

311 *Wessing II*, in: *Volk*, MAH Wirtschafts- und Steuerstrafsachen, § 4 Rn. 145.

312 *BGHSt* 7, S. 336 (349); *BayOblG* wistra 1993, S. 235 (238).

313 Vgl. *BGHSt* 37, S. 106 (124); *Wittig*, Wirtschaftsstrafrecht, § 6 Rn. 121, so auch *Krause*, Symbolische Gesetzgebung, S. 113 (125).

314 *Krause*, Symbolische Gesetzgebung, S. 113 (125).

Fraglich ist, ob die Änderung der Formulierung vermitteln soll, dass eine Gesamtverantwortung abgegeben werden kann. Eindeutig wurde dies durch die Änderung des Wortlauts nicht.[315] Man könnte den Austausch des Begriffs der Sicherstellung damit, dass der Gesetzgeber beabsichtigt haben könnte, durch die Formulierungsänderung zu vermitteln, dass eine entsprechende Verantwortung abgegeben werden kann, erklären, da dieser besonders kritisiert wurde.[316] Die restlichen Begriffsänderungen erklärt dies jedoch nicht.[317]

Zuvor lösten die Formulierungen um die Gesamtverantwortung heftige Kritik aus, weil dadurch das Prinzip der arbeitsteiligen Ressortverantwortung gerade faktisch abgeschafft werde.[318] Deswegen sind die Gesetzesänderungen in diesem Bereich auch als Reaktion auf diese Kritik zu verstehen.[319] Daher wird angenommen, dass es für das Merkmal des Sorgetragens ausreiche, sich zu vergewissern, dass in dem Zuständigkeitsbereich der Geschäftsleitung als Ganzes die Einhaltung der Risikomanagementpflichten einem Ressort zugewiesen wurde und es keinen Grund zur Annahme gibt, dass diese Aufgabe nicht ordnungsgemäß erfüllt wird.[320]

Trotz der Gesetzesänderung wird hingegen teilweise immer noch vertreten, dass eine interne Zuständigkeitsregelung an der Gesamtverantwortung für die Geschäftsleiter nichts ändere, wobei auf MaRisk (BA) AT 3 a. F. verwiesen wird.[321] Allerdings wurde dieses Problem bereits vor der Normierung der Sorgetragungspflichten in § 25c KWG gelöst, indem die Vorschrift so verstanden wurde, dass die Geschäftsleiter lediglich zur Überwachung und Kontrolle

---

315 So auch *Schork/Groß*, Bankstrafrecht, Rn. 680.

316 *Hamm/Richter*, Symbolisches und hypertrophes Strafrecht, WM 2013, S. 865 (870).

317 Davon abgesehen, inwieweit dieser Austausch sinnvoll war, da ein Erkenntnisgewinn durch das Einsetzen eines Synonyms ausbleibt, *Cichy/Cziupka/Wiersch*, § 54a KWG n. F., NZG 2013, S. 846 (847).

318 *Hamm/Richter*, Symbolisches und hypertrophes Strafrecht, WM 2013, S. 865 (869); *Strafrechtsausschuss des DAV*, Stellungnahme, NZG 2013, S. 577 (581).

319 So auch *Ahlbrecht*, Banken im strafrechtlichen Regulierungsfokus, BKR 2014, S. 98 (101); a. A. *Schork/Reichling*, Der strafrechtliche Schutz des Risikomanagements durch das sog. Trennbankengesetz, CCZ 2013, S. 269 (269), allerdings ohne auf die Gesetzesänderung als mögliche Reaktion auf die Kritik einzugehen; ebenfalls ablehnend ohne Begründung *Volk*, Strafrecht ohne Grenzen im neuen Trennbankengesetz, S. 669 (679 Fn. 22); zweifelnd *Schork/Groß*, Bankstrafrecht, Rn. 680.

320 *Schröder*, Keine Strafbarkeitsrisiken für verantwortungsvoll handelnde Geschäftsleiter, WM 2014, S. 100 (103).

321 *Kasiske*, Das Kapitalmarktstrafrecht, ZIS 2013, S. 257 (258 mit Fn. 9).

verpflichtet seien.[322] Weder diese Lösung noch die Gesetzesänderung werden bei dieser Interpretation entsprechend berücksichtigt, weswegen ihr nicht gefolgt werden kann. Zudem ist das später eingefügte Erfordernis in § 54a Abs. 3 KWG zu berücksichtigen, wonach eine Anordnung an eine einzelne Person und nicht gegenüber dem Institut zu ergehen hat.[323]

Das bedeutet im Ergebnis, dass die Geschäftsleiter dem zuständigen Geschäftsleiter nicht ohne Weiteres vertrauen dürfen, sondern dass sie erst durch ihre Überwachung und Kontrolle ein berechtigtes Vertrauen aufbauen dürfen.[324] Gleiches gilt immerhin auch für die Frage, ob der jeweils zuständige Geschäftsleiter Steuern richtig abgeführt oder Sozialabgaben gezahlt hat.[325] Damit geht es im Rahmen der Gesamtverantwortung darum, dann zu handeln, wenn das Vertrauen erschüttert ist, wofür es jedoch einen konkreteren Anhaltspunkt geben muss, wie beispielsweise eine Rüge der BaFin oder der Innenrevision.[326]

cc) Sorgetragungspflichten in § 25c Abs. 4a und 4b KWG

Nachdem die Grundzüge der ordnungsgemäßen Geschäftsführung im Gesetz aufgezeigt wurden, soll im Weiteren auf die Normierung der Sorgetragungspflichten, auf die § 54a KWG Bezug nimmt, eingegangen werden.

Die Sorgetragungspflichten sind in § 25c Abs. 4a und § 25c Abs. 4b KWG geregelt. In § 25c Abs. 4a KWG werden die Sorgetragungspflichten für die Geschäftsleiter der Institute normiert. Grundsätzlich geht es darum, dass der zuständige Geschäftsleiter dafür Sorge tragen muss, dass das Institut über bestimmte Strategien, Prozesse, Verfahren, Funktionen und Konzepte verfügt, siehe § 25c Abs. 4a und Abs. 4b KWG.

In § 25c Abs. 4b S. 1 KWG wird der Anwendungsbereich des § 25c Abs. 4a KWG erweitert auf Institutsgruppen, Finanzholding-Gruppen, gemischte Finanzholding-Gruppen und Institute im Sinne des Art. 4 CRR (Capital

---

322 *Braun/Wolfgarten*, in: *Boos/Fischer/Schulte-Mattler*, § 25a KWG, 4. Aufl. (2012), Rn. 68.

323 Siehe dazu B) III) 3) a) bb).

324 *Schröder*, Keine Strafbarkeitsrisiken für verantwortungsvoll handelnde Geschäftsleiter, WM 2014, S. 100 (103); so auch *Lindemann*, in: *Boos/Fischer/Schulte-Mattler*, § 54a KWG Rn. 7 und *Brand*, Konfliktherde des § 54a KWG, ZVglRWiss 2014, S. 142 (150).

325 *Schröder*, Keine Strafbarkeitsrisiken für verantwortungsvoll handelnde Geschäftsleiter, WM 2014, S. 100 (103).

326 *Schröder*, Keine Strafbarkeitsrisiken für verantwortungsvoll handelnde Geschäftsleiter, WM 2014, S. 100 (103); so auch im Ergebnis *Brand*, Konfliktherde des § 54a KWG, ZVglRWiss 2014, S. 142 (150).

Requirement Regulation)[327] vom 26. Juni 2013. Diese Erweiterung erfolgt mit der Maßgabe, dass die Geschäftsleiter des übergeordneten Unternehmens für die Wahrung der Sorgetragungspflichten innerhalb der genannten Gruppen und Institute verantwortlich sind. Dies gilt nur dann, wenn das übergeordnete Unternehmen das Mutterunternehmen ist, welches beherrschenden Einfluss im Sinne des § 290 Abs. 2 HGB über das andere Unternehmen der Gruppe hat. Hierbei wird der Wortlaut des § 25c Abs. 4a KWG mit der entsprechenden Anpassung, dass es sich um eine solche Gruppe[328] handelt, wiederholt.

(1) Institute

Obwohl sich das Trennbankengesetz im Übrigen lediglich auf die systemrelevanten Institute beschränkt[329], fehlt eine entsprechende Einschränkung für die Strafandrohung in § 54a KWG[330]. Systemrelevant sind Institute, bei denen eine Bestandsgefährdung aufgrund ihrer Größe, der intensiven Beziehungen zu anderen Instituten und ihrer engen Verbindung mit dem Ausland erhebliche negative Folgeeffekte bei anderen Kreditinstituten zur Folge hätte, und die Möglichkeit der Instabilität des gesamten Finanzsystems nach sich zöge.[331] Für die systemrelevanten Institute gelten besondere Regelungen. Beispielsweise ist in § 10f KWG ein gesonderter Kapitalpuffer vorgeschrieben.

Von § 54a KWG werden aber sowohl international tätige Großbanken als auch kommunale Sparkassen und Genossenschaftsbanken sowie Leasinggesellschaften und Wechselstuben erfasst.[332] Der Grund hierfür ist, dass § 54a KWG an den Institutsbegriff anknüpft.

327 Verordnung (EU) Nr. 575/2013 des Europäischen Parlaments und des Rates vom 26. Juni 2013 über Aufsichtsanforderungen an Kreditinstitute und Wertpapierfirmen und zur Änderung der Verordnung (EU) Nr. 646/2012, Kapitaladäquanzverordnung, ABl. EU L 176/1 vom 27.6.2013, S. 1.

328 Abgesehen von § 25c Abs. 4b S. 2 Nr. 1 lit. c KWG, der nur bei einer Gruppe sinnvoll ist und deswegen nicht in § 25c Abs. 4a KWG genannt ist.

329 BT-Drs. 17/12601, S. 1 f.; wohl sind nur 10–12 Geldhäuser erfasst, vgl. *Schäuble,* „Die übertriebene Deregulierung war ein Fehler", FAZ vom 06. Februar 2013; die Trennbankenregelungen richten sich nur an bestimmte Kreditinstitute und gelten erst ab einem bestimmten Geschäftsvolumen, vgl. *Kirchhartz,* in: *Claussen,* Bank- und Börsenrecht, § 1 Rn. 89.

330 *Strafrechtsausschuss des DAV,* Stellungnahme, NZG 2013, S. 577 (579).

331 *Hageböke/Leuering,* Übertragung risikoreicher Aktivitäten nach dem „Trennbankengesetz", NJW-Spezial 2013, S. 463 (463).

332 *Strafrechtsausschuss des DAV,* Stellungnahme, NZG 2013, S. 577 (579).

In § 1 KWG sind die Institute als Kreditinstitute und Finanzdienstleistungsinstitute legaldefiniert. Ersteres ist in § 1 Abs. 1 S. 1 KWG und Letzteres in § 1 Abs. 1a S. 1 KWG genauer beschrieben. Nach § 1 Abs. 1 S. 1 KWG handelt es sich bei Kreditinstituten um Unternehmen, welche Bankgeschäfte[333] gewerbsmäßig oder in einem Umfang betreiben, der einen in kaufmännischer Weise eingerichteten Geschäftsbetrieb erfordert. In Satz 2 des § 1 Abs. 1 KWG wird näher beschrieben, was der Begriff des Bankgeschäfts bedeutet. Hingegen werden in § 1 Abs. 1a S. 1 KWG Finanzdienstleitungsinstitute als Unternehmen beschrieben, die keine Kreditinstitute sind und Finanzdienstleistungen für andere gewerbsmäßig oder in einem Umfang erbringen, der einen in kaufmännischer Weise eingerichteten Geschäftsbetrieb erfordert. Das Betreiben der Geschäfte ist gewerbsmäßig, wenn der Betrieb auf gewisse Dauer angelegt ist und mit Gewinnerzielungsabsicht betrieben wird.[334] Ein kaufmännischer eingerichteter Gewerbebetrieb liegt hingegen vor, wenn nach den §§ 238 ff. HGB entsprechend Handelsbücher und ein Jahresabschluss aufgestellt werden muss.[335]

Nach dem Wortlaut in § 1 Abs. 1 S.1 und Abs. 1a S. 1 KWG ist das Erfordernis eines solchen Betriebs maßgeblich. Hierbei ist der Umfang des Betriebs entscheidend.[336] Als Kriterien hierfür können die Anzahl der Geschäfte, Umsatz, Anlagekapital, Ertrag, Anzahl der Mitarbeiter, Einrichtungen des Unternehmens und Inanspruchnahme von Krediten dienen.[337] Der Schwellenwert, ab dem das Kriterium bejaht werden kann, ist für jeden Geschäftstyp gesondert zu ermitteln.[338] Das Überschreiten der Schwelle wird bei Bankgeschäften schon bei relativ geringem Umfang angenommen, wobei dennoch stets auf den Einzelfall abgestellt wird.[339] Das bedeutet, dass der Anwendungsbereich des § 25c Abs. 4a KWG, der sich an die Geschäftsleiter der Institute richtet, und die damit einhergehende Strafandrohung des § 54a KWG maßgeblich bestimmt, sehr weitreichend ist.

Für den Verzicht auf eine Beschränkung auf systemrelevante Banken lässt sich zunächst (formal) anführen, dass die strafrechtliche Regelung nicht an

333 Das bedeutet, dass hier ein materieller Ansatz verfolgt wird: Kreditinstitut ist, wer Bankgeschäfte betreibt, vgl. *Kirchhartz*, in: *Claussen*, Bank- und Börsenrecht, § 1 Rn. 98 Fn. 214.

334 *BGH* DB 2006, S. 2061 (2061); *VGH Kassel* WM 2009, S. 1889 (1892).

335 *BGH* DB 2006, S. 2061 (2062); *VGH Kassel* WM 2009, S. 1889 (1892).

336 *Schäfer*, in: *Boos/Fischer/Schulte-Mattler*, § 1 KWG Rn. 20.

337 *BGH* WM 1960, S. 935 (935); *BVerwG* GewArch 1981, S. 70 (71); *OLG Celle* BKR 2004, S. 484 (484).

338 *Schäfer*, in: *Boos/Fischer/Schulte-Mattler*, § 1 KWG Rn. 20.

339 *Schäfer*, in: *Boos/Fischer/Schulte-Mattler*, § 1 KWG Rn. 20.

die weiteren Regelungen des Trennbankengesetzes anknüpft. Es geht darum, Pflichtverletzungen im Bereich des Risikomanagements strafrechtlich zu sanktionieren. Diese Pflichten gelten grundsätzlich unabhängig von der Größe oder der Systembedeutung. Weder § 25a Abs. 1 KWG noch § 25c Abs. 4a KWG unterscheiden nach der Größe, sondern regeln die Pflicht für das Risikomanagement für jedes Institut.[340]

Allerdings passt sich der Inhalt der Anforderungen an das jeweilige Institut an.[341] Das bedeutet, dass die Größe eines Instituts nicht über die Anwendung eines Risikomanagements, sondern lediglich über dessen genaue Ausprägung entscheidet. Es wird also dadurch nicht der Kritikpunkt entkräftet, dass nach dem Gesetzgeber gerade systemgefährdende Banken erfasst sein sollen.[342] Der systemgefährdende Charakter fehlt jedoch bei einer kleineren Bank.[343] Der Anwendungsbereich des § 54a KWG ist daher weiter gefasst, als es für die Erreichung des vom Gesetzgeber gesetzten Ziels erforderlich wäre.[344]

(2) Übergeordnetes Unternehmen

Zwar verweist § 54a KWG nur auf § 25c Abs. 4b S. 2 KWG, allerdings bezieht sich dieser ausdrücklich auf § 25c Abs. 4b S. 1 KWG. Darin wiederum wird der Anwendungsbereich für die Wahrung der in § 25c Abs. 4a S. 1 KWG genannten Pflichten auf Geschäftsleiter des übergeordneten Unternehmens erweitert, welche danach innerhalb der Gruppe dafür Sorge zu tragen haben, dass die Pflichten eingehalten werden.[345] Zu klären ist daher, wann ein übergeordnetes Unternehmen vorliegt.

Voraussetzung dafür ist, dass das übergeordnete Unternehmen das Mutterunternehmen ist, es also beherrschenden Einfluss über andere Unternehmen innerhalb der Gruppe im Sinne von § 290 Abs. 2 HGB hat, wobei die Rechtsform der Muttergesellschaft nicht entscheidend ist.[346] § 290 Abs. 1 S. 1 HGB definiert zwar ein Mutterunternehmen als eine Kapitalgesellschaft mit Sitz im Inland,

---

340 Vgl. *Schwennicke*, in: *Schwennicke/Auerbach*, KWG, § 25c Rn. 72.

341 Vgl. *Langen*, in: *Schwennicke/Auerbach*, KWG, § 25a Rn. 35.

342 Vgl. BT-Drs. 17/12601, S. 44.

343 *Wegner*, in: *Schork/Groß*, Bankstrafrecht, Rn. 669; dies aber auch bezweifelnd *Hellwig*, Gutachten für den 68. Juristentag, S. 41; *Philipponnat*, Protokoll Nr. 17/138 der Sitzung des Finanzausschusses vom 22.04.2013, S. 17 (19).

344 Siehe dazu B) IV) 2) a) cc).

345 *Schork/Reichling*, Der strafrechtliche Schutz des Risikomanagements durch das sog. Trennbankengesetz, CCZ 2013, S. 269 (269).

346 *Wegner*, in: *Schork/Groß*, Bankstrafrecht, Rn. 673.

welche auf ein anderes Unternehmen (Tochterunternehmen) unmittelbar oder mittelbar einen beherrschenden Einfluss ausüben kann. Mit dem Hinweis in § 25c Abs. 4b S. 1 a. E. KWG, dass es auf die Rechtsform der Muttergesellschaft nicht ankommt, wird allerdings der Einbezug von Personengesellschaften ermöglicht.[347] Ein beherrschender Einfluss ist dann anzunehmen, wenn die Möglichkeit besteht, die Finanz- und Geldpolitik eines anderen Unternehmens zu bestimmen.[348] Es können somit originäre Leitungsaufgaben übernommen werden.[349] Die Definition des beherrschenden Einflusses selbst ist nicht in § 290 HGB enthalten. In dessen Abs. 2 sind jedoch typisierende Tatbestände aufgelistet, bei denen eine unwiderlegbare Vermutung für einen solchen Einfluss angenommen werden kann, wobei dieser Katalog nicht abschließend ist.[350] Nicht (mehr) erforderlich ist eine unmittelbare oder mittelbare Beteiligung des Mutterunternehmens an dem beherrschten Unternehmen, allein die Möglichkeit eines beherrschenden Einflusses ist ausreichend.[351] Um das Kriterium des beherrschenden Einflusses zu erfüllen, ist allerdings erforderlich, dass neben der Entscheidungsmacht auch die Möglichkeit der Nutzenziehung gegeben ist.[352] Diese muss sich nicht unbedingt durch den direkten Zufluss finanzieller Mittel äußern, sondern kann auch die Zuwendung von Vermögensgegenständen, das Erlangen von wirtschaftlichen oder rechtlichen Vorteilen oder die Vermeidung von Kosten bedeuten.[353] Außerdem müssen die Voraussetzungen dauerhaft und nicht nur vorübergehend erfüllt sein, damit eine Beherrschung im Sinne von § 290 HGB vorliegt.[354]

Nach § 25c Abs. 4b S. 1 KWG ist es jedoch notwendig, dass der beherrschende Einfluss auch ausgeübt wird. Mit der Einflussnahme und der Nutzziehung korrespondiert demnach die Pflicht nach § 25c KWG, dafür Sorge zu tragen, dass

---

347 Vgl. *Beck*, Das Konzernverständnis im Gesetzentwurf zum Konzerninsolvenzrecht, DStR 2013, S. 2468 (2469), welcher den gleichen Punkt bei einem Gesetzentwurf zum Konzerninsolvenzrecht anspricht, der ebenfalls nicht an die Rechtsform anknüpft.

348 *Ernst/Seidler*, Gesetz zur Modernisierung des Bilanzrechts, BB 2009, S. 766 (768); vgl. auch *Wohlgemuth*, in: *Pelka/Petersen*, Beck'sches StB.-Handbuch, Kapitel C) Rn. 44.

349 *Senger/Hoehne*, in: Münchener Kommentar zum Bilanzrecht, § 290 HGB Rn. 29.

350 *Morck/Bach*, in: *Koller/Kindler/Roth/Drüen*, HGB, § 290 Rn. 3.

351 *Künkele/Koss*, in: *Petersen/Zwirner*, BilMoG, Teil III, XXXI 2. b); *Senger/Hoehne*, in: Münchener Kommentar zum Bilanzrecht, § 290 HGB Rn. 27.

352 *Busse von Colb*, in: Münchener Kommentar zum HGB, § 290 Rn. 18.

353 *Senger/Hoehne*, in: Münchener Kommentar zum Bilanzrecht, § 290 HGB Rn. 31.

354 BT-Drs. 16/12407, S. 89; *Senger/Hoehne*, in: Münchener Kommentar zum Bilanzrecht, § 290 HGB Rn. 32.

die dort genannten Pflichten vom untergeordneten Unternehmen eingehalten werden. Somit findet die Strafandrohung in § 54a KWG nicht nur auf die Geschäftsleiter der untergeordneten Unternehmen Anwendung, sondern auch auf die der übergeordneten. Diese Geschäftsleiter müssen für die Einhaltung der Pflichten für das eigene Unternehmen und die untergeordneten Unternehmen Sorge tragen. Diese Forderung geht über das hinaus, was bisher in der MaRisk (BA) geregelt war, welche einen solch weiten Anwendungsbereich nicht vorsah, und verschärft somit die bisherigen Anforderungen.[355]

(3) Andere Institute

Nach § 25c Abs. 4b S. 1 KWG gilt § 25c Abs. 4a KWG auch für Institutsgruppen, Finanzholding-Gruppen, gemischte Finanzholding-Gruppen und für Institute im Sinne des Art. 4 CRR.

Gemäß § 10a Abs. 1 S. 1 KWG besteht eine Institutsgruppe, Finanzholding-Gruppe oder gemischte Finanzholding-Gruppe jeweils aus einem übergeordneten Unternehmen und einem oder mehreren nachgeordneten Unternehmen. Außerdem bilden diese drei Varianten die Legaldefinition für den Begriff der Gruppe, § 10a Abs. 1 S. 1 KWG. In Art. 4 CRR erfolgen einige Begriffsbestimmungen, die teilweise aus der Norm heraus verständlich sind. Andere Definitionen hingegen geben weniger Aufschluss über den jeweiligen Begriff oder verweisen auf andere Verordnungen.

Ein Institut wird nach Art. 4 Abs. 1 Nr. 3 CRR definiert als Kreditinstitut oder Wertpapierfirma[356]. Beide Begriffe sind ebenfalls in Art. 4 CRR geklärt. Ein Kreditinstitut liegt danach bei einem Unternehmen vor, dessen Tätigkeit darin besteht, Einlagen oder andere rückzahlbare Gelder des Publikums entgegenzunehmen und Kredite für eigene Rechnung zu gewähren, Art. 4 Abs. 1 Nr. 1 CRR. Bei der Definition der Wertpapierfirma wird grundsätzlich auf eine Richtlinie[357] verwiesen, wonach eine Wertpapierfirma jede juristische Person ist, welche im Rahmen ihrer üblichen beruflichen oder gewerblichen Tätigkeit gewerbsmäßig

355 *Deutsche Kreditwirtschaft*, Stellungnahme vom 17. April 2013, S. 26.

356 Dieser Firmenbegriff ist nicht zu verwechseln mit dem Firmenbegriff aus den §§ 17 ff. HGB, nach welchem die Firma der Name des Kaufmannes ist.

357 Artikel 4 Abs. 1 Nr. 1 der Richtlinie 2004/39/EG des Europäischen Parlaments und des Rates vom 21. April 2004 über die Märkte für Finanzinstrumente, zur Änderung der Richtlinien 85/611/EWG und 93/6/EWG des Rates und der Richtlinie 2000/12/EG des Europäischen Parlaments und des Rates und zur Aufhebung der Richtlinie 93/22/EWG des Rates, ABl. EU L 145/1 vom 30.04.2004.

eine oder mehrere Wertpapierdienstleistungen für Dritte erbringt und/oder eine oder mehrere Anlagetätigkeiten ausübt.

Hier genügt festzuhalten, dass für die Institute im Sinne der Verordnung kein Über-/Unterordnungsverhältnis erforderlich ist und für sie nach § 25c Abs. 4b S. 1 KWG die Regelung des § 25c Abs. 4a KWG gelten. Sollte hingegen ein solches Verhältnis bestehen, müssen die Maßgaben nach § 25c Abs. 4b S. 1 a. E. und Satz 2 KWG berücksichtigt werden.

Im Ergebnis kann festgehalten werden, dass bereits hinsichtlich des Adressatenkreises der Anwendungsbereich der bisherigen bankaufsichtsrechtlichen Vorgaben im Vergleich zu den zuvor geltenden MaRisk (BA) erweitert wurde. Dieser erweiterte Anwendungsbereich ist auch für die Strafvorschrift ausschlaggebend.

dd) „Neue" Pflichten im Einzelnen

Der Geschäftsleiter hat im Rahmen seiner Gesamtverantwortung für die ordnungsgemäße Geschäftsorganisation Sorge zu tragen, sodass das Institut oder die Gruppe über die im Einzelnen aufgeführten Strategien, Prozesse, Verfahren, Funktionen und Konzepte verfügt.[358] Im Folgenden soll deutlich gemacht werden, dass die Sorgetragungspflichten in § 25c KWG den Regelungen der vor Erlass des § 54a KWG geltenden MaRisk (BA) entsprechen.[359] Dadurch wird klar werden, dass der Gesetzgeber als Bezugspunkt für § 54a KWG keine neuen Pflichten normiert hat, sondern sich bereits zuvor bestehender Vorgaben bediente. So heißt es nun in § 25c KWG:

> *„(4a[360]) Im Rahmen ihrer Gesamtverantwortung für die ordnungsgemäße Geschäftsorganisation des Instituts nach § 25a Abs. 1 Satz 2 haben die Geschäftsleiter eines Instituts dafür Sorge zu tragen, dass das Institut über folgende Strategien, Prozesse, Verfahren, Funktionen und Konzepte verfügt:*
> *1. eine auf die nachhaltige Entwicklung des Instituts gerichtete Geschäftsstrategie und eine damit konsistente Risikostrategie sowie Prozesse zur Planung, Umsetzung, Beurteilung und Anpassung der Strategien nach § 25a Absatz 1 Satz 3 Nummer 1, mindestens haben die Geschäftsleiter dafür Sorge zu tragen, dass*[361]

358 *Wegner*, in: *Schork/Groß*, Bankstrafrecht, Rn. 673.

359 So auch *Hamm/Richter*, Symbolisches und hypertrophes Strafrecht, WM 2013, S. 865 (866 f.); *Strafrechtsausschuss des DAV*, Stellungnahme, NZG 2013, S. 577 (578 f.); vereinzelt gibt es in der Gesetzesfassung striktere Regelungen, vgl. *Ahlbrecht*, Banken im strafrechtlichen Regulierungsfokus, BKR 2014, S. 98 (99 Fn. 14).

360 Im Nachhinein durch BT-Drs. 17/13539, S. 13 geändert, bei BT-Drs. 17/12601 noch Abs. 3a.

361 Entspricht zum Teil MaRisk (BA) AT 4.2.1 a. F.

a) jederzeit das Gesamtziel, die Ziele des Instituts für jede wesentliche Geschäftsaktivität sowie die Maßnahmen zur Erreichung dieser Ziele dokumentiert werden;
b) die Risikostrategie jederzeit die Ziele der Risikosteuerung der wesentlichen Geschäftsaktivitäten sowie die Maßnahmen zur Erreichung dieser Ziele umfasst;[362]
2. Verfahren zur Ermittlung und Sicherstellung der Risikotragfähigkeit nach § 25a Absatz 1 Satz 3 Nummer 2, mindestens haben die Geschäftsleiter dafür Sorge zu tragen, dass
a) die wesentlichen Risiken des Instituts, insbesondere Adressenausfall-, Marktpreis-, Liquiditäts- und operationelle Risiken, regelmäßig und anlassbezogen im Rahmen einer Risikoinventur identifiziert und definiert werden (Gesamtrisikoprofil);[363]
b) im Rahmen der Risikoinventur Risikokonzentrationen berücksichtigt[364] *sowie mögliche wesentliche Beeinträchtigungen der Vermögenslage, der Ertragslage oder der Liquiditätslage geprüft werden*[365]*;*
3. interne Kontrollverfahren mit einem internen Kontrollsystem und einer internen Revision nach § 25a Absatz 1 Satz 3 Nummer 3 Buchstabe a bis c, mindestens haben die Geschäftsleiter dafür Sorge zu tragen, dass
a) im Rahmen der Aufbau- und Ablauforganisation Verantwortungsbereiche klar abgegrenzt werden, wobei wesentliche Prozesse und damit verbundene Aufgaben, Kompetenzen, Verantwortlichkeiten, Kontrollen sowie Kommunikationswege klar zu definieren sind und sicherzustellen ist, dass Mitarbeiter keine miteinander unvereinbaren Tätigkeiten ausüben;[366]
b) eine grundsätzliche Trennung zwischen dem Bereich, der Kreditgeschäfte initiiert und bei den Kreditentscheidungen über ein Votum verfügt (Markt), sowie dem Bereich Handel einerseits und dem Bereich, der bei den Kreditentscheidungen über ein weiteres Votum verfügt (Marktfolge), und den Funktionen, die dem Risikocontrolling und die der Abwicklung und Kontrolle der Handelsgeschäfte dienen, andererseits besteht;[367]
c) das interne Kontrollsystem Risikosteuerungs- und -controllingprozesse zur Identifizierung, Beurteilung, Steuerung, Überwachung und Kommunikation der wesentlichen Risiken und damit verbundener Risikokonzentrationen sowie eine Risikocontrolling-Funktion und eine Compliance-Funktion umfasst;[368]
d) in angemessenen Abständen, mindestens aber vierteljährlich, gegenüber der Geschäftsleitung über die Risikosituation einschließlich einer Beurteilung der Risiken berichtet wird;[369]

---

362 Entspricht MaRisk (BA) AT 4.2.2, S. 2 a. F.
363 Entspricht MaRisk (BA) AT 2.2.1, S. 2 und 4 a. F.
364 Entspricht MaRisk (BA) AT 2.2.1, S. 5 a. F.
365 Entspricht MaRisk (BA) AT 2.2.2, S. 1 a. F.
366 Entspricht MaRisk (BA) AT 4.3.1.1 und AT 4.3.1.2, S. 1 a. F.
367 Entspricht MaRisk (BA) BTO Vorbem. 2. und 3 a. F.
368 Entspricht MaRisk (BA) AT 4.3.1.b-c, und 4.3.2.1, S. 1 a. F.
369 Entspricht MaRisk (BA) AT 4.3.2.3, S. 1 und 3 a. F.

e) in angemessenen Abständen, mindestens aber vierteljährlich, seitens der Geschäftsleitung gegenüber dem Verwaltungs- oder Aufsichtsorgan über die Risikosituation einschließlich einer Beurteilung der Risiken berichtet wird;[370]
f) regelmäßig angemessene Stresstests für die wesentlichen Risiken sowie das Gesamtrisikoprofil des Instituts durchgeführt werden und auf Grundlage der Ergebnisse möglicher Handlungsbedarf geprüft wird;[371]
g) die interne Revision in angemessenen Abständen, mindestens aber vierteljährlich, an die Geschäftsleitung und an das Aufsichts- oder Verwaltungsorgan berichtet;[372]
4. eine angemessene personelle und technisch-organisatorische Ausstattung des Instituts nach § 25a Absatz 1 Satz 3 Nummer 4, mindestens haben die Geschäftsleiter dafür Sorge zu tragen, dass die quantitative und qualitative Personalausstattung und der Umfang und die Qualität der technisch-organisatorischen Ausstattung die betriebsinternen Erfordernisse, die Geschäftsaktivitäten und die Risikosituation berücksichtigen;[373]
5. für Notfälle in zeitkritischen Aktivitäten und Prozessen angemessene Notfallkonzepte nach § 25a Absatz 1 Satz 3 Nummer 5, mindestens haben die Geschäftsleiter dafür Sorge zu tragen, dass regelmäßig Notfalltests zur Überprüfung der Angemessenheit und Wirksamkeit des Notfallkonzeptes durchgeführt werden und über die Ergebnisse den jeweils Verantwortlichen berichtet wird;[374]
6. im Fall einer Auslagerung von Aktivitäten und Prozessen auf ein anderes Unternehmen nach § 25b Absatz 1 Satz 1 mindestens angemessene Verfahren und Konzepte, um übermäßige zusätzliche Risiken sowie eine Beeinträchtigung der Ordnungsmäßigkeit der Geschäfte, Dienstleistungen und der Geschäftsorganisation im Sinne des § 25a Abs. 1 zu vermeiden[375]*.“*[376]

§ 25c Abs. 4b KWG erweitert den Anwendungsbereich des § 25c Abs. 4a KWG auf Institutsgruppen, Finanzholding-Gruppen sowie auf Institute des CRD IV-Umsetzungsgesetzes, wenn der Geschäftsleiter in der Gruppe für die Wahrung der Sorgetragungspflichten verantwortlich ist.[377] Teilweise wurde der Bereich der Sorgetragungspflichten aber auch über die ursprünglichen Anforderungen

370 Entspricht MaRisk (BA) AT 2.2.2, S. 1 und 3 a. F., wobei das Verwaltungsorgan nicht genannt wird.
371 Entspricht MaRisk (BA) AT 4.3.3, S. 1 und AT 4.3.3.5, S. 2 a. F.
372 Entspricht in etwa MaRisk (BA) AT 4.4.3.2, S. 1 a. F.
373 Entspricht MaRisk (BA) AT 7.1.1, S. 1 und AT 7.2.1 a. F.
374 Entspricht MaRisk (BA) AT 7.3.1, S. 1, 3–4 a. F.
375 Entspricht zum Teil MaRisk (BA) AT 9.4, S. 1 a. F.
376 Eingeführt nach BT-Drs. 17/12601, S. 22 f. mit entsprechenden Änderungen durch BT-Drs. 17/13539, S. 13 und durch das CRD IV-Umsetzungsgesetz (siehe dazu C) III) 2)).
377 *Krause*, Symbolische Gesetzgebung, S. 113 (116).

der MaRisk (BA) hinaus erweitert, wenn es beispielsweise darum geht, Stresstests auch für das Gesamtrisikoprofil des Instituts durchzuführen.[378]

Die Ausführungen haben deutlich gemacht, dass der Gesetzgeber die damaligen MaRisk (BA) übernommen hat und sie in den Rang eines formellen Gesetzes erhoben hat. Die Implementierung eines Risikomanagementsystems und dessen konkrete Anforderungen sind entscheidend für die Klärung, ob eine Pflichtverletzung nach § 54a KWG vorliegt. Deswegen ist auf die MaRisk (BA) zunächst als solche einzugehen, um den Straftatbestand besser analysieren zu können, da sie als Ausgangspunkt für die Norm anzusehen sind.

ee) *Ursprung der Sorgetragungspflichten*

Wie dargelegt wurden die Sorgetragungspflichten der Geschäftsleitung im Bereich des Risikomanagements bis zur Einführung des § 54a KWG durch die MaRisk (BA) näher ausgestaltet.[379] Die gesetzliche Grundlage bildet § 25a Abs. 1 KWG.[380] Zahlreiche dieser Mindestanforderungen wurden mit § 25c Abs. 4a KWG Gesetz.[381] Daneben sollten die MaRisk (BA) bestehen bleiben.[382]

(1) *Die MaRisk (BA) der BaFin*

Obwohl es sich bei der MaRisk (BA) um von der BaFin erlassene Verwaltungsvorschrift handelt, haben sie weitreichende Wirkung und sind nicht nur für das Bankaufsichtsrecht von Bedeutung.

Nach § 1 Abs. 1 S. 1 FinDAG handelt es sich bei der BaFin um eine Anstalt des öffentlichen Rechts im Sinne des Art. 87 Abs. 3 S. 1 GG, die unter anderem die staatliche Aufsicht über die Banken ausübt.[383] Ihre Aufgabe beschreibt sie selbst wie folgt:

---

378 Siehe *Brand*, Konfliktherde des § 54a KWG, ZVglRWiss 2014, S. 142 (147 Fn. 27 a. E.).

379 Vgl. *VGH Kassel*, Urteil vom 22.05.2013 – 6 A 2016/11; *Strafrechtsausschuss des DAV*, Stellungnahme, NZG 2013, S. 577 (578).

380 *Schröder*, Keine Strafbarkeitsrisiken für verantwortungsvoll handelnde Geschäftsleiter, WM 2014, S. 100 (102).

381 BT-Drs. 17/12601, S. 29; *Strafrechtsausschuss des DAV*, Stellungnahme, NZG 2013, S. 577 (578); *Goeckenjan*, Die neuen Strafvorschriften, wistra 2014, S. 201 (202); *Köllner/Cyrus*, Aktuelle strafrechtliche Fragen in Krise und Insolvenz, NZI 2014, S. 555 (557).

382 BT-Drs. 17/12601, S. 29.

383 Vgl. *Buck-Heeb*, Kapitalmarktrecht, Rn. 1091.

„Die BaFin ist im öffentlichen Interesse tätig. Ihr Hauptziel ist es, ein funktionsfähiges, stabiles und integres deutsches Finanzsystem zu gewährleisten. Bankkunden, Versicherte und Anleger sollen dem Finanzsystem vertrauen können.“[384]

Im Rahmen der Bewältigung dieser Aufgabe steht der BaFin ein breites Handlungsinstrumentarium zur Verfügung.[385] Die Rundschreiben der BaFin stellen eine Form aufsichtsrechtlichen Handelns dar, haben jedoch einen weniger formellen Charakter als etwa Richtlinien oder Bekanntmachungen.[386] Gemäß MaRisk (BA) AT 1.1 Satz 1 und Satz 2 a. F. dienen die MaRisk (BA) vor allem der Präzisierung der in § 25a KWG normierten Organisationsanforderungen.[387]

Es handelt sich bei der MaRisk (BA) um norminterpretierende Verwaltungsvorschriften.[388] Diese Art von Verwaltungsvorschriften trifft Aussagen zum Norminhalt und klärt rechtliche Zweifelsfragen bei der Anwendung von Normen.[389] Zwar sind Verwaltungsvorschriften grundsätzlich Normen, allerdings ist umstritten, ob es sich um Rechtsnormen handelt.[390] Notwendig hierfür wäre eine Außenwirkung, welche jedoch bei norminterpretierenden Verwaltungsvorschriften in der Regel mit der Begründung abgelehnt wird, dass es an dem für eine solche Wirkung notwendigen Entscheidungsspielraum der Behörde mangele.[391] Weder gegenüber den Instituten noch gegenüber den Gerichten wird eine Bindungswirkung entfaltet.[392] Ein Verstoß gegen die MaRisk (BA) hat keine unmittelbare Rechtsfolge, da die BaFin aufgrund des Vorbehalts des Gesetzes

384 *BaFin*, Aufgabe und Geschichte der BaFin.

385 *Cichy/Cziupka/Wiersch*, § 54a KWG n. F., NZG 2013, S. 846 (847).

386 *Boehm*, in: *Park*, Kapitalmarktstrafrecht, Teil 2 Kap. 1.2 Rn. 39.

387 Vgl. *Wundenberg*, Compliance und die prinzipiengeleitete Aufsicht über Bankengruppen, S. 92.

388 *Langen*, in: *Schwennicke/Auerbach*, KWG, § 25a Rn. 8; *Mülbert*, Bankenaufsicht und Corporate Governance, BKR 2006, S. 349 (353 f.); diese Einordnung ist nicht unumstritten, unter anderem aufgrund des Entstehungsprozesses der MaRisk (BA) und der faktischen Bindungswirkung wird eine eigene Kategorie der Verwaltungsvorschrift vertreten. Dies ändert jedoch nichts an der Rechtswirkung der MaRisk (BA), zu beiden Aspekten *Wundenberg*, Compliance und die prinzipiengeleitete Aufsicht über Bankengruppen, S. 93–97.

389 *Peine*, Allgemeines Verwaltungsrecht, Rn. 154.

390 *Ipsen*, Allgemeines Verwaltungsrecht, Rn. 149.

391 *Maurer/Waldhoff*, Allgemeines Verwaltungsrecht, § 24 Rn. 29.

392 *VGH Kassel* WM 2007, S. 392 (393) zu den Mindestanforderungen an das Betreiben von Handelsgeschäften (MaH); zu den MaRisk (BA) siehe hingegen *Langen*, Die Zweite MaRisk-Novelle in der Bankenaufsicht, BKR 2009, S. 309 (315 f.).

nur bei einem Verstoß gegen § 25a KWG eingreifen kann.[393] Weiterhin fehlt die praktische Relevanz, wenn sich die nicht beachtete Vorgabe bereits aus § 25a KWG ergibt oder die BaFin die Nichtbeachtung bereits konkret beanstandet hat, da in diesen Fällen eine gesetzlich oder behördliche Vorgabe zu beachten ist.[394]

Allerdings vermitteln die MaRisk (BA) durch Art. 3 Abs. 1 GG eine indirekte Rechtswirkung.[395] Aus dem Gleichheits- und dem Vertrauensgrundsatz ergibt sich, dass die Mitarbeiter der BaFin an die Verwaltungsvorschriften gebunden sind, von denen sie nicht willkürlich zum Nachteil der Betroffenen abweichen dürfen.[396] Die MaRisk (BA) führen daher lediglich zu einer Selbstbindung der BaFin.[397] Das bedeutet, dass eine Außenwirkung erst durch eine Ermessensbindung der Behörden entsteht.[398] Aus dieser verwaltungsinternen Bindungswirkung der MaRisk (BA) resultieren verschiedene Rechtsfolgen, falls die MaRisk (BA) von den Geschäftsleitern nicht berücksichtigt werden.

(a) *Aufsichtsrechtliche Folgen bei Verstößen*

Bei Verstößen gegen das Aufsichtsrecht stehen der BaFin weitreichende Durchsetzungsbefugnisse zur Verfügung. Die BaFin hat – nach § 6 Abs. 3 KWG als allgemeine Anordnungsbefugnis – die Möglichkeit, das Aufsichtsrecht durch Verwaltungsakt gegenüber dem Institut oder gegenüber den Geschäftsleitern durchzusetzen.[399] Darüber hinaus hat die BaFin nach § 25a Abs. 2 S. 2 KWG speziellere Anordnungsbefugnisse, welche die ordnungsgemäße Geschäftsorganisation betreffen. Eine weitere speziellere Anordnungsbefugnis ist in § 45b KWG geregelt, wonach Anordnungen gegenüber dem Institut bei Mängeln in der Geschäftsorganisation im Sinne von § 25a KWG erlassen werden können.[400]

Dadurch, dass eine Nichterfüllung der in den MaRisk (BA) formulierten Mindestbedingungen schwerwiegende verwaltungsrechtliche Sanktionen zur Folge haben kann (bis hin zur Abberufung der Geschäftsleiter), entfalten die

393 *Langen,* in: *Schwennicke/Auerbach,* KWG, § 25a Rn. 6.

394 Siehe für § 25a KWG *VGH Kassel* WM 2007, S. 392 (393) und für die Beanstandung durch die BaFin *Langen,* in: *Schwennicke/Auerbach,* KWG, § 25a Rn. 8.

395 *Mülbert,* Bankenaufsicht und Corporate Governance, BKR 2006, S. 349 (353).

396 *Weber-Rey/Baltzer,* in: *Hopt/Wohlmannstetter,* Handbuch Corporate Governance, S. 457 mit Fn. 178.

397 *Blasche,* Auswirkungen von Verstößen gegen das KWG, WM 2011, S. 343 (347).

398 *Bürkle,* Die rechtliche Dimension von Solvency II, VersR 2007, S. 1595 (1595 Fn. 15).

399 *Binder,* Die Auswirkungen der Basel II-Umsetzung, WM 2006, S. 2114 (2115).

400 *Langen,* in: *Schwennicke/Auerbach,* KWG, § 45b Rn. 3.

MaRisk (BA) eine faktische Bindungswirkung.[401] Zudem können die unbestimmten Zielvorgaben des § 25a KWG von den Unternehmen nicht ohne Rückgriff auf die MaRisk (BA) umgesetzt werden.[402] Grundsätzlich sind daher die in den MaRisk (BA) enthaltenen Anforderungen von den Instituten umzusetzen, da sie und ihre Geschäftsleiter ansonsten mit aufsichtsrechtlichen Konsequenzen rechnen müssen.[403]

(b) Zivilrechtliche Folgen bei Verstößen

Des Weiteren kommt eine zivilrechtliche Haftung der Geschäftsleiter in Betracht, wenn sie schuldhaft eine Pflicht, die sich aus bankaufsichtsrechtlichen Vorgaben ergibt, verletzen.[404] Die Anspruchsgrundlage gegen den Handelnden ist abhängig von der gegebenen Gesellschaftsform des Instituts.[405]

Bei einem Schadensersatzanspruch der Aktiengesellschaft ist für die Innenhaftung des Vorstands § 93 Abs. 2 AktG einschlägig.[406] Hingegen richtet sich der Anspruch der Genossenschaft nach § 34 Abs. 2 GenG.[407] Für Sparkassen wiederum gibt es in manchen Sparkassengesetzen eine an § 93 Abs. 2 AktG angelehnte Anspruchsgrundlage und anderen wird die Haftung der Sparkassengeschäftsleiter nach dem Landeskommunalrecht und dem Anstellungsvertrag geregelt.[408] Bei einer Gesellschaft mit beschränkter Haftung wiederum entspricht der Sorgfaltsmaßstab der eines ordentlichen Geschäftsleiters im Sinne von § 43 Abs. 1 GmbHG dem des § 93 Abs. 1 S. 1 AktG.[409] Die Anspruchsgrundlage hierbei ist § 43 Abs. 2 GmbHG.[410]

---

401 *Wundenberg,* Compliance und die prinzipiengeleitete Aufsicht über Bankengruppen, S. 94.

402 *Wundenberg,* Compliance und die prinzipiengeleitete Aufsicht über Bankengruppen, S. 94.

403 Vgl. *Boldt/Büll/Voss,* Implementierung einer Compliance-Funktion, CCZ 2013, S. 248 (248).

404 *Langen,* in: *Schwennicke/Auerbach,* KWG, § 25a Rn. 196.

405 *Langen,* in: *Schwennicke/Auerbach,* KWG, § 25a Rn. 196.

406 *Koch,* in: *Hüffer/Koch,* AktG, § 93 Rn. 4.

407 *Fischer,* Haftung und Abberufung von Bankvorständen, DStR 2007, S. 1083 (1083); *Langen,* in: *Schwennicke/Auerbach,* KWG, § 25a Rn. 196.

408 *Kiethe,* Die zivil- und strafrechtliche Haftung, BKR 2005, S. 177 (178 und Fn. 8); *Langen,* in: *Schwennicke/Auerbach,* KWG, § 25a Rn. 196.

409 *OLG Celle* NZG 2000, S. 1178 (1179).

410 *Beurskens,* in: *Baumbach/Hueck,* GmbHG, § 43 Rn. 1.

Grundsätzlich trägt der Geschäftsleiter in diesen Fällen die Beweislast für die fehlende Pflichtwidrigkeit und fehlendes Verschulden.[411] Dies ergibt sich für die Aktiengesellschaft aus § 93 Abs. 2 S. 2 AktG,[412] für die Genossenschaft ergibt sich dies ebenfalls aus dem Gesetz, § 34 Abs. 2 S. 2 GenG.[413] Für die Gesellschaft mit beschränkter Haftung wird gleichfalls von einer Umkehr der Beweislast ausgegangen.[414] Zwar fehlt eine entsprechende Regelung für die Sparkassen, dennoch wird zum Teil eine Beweislastumkehr bei der Innenhaftung angenommen.[415] Neben Schadensersatzansprüchen ist unter den Voraussetzungen des § 84 Abs. 3 S. 1 AktG bei groben Pflichtverletzungen eine Sanktionierung in Form der Abberufung des Vorstands durch den Aufsichtsrat möglich.[416] Neben den spezifischen Normen aus dem Gesellschaftsrecht kommen deliktische Ansprüche auf Schadensersatz nach § 823 Abs. 2 BGB i. V. m. § 266 StGB[417] oder § 826 BGB in Betracht[418]. Dabei ist § 25a KWG kein Schutzgesetz im Sinne von § 823 Abs. 2 BGB, sodass durch dessen Verletzung allein kein Anspruch begründet werden kann.[419]

(c) Strafrechtliche Folgen bei Verstößen

Darüber hinaus kann die Verletzung von bankaufsichtsrechtlichen Vorgaben auch strafrechtlich relevantes Verhalten darstellen. Es bestand vor der Einführung von § 54a KWG kein Straftatbestand, welcher an die Verletzung des Aufsichtsrechts unmittelbar anknüpfte. Allerdings kann eine vorsätzliche, das Vermögen des Instituts schädigende Verletzung der Pflicht zur ordnungsgemäßen Geschäftsorganisation durch den Geschäftsleiter unter Umständen eine

---

411 *Langen,* in: *Schwennicke/Auerbach,* KWG, § 25a Rn. 18.

412 *BGH* NJW 2003, S. 358 (358); *Hölters,* in: *Hölters,* AktG, § 93 Rn. 248.

413 *Fandrich,* in: *Pöhlmann/Fandrich/Bloehs,* GenG, § 34 Rn. 20.

414 *BGH* DStR 2003, S. 124 (125); *Fischer,* Haftung und Abberufung von Bankvorständen, DStR 2007, S. 1083 (1088).

415 *Fischer,* Haftung und Abberufung von Bankvorständen, DStR 2007, S. 1083 (1088); a.A. *Kiethe,* Die zivil- und strafrechtliche Haftung, BKR 2005, S. 177 (183), der darauf hinweist, dass die Voraussetzungen einer Analogie nicht gegeben sind. Für die Zwecke dieser Untersuchung kann jedoch dahinstehen, ob für alle Institute die gleichen Rechtsfolgen im gleichen Ausmaß gelten.

416 *Wundenberg,* Compliance und die prinzipiengeleitete Aufsicht über Bankengruppen, S. 129.

417 *Lehleiter/Hoppe,* Die Haftung der Bankverantwortlichen, BKR 2007, S. 178 (179).

418 *Langen,* in: *Schwennicke/Auerbach,* KWG, § 25a, Rn. 199.

419 *Langen,* in: *Schwennicke/Auerbach,* KWG, § 25a, Rn. 199.

Strafbarkeit nach § 266 StGB begründen.[420] Hierbei werden die Rundschreiben der BaFin herangezogen, um die Vorschriften des KWG zu konkretisieren, um die Pflichtwidrigkeit feststellen zu können.[421] Zwar hat der Bundesgerichtshof bisher die MaRisk (BA) noch nicht zur Ausfüllung des Pflichtwidrigkeitsmerkmals des § 266 Abs. 1 StGB herangezogen, allerdings ist eine entsprechende Handhabung zu erwarten.[422] In einem Verfahren anlässlich der Finanzkrise hatte das Landgericht Hamburg die Pflichtverletzung i. S. des § 266 StGB auch mit den Verstößen gegen die Vorgaben der MaRisk (BA) begründet.[423] Der Bundesgerichtshof hat die Frage in dem darauf folgenden Revisionsverfahren offen gelassen und aus anderen Gründen zurückverwiesen.[424]

(d) Konsequenzen des weiten Anwendungsbereichs

Der Inhalt und die Auslegung der MaRisk (BA) haben daher Konsequenzen über das Gebiet des Bankaufsichtsrechts hinaus. Die konkreten Anforderungen an ein Institut sind individuell ausgestaltet und orientieren sich anhand unterschiedlicher Kriterien.

Aufgrund des weitreichenden Anwendungsbereichs ist in den MaRisk (BA) selbst festgelegt, dass sich die Ausgestaltung der Risikosteuerungsprozesse an Art, Umfang, Komplexität und Risikogehalt der Geschäftsaktivitäten orientieren soll.[425] Entsprechend hat auch die Aufsicht dies bei Institutsprüfungen zu berücksichtigen; beide Aspekte werden als das Prinzip der doppelten Proportionalität bezeichnet.[426] Dadurch, dass etwa die Intensität der Überwachung durch die Bankaufsicht sich an das Risikoprofil[427] und die Geschäftstätigkeit

420 Vgl. *Kiethe,* Die zivil- und strafrechtliche Haftung, BKR 2005, S. 177 (184); *Preussner/Pananis,* Risikomanagement und strafrechtliche Verantwortung, BKR 2004, S. 347 (351 f.); *Langen,* in: *Schwennicke/Auerbach,* KWG, § 25a Rn. 195.

421 Vgl. *BGHSt* 47, S. 148 (152 f./154) bzgl. § 18 Abs. 1 KWG; *Schmitt,* Untreue von Bank- und Sparkassenverantwortlichen bei der Kreditvergabe, BKR 2006, S. 125 (128).

422 *Ahlbrecht,* Banken im strafrechtlichen Regulierungsfokus, BKR 2014, S. 98 (98).

423 *LG Hamburg,* Urteil vom 09.07.2014 – 608 KLs 12/11, juris JURE150003048, Rn. 862.

424 *BGH* NJW 2017, S. 578 (581).

425 *Schwirten/Zattler,* Die Mindestanforderungen an das Risikomanagement (MaRisk), S. 445 (448).

426 *Schwirten/Zattler,* Die Mindestanforderungen an das Risikomanagement (MaRisk), S. 445 (448).

427 Die Geschäftsleitung hat zur Einschätzung der Wesentlichkeit des Risikos regelmäßig und anlassbezogen im Rahmen der Risikoinventur einen Überblick über die Risiken des Instituts zu verschaffen, sogenanntes Gesamtrisikoprofil, MaRisk (BA) AT 2.2.1 Satz 2.

des jeweiligen Instituts[428] anpasst, wird deutlich, dass größere Institute im Vergleich zu kleineren Instituten über umfangreichere interne Prozesse verfügen müssen.[429]

Eine weitere Einschränkung des Anwendungsbereichs gilt dadurch, dass sich die Anforderungen des Rundschreibens gemäß MaRisk (BA) AT 2.2.1 Satz 1 nur auf das Management der wesentlichen Risiken des Instituts beziehen. Dieser „Grundsatz der Wesentlichkeit" stellt neben den formalen Kriterien wie der Größe des Instituts oder materiellen Kriterien wie dem Risikogehalt der Tätigkeit eine echte Öffnungsklausel dar.[430] Die Verantwortung der Entscheidung, welche Risiken im konkreten Fall als wesentlich zu qualifizieren sind, trägt die Geschäftsleitung.[431] Echte Öffnungsklauseln zeichnen sich dadurch aus, dass sie regeln, wann die Anforderungen der Rundschreiben nicht gelten sollen.[432] Nach dem Wesentlichkeitsprinzip zum Beispiel gibt es Bagatellgrenzen, unter denen einzelne Anforderungen nur im Überblick oder gar nicht zu beachten sind.[433]

Echte Öffnungsklauseln und Proportionalitätsklauseln unterscheiden sich dadurch, dass Letztere von Mindestanforderungen ausgehen und gleitende Anforderungssteigerungen proportional zu den Risiken vorsehen.[434] Öffnungsklauseln regeln hingegen, ob Pflichten überhaupt Anwendung finden, während Proportionalitätsklauseln von dem Bestehen einer Pflicht ausgehen, aber Art, Umfang, Komplexität und Risikogehalt flexibler gestalten lassen.[435]

Schließlich gibt es im Rahmen der MaRisk (BA) einen großen Gestaltungsspielraum für die Institute, die durch die Verwendung zahlreicher unbestimmter Rechtsbegriffe wie etwa „angemessen", „sachgerecht", oder „zweckmäßig" sowie zur Gewährung zeitlicher Spielräume „unverzüglich", „zeitnah", „regelmäßig" ermöglicht wird.[436]

---

428 *Hofer/Bothe,* Die Erfolgsgeschichte der MaRisk, BaFin-Journal, 08/12, S. 5 (6).

429 *Wimmer,* MaRisk: Überblick und Konsequenzen für die Geschäftsleitung, BKR 2006, S. 146 (147).

430 *Wundenberg,* Compliance und die prinzipiengeleitete Aufsicht über Bankengruppen, S. 98.

431 *Wundenberg,* Compliance und die prinzipiengeleitete Aufsicht über Bankengruppen, S. 99.

432 *Langen,* in: *Schwennicke/Auerbach,* KWG, § 25a Rn. 35.

433 *Hellstern,* in: *Luz/Neus/Schaber,* KWG, § 25a Rn. 44.

434 *Langen,* in: *Schwennicke/Auerbach,* KWG, § 25a Rn. 35.

435 Vgl. *Langen,* in: *Schwennicke/Auerbach,* KWG, § 25a Rn. 39–43.

436 *Wundenberg,* Compliance und die prinzipiengeleitete Aufsicht über Bankengruppen, S. 100.

Insgesamt lässt sich damit festhalten, dass die MaRisk (BA) Auswirkungen bezüglich der BaFin und ihrer Anordnungen haben, welche gegenüber dem Institut oder gegenüber den Geschäftsleitern erlassen werden. Für die Geschäftsleiter können aber auch – zivilrechtliche oder strafrechtliche – Rechtsfolgen bei Pflichtverletzungen eintreten. Die Pflichten werden durch die MaRisk (BA) in Teilen konkretisiert. Allerdings enthalten die MaRisk (BA) auch zahlreiche offene Formulierungen, durch welche inhaltlich eine hohe Flexibilität möglich ist und sich so eine Anpassung je nach Institut vornehmen lässt.

(2) Prinzipiencharakter der bankaufsichtsrechtlichen Vorschriften

Der Regelungscharakter des Bankaufsichtsrechts ist ein spezieller. Im Vordergrund steht die hohe Anpassungsmöglichkeit auf sämtliche Institute, unabhängig von deren Größe, Umfang und Komplexität.

§ 54a KWG verweist auf Vorschriften der qualitativen Bankenaufsicht und dadurch – im Gegensatz zu anderen Verweisen im Strafrecht – auf Normen, die vor allem Prinzipiencharakter aufweisen.[437] Darunter versteht man solche Normen, die eine Zielaufgabe normieren, anders als Rechtsnormen, welche Verhaltensnormen festsetzen.[438] Bei Ersterem geht es um die Verwirklichung eines bestimmten Ziels, wobei offenbleiben kann, welches Verhalten im Einzelnen ge- oder verboten wird.[439] Bei Verhaltensnormen hingegen ist ein bestimmtes Verhalten geboten oder verboten, ohne hierfür unmittelbar ein Ziel zu nennen.[440] Daher erfolgt auch die Bezeichnung als aufsichtsrechtliches *soft law*.[441]

Die prinzipienorientierte Regelungstechnik beruht im Wesentlichen auf der Verwendung von abstrakten und ausfüllungsbedürftigen Grundsätzen.[442] Die Unbestimmtheit dient zum einen dazu, die Normvorgaben an den jeweiligen Einzelfall anpassen zu können und zum anderen dazu, dem Normanwender hinsichtlich der Umsetzung der Zielvorgaben und Erwartungen einen weiten Gestaltungsspielraum einzuräumen, wobei für ihn die Grundsätze der

---

437 *Kasiske,* Das Kapitalmarktstrafrecht, ZIS 2013, S. 257 (258); so auch *Deutsche Kreditwirtschaft*, Stellungnahme vom 17. April 2013, S. 23.

438 *Penski,* Rechtsgrundsätze und Rechtsregeln, JZ 1989, S. 105 (107).

439 *Penski,* Rechtsgrundsätze und Rechtsregeln, JZ 1989, S. 105 (107).

440 *Penski,* Rechtsgrundsätze und Rechtsregeln, JZ 1989, S. 105 (107).

441 *Strafrechtsausschuss des DAV,* Stellungnahme, NZG 2013, S. 577 (580).

442 *Wundenberg,* Compliance und die prinzipiengeleitete Aufsicht über Bankengruppen, S. 36.

Methodenfreiheit und der Eigenverantwortlichkeit gelten.[443] Die Umsetzung muss jedoch mit dem Ziel der Angemessenheit und Wirksamkeit des Risikomanagements vereinbar sein.[444] Diese Grundsätze nehmen die Banken in die Pflicht, indem sie eigenverantwortlich auf ihre jeweilige Risikosituation angepasste Verfahren und Prozesse einzurichten haben.[445] Weiterhin müssen sie selbst bestimmen, welche internen Prozesse und wie viel Kapital notwendig sind, um die Risiken abzudecken und zu steuern.[446] Die §§ 25a und 25c KWG sollen auch die individuelle Situation der Normadressaten berücksichtigen[447], da der bereits beschriebene Grundsatz der doppelten Proportionalität gilt.

Die Strafnorm verweist damit auf Prinzipien eines institutsbezogenen Risikomanagements, anstatt auf Regeln in Form von unmittelbar subsumierbaren Ge- und Verboten.[448] Daher fehlen für den Normanwender Verhaltensnormen, an welchen er sich orientieren und die er in seinem Institut umsetzen könnte.[449] Dieser Mangel stellt die Kehrseite der verwendeten Normen dar.

ff) Stellungnahme zu den unterschiedlichen Pflichten

Es könnte der Eindruck entstehen, dass die Pflichten für den Geschäftsleiter, gerade weil sie sehr ausführlich sind, präzise genug geregelt seien. Der Gesetzgeber versuchte, anscheinend, möglichst alle Eventualitäten zu erfassen.[450] Hinzu kommt, dass die Pflichten der ehemaligen MaRisk (BA) nun in einem Parlamentsgesetz normiert sind, was grundsätzlich den Anforderungen von Art. 103 Abs. 2 GG genügt.[451] Dass die Pflichten inzwischen Gesetzesrang haben, ist zwar eine notwendige, aber keine hinreichende Formalie.[452] Entscheidend ist, ob die

---

443 *Luz/Maaß*, Der aufsichtliche Überprüfungsprozess, S. 399 (407); vgl. auch *Wundenberg*, Compliance und die prinzipiengeleitete Aufsicht über Bankengruppen, S. 36; *Hellstern*, in: *Luz/Neus/Schaber*, KWG, § 25a Rn. 40 f.; *Dreher*, Ordnungswidrigkeiten statt Strafrecht, S. 217 (234 f.).

444 *Hofer/Bothe*, Die Erfolgsgeschichte der MaRisk, BaFin-Journal, 08/12, S. 5 (6).

445 *Luz/Maaß*, Der aufsichtliche Überprüfungsprozess, S. 399 (407).

446 *Luz/Maaß*, Der aufsichtliche Überprüfungsprozess, S. 399 (407).

447 *Kasiske*, Das Kapitalmarktstrafrecht, ZIS 2013, S. 257 (258).

448 *Schröder*, Keine Strafbarkeitsrisiken für verantwortungsvoll handelnde Geschäftsleiter, WM 2014, S. 100 (104).

449 *Schröder*, Keine Strafbarkeitsrisiken für verantwortungsvoll handelnde Geschäftsleiter, WM 2014, S. 100 (104); kritisch dazu auch: *Binder*, Vorstandshandeln zwischen öffentlichem und Verbandsinteresse, ZGR 2013, S. 760 (765).

450 *Goeckenjan*, Die neuen Strafvorschriften, wistra 2014, S. 201 (202).

451 Vgl. *Remmert*, in: *Maunz/Dürig*, GG, Art. 103 Abs. 2 Rn. 77.

452 *Volk*, Strafrecht ohne Grenzen im neuen Trennbankengesetz, S. 669 (673).

Pflichten inhaltlich konkret genug ausgestaltet sind.[453] Diesbezüglich besteht der Einwand, dass die Pflichten zu unbestimmt formuliert seien.[454] Die Pflichten sind zwar zum Teil sehr ausdifferenziert geregelt, jedoch sind sie nicht frei von Generalklauseln und unbestimmten Rechtsbegriffen.[455] Dementsprechend wird angenommen, dass der Pflichtenkatalog durch Verwendung von Begriffen wie beispielsweise „Strategien“; „Prozesse“, „Gesamtziel“ konturlos und unklar sei.[456] Ebenfalls konturlos seien die Begriffe „konsistente Risikostrategie“ oder „zeitkritische Aktivitäten“.[457]

Ob dies zur Verfassungswidrigkeit führt, wird an späterer Stelle eingehender erörtert.[458] Als weitere Beispiele sind die Kombinationen der Begrifflichkeiten zu nennen. So ist unklar, wann aus „Einzelkonzepten“ überhaupt eine „Strategie“ i. S. des § 25c Abs. 4a KWG werden kann oder gar eine „Risikostrategie“, welche sich konsistent zu einer Geschäftsstrategie verhalten soll, die ihrerseits auf die nachhaltige Entwicklung des Instituts gerichtet sein soll.[459] Genauso schwierig dürfte die Feststellung werden, wann die durch § 25c Abs. 4a Nr. 3 lit. f KWG geforderten Stresstests regelmäßig genug erfolgen.[460] Zwar hat der Gesetzgeber auf die Kritik reagiert, aber ohne ausdrückliche Klarstellung in der Gesetzesbegründung.

Der mögliche Erkenntnisgewinn, der durch den Austausch von „sicherstellen“ durch die Begriffe „dafür Sorge tragen“ entstehen könnte, wird ebenfalls im Folgenden diskutiert. Unabhängig davon wurde das „sicherzustellen“ in § 25c Abs. 4a Nr. 3 lit. a KWG jedoch nicht verändert, dessen Bedeutung ebenfalls weiterhin offen ist. Grundsätzlich ist nach §§ 25a und 25c KWG vorgesehen, dass die Kreditinstitute über ein angemessenes Risikomanagement zu verfügen haben, aber auch an dieser Stelle wird der Begriff der Angemessenheit nicht präzisiert.[461] Hinzu tritt der Aspekt, dass eine Pflichtverletzung angenommen werden kann, wenn ein Risikomanagement in seiner konkreten Ausgestaltung nicht ausreichend war, selbst wenn es vorhanden ist.[462]

---

453 *Volk,* Strafrecht ohne Grenzen im neuen Trennbankengesetz, S. 669 (673).

454 *Hamm,* Modern Crimes, S. 259 (272).

455 *Strafrechtsausschuss des DAV,* Stellungnahme, NZG 2013, S. 577 (579).

456 *Strafrechtsausschuss des DAV,* Stellungnahme, NZG 2013, S. 577 (580).

457 *Schork/Reichling,* Der strafrechtliche Schutz des Risikomanagements durch das sog. Trennbankengesetz, CCZ 2013, S. 269 (270).

458 Siehe dazu B) II) 2).

459 *Krause,* Symbolische Gesetzgebung, S. 113 (119).

460 *Krause,* Symbolische Gesetzgebung, S. 113 (119).

461 *Kasiske,* Das Kapitalmarktstrafrecht, ZIS 2013, S. 257 (258).

462 *Kasiske,* Das Kapitalmarktstrafrecht, ZIS 2013, S. 257 (261).

Diese Offenheit in § 25c KWG ist, wie bereits dargestellt, bewusst gewählt, da es in der qualitativen Aufsicht nicht darum geht, bestimmte Regeln aufzuerlegen, sondern stattdessen Prinzipien, welche Zielvorgaben und Erwartungen vermitteln sollen, vorzugeben.[463] Bereits aus den Rundschreiben selbst ergibt sich, dass sie einen flexiblen Rahmen vorgeben möchten, siehe MaRisk (BA) AT 1.1 Satz 1. Auch ergibt sich aus MaRisk (BA) AT 1.4 Satz 4, dass das Rundschreiben gegenüber der laufenden Fortentwicklung der Prozesse und Verfahren offen ist. Bei der Frage etwa, ab wann ein Aspekt wesentlich sein soll, wird auf die Einschätzung der Geschäftsleitung vertraut.[464] Die auf Gesetzesniveau gehobenen Prinzipien in den MaRisk (BA) waren sehr allgemein gehalten und beinhalteten vor allem im AT-Bereich Anforderungen, die zum Teil als selbstverständlich gelten, sodass sogar der konkretisierende Aspekt nicht immer gegeben ist.[465] Diese Art der Regelungstechnik mag für das Bankaufsichtsrecht überzeugen, erscheint aber zunächst für das Strafrecht ungeeignet.

§ 54a KWG und der enthaltene Verweis auf § 25c KWG wird allerdings nicht nur dafür kritisiert, dass die Norm konturenlos und unklar gefasst sei, sondern auch dafür, dass der Tatbestand nicht alle relevanten Sachverhalte erfasse.[466] Dabei wird angenommen, dass bestandsgefährdende Risiken durch andere Umstände eintreten können, welche von einem ordnungsgemäßen Risikomanagementsystem nicht erfasst seien.[467] So müsse sich die Strafbarkeit der Geschäftsleiter auch auf das Verbot des Eigenhandels und anderer riskanter Geschäfte ausweiten, weswegen die Strafandrohung in § 54a KWG auch auf den spekulativen Charakter des Geschäftsmodells erweitert werden müsse.[468]

Vorteilhafter wäre daher eine Anknüpfung an bestimmte Geschäftsvorgänge gewesen, wodurch auch Maßnahmen zur Beseitigung und Verhinderung solcher Risiken erfasst wären, die aktuell von § 25c KWG nicht gedeckt seien.[469] Ferner wird bemängelt, dass das Problem nicht das Fehlen eines Risikomanagements,

---

463 *Kasiske,* Das Kapitalmarktstrafrecht, ZIS 2013, S. 257 (258).

464 *Hellstern,* in: *Luz/Neus/Schaber,* KWG, § 25a Rn. 57.

465 *Hellstern,* in: *Luz/Neus/Schaber,* KWG, § 25a Rn. 56.

466 Vgl. *Kasiske,* Das Kapitalmarktstrafrecht, ZIS 2013, S. 257 (262); vgl. auch BT-Drs. 17/13539, S. 4.

467 *Kasiske,* Das Kapitalmarktstrafrecht, ZIS 2013, S. 257 (262); vgl. auch BT-Drs. 17/13539, S. 4; und auch *Brand,* Konfliktherde des § 54a KWG, ZVglRWiss 2014, S. 142 (153).

468 BT-Drs. 17/13539, S. 4.

469 *Kasiske,* Das Kapitalmarktstrafrecht, ZIS 2013, S. 257 (262); auf diese Aspekte wird unter C) II) 1) eingegangen.

sondern dessen Umgehung gewesen sei.[470] Allerdings wird in diesem Zusammenhang von keiner Seite vertreten, dass der Straftatbestand unbestimmter oder als Generalklausel gestaltet werden soll.[471] Es gehe also nicht darum, die verfassungsrechtlichen Anforderungen an Straftatbestände zu verändern. Stattdessen soll ein anderer oder zusätzlicher Anknüpfungspunkt für eine Strafbarkeit ergänzt werden, wobei jedoch die Formulierung von § 54a KWG und § 25c KWG grundsätzlich befürwortet wird.[472]

Es ergibt sich noch ein weiterer Problemkreis durch die Anhebung der Anforderungen auf Gesetzesrang, und zwar die daraus folgende verzögerte Reaktionszeit bei sich ändernden Bedingungen, wobei der Änderungsbedarf vor allem auf europarechtliche Vorgaben zurückgehen kann.[473] Zudem dürfte der Nachweis einer Verletzung von Sorgetragungspflichten nur in einfach gelagerten Fällen gelingen.[474] Erschwerend tritt hinzu, dass die vorhandenen Spielräume in der Vergangenheit durch das Institut in Abstimmung mit der Aufsicht ausgefüllt wurden.[475] Diese teils erforderliche und erfolgreiche Zusammenarbeit dürfte durch die Strafandrohung nicht verbessert worden sein.

Zusammenfassend lässt sich feststellen, dass es aufgrund der flexibel zu handhabenden unbestimmten Rechtsbegriffe der MaRisk (BA) durchaus sinnvoll war, dass die Compliance-Regeln der MaRisk (BA) auf untergesetzlicher Ebene statuiert waren.[476] Hingegen waren die MaRisk (BA) nicht dafür gedacht, Regeln für eine Menge von Instituten verbindlich festzulegen, ohne auf die institutsindividuellen Umstände einzugehen.[477] Die Änderungen diesbezüglich haben für Unsicherheiten und keinesfalls für eine einfachere Anwendung des Rechts gesorgt. Dass an die Verletzung dieser Vorgaben eine Strafvorschrift anknüpft, vergrößert lediglich diese Unsicherheit.

---

470 *Brand,* Konfliktherde des § 54a KWG, ZVglRWiss 2014, S. 142 (153), verweisend auf BT-Drs. 17/13539, S. 7, wonach die Fraktion Bündnis 90/die Grünen dies anhand des Beispiels der UBS verdeutlichte, nach welchem die UBS relevante Geschäfte am eigenen Risikocontrolling vorbei getätigt habe.

471 Vgl. *Kasiske,* Das Kapitalmarktstrafrecht, ZIS 2013, S. 257 (260).

472 *Kasiske,* Das Kapitalmarktstrafrecht, ZIS 2013, S. 257 (260).

473 *Deutsche Kreditwirtschaft,* Stellungnahme vom 17. April 2013, S. 26.

474 *Beukelmann,* Strafbarkeit von Bankern bei fehlendem Risikomanagement, NJW-Spezial 2013, S. 120 (120).

475 *Goeckenjan,* Die neuen Strafvorschriften, wistra 2014, S. 201 (203).

476 Vgl. *Hamm,* Modern Crimes, S. 259 (272).

477 *Hellstern,* in: *Luz/Neus/Schaber,* KWG, § 25a Rn. 46.

c) *Sorgetragen*

Die Tatbestandsvoraussetzung bezüglich der Handlung lautet: „wer … nicht dafür Sorge trägt". Unproblematisch handelt es sich um ein Unterlassungsdelikt[478], wenn es darum geht, dass eine rechtlich gebotene Handlung nicht vorgenommen wird[479]. Insbesondere reicht es bereits aus, wenn ein gefordertes Risikomanagementsystem zwar dem Grunde nach existiert, aber in seiner konkreten Ausgestaltung unzureichend ist.[480] Zu thematisieren ist allerdings die Frage, ob die Regelung zugleich ein Begehungsdelikt normiert und wie der Austausch des Begriffs im Gesetzgebungsverfahren zu deuten ist.

aa) Auch ein Begehungsdelikt?

Fraglich ist zunächst, ob es sich auch um ein Begehungsdelikt[481] oder nur um ein reines Unterlassungsdelikt handelt[482]. Bei § 54a KWG kommt eine Verletzung der Sorgetragungspflicht in Betracht, indem vorhandene Strategien, Prozesse, etc. (etwa aus Kostengründen) reduziert oder abgeschafft werden. Würde es sich um ein reines Unterlassungsdelikt handeln, könnte ein positives Tun die Tatbestandsvoraussetzung nicht erfüllen.[483]

Normalerweise lässt sich die Abgrenzung mit Begriffen wie erfolgsbewirkendem Tun und Untätigkeit bewältigen.[484] Durch bloße Untätigkeit scheint das Kriterium des „Nicht-dafür-Sorge-Tragens" erfüllt zu sein. Dass die Voraussetzung

478 *Altenhain*, Strafrechtliche Regelungen für die Arbeit des Bankvorstands, S. 237 (251); *Cichy/Cziupka/Wiersch*, § 54a KWG n. F., NZG 2013, S. 846 (847); *Schork/Reichling*, Der strafrechtliche Schutz des Risikomanagements durch das sog. Trennbankengesetz, CCZ 2013, S. 269 (270); *Lindemann*, in: *Boos/Fischer/Schulte-Mattler*, § 54a KWG Rn. 7; *Volk*, Strafrecht ohne Grenzen im neuen Trennbankengesetz, S. 669 (673); vgl. *Hamm/Richter*, Symbolisches und hypertrophes Strafrecht, WM 2013, S. 865 (868), noch bezogen auf das „nicht sicherstellen".

479 Vgl. *Kindhäuser*, Strafrecht AT, § 35 Rn. 1.

480 *Krause*, Symbolische Gesetzgebung, S. 113 (119).

481 So ohne Begründung *Cichy/Cziupka/Wiersch*, § 54a KWG n. F., NZG 2013, S. 846 (847); *Schork/Reichling*, Der strafrechtliche Schutz des Risikomanagements durch das sog. Trennbankengesetz, CCZ 2013, S. 269 (270).

482 *Goeckenjan*, Die neuen Strafvorschriften, wistra 2014, S. 201 (204); *Volk*, Strafrecht ohne Grenzen im neuen Trennbankengesetz, S. 669 (673); vgl. *Hamm/Richter*, Symbolisches und hypertrophes Strafrecht, WM 2013, S. 865 (868), letzterer noch bezogen auf das „nicht sicherstellen".

483 Vgl. hierzu *Stree/Bosch*, in: *Schönke/Schröder*, StGB, Vorbem. §§ 13 ff. Rn. 159.

484 *Roxin*, Strafrecht AT II, § 31 Rn. 73.

durch ein Unterlassen erfüllt sein kann, steht der Annahme, dass es sich auch um ein Begehungsdelikt handelt, jedoch nicht entgegen, denn grundsätzlich besteht die Möglichkeit, dass ein Tatbestandsmerkmal sowohl durch ein aktives Tun als auch durch ein Unterlassen verwirklicht werden kann, ohne dass es in der Norm selbst einer eigenen Formulierung dafür bedarf.[485] Bei der Untreue beispielsweise kann die Verletzungshandlung auch durch ein Unterlassen verwirklicht werden.[486] Gleiches gilt für die Rechtsbeugung i. S. von § 339 StGB, da es darum geht, eine Rechtspflicht zu verletzen.[487] Um zwischen einem aktiven Tun und einem Unterlassen abzugrenzen, wird zum einen darauf abgestellt, wo der Schwerpunkt der Vorwerfbarkeit liegt sowie der soziale Sinn des Täterverhaltens.[488] Es wird angenommen, dass in der Regel eine ergebnisorientierte Bestimmung erfolgt, um Zurechnungsbarrieren zu vermeiden.[489] Andererseits wird vertreten, dass die Abgrenzung abhängig vom Vorliegen oder Nichtvorliegen einer Begehungskausalität sei, also davon, ob ein aktiver Energieeinsatz für den Erfolg kausal ist oder wenigstens nach dem Vorsatz des Täters werden soll.[490]

Allerdings erscheint es zweifelhaft, ob die entsprechende Handlung von der Begrifflichkeit des „Dafür-Sorge-Tragens" erfasst ist. Zunächst ist daher auf diesen Begriff einzugehen.

Wie bereits erwähnt[491], hatte der Gesetzgeber im Rahmen des Gesetzgebungsverfahrens den Begriff „sicherstellen" durch „dafür Sorge tragen" ausgetauscht. Uneinigkeit besteht darüber, wie dieser Austausch zu verstehen ist.

Unklar ist in diesem Zusammenhang bereits, was unter der Begrifflichkeit des „dafür Sorge tragen" für sich genommen zu verstehen ist.[492] Eine Definition hierfür fehlt, ist aber für die Reichweite des objektiven Straftatbestands entscheidend.[493] In der Entwurfsphase wurde noch an die Nicht-Sicherstellung

---

485 Vgl. unproblematisch bei § 266 StGB: *Kindhäuser,* in: *Kindhäuser/Neumann/Paeffgen,* NK-StGB, § 266 Rn. 64.

486 Vgl. *Kindhäuser,* in: *Kindhäuser/Neumann/Paeffgen,* NK-StGB, § 266 Rn. 64.

487 *Kühl,* in: *Lackner/Kühl,* StGB, § 339 Rn. 5a.

488 *BGHSt* 6, S. 46 (59); 40, S. 257 (265 f.).

489 *Stree/Bosch,* in: *Schönke/Schröder,* StGB, Vorbem. §§ 13 ff. Rn. 158.

490 *Roxin,* Strafrecht AT II, § 31 Rn. 77 f.

491 Siehe dazu B) III) 1) b) ff).

492 *Schork/Reichling,* Der strafrechtliche Schutz des Risikomanagements durch das sog. Trennbankengesetz, CCZ 2013, S. 269 (270).

493 *Schork/Reichling,* Der strafrechtliche Schutz des Risikomanagements durch das sog. Trennbankengesetz, CCZ 2013, S. 269 (270).

bestimmter Risikomanagementpflichten angeknüpft.[494] Allerdings wurde der Begriff kritisiert, weil seine Reichweite zu undeutlich und das Kriterium daher für das Strafrecht ungeeignet sei.[495] Weiterhin wurde die Möglichkeit der Delegation von Risikomanagementpflichten infrage gestellt.[496] Hingegen ist nach dem Duden „für etwas sorgen" ein Synonym für „sicherstellen", sodass ein wesentlicher inhaltlicher Unterschied zwischen diesen beiden Begriffen fraglich ist.[497] Jedoch muss dies umgekehrt nicht bedeuten, dass beide Begriffe vollständig deckungsgleich sind. Laut dem natürlichen Wortsinn bedeutet „Sorge tragen" sich um eine Angelegenheit zu kümmern, hingegen ist unter dem Begriff „sicherstellen" ein Garantieren zu verstehen.[498] Daher wird zum Teil angenommen, dass es sich beim Sorgetragen um einen Begriff handele, welcher „weicher" ist und das Risiko der strafrechtlichen Haftung entschärfe.[499] Danach trägt nämlich auch der Sorge,

> *„wer sich vergewissert, dass in dem Zuständigkeitsbereich der Geschäftsleitung als Ganzes die Einhaltung der Risikomanagementpflichten einem Ressort zugewiesen wurde und kein Anlass für die Annahme besteht, dass dieser Aufgabe nicht genügt wird".*[500]

Daher ist anzunehmen, dass Sorgetragen auch dann gegeben ist, wenn jemand sich redlich bemüht, allerdings im Nachhinein festgestellt wird, dass dies nicht hinreichend war.[501]

Will man dem Gesetzgeber keinen bedeutungslosen Austausch der beiden Begriffe unterstellen, liegt also die Annahme nahe, dass hiermit an den natürlichen Wortsinn angeknüpft und eine Entschärfung bewirkt werden sollte. Auch wenn „dafür Sorge tragen" als ein Synonym des Wortes „sicherstellen" gilt, gibt es vom natürlichen Wortsinn her eine Abweichung. Ersteres stellt im Sprachgebrauch eine abgeschwächte Form dar. Dieses Verständnis deckt sich mit den

---

494 *Cichy/Cziupka/Wiersch,* § 54a KWG n. F., NZG 2013, S. 846 (847).
495 *Cichy/Cziupka/Wiersch,* § 54a KWG n. F., NZG 2013, S. 846 (847).
496 *Cichy/Cziupka/Wiersch,* § 54a KWG n. F., NZG 2013, S. 846 (847).
497 Vgl. *Cichy/Cziupka/Wiersch,* § 54a KWG n. F., NZG 2013, S. 846 (847).
498 Siehe auch unter Hinweis auf den Duden *Brand,* Konfliktherde des § 54a KWG, ZVglRWiss 2014, S. 142 (148 f. Fn. 32); aber auch *Ahlbrecht,* Banken im strafrechtlichen Regulierungsfokus, BKR 2014, S. 98 (101).
499 *Schröder,* Keine Strafbarkeitsrisiken für verantwortungsvoll handelnde Geschäftsleiter, WM 2014, S. 100 (103).
500 *Schröder,* Keine Strafbarkeitsrisiken für verantwortungsvoll handelnde Geschäftsleiter, WM 2014, S. 100 (103).
501 *Volk,* Strafrecht ohne Grenzen im neuen Trennbankengesetz, S. 669 (672).

Ausführungen zur Gesamtverantwortung.[502] Es geht nicht darum, dass stets jeder Geschäftsleiter jeden Bereich vollständig zu überwachen hat. Das wäre faktisch bereits nicht möglich. Allerdings trifft ihn die Pflicht, die entsprechenden Bereiche zu überwachen und zu handeln, sobald das Vertrauen einmal erschüttert ist.[503]

bb) Zwischenergebnis

Durch den Austausch der Begrifflichkeit ist daher von einer Entschärfung des Tatbestands auszugehen. Zu der Frage, ob es sich bei § 54a KWG um ein aktives Begehungsdelikt handelt, beinhaltet die Gesetzesbegründung jedoch keine Angaben. Zwar lassen sich die Sorgetragungspflichten auch durch ein aktives Tun verletzen, mangels einer Regelung in § 25c KWG oder in § 54a KWG ist jedoch nicht ersichtlich, dass der Gesetzgeber davon ausging, dass ein aktiver Verstoß vorliegen könnte. Ein bewusstes Verschlechtern des Risikomanagements wird demnach von § 54a KWG nicht erfasst.[504] Denn jede über den Wortsinn der Vorschrift hinausgehende Interpretation kann im Strafrecht nicht zulasten des Bürgers gehen.[505] Der Gesetzgeber hat stets sicherzustellen und nicht bloß dafür Sorge zu tragen, dass die Normen verständlich sind. Pflichtverletzungen seinerseits gehen vor allem im sensiblen Bereich des Strafrechts zu seinen Lasten. Mithin handelt es sich bei § 54a KWG um ein reines Unterlassungsdelikt.

d) Bestandsgefährdung

Die Bestandsgefährdung muss nach § 54a Abs. 1 KWG für das jeweilige Institut, übergeordnete Unternehmen oder gruppenangehörige Institut vorliegen. Der erforderliche Taterfolg des § 54a KWG stellt einen weiteren Kritikpunkt auf Verfassungsebene dar, weil die Konturen dieses Begriffs nicht ohne Weiteres bestimmbar seien.[506]

Nach der Vorstellung des Gesetzgebers lässt sich die Frage, wann eine Bestandsgefährdung vorliegt, bereits mit dem Blick ins Gesetz beantworten.[507]

---

502 Siehe dazu B) III) 1) b) bb).

503 Zu diesem Ergebnis auch *Brand*, in: *Bittmann*, Praxishandbuch Insolvenzstrafrecht, S. 1267.

504 Im Ergebnis auch: *Kasiske*, Das Kapitalmarktstrafrecht, ZIS 2013, S. 257 (262).

505 Vgl. *BVerfG* NJW 1987, S. 3175 (3175).

506 *Hamm/Richter*, Symbolisches und hypertrophes Strafrecht, WM 2013, S. 865 (868); aber auch: *Krause*, Symbolische Gesetzgebung, S. 113 (119).

507 So die Annahmen des Gesetzgebers BT-Drs. 17/12601, S. 29.

Die Begründung verweist im Rahmen der bankenaufsichtsrechtlichen Regelung auf § 48b KWG a. F. für die Institute und auf § 48o Abs. 1 KWG a. F. für die übergeordneten Unternehmen und Institutsgruppen.[508] In § 48b Abs. 1 S. 1 KWG a. F. war die Legaldefinition zur Bestandsgefährdung normiert und beschrieben als Gefahr eines insolvenzbedingten Zusammenbruchs des Kreditinstituts für den Fall des Unterbleibens korrigierender Maßnahmen.

Das Tatbestandsmerkmal der Bestandsgefährdung beinhaltet zwei Problemkategorien: erstens systematisch aufgrund des Begriffs „Bestandsgefährdung“, weil der Begriff auch in anderen Gesetzen verwendet wird, und zweitens inhaltlich, wie die Bestandsgefährdung des § 54a KWG zu definieren ist. Letzteres ist trotz der Legaldefinition in § 48b KWG a. F. schwierig gewesen.

aa) Ursprünglich systematisches Problem

Zunächst ergibt sich ein systematisches Problem dadurch, dass der Begriff der Bestandsgefährdung auch in anderen Wirtschaftsgesetzen verwendet wird. Diese sind § 91 Abs. 2 AktG und § 321 Abs. 1 S. 3 HGB, sodass es einfacher gewesen wäre, die einschlägigen Normen als Anknüpfungspunkt zu nennen.[509] Allerdings ist das nur problematisch, wenn die anderen Vorschriften überhaupt für die Bestimmung der Bestandsgefährdung des § 54a KWG in Betracht kommen und wenn sie sich inhaltlich unterscheiden.

§ 321 HGB regelt die Anforderungen an den Prüfungsbericht des Abschlussprüfers im Rahmen der Jahresprüfung, welche gemäß § 316 HGB durchzuführen ist. Dabei trifft den Prüfer nach § 321 Abs. 1 S. 3 HGB eine Rede- und Warnpflicht, die unter anderem dann eintritt, wenn er von Tatsachen Kenntnis erlangt, die für das Unternehmen bestandsgefährdend sind.[510] Eine Definition der Bestandsgefährdung bleibt jedoch aus. § 91 Abs. 2 AktG regelt unter anderem die Pflicht des Vorstands, ein Überwachungssystem einzurichten, um gefährdende Entwicklungen frühzeitig erkennen zu können. Es geht um die Sicherstellung der frühzeitigen Erkennung bestandsgefährdender Entwicklungen durch den Vorstand.[511] Die Bestandsgefährdung ist hier anzunehmen, wenn sich negative Veränderungen auf die Vermögens-, Ertrags- oder Finanzlage der

508 BT-Drs. 17/12601, S. 29, in der Entwurfsphase war noch von der Bestandsgefährdung einer Gruppe die Rede, allerdings wurde dies korrigiert.

509 *Hamm/Richter*, Symbolisches und hypertrophes Strafrecht, WM 2013, S. 865 (867).

510 *Merkt*, in: *Baumbach/Hopt*, HGB, § 321 Rn. 2.

511 *Bürgers/Israel*, in: *Bürgers/Körber*, AktG, § 91 Rn. 8.

Gesellschaft wesentlich auswirken können.[512] Allerdings wird Bezug auf den Fortbestand der Gesellschaft genommen, sodass nur solche Risiken erfasst sind, welche das Insolvenzrisiko erheblich steigern oder hervorrufen.[513] Auch aus dieser Norm ergibt sich daher keine Definition der Bestandsgefährdung.

Damit wäre ein Verweis auf die einschlägigen Normen im KWG für den Normadressaten und den Normanwender vorteilhafter gewesen, da § 48b KWG a. F. eine Legaldefinition enthielt. Die Anwendung des KWG für das Kriterium der Bestandsgefährdung lässt sich auch aus einem systematischen Verständnis heraus ableiten. Es ist im Nebenstrafrecht nicht unüblich, dass sich strafrechtliche Tatbestandsmerkmale in den Wirtschaftsgesetzen auf Normen beziehen, die ihnen voranstehen.[514] Außerdem finden weder die KWG-Vorschriften ohne Weiteres im Rahmen des HGB und des AktG[515] Anwendung noch umgekehrt. Zudem wird in den Paragraphen des HGB und AktG eine Bestandsgefährdung als eine Voraussetzung beschrieben, sie wird jedoch nicht legaldefiniert oder näher erläutert. Abschließend hat der Gesetzgeber in der Begründung zu § 54a KWG auf § 48b KWG a. F. Bezug genommen.

bb) Inhaltliches Problem

In § 48b Abs. 1 S. 1 KWG a. F. war die Bestandsgefährdung als

> *„die Gefahr eines insolvenzbedingten Zusammenbruchs des Kreditinstituts für den Fall des Unterbleibens korrigierender Maßnahmen"*

definiert.

(1) Die Regelung der Bestandsgefährdung

Die §§ 48a ff. KWG a. F. wurden im Rahmen des sogenannten Restrukturierungsgesetzes im Jahr 2011 in das KWG eingefügt.[516] Das Gesetz wurde als

---

512 *Becker/Janker/Müller,* Die Optimierung des Risikomanagements, DStR 2004, S. 1578 (1579).

513 Vgl. *Becker/Janker/Müller,* Die Optimierung des Risikomanagements, DStR 2004, S. 1578 (1579); auch *Spindler,* in: Münchener Kommentar zum AktG 20, § 91 Rn. 21.

514 Vgl. *Tiedemann,* Wirtschaftsstrafrecht AT, Rn. 99.

515 Vgl. *Apfelbacher/Metzner,* Mitglied im Aufsichtsorgan, AG 2013, S. 773 (774).

516 Gesetz zur Restrukturierung und geordneten Abwicklung von Kreditinstituten, zur Errichtung eines Restrukturierungsfonds für Kreditinstitute und zur Verlängerung der Verjährungsfrist der aktienrechtlichen Organhaftung, G. vom 9. Dezember 2010, BGBl. 2010 I S. 1900 (Nr. 63), in Kraft getreten zum 1. Januar 2011.

Reaktion auf die Finanzmarktkrise beschlossen.[517] Das Ziel der Regelung von Verfahren zur Restrukturierung beinhaltet zwei Aspekte: Zum einen geht es um die Vermeidung der negativen Konsequenzen, die mit der Einstellung der Geschäfte eines Kreditinstituts einhergehen,[518] und zum anderen sollen mögliche staatliche Stabilisierungsmaßnahmen auf ein Minimum reduziert werden[519]. So besteht die Möglichkeit, dass bei einer Bestandsgefährdung und dem Vorliegen weiterer Voraussetzungen die BaFin das Vermögen einschließlich seiner Verbindlichkeiten auf einen bestehenden Rechtsträger durch Ausgliederung nach § 48a KWG a. F. übertragen konnte. Dieses Vorgehen kam in Betracht, wenn Eigeninitiativmaßnahmen des Kreditinstituts gescheitert waren und sich die Eigenkapital- und Liquiditätsstörungen auch nicht mehr durch präventive Eingriffe der BaFin überwinden ließen.[520] Dabei besteht das Ziel darin, den operativ funktionsfähigen systemrelevanten Teil eines angeschlagenen Teils auf eine neugegründete Gesellschaft oder „Brückenbank" zu übertragen, um dadurch eine umfassende Finanzmarktgefährdung zu verhindern.[521]

(2) Inhaltlich systematisches Problem

Bevor auf die einzelnen Merkmale der Bestandsgefährdung einzugehen ist, ist zu thematisieren, wie es sich für die Strafbarkeit auswirkt, dass die Bestandsgefährdung nun im Sanierungs- und Abwicklungsgesetz (SAG)[522] geregelt ist. Sofern diese Änderung für die Auslegung relevant wäre, wäre auf die Vorschriften

---

517 *Riethmüller,* Das Restrukturierungsgesetz im ökonomischen und internationalen Kontext, WM 2010, S. 2295 (2295).

518 *Riethmüller,* Das Restrukturierungsgesetz im ökonomischen und internationalen Kontext, WM 2010, S. 2295 (2295).

519 BT-Drs. 17/3024, S. 1 und S. 40.

520 *Willemsen/Rechel,* in: *Luz/Neus/Schaber,* KWG, § 48a Rn. 7.

521 *Willemsen/Rechel,* in: *Luz/Neus/Schaber,* KWG, § 48a Rn. 8.

522 Gesetz zur Sanierung und Abwicklung von Instituten und Finanzgruppen, eingeführt durch Art. 1 Gesetz zur Umsetzung der Richtlinie 2014/59/EU des Europäischen Parlaments und des Rates vom 15. Mai 2014 zur Festlegung eines Rahmens für die Sanierung und Abwicklung von Kreditinstituten und Wertpapierfirmen und zur Änderung der Richtlinie 82/891/EWG des Rates, der Richtlinien 2001/24/EG, 2002/47/EG, 2004/25/EG, 2005/56/EG, 2007/36/EG, 2011/35/EU, 2012/30/EU und 2013/36/EU sowie der Verordnungen (EU) Nr. 1093/2010 und (EU) Nr. 648/2012 des Europäischen Parlaments und des Rates, BRRD-Umsetzungsgesetz vom 10.12.2014, BGBl. 2014 I S. 2091 (Nr. 59).

im SAG einzugehen und die §§ 48a ff. KWG müssten nicht mehr thematisiert werden.

Durch Art. 2 des BRRD-Umsetzungsgesetzes[523] wurde 48b KWG aufgehoben. Stattdessen findet sich nun eine Definition der Bestandsgefährdung in § 63 SAG. Bevor auf die dort geregelten Begrifflichkeiten einzugehen ist, ist zu hinterfragen, ob diese Definition für den Straftatbestand relevant sein kann.

§ 54a KWG verweist nicht auf § 48b KWG a. F. selbst, sodass es zunächst nicht erforderlich erscheint, bei der Frage der Bestandsgefährdung auf diese Norm abzustellen. Allerdings wurde im Rahmen der Gesetzesbegründung auf § 48b KWG a. F. Bezug genommen. Dort heißt es bezüglich der Tatbestandsmerkmale, dass eine „*Bestandsgefährdung des Instituts im Sinne des § 48b KWG[...] verursacht wird.*“[524] Im Rahmen des später in Kraft tretenden BRRD-Umsetzungsgesetzes fehlt hingegen ein Verweis, dass nun § 63 SAG für die Strafnorm des § 54a KWG einschlägig sein, oder bei dessen Anwendung berücksichtigt werden soll. Unabhängig davon, dass das Strafrecht selbst festzulegen hat, wann eine Bestandsgefährdung vorliegt, kann daher § 63 SAG bei der Anwendung der Norm keine Berücksichtigung finden.[525] Vielmehr ist auf die Meinungen und Definition, die zu § 48b KWG a. F. bestanden, einzugehen und diese nutzbar zu machen, um die Bestandsgefährdung im Sinne des § 54a KWG auszulegen.

(3) Unterschiedliche Insolvenzgründe

§ 48b Abs. 1 S. 1 KWG a. F. definierte die Bestandsgefährdung als die Gefahr eines insolvenzbedingten Zusammenbruchs des Kreditinstituts für den Fall des Unterbleibens korrigierender Maßnahmen.

Die Gefahr als ein Teilaspekt der Bestandsgefährdung war gegeben, wenn ohne entsprechende Rettungsmaßnahmen der Eintritt von Insolvenzgründen vorhersehbar war, wobei eine unmittelbar bevorstehende Überschuldung nicht notwendig sein sollte.[526] Die damit einhergehende Vorverlagerung erfolgte aufgrund der Annahme, dass selbst eine Eigenmittelausstattung, die den aufsichtsrechtlichen Anforderungen gerade noch entspricht, bei großen, systemrelevanten Kreditinstituten existenzbedrohend sein könne.[527] Als Insolvenzgründe,

523 Zu diesem Gesetz siehe auch C) III) 2).

524 BT-Drs. 17/12601, S. 29.

525 A. A. *Gercke/Stirner*, in: *Park*, Kapitalmarktstrafrecht, Teil 3 Kap. 14.10 Rn. 15 und *Lindemann*, in: *Boos/Fischer/Schulte-Mattler*, § 54a KWG Rn. 9 f., wobei nicht erläutert wird, wieso das SAG hierbei Berücksichtigung finden kann.

526 *Schelo*, Neues Restrukturierungsregeln für Banken, NJW 2011, S. 186 (188).

527 BT-Drs. 17/3024, S. 63.

die eintreten können, kommen die Zahlungsunfähigkeit im Sinne des § 17 InsO und bei juristischen Personen[528] auch die Überschuldung nach § 19 InsO in Betracht.[529] Zu klären ist aber auch, ob die drohende Zahlungsunfähigkeit im Sinne des § 18 InsO erfasst sein soll.

(a) *Zahlungsunfähigkeit i. S. des § 17 InsO*

Zunächst ist auf den Insolvenzgrund der Zahlungsunfähigkeit einzugehen, der in § 17 InsO normiert ist. Die Zahlungsunfähigkeit selbst ist in § 17 Abs. 2 S. 1 InsO als die Lage, in welcher der Schuldner die fälligen Zahlungspflichten nicht erfüllen kann, legaldefiniert. Diese Lage ist wiederum anzunehmen, wenn dem Schuldner die nötigen Zahlungsmittel nicht nur vorübergehend fehlen und er außerstande ist, einen nicht nur unwesentlichen Teil seiner sowohl fälligen als auch ernsthaft geforderten Geldverbindlichkeiten zu bedienen.[530] Unabhängig von dem Willen des Schuldners ist die bloße Nichtzahlung hierbei entscheidend.[531] Der Insolvenzgrund der Zahlungsunfähigkeit lässt sich daher vergleichsweise einfach bestimmen.

(b) *Überschuldung i. S. des § 19 InsO*

Als weiteren möglichen Insolvenzgrund, der als Voraussetzung für die Annahme einer Bestandsgefährdung in Betracht kommt, ist die Überschuldung nach § 19 InsO zu nennen.

Bei der Feststellung der Überschuldung handelt es sich allerdings um eines der schwierigsten Probleme des Insolvenzrechts.[532] Überschuldung liegt vor, wenn das Vermögen des Schuldners die bestehenden Verbindlichkeiten nicht mehr deckt, außer wenn die Fortführung des Unternehmens nach den Umständen überwiegend wahrscheinlich ist, § 19 Abs. 2 S. 1 InsO. Für juristische Personen gibt es diesen speziellen Insolvenzgrund, weil bei ihnen grundsätzlich keine natürliche Person, sondern eine Vermögensmasse haftet.[533] Die Norm wurde aufgrund der Finanzkrise geändert, um Unternehmen, welche zwar zeitweise überschuldet waren, aber eine positive Fortführungsprognose hatten, vor der

528 Dies wird auch für Personengesellschaften ohne natürliche Person als Komplementär für einschlägig erachtet, § 19 Abs. 3 S. 1 InsO.

529 *Fridgen*, in: *Boos/Fischer/Schulte-Mattler*, § 48b KWG Rn. 1.

530 *Bork*, Einführung in das Insolvenzrecht, Rn. 102.

531 *BGH* NJW 1991, S. 980 (981).

532 *Mock*, in: *Uhlenbruck/Hirte/Vallender*, InsO, § 19 Rn. 39.

533 *Leithaus*, in: *Andres/Leithaus/Dahl*, InsO, § 19 Rn. 2.

Stellung eines Insolvenzantrags zu bewahren.[534] Damit Überschuldung vorliegt, muss nun eine rechnerische Überschuldung gegeben sein und die Prognose der Fortsetzung negativ ausfallen.[535]

Festgestellt wird die rechnerische Überschuldung aufgrund von Liquidationswerten.[536] Unter Liquidationswerten kann man die Werte verstehen, welche sich bei einer Einzelveräußerung im Rahmen einer Zerschlagung des Unternehmens für jeden einzelnen Gegenstand ergeben würden.[537] Als andere Möglichkeit kann man bei Bestimmung des Liquidationswertes das Unternehmen als Ganzes und nicht nur die Einzelveräußerungswerte zugrunde legen, sodass auch Uneinigkeit bei der Wertbestimmung besteht.[538]

Für die Fortsetzungsprognose hingegen wird geprüft, ob die Finanzkraft des Unternehmens mittelfristig ausreicht, um das Unternehmen fortzuführen.[539] Darüber hinaus muss festgestellt werden, ob der subjektive Fortführungswille des Schuldners gegeben ist.[540] Die notwendige Überlebensfähigkeit des Unternehmens lässt sich aus einem aussagekräftigen Unternehmenskonzept, einem sogenannten Ertrags- und Finanzplan, herleiten.[541] Aus dieser Prognose muss sich ergeben, dass das Unternehmen mittelfristig[542] mit überwiegender Wahrscheinlichkeit über die Liquidität verfügt, welche erforderlich ist, um die in den jeweiligen Zeitabschnitten fälligen Verbindlichkeiten zu erfüllen.[543] Der Prognosezeitraum lässt sich nicht festbestimmen, da stets geprüft werden muss, welcher Zeitraum überhaupt vernünftigerweise prognostizierbar ist.[544] In der Regel sollte die Prognose jedoch das laufende Geschäftsjahr und das Folgejahr berücksichtigen.[545] Zum Teil wird angenommen, dass die überwiegende Wahrscheinlichkeit

534 *Drukarczyk/Schüler,* in: Münchener Kommentar zur InsO, § 19 Rn. 51.

535 *Drukarczyk/Schüler,* in: Münchener Kommentar zur InsO, § 19 Rn. 54

536 Zu der Feststellung *Mock,* in: *Uhlenbruck/Hirte/Vallender,* InsO, § 19 Rn. 40 ff.

537 *Bork,* Einführung in das Insolvenzrecht, Rn. 110.

538 *Drukarczyk/Schüler,* in: Münchener Kommentar zur InsO, § 19 Rn. 51 f.; vgl. *Becker,* Insolvenzrecht, Rn. 739.

539 *Bork,* Wie erstellt man eine Fortbestehensprognose, ZIP 2000, S. 1709 (1709).

540 *Greil/Herden,* Drohende Zahlungsunfähigkeit und Fortbestehensprognose, ZInsO 2011, S. 109 (111).

541 *BGH* NZI 2007, S. 44 (44).

542 Also in einem betriebswirtschaftlich überschaubaren Zeitraum, vgl. *OLG Schleswig* NZI 2010, S. 492 (493).

543 *OLG Naumburg* GmbHR 2004, S. 361 (362); sich dem anschließend *OLG Schleswig* NZI 2010 S. 492 (493).

544 *Bork,* Wie erstellt man eine Fortbestehensprognose, ZIP 2000, S. 1709 (1710).

545 *Drukarczyk/Schüler,* Insolvenztatbestände, WPg 2003, S. 56 (60).

bei mehr als 50 % gegeben ist, allerdings erscheint auch eine solche allgemeine Festlegung nicht möglich.[546]

Für die Feststellung dieses Insolvenzgrundes müssen bereits Prognosen getroffen werden, wobei bereits der Prognosezeitraum nicht feststeht. Eine Vorverlagerung durch das Abstellen auf die bloße Gefahr des Eintritts dieses Insolvenzgrundes bedeutet daher eine weitere Unsicherheit.

(c) Drohende Zahlungsunfähigkeit i. S. des § 18 InsO?

Abschließend ist noch auf den Insolvenzgrund der drohenden Zahlungsunfähigkeit i. S. des § 18 InsO einzugehen. Dabei ist bereits fraglich, ob der Insolvenzgrund der drohenden Zahlungsunfähigkeit überhaupt für die Annahme einer Bestandsgefährdung in Betracht kommen kann.

In der Gesetzesbegründung wird die drohende Zahlungsunfähigkeit i. S. von § 18 InsO nicht erwähnt. Die Definition des Insolvenzgrundes, dass der Schuldner voraussichtlich nicht in der Lage sein wird, die bestehenden Zahlungspflichten im Zeitpunkt der Fälligkeit zu erfüllen, stimmt jedoch mit den Vorgaben des § 48b Abs. 1 S. 1 KWG a. F. überein.[547] Deswegen wird angenommen, dass auch dieser Insolvenzgrund von § 48b Abs. 1 S. 1 KWG a. F. erfasst war.[548]

Das Abstellen auf die drohende Zahlungsunfähigkeit bedeutet im Vergleich zu den übrigen Insolvenzgründen allerdings bereits eine Vorverlagerung des Zustands, ab dessen Eintritt ein Insolvenzantrag gestellt werden kann. Hierbei wird der Schuldner voraussichtlich nicht in der Lage sein, die bestehenden Zahlungspflichten bei Fälligkeit erfüllen zu können, § 18 Abs. 2 InsO. Voraussichtlich meint in diesem Kontext eine überwiegende Wahrscheinlichkeit.[549]

Problematisch ist jedoch, dass die drohende Zahlungsunfähigkeit in der Praxis nicht einfach feststellbar ist, da eine Prognose bezüglich zukünftiger Zahlungsflüsse erforderlich ist.[550] Dennoch wird zum Teil angenommen, dass die Bestandsgefährdung zeitlich noch einmal deutlich vor der drohenden

---

546 *Groß/Amen*, Das Beweismaß der *„überwiegenden Wahrscheinlichkeit"*, WPg 2003, S. 67 (76); ebenfalls kritisch zu dieser Festsetzung *Drukarczyk/Schüler*, Insolvenztatbestände, WPg 2003, S. 56 (67).

547 *Fridgen*, in: *Boos/Fischer/Schulte-Mattler*, § 48b KWG Rn. 3.

548 *Fridgen*, in: *Boos/Fischer/Schulte-Mattler*, § 48b KWG Rn. 3; im Ergebnis auch *Schröder*, Keine Strafbarkeitsrisiken für verantwortungsvoll handelnde Geschäftsleiter, WM 2014, S. 100 (105).

549 *Bußhardt*, in: *Braun*, InsO, § 18 Rn. 4.

550 *Fridgen*, in: *Boos/Fischer/Schulte-Mattler*, § 48b KWG Rn. 3.

Zahlungsunfähigkeit liegen soll.[551] Dabei bestehen bereits bei der Prognose des § 18 InsO Feststellungsschwierigkeiten.[552] Notwendig für diese Prognose ist es, die vorhandene Liquidität und die zu erwartenden Einnahmen den Verbindlichkeiten gegenüberzustellen, welche in einem überschaubaren Zeitraum voraussichtlich fällig werden.[553] Anschließend muss geprüft werden, ob das Eintreten der Zahlungsunfähigkeit wahrscheinlicher ist als deren Vermeidung.[554] Die Schwierigkeiten, die sich bereits hier ergeben, sprechen gegen eine weitere Vorverlagerung, um damit die Annahme einer Bestandsgefährdung zu begründen. Außerdem bezweckt diese Insolvenzvorschrift, rechtzeitig sowohl wirtschaftliche als auch rechtliche Maßnahmen zum Schutz des Schuldners mithilfe eines Insolvenzverwalters einleiten zu können.[555] Um das zu erreichen, ist bei § 18 InsO nur der Schuldner antragsbefugt.[556] Diese Erwägungen sprechen dagegen, zulasten des Schuldners an diese Insolvenzvorschrift eine Strafbarkeit zu knüpfen.

Allerdings kann die Frage der Anwendbarkeit des § 18 InsO insoweit dahinstehen, als die Voraussetzungen des § 19 InsO bejaht werden. § 18 InsO und § 19 Abs. 2 InsO bauen auf dem gleichen Prüfungsstandard auf, sodass bei drohender Zahlungsunfähigkeit grundsätzlich auch Überschuldung vorliegt[557], wodurch die notwendige Teilvoraussetzung für die Annahme einer Bestandsgefährdung ohnehin erfüllt ist. § 46b Abs. 1 KWG stellt klar, dass die Überschuldung auch für Kreditinstitute maßgeblich ist.[558] Damit verbliebe ohnehin kaum ein eigenständiger Anwendungsbereich für § 18 InsO, sodass er aus dem Anwendungsbereich des § 54a KWG ausgeschlossen bleiben kann.

(4) Kriterium der Vorhersehbarkeit

Diese Insolvenzgründe müssen vorhersehbar sein, damit eine Gefahr vorliegt, welche für die Annahme einer Bestandsgefährdung notwendig ist. Nicht erforderlich ist dagegen ein konkreter unmittelbar bevorstehender Zahlungsausfall

---

551 *Schelo,* Neues Restrukturierungsregeln für Banken, NJW 2011, S. 186 (188).

552 Vgl. *Mock,* in: *Uhlenbruck/Hirte/Vallender,* InsO, § 18 Rn. 19.

553 *Bork,* Einführung in das Insolvenzrecht, Rn. 107.

554 *Bork,* Einführung in das Insolvenzrecht, Rn. 107.

555 Vgl. *Bußhardt,* in: *Braun,* InsO, § 18 Rn. 2.

556 *Bork,* Einführung in das Insolvenzrecht, Rn. 106.

557 Vgl. *Drukarczyk/Schüler,* in: Münchener Kommentar zur InsO, § 19 Rn. 106; auf Abgrenzungsprobleme hinweisend *Mock,* in: *Uhlenbruck/Hirte/Vallender,* InsO, § 19 Rn. 28 f.

558 *Bußhardt,* in: *Braun,* InsO, § 19 Rn. 7.

oder eine unmittelbar bevorstehende Überschuldung.[559] Hierdurch sollen Maßnahmen ermöglicht werden, solange das Institut noch einen positiven Bilanzwert aufweist.[560]

Bei einer Vorverlagerung durch das Abstellen auf die Gefahr einer Zahlungsunfähigkeit dürften zunächst keine Feststellungsschwierigkeiten bestehen, da eine solche Vorverlagerung für die Bestimmung der drohenden Zahlungsunfähigkeit i. S. von § 18 InsO ohnehin erforderlich ist. Problematischer wird dies jedoch bei der Überschuldung. Neben Schwierigkeiten bei der Feststellung der rechnerischen Überschuldung, wird im Falle eines Kriseneintritts kompliziert werden, eine sichere Prognose zu erstellen. Des Weiteren ist von einer Bestandsgefährdung auszugehen, wenn die Gefahr einer drohende Überschuldung gegeben ist, allerdings muss eine gewisse Wahrscheinlichkeit für den insolvenzbedingten Zusammenbruch vorliegen.[561] Eine ausreichende Wahrscheinlichkeit ist anzunehmen, sofern davon ausgegangen werden kann, dass es bei Kenntnis der Marktteilnehmer von der wirtschaftlichen Lage des Kreditinstituts zu einer negativen Auswirkung auf das Finanzsystem im Sinne des § 48b Abs. 2 KWG a. F. kommen könnte.[562] Dass diese Voraussetzung in einer Hauptverhandlung nicht ohne Weiteres und mit der erforderlichen Gewissheit i. S. des § 261 StPO getroffen werden kann, lässt bereits erkennen, warum es zu Anwendungsschwierigkeiten der Norm im Falle einer weiteren Krise kommen wird.

(5) (Staatliche) Rettungsmaßnahmen

Aus der Definition der Bestandsgefährdung ergibt sich, dass etwaige „korrigierende Maßnahmen“ bei der Beurteilung, ob eine entsprechende Gefahr vorliegt, nicht zu berücksichtigen sind.[563] Dadurch sind auch staatliche Stützungsmaßnahmen hypothetisch wegzudenken, sofern sie vorliegen oder vorlagen.[564] Nach der Gesetzesbegründung ist in solchen Fällen eine Bestandsgefährdung gegeben und damit kommt eine potenzielle Strafbarkeit der Verantwortlichen in Betracht, denn die Geschäftsleiter sollen nicht strafrechtlich von den staatlichen Rettungsmaßnahmen profitieren.[565] Dies war eine Erkenntnis aus der

559 BT-Drs. 17/3024, S. 63.
560 *Riethmüller*, Das Restrukturierungsgesetz im ökonomischen und internationalen Kontext, WM 2010, S. 2295 (2298).
561 *Fridgen*, in: *Boos/Fischer/Schulte-Mattler*, § 48b KWG Rn. 4.
562 *Fridgen*, in: *Boos/Fischer/Schulte-Mattler*, § 48b KWG Rn. 4.
563 So auch BT-Drs. 17/12601, S. 29.
564 *Cichy/Cziupka/Wiersch*, § 54a KWG n. F., NZG 2013, S. 846 (850).
565 BT-Drs. 17/12601, S. 29.

Finanzkrise, bei welcher durch staatliche Rettungsmaßnahmen eine potenzielle Strafbarkeit nach § 283 StGB bereits am Fehlen der objektiven Bedingung der Strafbarkeit gescheitert war[566].

(6) Kritik

Die Konkretisierung des Gefahrenbegriffs durch einen neuen Gefahrenbegriff bleibt dem ersten Anschein nach aus. In der Gesetzesbegründung wurde jedoch die Annahme zugrunde gelegt, dass es sich bei der Bestandsgefährdung i. S. der §§ 48b, 48o KWG a. F. um einen bereits im Aufsichtsrecht etablierten Begriff handelte[567].

Gegen diese Annahme lässt sich allerdings einwenden, dass die in Bezug genommenen Normen des KWG selbst erst zum 1. Januar 2011 in Kraft getreten sind und somit, gerade im Hinblick auf die Anforderungen des Bundesverfassungsgerichts zu § 266 StGB[568], keine ausreichende Konkretisierung durch die Rechtsprechung vorliegen kann.[569] Die Feststellung der Bestandsgefährdung sollte entsprechend der Rechtsprechung des Bundesverfassungsgerichts zum Untreuetatbestand konkret und substanziiert erfolgen.[570] Das soll gerade nicht bedeuten, dass Tatbestände vom Gesetzgeber bewusst offen gelassen werden, damit die Rechtsprechung diese konkretisiert.[571] Als Vorteil des Kriteriums der Bestandsgefährdung hingegen wird betrachtet, dass korrigierende Rettungsmaßnahmen, vor allem von staatlicher Seite, unbeachtlich bleiben.[572] Es bestehen jedoch weitere Kritikpunkte: So ist eine Prognoseentscheidung erforderlich, die Bedingung für die Gefahr sein soll[573]. Die Prognoseentscheidung soll einem Zeitpunkt vorausgehen, bei welchem es im Insolvenzrecht bereits Schwierigkeiten gibt, eine unbestreitbare Prognose zu erstellen.

Ursprünglich bestand noch ein anderer Kritikpunkt. Sofern die Voraussetzungen des § 48b Abs. 1 S. 2 KWG a. F. vorlagen, wurde eine Bestandsgefährdung vermutet. Angesichts des uneingeschränkten Verweises in der

---

566 Siehe zu § 283 StGB C) II) 4).

567 BT-Drs. 17/12601, S. 29.

568 *BVerfG* NJW 2010, S. 3209 (3215); vgl. statt vieler *Kudlich*, Konkretisierungsauftrag erfüllt?, ZWH 2011, S. 1 (2).

569 *Hamm/Richter*, Symbolisches und hypertrophes Strafrecht, WM 2013, S. 865 (868).

570 *Hugger*, Der geplante Straftatbestand, BB 2013, „die erste Seite".

571 *Hamm/Richter*, Symbolisches und hypertrophes Strafrecht, WM 2013, S. 865 (868); zu diesen Grenzen siehe B) IV) 2).

572 *Wegner*, in: *Schork/Groß*, Bankstrafrecht, Rn. 677.

573 *Krause*, Symbolische Gesetzgebung, S. 113 (119).

Gesetzgebungsbegründung auf § 48b KWG a. F. wurde diskutiert, ob diese Vermutung verfassungskonform sei.[574] Dass aber dadurch die Beweislast im Strafverfahren umgekehrt werden soll, ist nicht anzunehmen. Viel eher ist davon auszugehen, dass für die Bestimmung der Bestandsgefährdung eine Orientierung anhand der beschriebenen Voraussetzungen des § 48b Abs. 1 S. 2 KWG a. F. erfolgen sollte.[575] Die beschriebenen Situationen hätten zumindest als Anknüpfungspunkt dienen können.[576] Dabei enthielt § 48b Abs. 1 S. 2 KWG a. F. keine abschließende Aufzählung, sodass sich im Einzelfall auch unabhängig von dieser Auflistung eine Bestandsgefährdung ergeben konnte.[577] Bereits aus diesem Grund musste im Einklang mit dem Amtsermittlungsgrundsatz vollumfänglich ermittelt werden.[578] Durch den Wegfall des § 48b KWG insgesamt hat sich dieses Problem allerdings gelöst.

Gleiches gilt im Ergebnis für den Aspekt, dass in § 48b Abs. 3 KWG a. F. vorgesehen war, dass die Bestandsgefährdung durch die BaFin festgestellt werden musste. In diesem Zusammenhang wurde diskutiert, ob diese Feststellung für die Strafgerichte bindend wäre[579], was allerdings abzulehnen war. In einer Hauptverhandlung hätte sich der Richter nicht auf die Feststellung der BaFin verlassen können und hätte die Bestandsgefährdung i. S. des § 48b Abs. 1 S. 1 KWG a. F. selbst strafrechtlich nachweisen müssen.[580] Entscheidend wäre und ist immer noch, dass eine Bestandsgefährdung wirklich vorliegt und nicht, dass sie von der BaFin festgestellt wurde.[581] Auch kommt es nicht auf die Feststellungsbefugnis in § 62 Abs. 2 SAG an. Diese Norm findet für die Auslegung des strafrechtlichen Tatbestands keine Anwendung.

---

574 Bejahend *Brand,* Konfliktherde des § 54a KWG, ZvglRWiss 2014, S. 142 (154); verneinend *Hamm/Richter,* Symbolisches und hypertrophes Strafrecht, WM 2013, S. 865 (868).

575 *Cichy/Cziupka/Wiersch,* § 54a KWG n. F., NZG 2013, S. 846 (850).

576 *Wegner,* in: *Schork/Groß,* Bankstrafrecht, Rn. 677; *Häberle,* in: *Erbs/Kohlhaas,* Strafrechtliche Nebengesetze, § 54a KWG, Rn. 3.

577 BT-Drs. 17/3024, S. 63.

578 *Cichy/Cziupka/Wiersch,* § 54a KWG n. F., NZG 2013, S. 846 (850).

579 *Wolfers/Voland,* Der Weg aus der Krise?, WM 2011, S. 1159 (1164).

580 *Schröder,* Keine Strafbarkeitsrisiken für verantwortungsvoll handelnde Geschäftsleiter, WM 2014, S. 100 (105); siehe auch *Volk,* Strafrecht ohne Grenzen im neuen Trennbankengesetz, S. 669 (675).

581 *Schröder,* Keine Strafbarkeitsrisiken für verantwortungsvoll handelnde Geschäftsleiter, WM 2014, S. 100 (105).

cc) *Zwischenergebnis*

Sowohl die Bestimmung als auch der Nachweis einer Bestandsgefährdung führt zu erheblichen Problemen. Der Begriff war zum Zeitpunkt des Inkrafttretens der Strafvorschrift noch nicht ausreichend etabliert, um ausreichend sichere Aussagen diesbezüglich treffen zu können. Hinsichtlich der Insolvenzgründe liegt zwar genügend Rechtsprechung vor. Dadurch, dass die Bestandsgefährdung diesen zeitlich vorgelagert ist, ergeben sich allerdings Bedenken hinsichtlich der Feststellungsmöglichkeit. Dass der Gesetzgeber die Normen im KWG zwischenzeitlich aufgehoben hat und ins SAG überführt hat, hat zwar für die Auslegung keinerlei Bedeutung, veranschaulicht aber den Wandel im Bankaufsichtsrecht.[582] Vorteilhaft ist zumindest, dass sich dadurch zwei Kritikpunkte bezüglich der alten Gesetzeslage erübrigt haben.

e) *Kausalzusammenhang*

Abschließend für den objektiven Tatbestand ist auf die Kausalität, die zwischen allen objektiven Tatbestandsmerkmalen gegeben sein muss, einzugehen.

Neben der Feststellung der Bestandsgefährdung durch das Gericht ist die Feststellung, ob ein Kausalzusammenhang zwischen der verletzten Sorgetragungspflicht und der Bestandsgefährdung besteht, noch komplexer. Notwendig ist nach § 54a Abs. 1 KWG, dass durch die Pflichtverletzung im Risikomanagementbereich die Bestandsgefährdung eingetreten ist. Die Formulierung ist bereits hier nicht gut gelungen, da die Bestandsgefährdung nur durch Risikogeschäfte, welche Teil des Risikomanagements sind, nicht aber durch das Unterlassen des gebotenen Risikomanagements eintreten kann.[583] Unabhängig davon muss jedoch festgestellt werden, dass die Risiken, die zur Bestandsgefährdung führten, durch ein entsprechendes Risikomanagement „mit an Sicherheit grenzender Wahrscheinlichkeit" erkannt und verhindert worden wären.[584] Dafür genügt es nicht, dass der Eintritt einer Bestandsgefährdung mit einer Verletzung von Risikomanagementpflichten zusammenfällt.[585] Das Gericht muss vielmehr feststellen, dass bei erfolgtem pflichtgemäßen Risikomanagement die Bestandsgefährdung nicht eingetreten wäre, was aufgrund der Komplexität

582 Ausführlich zum Bankaufsichtsrecht, siehe C) II).

583 *Schröder,* Keine Strafbarkeitsrisiken für verantwortungsvoll handelnde Geschäftsleiter, WM 2014, S. 100 (105).

584 *Ahlbrecht,* Banken im strafrechtlichen Regulierungsfokus, BKR 2014, S. 98 (103).

585 *Schröder,* Keine Strafbarkeitsrisiken für verantwortungsvoll handelnde Geschäftsleiter, WM 2014, S. 100 (105).

der wirtschaftlichen und geschäftlichen Verhältnisse eines Finanzinstituts eine nahezu unmögliche Aufgabe darstellen dürfte.[586] Erschwerend kommt hinzu, dass den Geschäftsleitern oft mehrere Handlungsoptionen zur Verfügung stehen, unter welchen sie frei auswählen können, um auf die Mängel im Risikomanagement reagieren zu können.[587] Der Kausalitätsnachweis setzt voraus, dass sämtliche alternativ zu Gebote stehenden Handlungsmöglichkeiten mit Sicherheit die Bestandsgefährdung verhindert haben würden.[588] Allein aus diesem Grund dürfte der Anwendungsbereich des § 54a Abs. 1 KWG auf Evidenzfälle begrenzt sein.[589]

Weiterhin besteht die Möglichkeit, dass eine Bestandsgefährdung selbst dann eintritt, wenn ein ordnungsgemäßes Risikomanagementsystem vorhanden ist oder wenn dieses System im Kreditinstitut umgangen wird.[590] Dem Vorschlag, das Beweisproblem dadurch zu vermeiden, dass die Feststellung der Geeignetheit des Fehlverhaltens für eine Bestandsgefährdung ausreichend sein soll, kann nicht gefolgt werden.[591] Dies wäre zu unbestimmt und würde zu viele Sachverhalte erfassen, da fast jedes mangelhafte System möglicherweise gefährlich ist.[592] Um entsprechende Probleme bezüglich der Beweisbarkeit der Kausalität zu vermeiden, wird eine Orientierung an der Holzschutzmittel-Entscheidung des Bundesgerichtshofs vorgeschlagen.[593] Danach reicht es für die Annahme der Kausalität aus, wenn andere nachvollziehbare in Betracht kommende Ursachen ausgeschlossen werden[594], sodass sich, übertragen auf § 54a KWG, die konkrete Verletzung der Sorgetragungspflicht auf die Bestandsgefährdung ausgewirkt haben muss[595]. Problematisch wäre aber auch hierbei, dass ein solcher Nachweis in der Praxis kaum gelingen würde.[596] Die Feststellung eines etwaigen

586 *Krause,* Symbolische Gesetzgebung, S. 113 (123).

587 *Krause,* Symbolische Gesetzgebung, S. 113 (123).

588 *Krause,* Symbolische Gesetzgebung, S. 113 (123); *Gercke/Stirner,* in: *Park,* Kapitalmarktstrafrecht, Teil 3 Kap. 14.10 Rn. 22.

589 *Krause,* Symbolische Gesetzgebung, S. 113 (124).

590 *Kasiske,* Das Kapitalmarktstrafrecht, ZIS 2013, S. 257 (262).

591 *Volk,* Strafrecht ohne Grenzen im neuen Trennbankengesetz, S. 669 (676).

592 *Volk,* Strafrecht ohne Grenzen im neuen Trennbankengesetz, S. 669 (676).

593 *Volk,* Strafrecht ohne Grenzen im neuen Trennbankengesetz, S. 669 (676).

594 *BGH* NStZ 1995, S. 590 (592).

595 *Cichy/Cziupka/Wiersch,* § 54a KWG n. F., NZG 2013, S. 846 (851), nicht wie bei *BGHSt* 41, S. 206 (215).

596 *Beukelmann,* NJW-Spezial 2013, S. 120, welcher zudem auch die Beweisbarkeit der Pflichtverletzung infrage stellt; *Ahlbrecht,* Strafbarkeitsrisiko Bankvorstand, Deutscher

Kausalzusammenhangs zwischen der Tathandlung und des Taterfolgs des § 54a KWG wird die Gerichte vor große Herausforderungen stellen.

f) Zusammenfassung des objektiven Tatbestands

Die Beschreibung des objektiven Tatbestands sollte zunächst den Rahmen der vorliegenden Untersuchung darlegen, aber auch die ersten Probleme hinsichtlich der Anwendung und Auslegung aufzeigen.

Bereits die zuletzt dargestellten beschränkten Möglichkeiten des Kausalitätsnachweises verdeutlichen, dass die Anwendbarkeit auf krasse Evidenzfälle begrenzt bleiben wird. Ansonsten ist festzuhalten, dass es um das Handeln von Vorständen geht, die Sorgetragungspflichten im Risikomanagement einzuhalten haben. Unterlassen sie dies und tritt dadurch eine Bestandsgefährdung des Instituts ein, ist der objektive Tatbestand des § 54a Abs. 1 KWG erfüllt. Geht es allerdings darum, die einzelnen Merkmale näher zu konkretisieren, gelingt dies nicht zufriedenstellend.

Die Sorgetragungspflichten sind zwar im Gesetz festgeschrieben, allerdings eignen sich die ehemaligen Regelungen der MaRisk (BA) für eine Normierung im KWG nicht. Der Anwendungsbereich ist sehr weit gefasst. Der Vorteil der Regelungen im Bankaufsichtsrecht, dass sie an das jeweilige Institut flexibel angepasst werden können, erscheint für einen strafrechtlichen Tatbestand ungeeignet. Dass auch der für die Norm erforderliche Taterfolg in Form der Bestandsgefährdung in Teilen ungewiss erscheint, ist für die Gesamtbewertung des objektiven Tatbestands nicht förderlich. Zumindest kann hier teilweise auf Rechtsprechung bezüglich der Insolvenzgründe Bezug genommen werden. Dies relativiert sich jedoch dadurch, dass die Bestandsgefährdung den Insolvenzgründen zeitlich vorgelagert ist.

2) Subjektiver Tatbestand

Die dadurch bereits bestehenden Zweifel werden durch den subjektiven Tatbestand nicht beseitigt. Die Pflicht zur Sorgetragung muss vorsätzlich verletzt werden, während der Gefahrerfolg entweder vorsätzlich nach § 54a Abs. 1 KWG oder nach § 54a Abs. 2 KWG fahrlässig herbeigeführt werden kann.

AnwaltSpiegel 2014, S. 3 (4); *Goeckenjan,* Die neuen Strafvorschriften, wistra 2014, S. 201 (204); *Krause,* Symbolische Gesetzgebung, S. 113 (124).

a) *Vorsätzliche Begehung*

Für den subjektiven Tatbestand des § 54a Abs. 1 KWG ist erforderlich, dass sowohl die Pflichtverletzung als auch die Bestandsgefährdung vorsätzlich begangen wurden. Notwendig ist also die vorsätzliche Verletzung der Sorgetragungspflicht bezüglich des Risikomanagements.[597]

Zunächst könnten Bedenken aufkommen, dass sich der Nachweis bezüglich des Vorsatzes im Hinblick auf die Pflichtverletzung und erst recht hinsichtlich der Bestandsgefährdung ähnlich wie bei der Untreue schwierig darstellen dürfte. Hilfreich kann die im Verlauf des Gesetzgebungsverfahrens vorgenommene Änderung sein. Nach dem dort eingefügten § 54a Abs. 3 KWG muss seitens der BaFin eine Anordnung nach § 25c KWG gegenüber dem jeweiligen Institut erlassen worden sein, nach welcher die Mängel im Risikomanagement zu beseitigen sind. Das Vorliegen einer Anordnung, die gegenüber dem Geschäftsleiter erlassen wird, ist ein starkes Indiz dafür, dass der adressierte Geschäftsleiter dann Kenntnis von den Mängeln in der Unternehmensorganisation hatte.[598] Das betrifft jedoch nur den Vorsatz hinsichtlich der Pflichtverletzung im Risikomanagementbereich. Tatsächlich wäre ein Geschäftsleiter durch eine solche Anordnung auch hinsichtlich einer möglichen Bestandsgefährdung zumindest alarmiert. Allerdings lässt sich nicht zwingend aufgrund der ergangenen Anordnung schlussfolgern, dass der jeweilige Geschäftsleiter die Bestandsgefährdung billigend in Kauf nahm oder ob sie bereits zu diesem Zeitpunkt absehbar war. Andererseits wird der Nachweis des Vorsatzes hinsichtlich der Pflichtverletzung scheitern, wenn die Umsetzung der Anordnung zwar fehlgeht, aber der Geschäftsleiter sich darum bemüht hat.[599] Teilweise wird zwar angenommen, dass in diesem Fall ein Versuch im Sinne des § 54a Abs. 2 KWG seitens des Geschäftsleiters gegeben wäre[600], wenn in einem solchen Szenario die Bestandsgefährdung dennoch eintrete.[601] Jedoch mangelt es an dem für den Versuch notwendigen Vorsatz[602] hinsichtlich der Pflichtverletzung.

---

597 *Schork/Reichling*, Der strafrechtliche Schutz des Risikomanagements durch das sog. Trennbankengesetz, CCZ 2013, S. 269 (270).

598 *Lindemann*, in: *Boos/Fischer/Schulte-Mattler*, § 54a KWG Rn. 16.

599 *Cichy/Cziupka/Wiersch*, § 54a KWG n. F., NZG 2013, S. 846 (851).

600 Eine entsprechende Versuchsstrafbarkeit des § 54a KWG ist nicht normiert.

601 *Volk*, Strafrecht ohne Grenzen im neuen Trennbankengesetz, S. 669 (672).

602 Vgl. etwa *Stratenwerth/Kuhlen*, Strafrecht AT, § 11 Rn. 23.

b) Vorsatz-Fahrlässigkeits-Kombination

Auch für die Anwendung des § 54a Abs. 2 KWG ist es erforderlich, dass der Geschäftsleiter die Umsetzung der geforderten Mindeststandards eines Risikomanagementsystems vorsätzlich unterlassen hat. Dies ergibt sich daraus, dass nach § 54a Abs. 2 KWG nur hinsichtlich der Gefahrherbeiführung Fahrlässigkeit ausreichen soll.

Bei der Prüfung ist daher strikt zwischen Risikomanagementpflichtverletzung und Bestandsgefährdung zu trennen. Das führt zu der Straflosigkeit des Geschäftsleiters, welcher seine Organisationspflichten fahrlässig vernachlässigt und dadurch ein unzureichendes Risikomanagement verursacht hat.[603] Kritisiert wird die Vorschrift bereits dafür, dass einfache Fahrlässigkeit ausreicht und nicht wie bei anderen Vermögensdelikten eine gesteigerte Form der Fahrlässigkeit erforderlich ist.[604]

Zudem kann nicht von der vorsätzlichen Pflichtverletzung auf die Bestandsgefährdung geschlossen werden. Weil ein mangelhaftes oder fehlerhaftes Risikomanagement bedeutet, dass objektiv gegen Sorgfaltspflichten verstoßen wurde, ist es erforderlich, dass die Bestandsgefährdung für den Geschäftsleiter vorhersehbar ist.[605] Nach der Rechtsprechung reicht es aus, dass der Erfolg für den Täter nur im Endergebnis und nicht der Geschehensablauf im Detail voraussehbar war.[606] Für die Verneinung der objektiven Vorhersehbarkeit ist erforderlich, dass sie außerhalb jeder Lebenserfahrung liegt.[607] Durch das eingeführte Erfordernis der Anordnung der BaFin wird es kaum einmal anzunehmen sein, dass die Bestandsgefährdung außerhalb jeder Lebenserfahrung lag, da die Maßnahmen unterlassen wurden, die von der BaFin gefordert wurde und sie verhindert hätten.[608] Das führt im Ergebnis dazu, dass das Erfordernis der Sorgfaltspflichtwidrigkeit nicht strafbarkeitsbeschränkend wirkt.[609] Auf der anderen Seite sind durchaus Situationen denkbar, in denen der Eintritt einer Bestandsgefährdung

---

603 *Kasiske,* Das Kapitalmarktstrafrecht, ZIS 2013, S. 257 (263).

604 Siehe *Volk,* Protokoll Nr. 17/138 Sitzung des Finanzausschusses vom 22.04.2013, S. 39 (40); *ders.,* Strafrecht ohne Grenzen im neuen Trennbankengesetz, S. 669 (677).

605 *Krause,* Symbolische Gesetzgebung, S. 113 (126); *Kasiske,* Das Kapitalmarktstrafrecht, ZIS 2013, S. 257 (263).

606 *RGSt* 73, S. 370 (372); *BGH* NJW 1958, S. 1980 (1981).

607 Vgl. *RGSt* 29, S. 218 (221); bestätigt etwa bei *RGSt* 56, S. 343 (350); 73, S. 370 (372); Letzteres bestätigt durch *BGHSt* 3, S. 62 (64) und 12, S. 75 (78).

608 Vgl. *Krause,* Symbolische Gesetzgebung, S. 113 (126).

609 *Kasiske,* Das Kapitalmarktstrafrecht, ZIS 2013, S. 257 (263).

fernliegend und damit nicht vorhersehbar war, weil der Eintritt der Gefährdung von vielen Faktoren abhängig sein kann.[610] Bei einem solchen Zufallsereignis dürfte ein Strafbedürfnis abzulehnen sein, da sich hier nicht die typischen Gefahren eines unzureichenden Risikomanagements verwirklicht haben.[611] Damit würde bereits der objektive Tatbestand mangels der erforderlichen Kausalität zwischen Tathandlung und Taterfolg nicht vorliegen.

aa) Strafbarkeit nach § 54a Abs. 2 KWG denkbar?

Zweifelhaft ist jedoch, ob eine Strafbarkeit i. S. des § 54a Abs. 2 KWG nach der Änderung des Entwurfes überhaupt noch denkbar ist.

Für die Strafbarkeit muss zunächst eine Anordnung der BaFin gegenüber dem Geschäftsleiter ergangen sein, vor diesem Hintergrund wird eine Fahrlässigkeitsstrafbarkeit zum Teil in Zweifel gezogen.[612] Allerdings erlässt die BaFin die entsprechende Anordnung nach § 25c Abs. 4c KWG bezüglich der Pflichtverletzung und nicht bezüglich der Bestandsgefährdung. Da die Anordnung nach § 25c Abs. 4c KWG nur die Mängel im Risikomanagement rügt, bedeutet dies pauschal noch nicht, dass eine Bestandsgefährdung objektiv vorhersehbar sein muss, weil nicht jede Pflichtverletzung im Bereich des Risikomanagements eine Bestandsgefährdung bewirkt. Bezüglich letzterer muss demnach nicht Vorsatz vorliegen, sodass eine Strafbarkeit nach § 54a Abs. 2 KWG auch nach Ergänzung der Vorschrift um Abs. 3 möglich ist.

bb) Verstoß gegen die Business Judgement Rule*?*

Wertungswidersprüche könnten sich für die Fälle ergeben, in denen die in § 93 Abs. 1 S. 2 AktG geregelte *Business Judgement Rule* greift.

Nach dieser liegt keine Pflichtverletzung vor, wenn das Vorstandsmitglied bei einer unternehmerischen Entscheidung vernünftigerweise annehmen durfte, auf der Grundlage angemessener Information zum Wohle der Gesellschaft zu handeln. Es geht darum, eine potenzielle Schadensersatzhaftung der Vorstandsmitglieder kalkulierbarer zu gestalten, um deren Bereitschaft, Risiken einzugehen, nicht sinken zu lassen.[613] Diese Regel gilt sowohl für den Vorstand einer Aktiengesellschaft als auch für die Geschäftsleiter einer Gesellschaft mit beschränkter

---

610 *Kasiske,* Das Kapitalmarktstrafrecht, ZIS 2013, S. 257 (263); daran zweifelnd *Krause,* Symbolische Gesetzgebung, S. 113 (127).

611 *Kasiske,* Das Kapitalmarktstrafrecht, ZIS 2013, S. 257 (263).

612 Vgl. *Wegner,* in: *Schork/Groß,* Bankstrafrecht, Rn. 681.

613 *Langenbucher,* Aktien- und Kapitalmarktrecht, § 4 Rn. 88 f.

Haftung.[614] Es handelt sich um die zivilrechtliche Haftung, welche nicht unberücksichtigt bleiben kann. Ansonsten würde das Strafrecht eine weitergehende „Haftung" als das Zivilrecht vorsehen.[615] Die *Business Judgement Rule* gilt daher auch im Strafrecht.[616]

Allerdings wurde sie durch die neuere Gesetzgebung gerade im Bereich des Risikomanagements sehr weit zurückgedrängt.[617] Sie findet grundsätzlich erst bei der Ermessensausübung, nicht jedoch bei der Entscheidungsvorbereitung Anwendung.[618] Es ist jedoch die Entscheidungsvorbereitung, welche durch § 25a KWG und die MaRisk (BA) konkretisiert wird, hingegen ist der Anwendungsbereich der *Business Judgement Rule* eröffnet, wenn die Geschäftsleiterentscheidung im Einklang mit den Organisationspflichten vorbereitet und auf Grundlage umfassender Information getroffen wurde.[619] Diese Regel setzt voraus, dass ein rechtmäßiges Handeln des Geschäftsleiters gegeben ist, welches gerade nicht gegen das Gesetz oder die Satzung der Gesellschaft verstoßen darf.[620]

Damit findet die *Business Judgement Rule* Anwendung, wenn die Entscheidung der Geschäftsleiter mit den Organisationspflichten im Einklang steht und umfangreiche Informationen zugrunde gelegt wurden.[621] Das bedeutet, dass eine mögliche Strafbarkeit nach § 54a KWG nicht mit der *Business Judgement Rule* kollidieren kann, da für die Strafbarkeit ein Verstoß gegen Organisationspflichten im Bereich des Risikomanagements erforderlich ist.

c) *Zusammenfassung des subjektiven Tatbestands*

Die Probleme, die sich im objektiven Tatbestand der Norm ergeben, wirken sich im subjektiven Tatbestand aus. Der Nachweis sowohl hinsichtlich einer vorsätzlichen Pflichtverletzung als auch hinsichtlich des Vorsatzes bezüglich der Herbeiführung einer Bestandsgefährdung dürfte in der Praxis nicht ohne Weiteres gelingen. Zumindest der später eingefügte § 54a Abs. 3 KWG kann hinsichtlich

---

614 *Wiersch,* Geschäftsleiterpflichten, NZG 2013, S. 1206 (1207); die Rule findet auch für Banken Anwendung, vgl. *BGH* ZIP 2013, S. 455 (456).

615 Allerdings kann nicht strafrechtlich verboten sein, was zivilrechtlich erlaubt ist *Volk,* Untreue und Gesellschaftsrecht, S. 803 (804).

616 *Ahlbrecht,* Banken im strafrechtlichen Regulierungsfokus, BKR 2014, S. 98 (98).

617 *Hopt,* Die Verantwortlichkeit von Vorstand und Aufsichtsrat, ZIP 2013, S. 1793 (1798).

618 *Fischer,* Haftung und Abberufung von Bankvorständen, DStR 2007, S. 1083 (1084).

619 *Langen,* in: *Schwennicke/Auerbach,* KWG, § 25a Rn. 183.

620 *Blasche,* Auswirkungen von Verstößen gegen das KWG, WM 2011, S. 343 (345 f.).

621 *Langen,* in: *Schwennicke/Auerbach,* KWG, § 25a Rn. 183.

des Nachweises behilflich sein. Dass § 54a Abs. 2 KWG bezüglich der Bestandsgefährdung auch Fahrlässigkeit ausreichen lässt, vermag die Probleme nicht zu lösen. Auf der anderen Seite ist es bedenklich, dass hierbei auch keine gesteigerte Form der Fahrlässigkeit erforderlich ist, wie dies im sonstigen Vermögensstrafrecht normiert ist. Entgegen ersten Bedenken sind aber zumindest keine Wertungswidersprüche bezüglich der *Business Judgement Rule* ersichtlich. Problematisch bleibt, dass das gesetzte Ziel des § 54a KWG, die Geschäftsleiter zu einem rechtzeitigen und effektiven Risikomanagement anzuhalten, durch die Beschränkung auf krasse Evidenzfälle konterkariert wird.[622] Ein begrenzter Anwendungsbereich einer Strafnorm ist zunächst zu begrüßen, allerdings sind auch bei einem beschränkten Anwendungsbereich die verfassungsrechtlichen Vorgaben an die Strafgesetzgebung zu berücksichtigen.

3) Dogmatische Einordnung von § 54a Abs. 3 KWG

Die im Laufe des Gesetzgebungsverfahrens vorgenommene Änderung wurde bereits angesprochen. Im Folgenden wird auf diese Änderung im Detail eingegangen. Zunächst sollen hier die Voraussetzungen des eingefügten dritten Absatzes thematisiert und im Anschluss dessen rechtliche Einordnung vorgenommen werden. Aufgrund der Kritik, vor allem hinsichtlich der Bestimmtheit, nach dem Beschluss des Gesetzes[623] hatte der federführende Finanzausschuss § 54a KWG um einen dritten Absatz erweitert.[624] Die Lösungsidee, also die Bindung der strafrechtlichen Beurteilung an verwaltungsrechtliche Einzelentscheidungen, existierte bereits im Umweltstrafrecht in den §§ 324 ff. StGB[625] und sollte auch hier nutzbar gemacht werden. Der Grund für die Änderung des § 54a

---

622 Vgl. *Krause,* Symbolische Gesetzgebung, S. 113 (124).

623 Siehe *Strafrechtsausschuss des DAV,* Stellungnahme, NZG 2013, S. 577 (578); *Deutsche Kreditwirtschaft,* Stellungnahme vom 17. April 2013, S. 3; *Schackmann-Fallis,* Protokoll Nr. 17/138 der Sitzung des Finanzausschusses vom 22.04.2013, S. 4 (4; 45) sowie *Walch,* Protokoll Nr. 17/138 Sitzung des Finanzausschusses vom 22.04.2013, S. 43 (44).

624 Beschlussempfehlung des Finanzausschusses vom 15. Mai 2013, BT-Drs. 17/13523, S. 3; Bericht des Finanzausschusses vom 15. Mai 2013, BT-Drs. 17/13539, S. 6; *Krause,* Symbolische Gesetzgebung, S. 113 (120); kritisch Stellungnahme der Fraktion von Bündnis 90/Die Grünen, BT-Drs. 17/13539, S. 7; begrüßend *van Kann/Rosak,* Der Regierungsentwurf des Trennbankengesetzes, BB 2013, S. 1475 (1482); ausführlich beschrieben bei *Hamm,* Modern Crimes, S. 259 (276); interessant hier auch die Ausführungen von *Volk,* Strafrecht ohne Grenzen im neuen Trennbankengesetz, S. 669 (673), der in der öffentlichen Anhörung des Finanzausschusses seine Kritik vortrug.

625 *Krause,* Symbolische Gesetzgebung, S. 113 (120).

KWG war, dass ein Verstoß gegen die übernommenen Vorschriften der MaRisk (BA) als nicht eindeutig genug erachtet wurde und nun „eine sichere Regelung" bestehen solle.[626] Die Anordnung soll als Warnsignal an die Geschäftsleiter dienen, bevor es zu einer Strafbarkeit kommen werde.[627]

a) Voraussetzungen

Um die Konsequenzen der Ergänzung beurteilen zu können, ist es erforderlich, auf die einzelnen Voraussetzungen des dritten Absatzes einzugehen. Nach § 54a Abs. 3 KWG machen sich die Geschäftsleiter nur dann strafbar, wenn sie einer vollziehbaren Anordnung der BaFin nach § 25c Abs. 4c KWG zuwiderhandeln, welche zum Inhalt die Beseitigung des Verstoßes gegen die Mängel im Risikomanagement i. S. der § 25c Abs. 4a oder § 25c Abs. 4b KWG[628] hatte, und durch dieses Verhalten die Bestandsgefährdung herbeigeführt wurde.

aa) Anordnung der BaFin

Die Anordnungsbefugnis der BaFin bezüglich der Sorgetragungspflichten ergibt sich aus § 25c Abs. 4c KWG. Nach dieser Vorschrift soll der Aufsicht, neben den bisherigen Maßnahmen, eine Anordnungsbefugnis gegenüber den Geschäftsleitern und dem Unternehmen bezüglich der Sorgetragungspflichten aus § 25c Abs. 4a und 4b KWG zustehen.[629]

(1) Prüfung durch BaFin oder EZB?

Allerdings greift diese Anordnungskompetenz erst, wenn die BaFin nach einer entsprechenden Prüfung zu dem Ergebnis kommt, dass das Institut nicht über geeignete Verfahren, Strategien, Prozesse, Funktionen und Konzepte im Sinne von § 25c Abs. 4a und 4b KWG verfügt.

Zunächst ist hierbei problematisch, ob die BaFin gegenüber allen Instituten anordnungskompetent ist. Hintergrund ist eine Gesetzesänderung im Bankaufsichtsrecht, welche auf eine Verordnung der Europäischen Union, die sogenannte

---

626 Bericht des Finanzausschusses vom 15. Mai 2013, BT-Drs. 17/13539, S. 6.

627 *Volk,* Strafrecht ohne Grenzen im neuen Trennbankengesetz, S. 669 (673 f.).

628 In der Beschlussempfehlung des Finanzausschusses (vom 15. Mai 2013, BT-Drs. 17/13523, S. 38) wird auf die nicht vorhandenen „*§ 25 Absatz 4a*" und „*§ 25 Absatz 4b Satz 2*" Bezug genommen. Dies sei nur als weiteres Indiz erwähnt, in welcher Eile es zu der Gesetzesänderung noch vor Inkrafttreten gekommen ist.

629 BT-Drs. 17/13539, S. 14.

SSM-Verordnung[630], zurückzuführen ist. Für die Schaffung eines einheitlichen Bankaufsichtsmechanismus in Europa wurde die Aufsichtskompetenz teilweise auf die EZB verlagert.[631] Die EZB soll in diesem Zusammenhang für die bedeutenden Institute die Bankaufsicht direkt ausüben, während ansonsten die Aufsichtskompetenz bei den jeweiligen nationalen Aufsichtsbehörden verbleiben soll.[632] Daher stellt sich die Frage, ob für diese Institute die Anordnungsbefugnis des § 25c Abs. 4c KWG auf die EZB übergegangen ist. Das hätte jedoch zur Folge, dass § 54a Abs. 3 KWG, der ausdrücklich die Bundesanstalt als anordnende Behörde benennt, keine Anwendung auf diese Institute finden würde und somit auch die Strafnorm an sich nicht anwendbar wäre. Dass hingegen die nationalen Aufsichtsbehörden wie bisher die Aufsicht über die weniger bedeutenden Institute behalten haben, ergibt sich aus Art. 6 Abs. 6 SSM-VO.

Regelungen zum Risikomanagement in der SSM-VO finden sich in Art. 4 und Art. 16 SSM-VO. Dabei normiert Art. 4 SSM-VO die der EZB übertragenen Aufgaben. Art. 16 SSM-VO hingegen regelt die Befugnis der EZB, Kreditinstitute zur Ergreifung von entsprechenden Maßnahmen verpflichten zu können, um die in Art. 4 SSM-VO beschriebenen Aufgaben wahrzunehmen.

Nach Art. 4 Abs. 1 lit. e) SSM-VO hat die EZB bei den bedeutenden Kreditinstituten eine ordnungsgemäße Geschäftsorganisation zu gewährleisten.[633] In diesem Zusammenhang erstreckt sich die ausschließliche Zuständigkeit der EZB auf die Sicherung der Einhaltung solider Regelungen für die Unternehmensführung, einschließlich Risikomanagementverfahren und interner Kontrollmechanismen.[634] Sofern die EZB EU-Richtlinien umsetzt, hat sie dafür Befugnisse nach EU-Recht und nationalem Recht, wobei die Anforderungen bezüglich einer hier infrage stehenden ordnungsgemäßen Geschäftsorganisation in der CRD IV (Capital Requirement Directive) vom 26. Juni 2013[635] enthalten

630 Verordnung (EU) Nr. 1024/2013 des Rates vom 15. Oktober 2013 zur Übertragung besonderer Aufgaben im Zusammenhang mit der Aufsicht über Kreditinstitute auf die Europäische Zentralbank, SSM-Verordnung, ABl. EU L 287/63 vom 29.10.2013. Auf diese und andere gesetzgeberische Entwicklungen wird unter C) III) 2) näher eingegangen.

631 Siehe Erwägungsgrund 11 und 12 der SSM-Verordnung.

632 Vgl. dazu etwa *Peters*, Die geplante europäische Bankenunion, WM 2014, S. 396 (397).

633 *Lindemann*, in: *Boos/Fischer/Schulte-Mattler*, § 54a KWG Rn. 21.

634 *Lindemann*, in: *Boos/Fischer/Schulte-Mattler*, § 54a KWG Rn. 21.

635 Sogenannte Eigenkapitalrichtlinie, Richtlinie 2013/36/EU des Europäischen Parlaments und des Rates vom 26. Juni 2013 über den Zugang zur Tätigkeit von Kreditinstituten und die Beaufsichtigung von Kreditinstituten und Wertpapierfirmen, zur Änderung der Richtlinie 2002/87/EG und zur Aufhebung der Richtlinien 2006/48/

sind.[636] Daher könnte der Eindruck entstehen, dass die EZB nun für die Umsetzung der Anforderungen verantwortlich ist. Allerdings ergibt sich ein anderer Eindruck aufgrund der Gesetzesbegründung zum Trennbankengesetz. Nach dieser gehen die Sorgetragungspflichten der Geschäftsleiter in § 25c Abs. 4a KWG – in überschießender Richtlinienumsetzung – über die europarechtlichen Vorgaben hinaus.[637] Das bedeutet, dass der Gesetzgeber Pflichten normiert hat, für deren Kontrolle gerade nicht die EZB, sondern die BaFin zuständig sein soll. Da die EZB aber für die Einhaltung der Organisationspflichten gegenüber den Kreditinstituten als Unternehmensträger zuständig ist, kann die BaFin von ihrem Recht nur in Abstimmung und gegebenenfalls nach Weisung durch die EZB gemäß Art. 9 Abs. 1 UAbs. 3 SSM-VO Gebrauch machen.[638]

Im Ergebnis bedeutet dies, dass die BaFin trotz der SSM-VO für alle Institute, zum Teil jedoch erst nach Abstimmung mit der EZB zuständig ist. Fraglich ist allerdings, ob der Verbleib der Zuständigkeit bei der BaFin nicht ein Problem darstellt.

Der Gesetzesvorschlag wurde auch wegen der Zuständigkeit der BaFin kritisiert. Denn es bestehen Bedenken, ob eine Regulierung durch staatliche Aufsicht funktionieren kann.[639] Die Zweifel ergeben sich daraus, dass bei der Finanzkrise 2008 die Aufsichtsbehörden weltweit weder hinreichend gewarnt noch rechtzeitig eingegriffen haben.[640] Das lag in Deutschland unter anderem daran, dass die Regeln des Bankaufsichtsrechts von außen betrachtet eingehalten wurden, allerdings Lücken genutzt wurden, beispielsweise durch Verlagerung der Risiken auf Zweckgesellschaften.[641] Die bestehenden Kontrollmechanismen wurden von den Kreditinstituten umgangen[642] und es wurden viele unterschiedliche Mechanismen entwickelt, um Regulierungsvorschriften umgehen zu können.[643] Die

---

EG und 2006/49/EG, ABl. EU L 176 vom 27.06.2013, S. 338 ff. Relevant sind hierbei die Art. 74, 76, 86–88 CRD IV.

636 *Lindemann*, in: *Boos/Fischer/Schulte-Mattler*, § 54a KWG Rn. 21.

637 BT-Drs. 17/12601, S. 30.

638 Siehe *Lindemann*, in: *Boos/Fischer/Schulte-Mattler*, § 54a KWG Rn. 21.

639 *Wastl*, Trennbankengesetz, Strafrecht, verschärfte Sanktionen, WM 2013, S. 1401 (1407); Stellungnahme der Fraktion von Bündnis 90/Die Grünen, BT-Drs. 17/13539, S. 7.

640 *Heun*, Finanzaufsicht im Wandel, JZ 2012, S. 235 (240).

641 *Hellwig*, Gutachten für den 68. Juristentag, S. 2.

642 Stellungnahme der Fraktion von Bündnis 90/Die Grünen, BT-Drs. 17/13539, S. 7; *Brand*, Konfliktherde des § 54a KWG, ZVglRWiss 2014, S. 142 (153).

643 Vgl. *Hellwig*, Gutachten für den 68. Juristentag, S. 17.

Aufsichtsbehörden konnten die Fehlentwicklungen, die für die Krise mitursächlich waren, daher nicht verhindern. Dies lag ferner daran, dass sie bei der Aufsicht über einzelne Institute das Systemrisiko nicht berücksichtigten und dass eine einzelstaatliche Aufsicht bei der Regulierung globaler Märkte und Institute nur unzureichend eingreifen kann.[644]

Daher ergibt sich ein wesentliches Anwendungsproblem bei § 54a Abs. 3 KWG daraus, dass die BaFin ausreichende Kenntnis über das jeweilige Risikomanagement des Instituts haben muss, um institutsbezogene Risiken und Mängel überhaupt erkennen zu können.[645] Diese Kenntnis wird der BaFin mit der Anordnungsbefugnis unterstellt, da ansonsten die Möglichkeit der Anordnung ins Leere laufen würde. Die Finanzkrise hat hier auch Mängel in der Aufsichtspraxis verdeutlicht. So wird in Teilen der Literatur angenommen, dass es nicht an Sanktionsmöglichkeiten gemangelt hat, sondern nicht nach bestehenden Sanktionsmöglichkeiten eingegriffen wurde.[646] Allerdings lässt sich dagegen einwenden, dass ein – wenn auch gravierendes – Versagen diesbezüglich nicht auf ein grundsätzliches Versagen seitens der Bankaufsicht schließen lässt. Zudem wurde und wird immer noch die Regulierung seit der Finanzkrise ausgebaut, gerade weil aus ihr gelernt wurde[647].

Im Kontext der Strafnorm des § 54a KWG und der Prüfung der BaFin ist noch ein weiterer Aspekt zu bedenken. Das von Kooperation und kontinuierlichem Dialog geprägte Verhältnis zwischen Aufsichtsbehörden und Institut droht sich zu verschlechtern.[648] Das kann sich zum einen daraus ergeben, dass aufgrund des Strafbarkeitsrisikos, Informationen der Aufsichtsbehörden nicht oder nicht mehr in demselben Umfang mitgeteilt werden.[649] Zu kritisieren ist in diesem Zusammenhang, dass der Gesetzgeber es unterlassen hat, Vorkehrungen zu treffen, welche den aufsichtsrechtlich erforderlichen und wünschenswerten Informationsfluss absichern.[650]

---

644 *Wittig*, Reform der Corporate Governance, WM 2010, S. 2337 (2337).

645 *Schröder*, Keine Strafbarkeitsrisiken für verantwortungsvoll handelnde Geschäftsleiter, WM 2014, S. 100 (105).

646 *Florstedt*, Finanzkrise als Krise der Normbehauptung, ZBB 2013, S. 81 (92).

647 Siehe zur Entwicklung im Bereich des Bankaufsichtsrecht C) III) 2).

648 Vgl. *Krause*, Symbolische Gesetzgebung, S. 113 (127), der zumindest die Befürchtung aufgrund der Erfahrungen im Insolvenzrecht äußert; dieselbe Sorge hatte *Rösler*, Protokoll Nr. 17/138 Sitzung des Finanzausschusses vom 22.04.2013, S. 43 (43).

649 *Krause*, Symbolische Gesetzgebung, S. 113 (127); *Deutsche Kreditwirtschaft*, Stellungnahme vom 17. April 2013, S. 3.

650 *Krause*, Symbolische Gesetzgebung, S. 113 (127).

Zum anderen könnten sich aufgrund des Risikos der Beteiligtenstrafbarkeit die Angehörigen der Aufsichtsbehörde sich gehindert sehen, detailliertere Auskünfte oder sogar verbindliche Stellungnahmen hinsichtlich des Risikomanagements eines Instituts abzugeben.[651] In diesem Zusammenhang wird aber davon ausgegangen, dass diese Art von Austausch zwischen Aufsichtsbehörden und Instituten erforderlich ist, um schnell und effektiv auf finanzwirtschaftliche Entwicklungen reagieren und die vom Gesetz beabsichtigte Stabilität der Finanzmärkte positiv beeinflussen zu können.[652] Insbesondere für die zunehmend komplexer werdenden Instrumente zur Früherkennung und der Behandlung von Risiken ist eine solche intensive Zusammenarbeit erforderlich.[653] Die (möglichen) praktischen Folgen der strafrechtlichen Regelungen liefen daher dem Ziel der gesetzlichen Regelungen zuwider.[654]

Zusammenfassend ist es daher bedenklich, dass zum einen die BaFin bereits vor der Finanzkrise über ausreichende Handlungsbefugnisse verfügte, dieses Instrumentarium allerdings die Krise nicht verhindern konnte. Zum anderen ist zu berücksichtigen, dass sich die Bereitschaft zur Zusammenarbeit aufgrund der drohenden Strafbarkeit nicht verbessern dürfte, aber für eine gelungene Aufsicht erforderlich ist.

(2) Anordnung im Sinne des § 54a Abs. 3 KWG

Nach § 54a Abs. 3 KWG bedarf es einer vollziehbaren Anordnung der BaFin.

Notwendig ist ein förmlicher Verwaltungsakt.[655] Das bedeutet, dass es sich bei § 54a KWG um eine verwaltungsakzessorische Strafnorm handelt.[656] Fraglich ist, ob ein Fall der Verwaltungs*akt*akzessorietät gegeben ist, also ob das Vorliegen eines Verwaltungsakts für die Strafbarkeit erforderlich ist[657]. Dies wird zum Teil mit der Begründung abgelehnt, dass die Anforderungen, die den Erlass der Anordnung voraussetzt, auch zur Annahme des Tatbestands der Strafnorm nach § 54a Abs. 1 KWG vorzuliegen haben.[658] Dies berührt die grundsätzliche Frage,

---

651 *Krause*, Symbolische Gesetzgebung, S. 113 (127).

652 *Krause*, Symbolische Gesetzgebung, S. 113 (127).

653 *Krause*, Symbolische Gesetzgebung, S. 113 (128).

654 *Krause*, Symbolische Gesetzgebung, S. 113 (127).

655 *Altenhain*, Strafrechtliche Regelungen für die Arbeit des Bankvorstands, S. 237 (251).

656 *Meixner*, Strafbewehrung von Risikomanagementpflichten, ZAP 2014, S. 499 (501).

657 *Matejko*, Der Irrtum über Verwaltungsnormen, S. 26.

658 *Cichy/Cziupka/Wiersch*, § 54a KWG n. F., NZG 2013, S. 846 (848); nicht gemeint ist damit die Frage, ob der Verwaltungsakt rechtmäßig zu sein hat, zu dieser

in welchem Verhältnis die Voraussetzungen von § 54a Abs. 1 und Abs. 3 KWG stehen. Die Klärung dieses Problems hat auch Auswirkungen auf die Prüfung der Verfassungswidrigkeit.[659] Für die Strafbarkeit nach § 54a KWG ist jedoch gemäß § 54a Abs. 3 KWG unabdinglich, dass eine Anordnung nach § 25c Abs. 4c KWG ergeht. Unabhängig von den Voraussetzungen der Anordnung hat die BaFin durch Erlass eines Verwaltungsakts damit die Entscheidungsbefugnis, ob ein strafwürdiges Verhalten vorliegt oder nicht, da es ohne den Verwaltungsakt nicht zu einer Strafbarkeit kommen kann.[660] Somit handelt es sich um einen Fall der Verwaltungsaktakzessorietät. Der Erlass des Verwaltungsakts stellt jedoch nur eine notwendige, keine hinreichende Bedingung für die Strafbarkeit dar.

Der BaFin steht grundsätzlich ein reichhaltiges Instrumentarium zur Verfügung, um das Aufsichtsrecht durchzusetzen.[661] Allerdings ist es nicht üblich und entspricht auch nicht dem – auf für die BaFin geltenden[662] – Grundsatz der Verhältnismäßigkeit, dass sich die BaFin zunächst für den förmlichen Weg der Anordnung entscheidet, da die Möglichkeit besteht, mildere Mittel zu wählen wie die mündliche oder schriftliche Beanstandung oder auch die Missbilligung.[663] Bei diesen informellen Handlungsvarianten handelt es sich nicht um Verwaltungsakte.[664] Um die erforderliche Strafbarkeitsschwelle zu erreichen, muss aber ein Verwaltungsakt gegenüber dem Geschäftsleiter erlassen werden, denn nur ein solcher kann vollziehbar sein.[665] Das bedeutet, dass der Anwendungsbereich durch die vorangehenden informellen Maßnahmen geschmälert wird, was jedoch dem Grundsatz der Verhältnismäßigkeit entspricht.[666] Es ist

---

Interpretation des Begriffs der „*Verwaltungsaktsakzessorietät*" siehe *Kühl*, Probleme der Verwaltungsakzessorietät des Strafrechts, S. 815 (843 f.).

659 Die entsprechende Prüfung der Verfassungswidrigkeit zu dieser Frage unter B) IV) 2) c) aa).

660 *Kasiske*, Das Kapitalmarktstrafrecht, ZIS 2013, S. 257 (261); die Anordnung war nicht mit der Feststellung bezüglich einer Bestandsgefährdung seitens der BaFin nach § 48b Abs. 3 KWG a. F. zu verwechseln, welche keine Auswirkung auf die Strafbarkeitsprüfung hat, da das Gericht daran nicht gebunden ist und die Bestandsgefährdung selbst zu prüfen hat.

661 *Schäfer*, in: *Boos/Fischer/Schulte-Mattler*, § 6 KWG Rn. 9.

662 *Brocker/Andrzejewski*, Geheimnisschutz durch die BaFin, GWR 2011, S. 378 (380).

663 *Cichy/Cziupka/Wiersch*, § 54a KWG n. F., NZG 2013, S. 846 (847 f.).

664 *Cichy/Cziupka/Wiersch*, § 54a KWG n. F., NZG 2013, S. 846 (848).

665 *Cichy/Cziupka/Wiersch*, § 54a KWG n. F., NZG 2013, S. 846 (848).

666 Siehe zum Grundsatz der Verhältnismäßigkeit allgemein *BVerfGE* 92, S. 262 (273): danach muss eine Maßnahme zur Erreichung des angestrebten Zweckes legitim. Geeignet, erforderlich und angemessen sein; zur Geltung dieses Grundsatzes

daher unschädlich, wenn die BaFin durch informelles Handeln Einfluss auf das jeweilige Kreditinstitut nimmt.

(3) Vollziehbarkeit der Anordnung

§ 54a Abs. 3 KWG setzt voraus, dass der handelnde Geschäftsleiter einer vollziehbaren Anordnung zuwiderhandelt. Eine weitere Voraussetzung ist daher die Vollziehbarkeit der Anordnung. Zu klären ist in diesem Zusammenhang, wie sich ein eingelegter Rechtsbehelf auf die Strafbarkeit auswirkt. Um dieses Problem zu klären, ist ein Vergleich mit bestehenden vergleichbaren Regelungen erforderlich.

Aus § 49 KWG ergibt sich die sofortige Vollziehbarkeit der Anordnung der BaFin nach § 25c Abs. 4c KWG. Dies hat zur Folge, dass bei einem Widerspruch oder einer Anfechtung zunächst die Vollziehbarkeit der Anordnung gegeben ist und die sonst eintretende aufschiebende Wirkung nach § 80 Abs. 2 S. 1 Nr. 3 VwGO entfällt. Die aufschiebende Wirkung nach § 80 Abs. 1 S. 1 VwGO kann allerdings im Rahmen des vorläufigen Rechtsschutzes nach § 80 Abs. 5 VwGO angeordnet werden. Sofern der Rechtsbehelf weder offensichtlich unbegründet noch offensichtlich begründet ist, muss eine Abwägungsentscheidung zwischen Vollzugsinteresse und Aufschiebungsinteresse getroffen werden[667].

Relevant ist die Frage, wie es sich auf die Strafbarkeit auswirkt, wenn die aufschiebende Wirkung von Widerspruch und Anfechtungsklage angeordnet wird.[668] Selbst wenn sämtliche Strafbarkeitsvoraussetzungen vorliegen, könnte ein Gericht die sofortige Vollziehung dann aussetzen, wenn die Anordnung der BaFin unverhältnismäßig und daher wegen einer Ermessensüberschreitung rechtswidrig war.[669] Für die Beantwortung der Frage muss nach den unterschiedlichen Zeitpunkten, zu welchen die Entscheidung über die aufschiebende Wirkung ergeht, hin unterschieden werden.[670]

Unproblematisch ist der Fall, in dem die Entscheidung zeitlich vorgelagert ist. Wird die aufschiebende Wirkung angeordnet, bevor das Institut mangels der Umsetzung der Anordnung in das Stadium der Bestandsgefährdung eintritt, bleibt der Geschäftsleiter straflos.[671]

---

auch für die BaFin *Brocker/Andrzejewski*, Geheimnisschutz durch die BaFin, GWR 2011, S. 378 (380).

667 *Hufen*, Verwaltungsprozessrecht, § 32 Rn. 39.

668 So auch *Brand*, Konfliktherde des § 54a KWG, ZVglRWiss 2014, S. 142 (160).

669 *Cichy/Cziupka/Wiersch*, § 54a KWG n. F., NZG 2013, S. 846 (849 Fn. 14).

670 siehe *Brand*, Konfliktherde des § 54a KWG, ZVglRWiss 2014, S. 142 (160).

671 *Brand*, Konfliktherde des § 54a KWG, ZVglRWiss 2014, S. 142 (160).

Hingegen ist die Konstellation umstritten, in der eine verwaltungsgerichtliche Entscheidung ergeht, wonach die aufschiebende Wirkung angeordnet wird, nachdem die Voraussetzungen des § 54a Abs. 3 KWG bereits einmal vorgelegen haben. Vertreten wird in diesem Zusammenhang, dass diese Entscheidung unbeachtlich sein soll und eine Strafbarkeit des Geschäftsleiters nicht verhindern kann.[672] Problematisch ist jedoch, dass die Entscheidung des Gerichts über die Herstellung der aufschiebenden Wirkung ex tunc wirkt.[673]

Hinsichtlich dieser Fragestellung werden zwei unterschiedliche Positionen vertreten. Auf der einen Seite wird eine Strafbarkeit mit einem Verweis auf die Umweltdelikte befürwortet[674], auf der anderen Seite wird sie mit dem Verweis auf das Bankrottstrafrecht abgelehnt[675]. Bei den §§ 324 ff. StGB wird grundsätzlich vertreten, dass ein Verstoß gegen einen Verwaltungsakt auch dann strafbar ist, falls sich im Nachhinein herausstellt, dass der Verwaltungsakt rechtswidrig ist und dieser aufgehoben wird.[676] Bei den §§ 283 ff. StGB soll ein erfolgreiches Rechtsmittel gegen den Eröffnungsbeschluss zum Wegfall der objektiven Strafbedingung und damit einhergehend der Strafbarkeit führen.[677] In beiden Fällen geht es um eine hoheitliche Entscheidung, deren Vorliegen für die Strafbarkeit unabdingbar ist. Um die entsprechende Begründung auf § 54a KWG zu übertragen, muss geklärt werden, mit welchen Delikten § 54a KWG eher zu vergleichen ist.

(a) Vergleich mit bestehenden Regelungen

Zunächst könnte die größere Parallele zu den §§ 283 ff. StGB angenommen werden. Mit § 54a KWG soll gerade eine Regelungslücke geschlossen werden[678], die sich aus dem Ausschluss der Bankrottstrafbarkeit bei Abwendung der Insolvenz durch staatliche Unterstützungsmaßnahmen ergibt.[679] Eine grundsätzlich mit

672 *Cichy/Cziupka/Wiersch,* § 54a KWG n. F., NZG 2013, S. 846 (848).

673 *OVG Bremen* NVwZ-RR 2006, S. 692 (692); *Hufen,* Verwaltungsprozessrecht, § 32 Rn. 29; *Lorenz,* Die Folgepflicht gegenüber rechtswidrigen Verwaltungsakten, DVBl. 1971, S. 165 (168).

674 *Cichy/Cziupka/Wiersch,* § 54a KWG n. F., NZG 2013, S. 846 (849 Fn. 14).

675 *Brand,* Konfliktherde des § 54a KWG, ZVglRWiss 2014, S. 142 (160).

676 *Heine/Hecker,* in: *Schönke/Schröder,* StGB,Vorbem. §§ 324 ff. Rn. 21.

677 *Tiedemann,* in: Leipziger Kommentar zum StGB, Vor § 283 Rn. 162.

678 Zum Teil als die Beseitigung einer Gerechtigkeitslücke bezeichnet: *Schröder,* Keine Strafbarkeitsrisiken für verantwortungsvoll handelnde Geschäftsleiter, WM 2014, S. 100 (102).

679 *Kasiske,* Das Kapitalmarktstrafrecht, ZIS 2013, S. 257 (264); *Schünemann,* Die sog. Finanzkrise, S. 71 (101).

§ 54a KWG vergleichbare Regelung findet sich in § 283 Abs. 2 StGB, wonach die Herbeiführung der Krise durch eine Bankrotthandlung strafrechtlich sanktioniert ist.[680] Die Wirkung des Rechtsbehelfs ist ebenfalls vergleichbar. So hat die Beschwerde gegen die Eröffnung des Insolvenzverfahrens gemäß § 4 InsO i. V. m. § 570 Abs. 1 ZPO grundsätzlich keine aufschiebende Wirkung und die Aufhebungsentscheidung bezüglich des Insolvenzverfahrens wirkt zurück.[681] Wird durch das Rechtsmittel der sofortigen Beschwerde (§ 34 InsO) der Eröffnungsbeschluss aufgehoben, so entfällt dadurch die objektive Bedingung der Strafbarkeit wieder.[682] Unterschiede ergeben sich jedoch unter anderem daraus, dass es sich bei der Entscheidung in den §§ 283 ff. StGB um eine gerichtliche Feststellung darüber handelt, ob das Insolvenzverfahren eröffnet (§ 27 InsO) oder der auf Eröffnung gerichtete Antrag mangels Masse abgewiesen (§ 26 InsO) wird. Das hat unter anderem Auswirkung darauf, dass Strafgerichte die Entscheidung des Insolvenzgerichts diesbezüglich nicht überprüfen können.[683]

Bei einem vollziehbaren Verwaltungsakt besteht hingegen die Möglichkeit, die behördliche Entscheidung im Nachhinein gerichtlich überprüfen zu lassen. Zunächst ist es jedoch erforderlich, dass der Anordnung Folge geleistet wird und es müssen die Mängel im Risikomanagement beseitigt werden, um eine entsprechende Strafbarkeit zu vermeiden. Eine solche Situation liegt bei der Eröffnung des Insolvenzverfahrens oder der Abweisung mangels Masse nicht vor. Hierbei hat der Insolvenzschuldner nur die zeitlich begrenzte Möglichkeit gegen den Beschluss vorzugehen.[684] Eine spätere Rückgängigmachung oder Wiedergutmachung besteht nicht. Auch muss er dem Beschluss nicht unmittelbar Folge leisten, er hat diesen allerdings zu beachten, da beispielsweise das Verwaltungs- und Verfügungsrecht des Schuldners auf den Insolvenzverwalter nach § 80 Abs. 1 InsO übergeht. Die wichtigste Wirkung ist die Beschlagnahme des Insolvenzvermögens und diese tritt kraft Gesetzes ein.[685] Somit besteht hinsichtlich des

---

680 *Bieneck,* in: *Müller-Gugenberger,* Wirtschaftsstrafrecht, § 75 Rn. 106.

681 *Bork,* Einführung in das Insolvenzrecht, Rn. 138.

682 Vgl. *Fischer,* StGB, Vor § 283 Rn. 14; *Bieneck,* in: *Müller-Gugenberger,* Wirtschaftsstrafrecht, § 76 Rn. 88.

683 *RGSt* 26, S. 37 (37); *Petermann,* in: Münchener Kommentar zum StGB, Vorbem. zu den §§ 283 ff. Rn. 103; *Bieneck,* in: *Müller-Gugenberger,* Wirtschaftsstrafrecht, § 76 Rn. 88.

684 Die Frist beträgt zwei Wochen, § 4 InsO i. V. m. § 569 Abs. 1 S. 1 ZPO, ab dem Zeitpunkt der Verkündung der Entscheidung oder, wenn diese nicht verkündet wird, mit deren Zustellung, §§ 34 und 6 Abs. 2 InsO.

685 *Bork,* Einführung in das Insolvenzrecht, Rn. 140.

Regelungsinhalts eine vergleichbare Lage zwischen § 54a KWG und den §§ 283 ff. StGB, nicht jedoch bezüglich der Regelungstechnik.

Hingegen unterscheidet sich der Regelungsinhalt der §§ 324 ff. StGB von § 54a KWG, bezüglich der Regelungstechnik bestehen umgekehrt allerdings Gemeinsamkeiten. Im Rahmen der Umweltdelikte kann eine Tatbestandsvoraussetzung die Verletzung von verwaltungsrechtlichen Pflichten sein.[686] § 330d Abs. 1 Nr. 4c StGB stellt klar, dass sich eine strafrechtlich bewehrte Pflicht aus einem vollziehbaren Verwaltungsakt ergeben kann. Erforderlich für die Strafbarkeit ist ein Verwaltungsakt, der sofort vollziehbar ist, und der für eine mögliche Strafbarkeit missachtet werden muss. Vergleichbare Voraussetzungen beinhaltet § 54a KWG.

(b) Übertragbarkeit des Regelungsgedankens

Fraglich ist, ob sich der Regelungsgedanke auf § 54a KWG übertragen lässt. Darzulegen ist, wie sich bisher die gerichtliche Aufhebung eines Verwaltungsakts, an welchen ein Straftatbestand anknüpft, auf eine etwaige Strafbarkeit auswirkt.

Grundsätzlich besteht die Möglichkeit, dass eine Strafandrohung an eine nicht bestandskräftige behördliche Entscheidung anknüpft.[687] Es liegt im Ermessen des Gesetzgebers, ob verwaltungsrechtliche Anordnungen zum Tatbestandsmerkmal einer Strafvorschrift bestimmt werden.[688] Auch ist die Gewaltenteilung grundsätzlich nicht dadurch verletzt, dass der Strafrichter an die Entscheidung einer Verwaltungsbehörde gebunden ist, da in manchen Bereichen eine enge Verzahnung unvermeidlich ist.[689] Für die Frage, wann ein Verstoß gegen eine verwaltungsrechtliche Maßnahme mit Strafe bedroht werden kann, wird es als erforderlich erachtet, dass die Maßnahme sofort vollziehbar ist.[690] Es soll danach nicht dem Belieben des Betroffenen überlassen werden, die vollstreckungsrechtliche Durchsetzung zu verhindern, da die Anordnung ohne Rücksicht auf die Einlegung eines Rechtsmittels vollziehbar ist.[691]

Neben einer kraft Gesetzes angeordnete sofortigen Vollziehbarkeit besteht aber die Möglichkeit, falls es die Verwaltungsbehörde für unerlässlich hält, dass der Verwaltungsakt mit dem ausgesprochenen Ge- oder Verbot sofort wirksam wird, sodass sie es durch die Anordnung der sofortigen Vollziehung in der Hand

---

686 Z. B. §§ 324a Abs. 1; 325 Abs. 1 S. 1; Abs. 2; Abs. 3 StGB.
687 Vgl. *BVerfG* NJW 1990, S. 37 (38).
688 Vgl. *BVerfG* NJW 1990, S. 37 (39).
689 Vgl. *BVerfG* NJW 1990, S. 37 (39).
690 *BGHSt* 23, S. 86 (91 f.).
691 *BGHSt* 23, S. 86 (92); *OLG Hamm* NJW 1980, S. 1476 (1476).

hat, die Strafbewehrung des Verwaltungsakts schon mit der Bekanntgabe herbeizuführen.[692] Im Rahmen dessen wird davon ausgegangen, dass dem Staatsbürger zugemutet werden kann, dass jener sich zunächst der Anordnung aufgrund der Gefahr der Strafe fügen wird.[693] Die entsprechende Folgepflicht ergibt sich aus den berechtigten Bedürfnissen der staatlichen Ordnung, wobei diese Bedürfnisse ebenfalls ein Anliegen der Allgemeinheit sind.[694] Die Durchsetzung und die Sicherung dieser Belange sind mit § 80 Abs. 2 VwGO bezweckt[695], wonach die aufschiebende Wirkung entfallen und eine sofortige Folgepflicht entstehen kann. Von § 80 Abs. 2 VwGO ist in Nr. 3 auch die gesetzliche „Anordnung" der sofortigen Vollziehbarkeit erfasst, sodass auch diese Konstellation eine Folgepflicht rechtfertigt, sofern ein berechtigtes Bedürfnis der Regelung zugrunde liegt.

(aa) Divergierende Ansichten

Die Frage der Wirkung eines Rechtsbehelfs ist in diesem Kontext grundsätzlich umstritten und hierbei insbesondere der Aspekt, welche Auswirkung die spätere und rückwirkende Aufhebungsentscheidung oder die Anordnung der aufschiebenden Wirkung hat.

Von der Rechtsprechung und Teilen der Literatur wird angenommen, dass eine spätere Aufhebung des Verwaltungsakts bedeutungslos für die gegebene Strafbarkeit wäre und diese daher unberührt lasse.[696] Der Bundesgerichtshof hat etwa für den Fall von Verstößen gegen ein fehlerhaft aufgestelltes, im Nachhinein jedoch beseitigtes Verkehrszeichen in diesem Sinne entschieden.[697] Die Gegenansicht lehnt eine entsprechende Übertragung des Urteils des Bundesgerichtshofs ab und geht davon aus, dass die spätere Aufhebung des Verwaltungsakts aufgrund materieller Fehlerhaftigkeit die Strafbarkeit entfallen lasse.[698] Da das Gesetz lediglich an die Vollziehbarkeit des Verwaltungsakts anknüpfe, könne

692 *Odenthal*, Strafbewehrter Verwaltungsakt, NStZ 1991, S. 418 (420).

693 *BayObLG* VRS 35, S. 195 (202).

694 *BGHSt* 23, S. 86 (92).

695 *BGHSt* 23, S. 86 (92 f.).

696 *BGHSt* 23, S. 86 (93); *BayObLG* VRS 35, S. 195 (202); *OLG Hamburg* NJW 1980, S. 1007 (1008); *Heine/Hecker*, in: *Schönke/Schröder*, StGB, Vorbem. §§ 324 ff. Rn. 21.

697 Siehe *BGHSt* 23, S. 86–95.

698 *Hilgendorf*, in: *Arzt/Weber/Heinrich/Hilgendorf*, Strafrecht BT, § 41 Rn. 27; *Heine/Hecker*, in: *Schönke/Schröder*, StGB, Vorbem. §§ 324 ff. Rn. 22; ebenfalls ablehnend *Ambs*, in: *Erbs/Kohlhaas*, Strafrechtliche Nebengesetze, § 29 GewO, Rn. 15.

das Strafbedürfnis abgelehnt werden, wenn die rechtswidrige Anordnung später aufgehoben werde.[699]

Es geht primär um die verwaltungsgerichtliche Entscheidung, in welcher der für die Strafbarkeit erforderliche Verwaltungsakt aufgehoben wird. Die gleiche Frage stellt sich aber auch hinsichtlich der Entscheidung über die aufschiebende Wirkung, wenn diese durch Beschluss erstmals hergestellt und die sofortige Vollziehbarkeit dadurch ausgesetzt wird.[700] Für den letztgenannten Fall wird ebenfalls angenommen, dass entgegen verwaltungsrechtlicher Grundsätze es nicht zu einer Rückwirkung auf die Strafbarkeit kommen soll.[701] Es sollen andere Maßstäbe gelten, da die Aussetzungsentscheidung nicht notwendig deswegen ergeht, weil der Verwaltungsakt rechtswidrig ist, sodass es durchaus berechtigt sein kann, dass ein entsprechender Rechtsgüterschutz besteht.[702] Fraglich ist, wie dieses Problem vorliegend zu lösen ist, da § 54a Abs. 3 KWG an eine vollziehbare Anordnung anknüpft.

(bb) Lösung durch Gesetzesauslegung

Es bietet sich zunächst eine Lösung anhand des Gesetzeswortlauts an. Unmittelbare Regelungen zum sofort vollziehbaren rechtswidrigen Verwaltungsakt fehlen. Der Grundgedanke beim Verwaltungsakt ist dessen Rechtswirksamkeit, vgl. § 43 Abs. 2 und Abs. 3 VwVfG. Aus den vorhandenen Regelungen zum nichtigen Verwaltungsakt könnte daher geschlossen werden, dass der sofort vollziehbare rechtswidrige Verwaltungsakt ebenfalls Rechtswirkung hat, die es zu befolgen gilt, da Gegenteiliges nicht wie in § 44 VwVfG normiert ist. Auf der anderen Seite erfolgt eine Aufhebung der sofortigen Vollziehbarkeit mit Rückwirkung.[703] Problematisch ist daher die Anknüpfung einer Strafbarkeit an das Erfordernis eines sofort vollziehbaren Verwaltungsakts, weil durch die rückwirkende Aufhebung eine der erforderlichen Voraussetzungen fehlt.[704] Stellt man auf die einmal vorhandene Existenz eines Verwaltungsakts ab, dann könnte auch das Zuwiderhandeln gegen einen sofort vollziehbaren nichtigen Verwaltungsakt strafrechtlich

---

699 *Lenckner/Sternberg-Lieben*, in: *Schönke/Schröder*, StGB, Vorbem. §§ 32 ff. Rn. 130.

700 *Odenthal*, Strafbewehrter Verwaltungsakt, NStZ 1991, S. 418 (420).

701 *Odenthal*, Strafbewehrter Verwaltungsakt, NStZ 1991, S. 418 (420).

702 *Odenthal*, Strafbewehrter Verwaltungsakt, NStZ 1991, S. 418 (420).

703 So auch *Lorenz*, Die Folgepflicht gegenüber rechtswidrigen Verwaltungsakten, DVBl. 1971, S. 165 (167).

704 *Schenke*, Strafbarkeit der Zuwiderhandlung, JR 1970, S. 449 (453); darauf auch hinweisend *Frister*, in: *Wolter*, SK-StPO, § 359 Rn. 34a.

relevant sein, was nicht vertreten wird.[705] Der strafrechtliche Anknüpfungspunkt ist allerdings gerade die Vollziehbarkeit einer Anordnung und nur wenn diese im Zeitpunkt der Zuwiderhandlung gegeben ist, kommt ein tatbestandsmäßiges Handeln überhaupt in Betracht.[706]

Wenn es allerdings nach dem Wortlaut darum geht, dass gegen eine sofort vollziehbare Anordnung verstoßen werden muss, könnte angenommen werden, dass es in diesen engen Grenzen nicht darauf ankomme, dass die Maßnahme rechtmäßig sei.[707] Möglich sei dies, wenn auf eine Zuwiderhandlung gegen eine Einzelanordnung abgestellt werde und aufgrund einer gesetzlichen Regelung der Suspensiveffekt nicht eintrete.[708] Hätte einem Aufhebungsurteil nach dem gesetzgeberischen Willen jedoch keine Bedeutung zukommen sollen, hätte nahegelegen, dies in der Norm auch niederzulegen.[709] Selbst wenn ausnahmsweise eine Strafbarkeit denkbar wäre, die unabhängig von einer späteren Aufhebung sein soll, kann dies nicht in der mitunter vertretenen Generalität angenommen werden.[710] Eine Orientierung am Gesetzeswortlaut allein führt daher nicht weiter.

(cc) Lösung der Rechtsprechung

Von der Rechtsprechung und Teilen der Literatur wird angenommen, dass ein verwaltungsgerichtliches Urteil, welches den Verwaltungsakt rückwirkend aufhebt, die vollendete Verwirklichung des Straftatbestands bei einer zwischenzeitlich erfolgten Zuwiderhandlung nachträglich nicht zu beseitigen vermag.[711] Grundsätzlich komme es für eine Strafbarkeit darauf an, dass zur Tatzeit die Tatbestandsvoraussetzungen vorgelegen haben. Auch wenn ein Verwaltungsakt rückwirkend aufgehoben werde, könne dies ebenso wenig seine einmal vorhandene Existenz in der Rechtswirklichkeit beseitigen wie der Umstand, dass damit eine vorläufige Gehorsamspflicht vorhanden gewesen und missachtet worden

---

705 Das klarstellend *Schenke,* Strafbarkeit der Zuwiderhandlung, JR 1970, S. 449 (453); auch die Vertreter der Gegenansicht lehnen eine Strafbarkeit bei einem nichtigen Verwaltungsakt ab, siehe *BGHSt* 23, S. 86 (91)

706 *BGHSt* 23, S. 86 (93); anschließend *OLG Karlsruhe* NJW 1978, S. 116 (116).

707 *Gerhards,* Die Strafbarkeit des Ungehorsams gegen Verwaltungsakte, NJW 1978, S. 86 (88).

708 *Gerhards,* Die Strafbarkeit des Ungehorsams gegen Verwaltungsakte, NJW 1978, S. 86 (89).

709 *Schenke,* Strafbarkeit der Zuwiderhandlung, JR 1970, S. 449 (454).

710 *Schenke,* Strafbarkeit der Zuwiderhandlung, JR 1970, S. 449 (454).

711 *BGHSt* 23, S. 86 (94); *OLG Karlsruhe* NJW 1978, S. 116 (116); *Schmitt,* in *Meyer-Goßner/Schmitt,* StPO, § 359 Rn. 17.

sei.[712] An Letzteres knüpfe die Strafbarkeit an.[713] Als Ausgleich für diese vorläufige Gehorsamspflicht gebe es § 80 VwGO und die darin geregelte aufschiebende Wirkung der Anfechtung.[714]

Dieser Ausgleich kommt im Rahmen des § 54a KWG nicht in Betracht. Die aufschiebende Wirkung eines Rechtsbehelfs nach § 80 Abs. 1 VwGO entfällt nach § 80 Abs. 2 Nr. 3 VwGO kraft Gesetzes. Wiederum stehen als Ausgleich für diese erhöhte vorläufige Gehorsamspflicht aber andere Rechtsbehelfe zur Verfügung, die den Suspensiveffekt herstellen.

Da auch die Anordnung der aufschiebenden Wirkung rückwirkend gilt, können die Ausführungen zur Aufhebung des Verwaltungsakts mit der Konsequenz entsprechend übertragen werden, dass auch hier eine spätere Herstellung der aufschiebenden Wirkung ohne Folge für die Beurteilung einer bereits begangene Handlung bleiben soll.[715] Gegen die Aufhebung einer einmal begründeten Strafbarkeit wird ferner argumentiert, dass ansonsten eine im Strafrecht im Übrigen nicht existierende bedingte Rechtswidrigkeit vorläge.[716] Es sei mit rechtsstaatlichen Grundsätzen unvereinbar, wenn es im Belieben des Täters stehe, eine strafbare Handlung nachträglich ungeschehen zu machen.[717] Des Weiteren wird bemängelt, dass es schwer verständlich sei, die Strafbarkeit von der Inanspruchnahme der Möglichkeit der Anfechtung des Verwaltungsakts nach Begehung der Tat abhängig zu machen, wenn er bereits zuvor Rechtsbehelf hätte eingelegen können.[718] Grundsätzlich vergleichen die Befürworter der Strafbarkeit die dann eintretende Rechtslage damit, dass eine Strafbarkeit lediglich vom Zufall abhängig sei, wenn ein fehlerhafter Verwaltungsakt vorliegt und dieser mit rückwirkender Kraft aufgehoben werden kann.[719]

---

712 *Lorenz,* Die Folgepflicht gegenüber rechtswidrigen Verwaltungsakten, DVBl. 1971, S. 165 (168).

713 *Lorenz,* Die Folgepflicht gegenüber rechtswidrigen Verwaltungsakten, DVBl. 1971, S. 165 (168).

714 *Lorenz,* Die Folgepflicht gegenüber rechtswidrigen Verwaltungsakten, DVBl. 1971, S. 165 (168).

715 *Lorenz,* Die Folgepflicht gegenüber rechtswidrigen Verwaltungsakten, DVBl. 1971, S. 165 (169).

716 *BayObLG* VRS 35, S. 195 (202); *Leipold,* in: *Volk*, MAH Wirtschafts- und Steuerstrafsachen, § 29 Rn. 37.

717 *BayObLG* VRS 35, S. 195 (198).

718 *BayObLG* VRS 35, S. 195 (203).

719 *BayObLG* VRS 35, S. 195 (202).

(dd) Gegen die Lösung der Rechtsprechung

Der Argumentation der Befürworter einer Strafbarkeit liegt die Annahme zugrunde, dass der angegriffene Verwaltungsakt stets aufgehoben werden kann, weil er rechtswidrig ist. Allerdings kann nicht ohne Weiteres davon ausgegangen werden, dass dies der Fall ist. Es steht auch nicht im Belieben des Handelnden, den infrage stehenden Verwaltungsakt gleichsam ungeschehen zu machen, sondern es liegt an der Verwaltungsbehörde. Eine Aufhebung kann von der jeweiligen Behörde von Anfang an vermieden werden.

Erlässt die Ausgangsbehörde einen rechtmäßigen Verwaltungsakt, kann der Adressat nicht erfolgreich Rechtsbehelfe dagegen einlegen. Sollte hingegen der Verwaltungsakt rechtswidrig sein, liegt es nicht im Kompetenzbereich des Betroffenen diesen aufzuheben, sondern je nach Rechtsbehelf bei der Verwaltungsbehörde selbst, der Widerspruchsbehörde oder beim Verwaltungsgericht.[720] Denkbar wäre allerdings auch, dass sich der Verwaltungsakt erledigt hat, weil er zuvor von der Verwaltungsbehörde selbst aufgehoben wird und das Gericht anschließend lediglich die Rechtswidrigkeit des Verwaltungsakts feststellen kann, welche jedoch ohne Einfluss auf die Zuwiderhandlung wäre.[721]

Die Möglichkeit der Verwaltungsbehörde, einen Verwaltungsakt mit Wirkung für die Vergangenheit zurückzunehmen, ist grundsätzlich in § 48 Abs. 1 VwVfG geregelt. Sollte die Behörde jedoch den Verwaltungsakt nur mit Wirkung ex nunc zurücknehmen, verbleibt ein selbstständiger Teil des Verwaltungsakts, welcher sich nicht erledigt hat und dementsprechend auch angefochten werden kann, nach wie vor bestehen.[722] Lediglich eine rein freiwillige Rücknahme seitens der Behörde muss strafrechtlich unbeachtlich bleiben, um dieser nicht die Befugnisse eines Gnadenrechts zuzubilligen.[723] Hinsichtlich der hier infrage stehenden Anordnung der BaFin kommt eine rein freiwillige Rücknahme nicht in Betracht. Zum einen besteht dafür aufgrund der Bindung der Verwaltung nach Art. 20 Abs. 3 GG an Recht und Gesetz nur ein geringer Handlungsspielraum. Sofern Mängel im Risikomanagement eines Kreditinstituts vorliegen, hat die BaFin eine Anordnung zu erlassen. Zum anderen ergeht eine Anordnung erst nach intensiver Prüfung, sodass eine dann anschließende freiwillige Rücknahme nicht zu erwarten ist.

---

720 Vgl. bspw. §§ 72 f.; 113 VwGO;

721 *BayObLG* VRS 35, S. 195 (202).

722 *Schenke,* Strafbarkeit der Zuwiderhandlung, JR 1970, S. 449 (453).

723 *Schenke,* Strafbarkeit der Zuwiderhandlung, JR 1970, S. 449 (453).

Von der Ansicht, die eine Strafbarkeit ablehnt, wird nicht angenommen, dass die durch den Verwaltungsakt entstandene Folgepflicht entfallen soll. Auch geht es nicht darum, dass die Missachtung der Folgepflicht nicht strafrechtlich zu sanktionieren ist. Es wird die Konstellation kritisiert, in der der Verwaltungsakt, auf den sich die Folgepflicht bezieht, rechtswidrig ist und sich deshalb eine strafrechtliche Sanktionierung zumindest nicht ohne Weiteres rechtfertigen lasse.

(ee) Abwägung

Ein Vergleich zu anderen bestehenden gesetzlichen Konstellationen stützt die Ansicht, wonach eine Aufhebungsentscheidung oder die Anordnung der aufschiebenden Wirkung durch das Gericht beachtlich ist. Eine solche Konstellation ist in § 113 StGB denkbar. Wenn der aktive Widerstand gegen das rechtswidrige Handeln eines Vollstreckungsbeamten nach § 113 StGB straflos bleibt und dies nicht die öffentliche Ordnung tangiert, unabhängig davon, ob die Vollstreckungshandlung angefochten wurde, kann das Zuwiderhandeln gegen einen rechtswidrigen Verwaltungsakt nicht anders behandelt werden.[724] Ferner gebietet die staatliche Ordnung nicht die Bestrafung eines Betroffenen, der einer rechtswidrigen Anordnung zuwiderhandelt, sondern sie gestattet eine solche nur dann, wenn das kriminalisierte Verhalten rechtswidrig war.[725] Damit das Verhalten jedoch als rechtswidrig eingestuft werden kann, muss die Anordnung rechtmäßig sein, unabhängig von der Frage der sofortigen Vollziehbarkeit.[726]

Hiergegen könnte argumentiert werden, dass einem Adressaten, der sich einem Verwaltungsakt widersetzt, die Kompetenz für die Entscheidung fehlt, ob die Anordnung mit den Anforderungen des Rechts übereinstimmt. Diese liegt bei der dritten Gewalt.[727] Aber die Folge aus dieser Kompetenz, die bei den Gerichten liegt, ist der umfassende Rechtsschutz für den Einzelnen.[728] Das in Art. 19 Abs. 4 GG postulierte Grundrecht auf effektiven Rechtsschutz spricht gegen eine lediglich verwaltungsrechtliche Rückwirkung, sodass aufgrund der Aufhebung des Verwaltungsakts eine (strafrechtliche) Befolgungspflicht für die

---

724 *Schenke,* Strafbarkeit der Zuwiderhandlung, JR 1970, S. 449 (454).

725 *Gerhards,* Die Strafbarkeit des Ungehorsams gegen Verwaltungsakte, NJW 1978, S. 86 (88).

726 *Gerhards,* Die Strafbarkeit des Ungehorsams gegen Verwaltungsakte, NJW 1978, S. 86 (88).

727 *Lorenz,* Die Folgepflicht gegenüber rechtswidrigen Verwaltungsakten, DVBl. 1971, S. 165 (166 f.).

728 *Lorenz,* Die Folgepflicht gegenüber rechtswidrigen Verwaltungsakten, DVBl. 1971, S. 165 (167).

Vergangenheit abzulehnen ist.[729] Außerdem wird die verwaltungsrechtliche Entscheidung durch das Widersetzen des Handelnden für sich genommen nicht rechtswidrig. Es verbleibt entweder bei der Behörde selbst oder der rechtsprechenden Gewalt darüber zu entscheiden, ob die Anordnung rechtswidrig ist.

Andererseits ist zu berücksichtigen, dass die Anordnung der vorläufigen Gehorsamspflicht von einer durch die Verfassung instituierten und demokratisch legitimierten Stelle, dem Parlament, ausgeht.[730] Darüber hinaus liegt es im Ermessen des Gesetzgebers, nicht nur Gehorsam gegenüber rechtswidrigen Verwaltungsakten zu normieren, sondern auch die Verletzung der Gehorsamspflicht strafrechtlich zu sanktionieren.[731] Jedoch würde es auf der anderen Seite dem Sinn und Zweck des verfassungsrechtlich garantierten Folgenbeseitigungsanspruchs zuwiderlaufen, wenn lediglich die verwaltungsrechtlichen Folgen eines rechtswidrigen Verwaltungsakts rückwirkend aufgehoben werden, nicht aber die weit gravierenderen strafrechtlichen Folgen.[732] Lässt man dies zu, so kann es zu der Diskrepanz kommen, dass der Betroffene sich zwar strafbar gemacht hat, allerdings zugleich aufgrund des Verwaltungsakts unter Umständen Schadensersatzansprüche beziehungsweise einen Folgenbeseitigungsanspruch gegenüber dem Staat geltend machen kann.[733]

Sofern die Berücksichtigung der Aufhebungsentscheidung in Betracht kommt, sind auch die strafprozessualen Folgen zu bedenken. So wird angenommen, dass die Wiederaufnahme des Verfahrens nach § 359 StPO möglich sei, sofern ein entsprechend relevanter Verwaltungsakt im Verwaltungsrechtsweg aufgehoben wird, nachdem das Strafverfahren bereits rechtskräftig abgeschlossen ist.[734] Käme jedoch der Aufhebung strafrechtlich eine Bedeutung zu, ist es näherliegend, dass der Strafrichter das Strafverfahren bis zum rechtskräftigen Abschluss des verwaltungsgerichtlichen Verfahrens aussetzt.[735] Ansonsten müsste der Angeklagte zunächst unter Hinweis auf die Möglichkeit eines Wiederaufnahmeantrags nach § 359 Nr. 5 StPO verurteilt werden.[736] Weil dies dem

---

729 So auch *Schenke,* Strafbarkeit der Zuwiderhandlung, JR 1970, S. 449 (452).

730 *Lorenz,* Die Folgepflicht gegenüber rechtswidrigen Verwaltungsakten, DVBl. 1971, S. 165 (167).

731 *Lorenz,* Die Folgepflicht gegenüber rechtswidrigen Verwaltungsakten, DVBl. 1971, S. 165 (170).

732 So auch *Schenke,* Strafbarkeit der Zuwiderhandlung, JR 1970, S. 449 (451).

733 *Schenke,* Strafbarkeit der Zuwiderhandlung, JR 1970, S. 449 (452).

734 *BVerfGE* 22, S. 21 (27), *Frister,* in: *Wolter,* SK-StPO, § 359 Rn. 34a.

735 *BGHSt* 23, S. 86 (88); *BayObLG* VRS 35, S. 195 (200); *Gerhards,* Die Strafbarkeit des Ungehorsams gegen Verwaltungsakte, NJW 1978, S. 86 (89).

736 *BGHSt* 23, S. 86 (88); *BayObLG* VRS 35, S. 195 (200).

Angeklagten nicht zugemutet werden kann, muss das Strafverfahren bis zum Abschluss des verwaltungsrechtlichen Verfahrens nach § 262 StPO ausgesetzt werden, da dem Richter die Kompetenz fehlt, die Rechtswidrigkeit des Verwaltungsakts zu überprüfen.[737] Das Ermessen des Richters würde in diesem Fall auf null reduziert, weil der Betroffene nicht auf Verdacht hin verurteilt werden kann, was auch Art. 19 Abs. 4 GG entspricht.[738]

Nach der Ansicht, die eine Rückwirkung der Aufhebung eines sofort vollziehbaren Verwaltungsakts auf die einmal begründete Strafbarkeit verneint, muss das Strafverfahren bei diesen Straftatbeständen konsequenterweise nicht ausgesetzt werden[739], da eine vollziehbare Anordnung der BaFin nach § 25c Abs. 4c KWG bereits vorgelegen hat. Dementsprechend wird eine mögliche Wiederaufnahme nach § 359 Nr. 5 StPO aufgrund einer rückwirkend eingetretenen Unwirksamkeit des Verwaltungsakts abgelehnt.[740] Begründet wird dies damit, dass, nur wenn eine Strafnorm insgesamt wegen Unvereinbarkeit mit der Verfassung nach §§ 78, 79 BVerfGG vom Bundesverfassungsgericht aufgehoben werde, die mit rückwirkender Kraft festgestellte Nichtigkeit auch strafrechtlich zu berücksichtigen sei.[741]

Hierbei ist jedoch nicht ersichtlich, warum der Wegfall des einer gerichtlichen Entscheidung zugrunde liegenden Gesetzes die Wiederaufnahme begründen kann, nicht aber der Wegfall einer Verwaltungsentscheidung.[742] Das Bundesverfassungsgericht führt selbst aus, dass ein Wiederaufnahmegrund eingeräumt wird, sofern ein rechtskräftiges Strafurteil auf einer für nichtig erklärten Norm des materiellen Strafrechts beruht, nicht aber auch dann, wenn die Norm dem Gerichtsverfassungsgesetz und des Verfahrensrechts angehört.[743] Diese Auffassung lässt sich allerdings auch mit der nachträglichen Beachtung der Aufhebungsentscheidung des Verwaltungsakts vereinbaren. Da das Vorliegen des Verwaltungsakts die materiell-rechtliche und nicht die verfahrensrechtliche Ebene tangiert, entspricht es der Argumentation des Bundesverfassungsgerichts, dass die Aufhebung des Verwaltungsakts berücksichtigt wird.

---

737 *Schenke*, Strafbarkeit der Zuwiderhandlung, JR 1970, S. 449 (454).

738 *Schenke*, Strafbarkeit der Zuwiderhandlung, JR 1970, S. 449 (454).

739 *Gerhards*, Die Strafbarkeit des Ungehorsams gegen Verwaltungsakte, NJW 1978, S. 86 (89 Fn. 32).

740 *BGHSt* 23, S. 86 (94).

741 *BGHSt* 23, S. 86 (94).

742 *Gössel*, in: *Löwe-Rosenberg*, StPO, § 359 Rn. 47.

743 *BVerfGE* 11, S. 263 (265).

Nach der Ansicht, die eine Rückwirkung der Aufhebung eines sofort vollziehbaren Verwaltungsakts auf die einmal begründete Strafbarkeit verneint, soll allein der formale Gehorsam gegenüber wirksamen Befehlen der Staatsgewalt schützenswert sein.[744] Allerdings ist daraus nicht ersichtlich, warum ein Ungehorsam unterschiedlich zum Teil mit Kriminalstrafe, aber auch zum Teil mit einer Geldbuße sanktioniert wird.[745]

Diese Art der Unterscheidung lässt sich jedoch rechtfertigen, wenn auf den Schutz der materiellen Interessen abgestellt werden soll. Dann ist allerdings zu differenzieren. Wenn eine verbotene Handlung die geschützten Rechtsgüter nicht tangiert und das Verbot daher rechtswidrig war, muss eine Missachtung straflos bleiben.[746] So wird bei den Umweltdelikten zum Teil ein Strafaufhebungsgrund angenommen, wenn ein Verhalten, welches von vornherein zu genehmigen gewesen wäre, erst im Nachhinein genehmigt wird.[747] Das liegt daran, dass bloßer Verwaltungsungehorsam eine entsprechende Strafe nicht verdient.[748] Der Gesetzgeber hat die Kompetenz auch für den Fall des Verwaltungsungehorsams eine einheitliche strafrechtliche Sanktion zu normieren. Es bedarf jedoch ein rechtfertigendes Interesse seitens des Gesetzgebers für eine solche Normierung, um den Grundsatz der Verhältnismäßigkeit zu wahren.[749] Wenn dieses Interesse dann allerdings verwaltungsrechtlich nicht rechtswidrig beeinträchtigt wurde und diese Nichtbeeinträchtigung gerichtlich festgestellt wird, ist eine solche Gerichtsentscheidung für eine Strafbarkeit zu berücksichtigen. Sofern also durch Gerichtsentscheidung bei den Umweltdelikten festgestellt wird, dass die Behörde zur Erteilung der Genehmigung verpflichtet war, wird ein Strafaufhebungsgrund vorgeschlagen.[750] Hintergrund dazu ist schlicht, dass es durch die fehlende Rechtmäßigkeit des Verwaltungsakts naheliegt, dass keine Rechtsgutbeeinträchtigung vorlag und damit kein Unrecht begangen wurde, was jedoch für den erforderlichen Schuldvorwurf notwendig wäre.[751]

---

744 Siehe *Lorenz,* Die Folgepflicht gegenüber rechtswidrigen Verwaltungsakten, DVBl. 1971, S. 165 (168).

745 *Arnhold,* Strafbarer Ungehorsam gegen rechtswidrige Verwaltungsakte, JZ 1977, S. 789 (789).

746 *Arnhold,* Strafbarer Ungehorsam gegen rechtswidrige Verwaltungsakte, JZ 1977, S. 789 (789).

747 *Hilgendorf,* in: *Arzt/Weber/Heinrich/Hilgendorf,* Strafrecht BT, § 41 Rn. 26.

748 *Hilgendorf,* in: *Arzt/Weber/Heinrich/Hilgendorf,* Strafrecht BT, § 41 Rn. 26.

749 *Lang,* in: *Epping/Hillgruber,* BeckOK, GG, Art. 2 Rn. 25.

750 *Heine/Hecker,* in: *Schönke/Schröder,* StGB, Vorbem. §§ 324 ff. Rn. 22.

751 *Gössel,* in: *Löwe-Rosenberg,* StPO, § 359 Rn. 47.

(ff) Keine Lösung durch das Verfahrensrecht

Einem Lösungsvorschlag zufolge soll das Problem über das Verfahrensrecht gelöst werden. Es wird vorgeschlagen, im Falle der Aufhebung des Verwaltungsakts durch das Gericht oder durch die Behörde oder in den Fällen der Aussetzung der Vollziehung das Strafverfahren nach den §§ 153 ff. StPO einzustellen.[752] Selbst wenn man davon ausgehe, dass eine spätere Aufhebung keine Auswirkung auf die Strafbarkeit hat, so bestehe in vielen Fällen kein oder nur ein geringes Ahndungsbedürfnis.[753] Sofern darauf abgestellt wird, dass es sich um einen formalen Ordnungsverstoß handele, stelle die Geringfügigkeit des Vorwurfs einen das Verfolgungsinteresse nach den §§ 153 ff. StPO ausschließenden Umstand dar.[754] Die Vorschriften bieten sich nach der Auffassung geradezu an, um danach zu differenzieren, ob die Rechtmäßigkeit des Verwaltungsakts stärker an ein materielles Sachinteresse oder an ein formelles Ordnungsinteresse anknüpfe.[755]

Dieser Lösungsweg mit der Möglichkeit der Differenzierung erscheint zunächst nicht fernliegend, allerdings besteht für den Betroffenen die Ungewissheit, ob das Verfahren eingestellt wird oder nicht. Ferner ist der Lösungsweg umständlich, da zunächst ein entsprechendes Verfahren eröffnet wird, bevor es gegebenenfalls wieder eingestellt werden kann. Am stärksten dagegen spricht allerdings der Aspekt, dass die Frage, ob eine Strafbarkeit vorliegt, nicht offen gelassen werden kann.

(gg) Zwischenergebnis: Differenzierende Lösung

Zusammenfassend lässt sich festhalten, dass dem Gesetzgeber durchaus die Möglichkeit zusteht, eine Strafbarkeit zu begründen, die allein an die Vollziehbarkeit der Anordnung anknüpft und das formelle Ordnungsinteresse schützen soll. Dass dies stets gegeben ist, kann jedoch nicht ohne Weiteres vermutet werden. Denn es kann nicht grundsätzlich davon ausgegangen werden, dass die Nichtbefolgung eines rechtswidrigen und damit aufhebbaren Verwaltungsakts strafrechtlich zu sanktionieren ist. Hierfür bedarf es eines besonderen Interesses, welches durch den Gesetzgeber deutlich zu machen ist. Es bietet sich daher eine entsprechende Differenzierung an:

Unabhängig davon, ob durch gerichtliche Entscheidung ein Verwaltungsakt im Nachhinein aufgehoben oder die aufschiebende Wirkung hergestellt wird,

---

752 *Odenthal,* Strafbewehrter Verwaltungsakt, NStZ 1991, S. 418 (420).
753 *Odenthal,* Strafbewehrter Verwaltungsakt, NStZ 1991, S. 418 (420).
754 *Odenthal,* Strafbewehrter Verwaltungsakt, NStZ 1991, S. 418 (421).
755 *Odenthal,* Strafbewehrter Verwaltungsakt, NStZ 1991, S. 418 (421).

kann es zunächst zu einem Verstoß gegen einen (sofort vollziehbaren) Verwaltungsakt kommen. Dieser Verstoß stellt dabei auch eine notwendige Voraussetzung für die infrage kommende Strafbarkeit dar.

Erfolgt jedoch im Nachhinein die Aufhebung oder wird die aufschiebende Wirkung angeordnet, muss unterschieden werden: Geht es in der Strafnorm darum, das mit dem Verwaltungsakt verfolgte materielle Interesse zu schützen, um damit dem gemeinen Wohl zu dienen, dann kommt dafür nur Handeln infrage, welches gegen einen rechtmäßigen Verwaltungsakt verstößt.[756] Ansonsten kann das geschützte Rechtsgut durch eine Zuwiderhandlung nicht verletzt werden, sodass eine spätere Aufhebung des Verwaltungsakts die Strafbarkeit entfallen lassen muss.[757] Bezweckt die Strafnorm allerdings den Schutz des Vollzugsinteresses, dann ist nachvollziehbar, dass eine spätere Aufhebung ohne Folgen bleiben soll. Dies kann jedoch nicht ohne Weiteres vermutet werden, sondern muss durch den Gesetzgeber begründet werden.

Abschließend ist darauf hinzuweisen, dass es nicht darum geht, dass die Rechtmäßigkeit als zusätzliche Voraussetzung für die Strafbarkeit vorliegen muss, damit eine Strafbarkeit zunächst entsteht.[758] Das bedeutete, dass die Strafbarkeit erst durch die spätere Entscheidung über die Aufhebung rückwirkend entstehen kann oder nicht. Es geht vielmehr darum, dass die Strafbarkeit unverzüglich durch ein entsprechendes Zuwiderhandeln möglich ist, jedoch im Nachhinein entfallen kann. Damit wird die Rechtswidrigkeit des Verwaltungsakts zu einem Strafaufhebungsgrund.[759]

Der Rechtmäßigkeit des Verwaltungsakts soll nicht von Anfang an Bedeutung zukommen. Dies würde dem Grundgedanken des sofort vollziehbaren Verwaltungsakts widersprechen und dem § 43 Abs. 2 und Abs. 3 VwVfG. Auch geht es nicht darum, dem Handelnden ohne Weiteres die Möglichkeit zu lassen, die Strafbarkeit einseitig zu beseitigen. Der Adressat kann durch Rechtsbehelfe den Verwaltungsakt lediglich durch das Gericht oder sogar die Behörde selbst aufheben lassen. Ob die Voraussetzungen dafür vorliegen, kann der Betroffene jedoch nicht beeinflussen. Bezüglich der Vereinbarkeit einer Rückwirkung mit

756 *Lorenz,* Die Folgepflicht gegenüber rechtswidrigen Verwaltungsakten, DVBl. 1971, S. 165 (170); aber auch bei den Umweltdelikten etwa *Heine/Hecker,* in: *Schönke/Schröder,* StGB, Vorbem. §§ 324 ff. Rn. 22.

757 *Lorenz,* Die Folgepflicht gegenüber rechtswidrigen Verwaltungsakten, DVBl. 1971, S. 165 (170).

758 *Ransiek,* in: *Kindhäuser/Neumann/Paeffgen,* NK-StGB, § 283 Rn. 21.

759 *Hilgendorf,* in: *Arzt/Weber/Heinrich/Hilgendorf,* Strafrecht BT, § 41 Rn. 27.

dem Grundgesetz müssen auch keine Bedenken bestehen, da es sich um eine positive Rückwirkung handelt, welche die Strafbarkeit aufhebt und daher unproblematisch mit Art. 103 Abs. 2 GG in Einklang zu bringen ist. Die Behörde hat es in der Hand, einen rechtmäßigen Verwaltungsakt zu erlassen und dadurch eine Aufhebung zu vermeiden. Das Risiko einer möglichen Rechtswidrigkeit des Verwaltungsakts sollte nicht auf den Adressaten verschoben werden.

Somit lässt sich sagen, dass es durchaus sinnvoll wäre, die vorherrschende strafrechtliche Entscheidungspraxis, die eine nachträgliche gerichtliche Aufhebung des Verwaltungsakts oder Anordnung der aufschiebenden Wirkung für die eigene Entscheidung unberücksichtigt lässt, zu hinterfragen und das Problem neu zu bewerten. Zumindest die differenzierende Betrachtung[760] ist zu übernehmen, jedoch mit der Vorgabe, dass nicht pauschal von einem formellen Ordnungsinteresse ausgegangen werden kann, welches mit der Strafbewehrung geschützt werden soll.

(c) Übertragung auf § 54a KWG

Vorliegend führt die differenzierende Betrachtung, wonach also zwischen dem Schutz von materiellem und formalem Ordnungsinteresse zu unterscheiden ist, zu folgendem Ergebnis:

Der Gesetzgeber hat sich im Rahmen der Einführung der Strafnorm des § 54a KWG sowie dessen späterer Korrektur nicht dazu geäußert, dass hier primär das formale Ordnungsinteresse zu schützen sei. Vielmehr wurde in der Gesetzesbegründung auf die Bedeutung des Risikomanagements abgestellt. Das bedeutet, dass das materielle Interesse im Vordergrund stand. Für die Frage der Übertragbarkeit des Regelungsgedankens und des vorläufigen Rechtsschutzes gegen eine Anordnung nach § 25c Abs. 4c KWG bedeutet dies, dass die Anordnung der aufschiebenden Wirkung die Strafbarkeit nach § 54a KWG wieder entfallen lässt. Das gilt auch dann, wenn die Voraussetzungen der Strafbarkeit einmal vorgelegen haben.

Abschließend ist zu erwähnen, dass der Betroffene in der Regel den Verwaltungsakt befolgen wird, auch wenn er von dessen Rechtswidrigkeit überzeugt ist, um die drohende Bestrafung zu vermeiden, sodass das entsprechende Ordnungsinteresse gleichwohl in den meisten Fällen gewahrt ist.[761] Bei § 54a KWG scheint es kaum vorstellbar zu sein, dass die Vorstände von Finanzinstituten

---

760 Vgl. *Lorenz,* Die Folgepflicht gegenüber rechtswidrigen Verwaltungsakten, DVBl. 1971, S. 165 (170 f.).

761 *Schenke,* Strafbarkeit der Zuwiderhandlung, JR 1970, S. 449 (454).

einer entsprechenden Aufforderung der BaFin nicht Folge leisten oder zumindest nicht alles dafür unternehmen, um diese umzusetzen.[762]

bb) Adressat ist der „Täter"

Die Anordnung ist an den Täter zu richten, § 54a Abs. 3 KWG. Es kann allerdings nur einen Täter geben, wenn die Tatbestandsverwirklichung durch eine Person gegeben ist.[763] Voraussetzung für die Verwirklichung des Tatbestands ist jedoch, dass gegen die Anordnung bereits zuwidergehandelt wurde. Somit kann derjenige, der noch nicht gegen die Anordnung verstoßen hat, kein Täter sein, sodass es sich schlicht um eine Falschbezeichnung handelt.[764] Diese lässt sich aus dem Umstand erklären, dass § 54a KWG noch vor Inkrafttreten kurzfristig geändert wurde.[765] Der Adressat der Regelung ist demnach der für den Bereich Risikomanagement verantwortliche Geschäftsleiter[766] und als solcher sollte er de lege ferenda bezeichnet werden.

Notwendig ist es, dass die Anordnung an den „Täter" gerichtet ist, sodass eine Anordnung nach § 25c Abs. 4c KWG gegenüber dem Institut oder einem anderen Geschäftsleiter unbeachtlich ist.[767] In dieser Hinsicht ist auch die Frage der Gesamtverantwortung ausschlaggebend. Sofern man annimmt, dass alle Geschäftsleiter für das Risikomanagement Sorge zu tragen haben, ist die Formulierung in § 54a Abs. 3 KWG als sprachliche Ungenauigkeit zu werten.[768] Danach hätte dann die Anordnung an das Institut als solches zu ergehen und nicht an den einzelnen Geschäftsleiter.[769] Jedoch ließe sich hier bereits einwenden, ob die mit der Anordnung bezweckte Warnfunktion nicht besser erfüllt sei, wenn dennoch an jeden einzelnen Geschäftsleiter eine entsprechende Anordnung erginge.

Allerdings wird vorliegend, wie bereits dargelegt[770], davon ausgegangen, dass die Geschäftsleiter ihre Aufgaben untereinander delegieren können. Dabei

---

762 *Ahlbrecht*, Strafbarkeitsrisiko Bankvorstand, Deutscher AnwaltSpiegel 2014, S. 3 (4).

763 *Kindhäuser*, Strafrecht AT, § 38 Rn. 9 f. und zwar unabhängig davon, welcher Täterbegriff zu Grunde gelegt wird.

764 Hierzu bereits *Jahn*, Compliance an der Verfassungsgrenze, FAZ vom 31.07.2013, S. 19.

765 BT-Drs. 17/13539, S. 1; 14.

766 *Cichy/Cziupka/Wiersch*, § 54a KWG n. F., NZG 2013, S. 846 (848).

767 *Schork/Reichling*, Der strafrechtliche Schutz des Risikomanagements durch das sog. Trennbankengesetz, CCZ 2013, S. 269 (270); so auch: *Altenhain*, Strafrechtliche Regelungen für die Arbeit des Bankvorstands, S. 237 (251).

768 *Wegner*, in: *Schork/Groß*, Bankstrafrecht, Rn. 676.

769 *Wegner*, in: *Schork/Groß*, Bankstrafrecht, Rn. 676.

770 Siehe dazu B) II) 1) b) bb).

wandelt sich die Pflicht der übrigen Geschäftsleiter in eine Überwachungspflicht hinsichtlich des dann zuständigen Geschäftsleiters um. Das bedeutet für die Frage des Adressaten erst recht, dass die Anordnung gegenüber dem Geschäftsleiter und nicht nur gegenüber dem Institut ergehen muss[771], denn nur durch eine solche Einzelanordnung wird die Warnfunktion erfüllt.[772] Daher vermag auch eine erlassene Anordnung gegenüber einem anderen Geschäftsleiter eine Strafbarkeit nicht zu begründen.[773] Das Gleiche gilt für den Fall, dass die Anordnung an die gesamte Geschäftsleitung des Instituts erlassen wurde.[774] Im Übrigen finden die allgemeinen Regeln des Verwaltungsrechts Anwendung.[775]

cc) *Zuwiderhandeln*

Der Begriff des Zuwiderhandelns ist im Strafrecht nicht neu.[776] Zuwiderhandeln bedeutet nach dem Wortsinn, dass der Anordnung der BaFin nicht nachgekommen wird. Die von der BaFin beanstandeten Mängel im Risikomanagement werden nicht behoben. Diese Voraussetzung kann demnach durch ein Unterlassen verwirklicht werden. Ferner ist auch die teilweise Befolgung oder nicht fristgerechte Umsetzung von dem Begriff erfasst.[777] Auch hierbei ist die Frage nach der Gesamtverantwortung bezüglich der Risikomanagementpflichten relevant.[778] Ergeht eine Anordnung an mehrere Geschäftsleiter, so ist es fraglich, ob das Zuwiderhandeln dadurch erfüllt ist, dass nur ein Geschäftsleiter sich um die Umsetzung kümmert und die anderen untätig bleiben.[779] Für die Mängel im Risikomanagement sind zunächst der oder die im Institut bestimmten

---

771 So auch *Schork/Reichling*, Der strafrechtliche Schutz des Risikomanagements durch das sog. Trennbankengesetz, CCZ 2013, S. 269 (270).

772 *Cichy/Cziupka/Wiersch*, § 54a KWG n. F., NZG 2013, S. 846 (848); *Lindemann*, in: *Boos/Fischer/Schulte-Mattler*, § 54a KWG Rn. 18.

773 *Cichy/Cziupka/Wiersch*, § 54a KWG n. F., NZG 2013, S. 846 (848).

774 A. A. *Lindemann*, in: *Boos/Fischer/Schulte-Mattler*, § 54a KWG Rn. 20, welcher eine Anordnung an das Institut nicht ausreichen lassen will, aber die bloße Adressierung an die Geschäftsleitung für möglich hält.

775 *Cichy/Cziupka/Wiersch*, § 54a KWG n. F., NZG 2013, S. 846 (848); etwa die Anhörungspflicht nach § 28 VwVfG, die Bestimmtheit nach § 37 Abs. 1 VwVfG, bei Schriftform die Begründung nach § 39 Abs. 1 S. 1 VwVfG.

776 Vorhanden in § 84 StGB; § 353a StGB; § 20 VereinsG; § 11 WiStG; im Bereich der Ordnungswidrigkeiten § 53 WaffG, § 22b KrWaffG; § 370 Abs. 3 AO.

777 *Cichy/Cziupka/Wiersch*, § 54a KWG n. F., NZG 2013, S. 846 (849).

778 Siehe dazu B) III) 1) b) bb).

779 *Cichy/Cziupka/Wiersch*, § 54a KWG n. F., NZG 2013, S. 846 (849 f.).

Geschäftsleiter zuständig, dementsprechend sind sie auch für die Behebung der Mängel verantwortlich. Ein blindes Vertrauen der übrigen Geschäftsleiter darauf, dass der zuständige Geschäftsleiter die Anordnung umsetzen wird, reicht nicht mehr aus. Der Grund hierfür ist, dass die Anordnung gerade aufgrund von Mängeln in diesem Bereich erfolgt ist. Andererseits kann nicht davon ausgegangen werden, dass sich jeder Geschäftsleiter um das komplette Risikomanagement kümmert. Auch hier muss die Möglichkeit bestehen, ein berechtigtes Vertrauen aufzubauen, welches nach einer entsprechenden Anordnung zwar erschüttert ist, jedoch durch entsprechende Kontrollen des zuständigen Geschäftsleiters wieder aufgebaut werden kann.[780]

dd) Folge: Eintritt einer Bestandsgefährdung

Als Konsequenz des Zuwiderhandelns gegen die Anordnung ist der Eintritt einer Bestandsgefährdung erforderlich. Hinsichtlich der Bestimmung einer Bestandsgefährdung im Sinne des dritten Absatzes gelten dieselben Vorgaben wie für den ersten Absatz beschrieben.[781]

Damit kommen zu den beschriebenen Problemen bezüglich des Kausalitätshinweises des § 54a Abs. 1 KWG weitere hinzu. Der in § 54a Abs. 3 KWG notwendige Kausalitätsnachweis verlangt weitergehend, dass die Bestandsgefährdung des Instituts durch das Zuwiderhandeln gegen die von der BaFin erlassene Anordnung eingetreten ist. Die Nichtbefolgung einer Anordnung der BaFin muss sich in der Bestandsgefährdung niederschlagen.[782] Die Kausalität kann in dem Fall angenommen werden, in dem die Bestandsgefährdung mit an Sicherheit grenzender Wahrscheinlichkeit hätte abgewendet werden können, wenn der adressierte Geschäftsleiter pflichtgemäß gehandelt hätte.[783] Notwendig ist demnach der Nachweis, dass die Befolgung der Anordnung hypothetisch zum Ausbleiben der Bestandsgefährdung geführt hätte.[784]

Liegen mehrere Mängel im Bereich des Risikomanagements vor, werden jedoch nur einige davon in der Anordnung benannt, so wird angenommen, dass eine Mitursächlichkeit der beanstandeten Mängel für die eingetretene

---

780 So auch *Lindemann*, in: *Boos/Fischer/Schulte-Mattler*, § 54a KWG Rn. 23.

781 Siehe dazu B) III) d).

782 *Schork/Reichling*, Der strafrechtliche Schutz des Risikomanagements durch das sog. Trennbankengesetz, CCZ 2013, S. 269 (271).

783 *Schork/Reichling*, Der strafrechtliche Schutz des Risikomanagements durch das sog. Trennbankengesetz, CCZ 2013, S. 269 (271).

784 *Cichy/Cziupka/Wiersch*, § 54a KWG n. F., NZG 2013, S. 846 (851).

Bestandsgefährdung ausreicht, um den Kausalzusammenhang anzunehmen.[785] Auf der anderen Seite dürfte der Einwand, dass die Bestandsgefährdung in Anbetracht der bestandskritischen Situation des Instituts selbst dann eingetreten wäre, wenn die Anordnung der BaFin befolgt worden wäre, schwer zu entkräften sein.[786] Der erforderliche sichere Kausalitätsnachweis dürfte daher nicht gelingen.

b) Der dritte Absatz – ein Strafausschließungsgrund?

§ 54a Abs. 3 KWG, welcher erst nachträglich, jedoch noch vor Inkrafttreten der Strafvorschrift eingefügt wurde, wird in der Gesetzesbegründung (überraschend) als Strafausschließungsgrund bezeichnet.[787]

Üblicherweise fallen unter diese Bezeichnung Sachverhalte, bei welchen unter anderem aus kriminalpolitischen Gründen die Strafbarkeit entfällt, obwohl eine rechtswidrige und schuldhafte Tat vorliegt.[788] Bei abstrakten Gefährdungsdelikten dienen sie als strafrechtliches Korrektiv, um die Strafbarkeit zu beschränken.[789] Ungeklärt bleibt in der Gesetzesbegründung bereits, ob es sich um einen persönlichen oder sachlichen Strafausschließungsgrund handeln soll.[790] Vor allem für die Frage der Strafbarkeit als Teilnehmer ist dies entscheidend.[791] Allerdings kann hierbei nicht von einer Privilegierung des Geschäftsleiters gegenüber Dritten oder Mitarbeitern unterhalb der Geschäftsleiterebene ausgegangen werden, bei denen eine Teilnehmerstrafbarkeit in Betracht käme, sodass ein persönlicher Strafausschließungsgrund abzulehnen ist.[792] Die Erwartung, dass die Strafgerichte diesen Umstand bei der Strafzumessung als geringere

---

785 *Cichy/Cziupka/Wiersch,* § 54a KWG n. F., NZG 2013, S. 846 (851).

786 *Krause,* Symbolische Gesetzgebung, S. 113 (124).

787 BT-Drs. 17/13539, S. 14; im Anschluss *Wastl,* Trennbankengesetz, Strafrecht, verschärfte Sanktionen, WM 2013, S. 1401 (1403).

788 *Krause,* Symbolische Gesetzgebung, S. 113 (121).

789 *Krause,* Symbolische Gesetzgebung, S. 113 (121); *Lenckner/Sternberg-Lieben,* in: *Schönke/Schröder,* StGB, Vorbem. §§ 32 ff. Rn. 130.

790 *Cichy/Cziupka/Wiersch,* § 54a KWG n. F., NZG 2013, S. 846 (849).

791 *Cichy/Cziupka/Wiersch,* § 54a KWG n. F., NZG 2013, S. 846 (849). Bei der Interpretation des Gesetzes ist die Rechtsprechung des Bundesverfassungsgerichts zu berücksichtigen, wonach im Gesetzgebungsvorhaben dokumentierte, aber nicht in das Gesetz aufgenommene Vorstellungen nicht zur Konkretisierung herangezogen werden sollen, siehe *BVerfG* NJW 2002, S. 1779 (1782).

792 *Cichy/Cziupka/Wiersch,* § 54a KWG n. F., NZG 2013, S. 846 (849).

persönliche Schuld berücksichtigen können[793], vermag diese Schlechterstellung nicht auszugleichen.

Es kommt daher ein sachlicher Strafausschließungsgrund in Betracht. Allerdings wäre es problematisch, dass, sofern eine Anordnung ergeht, die Warnfunktion nur für den Geschäftsleiter erfüllt ist, an den die Anordnung gerichtet ist, während ansonsten eine Teilnehmerstrafbarkeit für die restlichen Geschäftsleiter und die Mitarbeiter unterhalb der Geschäftsleiterebene infrage käme, ohne dass die entsprechende Warnfunktion erfüllt wäre.[794] Ferner spricht der Wortlaut des dritten Absatzes gegen eine Einordnung als Strafausschließungsgrund, da beim Vorliegen der Voraussetzungen die Strafbarkeit bestehen und nicht entfallen soll, wie sonst für einen Strafausschließungsgrund üblich ist.[795] Abschließend spricht gegen eine derartige Einstufung, dass ein Strafausschließungsgrund entfernt von dem für Unrecht und Schuld konstitutiven Bereich liegen muss[796], aufgrund von § 54a Abs. 3 KWG aber ein Zuwiderhandeln gegen eine Anordnung notwendig ist. Unabhängig von der Einordnung als persönlicher oder sachlicher Strafausschließungsgrund sprechen also Wortlaut sowie Sinn und Zweck des dritten Absatzes insgesamt gegen eine Qualifikation als Strafausschließungsgrund.

In der Literatur wurden daher für § 54a Abs. 3 KWG andere Deutungsvarianten formuliert.[797] Es wird vorgeschlagen, dass die Vorschrift eher eine objektive Bedingung der Strafbarkeit darstelle.[798] Die Übereinstimmung mit dem Wortlaut des § 283 Abs. 6 StGB unterstütze eine solche Einordnung.[799] Zudem sei die Vorsatz-Fahrlässigkeits-Kombination bereits in § 54a Abs. 2 KWG geregelt, weshalb nach der inneren Systematik einiges dafür spreche, dass für § 54a Abs. 3 KWG kein Vorsatz erforderlich sei.[800]

Jedoch ist eine Zuwiderhandlung erforderlich und somit die bewusste Nichtbefolgung der Anordnung, was einer Charakterisierung als objektive

---

793 *Lindemann*, in: *Boos/Fischer/Schulte-Mattler*, § 54a KWG Rn. 26.

794 *Cichy/Cziupka/Wiersch*, § 54a KWG n. F., NZG 2013, S. 846 (849).

795 Vgl. *Goeckenjan*, Die neuen Strafvorschriften, wistra 2014, S. 201 (205); *Häberle*, in: *Erbs/Kohlhaas*, Strafrechtliche Nebengesetze, § 54a KWG, Rn. 4.

796 *Volk*, Strafrecht ohne Grenzen im neuen Trennbankengesetz, S. 669 (674).

797 *Jahn*, Compliance an der Verfassungsgrenze, FAZ vom 31.07.2013, S. 19.

798 *Jahn*, Aufarbeitung der Finanzmarktkrise, S. 19 (25); *Krause*, Symbolische Gesetzgebung, S. 113 (121); *Schork/Reichling*, Der strafrechtliche Schutz des Risikomanagements durch das sog. Trennbankengesetz, CCZ 2013, S. 269 (270).

799 *Goeckenjan*, Die neuen Strafvorschriften, wistra 2014, S. 201 (205); *Jahn*, Aufarbeitung der Finanzmarktkrise, S. 19 (25).

800 *Jahn*, Aufarbeitung der Finanzmarktkrise, S. 19 (25).

Strafbedingung entgegensteht.[801] Zwar wird zum Teil angenommen, dass § 54a Abs. 1 und Abs. 3 KWG dieselben Voraussetzungen beinhalten, sodass der dritte Absatz und unter Wahrung des Schuldgrundsatzes als objektive Strafbarkeitsbedingung verstanden werden könne.[802] Allerdings fehlen die einschränkende Voraussetzung der Anordnung und die erforderliche Zuwiderhandlung im ersten Absatz. Außerdem bezweckte der Gesetzgeber mit dem dritten Absatz die Einhaltung der Bestimmtheitsanforderungen der Strafvorschrift in ihrer Gesamtheit.[803] Ordnete man den dritten Absatz als objektive Bedingung der Strafbarkeit ein, wäre der materielle Gehalt der Verbotsnorm des ersten Absatzes immer noch zu unbestimmt.[804] Das Zuwiderhandeln gegen eine vollziehbare Anordnung soll kausal für die Bestandsgefährdung sein, was somit gegen die Einordnung als objektive Strafbedingung spricht, denn diese sowie auch die Strafausschließungsgründe haben die Kausalität nicht als Voraussetzung.[805] Weiterhin spricht auch der eindeutige Wille des Gesetzgebers gegen eine entsprechende Einordnung.[806] Abschließend widerspricht einer solchen Kategorisierung, dass sich erst aus § 54a Abs. 3 KWG das strafwürdige Unrecht ergebe.[807]

Als weitere Möglichkeit wird angenommen, dass es sich bei der Anordnung um eine Tatbestandsvoraussetzung handele.[808] Nach dieser Ansicht gehöre die Anordnung der BaFin zum Unrechtstatbestand und könne daher kein Strafausschließungsgrund sein.[809] Gegen die Annahme eines Strafausschließungsgrunds spricht, dass in den ersten beiden Absätzen das ganze tatbestandliche Unrecht beschrieben sein müsste.[810] Zudem wären aufgrund des dritten Absatzes

---

801 *Ahlbrecht,* Banken im strafrechtlichen Regulierungsfokus, BKR 2014, S. 98 (99 Fn. 22); *Jahn,* Aufarbeitung der Finanzmarktkrise, S. 19 (25).

802 *Brand,* Konfliktherde des § 54a KWG, ZVglRWiss 2014, S. 142 (158).

803 Bericht des Finanzausschusses vom 15. Mai 2013, BT-Drs. 17/13539, S. 6.

804 *Krause,* Symbolische Gesetzgebung, S. 113 (121).

805 *Volk,* Strafrecht ohne Grenzen im neuen Trennbankengesetz, S. 669 (674).

806 BT-Drs. 17/13539, S. 14; so auch *Jahn,* Aufarbeitung der Finanzmarktkrise, S. 19 (25).

807 *Goeckenjan,* Die neuen Strafvorschriften, wistra 2014, S. 201 (205).

808 *Ahlbrecht,* Banken im strafrechtlichen Regulierungsfokus, BKR 2014, S. 98 (99); *Goeckenjan,* Die neuen Strafvorschriften, wistra 2014, S. 201 (205); *Krause,* Symbolische Gesetzgebung, S. 113 (122); *Kubiciel,* Das Trennbankengesetz als Mittel zur Sittenbildung?, StV 2013, S. I; nicht ganz eindeutig *Schröder,* Keine Strafbarkeitsrisiken für verantwortungsvoll handelnde Geschäftsleiter, WM 2014, S. 100 (104).

809 *Schröder,* Keine Strafbarkeitsrisiken für verantwortungsvoll handelnde Geschäftsleiter, WM 2014, S. 100 (104).

810 *Goeckenjan,* Die neuen Strafvorschriften, wistra 2014, S. 201 (204).

bestimmte Konstellationen mangels Strafbedürftigkeit oder zugunsten außerstrafrechtlicher Interessen aus der Strafbarkeit ausgenommen.[811] Allerdings sei eine andere als für einen Strafausschließungsgrund erforderliche Formulierung bei § 54a Abs. 3 KWG gewählt worden, wonach die Tat nur bei Hinzutreten weiterer Voraussetzungen strafbar sei.[812] Das bedeutete, dass der Vorsatz des Täters sich sowohl auf die Anordnung als auch auf das Zuwiderhandeln beziehen müsste.[813] Eine vergleichbare bereits bestehende Norm wäre § 327 StGB.[814] Die Ausgestaltung als objektives Tatbestandsmerkmal sei nach dieser Ansicht auch im Hinblick auf die Teilnehmerstrafbarkeit überzeugender, da die Anordnung dann auch vom Teilnehmervorsatz erfasst wäre.[815] Abschließend verweist die Ansicht auf den Sinn und Zweck des Einfügens des dritten Absatzes, wonach durch die Anordnung für den Adressaten der Normappell bestimmbar sein soll, weswegen die Voraussetzungen des dritten Absatzes vom subjektiven Tatbestand erfasst sein müssten.[816]

Zusammenfassend lässt sich sagen, dass § 54a Abs. 3 KWG formuliert ist wie eine objektive Strafbarkeitsbedingung, als Strafausschließungsgrund bezeichnet wird und von den Voraussetzungen einem Tatbestandsmerkmal am meisten ähnelt.

Durch die Einfügung der Anordnung der BaFin im Sinne des § 54a Abs. 3 KWG hat der Gesetzgeber dessen Bedeutung veranschaulicht. Sie soll dem adressierten Geschäftsleiter das Warnsignal sein, um ihn vor einer Strafbarkeit zu bewahren. § 54a Abs. 3 KWG beinhaltet daher Tatbestandsmerkmale, auf die sich der Vorsatz des Geschäftsleiters zu beziehen hat, da er gegen die Anordnung zuwiderhandeln muss. Dem im dritten Absatz zum Ausdruck gebrachten Willen, dass die Tat nur strafbar sein soll, wenn gegen die Anordnung verstoßen wird, entspricht die Einordnung als Tatbestandsvoraussetzung. Daher wäre es naheliegend, die Voraussetzungen des dritten Absatzes in den ersten Absatz einzufügen.[817]

---

811 *Goeckenjan,* Die neuen Strafvorschriften, wistra 2014, S. 201 (204).

812 *Goeckenjan,* Die neuen Strafvorschriften, wistra 2014, S. 201 (204 f.)

813 *Goeckenjan,* Die neuen Strafvorschriften, wistra 2014, S. 201 (205); so auch *Krause,* Symbolische Gesetzgebung, S. 113 (122).

814 *Goeckenjan,* Die neuen Strafvorschriften, wistra 2014, S. 201 (205).

815 *Cichy/Cziupka/Wiersch,* § 54a KWG n. F., NZG 2013, S. 846 (849).

816 *Häberle,* in: *Erbs/Kohlhaas,* Strafrechtliche Nebengesetze, § 54a KWG, Rn. 4.

817 So auch *Goeckenjan,* Die neuen Strafvorschriften, wistra 2014, S. 201 (205).

c) *Stellungnahme zum dritten Absatz*

Der Gesetzgeber bezweckte mit der Einführung des dritten Absatzes, der Kritik in der Literatur zu begegnen und etwaige Probleme noch vor dem Inkrafttreten zu beheben.

Zunächst hat die Einführung des dritten Absatzes für neue Probleme gesorgt. Das Geringste ist hierbei die Falschbezeichnung als Täter. Unklar ist allerdings bereits der Charakter des dritten Absatzes. Aber auch die Annahme, dass die BaFin die Mängel rechtzeitig entdecken und rügen könne, ist zumindest fragwürdig. Durch einen weiteren Kausalitätsnachweis hinsichtlich der ohnehin schwierig festzustellenden Bestandsgefährdung sind die Anforderungen für eine Strafbarkeit nach § 54a KWG gestiegen.

Die Einschränkung der Strafbarkeit wurde durchaus positiv bewertet, denn eine generelle Kriminalisierung von „Bankern“ sollte es nicht geben.[818] Mit der Einführung des dritten Absatzes und der erforderlichen Anordnung wurde zumindest ein *safe harbour* geschaffen.[819] Dieser wurde im Laufe des Gesetzgebungsverfahrens gefordert, da die Sorge bestand, dass aus einer Retroperspektive heraus ein Gericht zu der Überzeugung gelangen könnte, dass die Angemessenheit des Risikomanagements nicht gewährleistet war.[820] Gemeint ist also die Sicherheit der Geschäftsleiter, dass sie sich nicht strafbar machen, sofern sie der Anordnung der BaFin Folge leisten. Umgekehrt wurde aber auch kritisiert, dass durch die Einführung des dritten Absatzes der Tatbestand nunmehr zu eng gefasst sei.[821]

Dessen ungeachtet wird durch den dritten Absatz infrage gestellt, ob das Ziel des § 54a KWG noch erreicht werden kann, da es nun nicht mehr darum geht, das Unterlassen der Implementierung eines unzureichenden Risikomanagements zu bestrafen, sondern die Nichtumsetzung eines behördlichen Verwaltungsakts.[822] Allerdings sollte bei dieser isolierten Betrachtung berücksichtigt werden, dass es nicht um irgendeinen Verwaltungsakt geht, sondern um eine Anordnung nach

---

818 *van Kann/Rosak*, Der Regierungsentwurf des Trennbankengesetzes, BB 2013, S. 1475 (1482).

819 *Cichy/Cziupka/Wiersch*, § 54a KWG n. F., NZG 2013, S. 846 (849).

820 *Deutsche Kreditwirtschaft*, Stellungnahme vom 17. April 2013, S. 24.

821 *Hopt*, Die Verantwortlichkeit von Vorstand und Aufsichtsrat, ZIP 2013, S. 1793 (1805).

822 *Schork/Reichling*, Der strafrechtliche Schutz des Risikomanagements durch das sog. Trennbankengesetz, CCZ 2013, S. 269 (271); ähnlich *Krause*, Symbolische Gesetzgebung, S. 113 (124).

§ 25c Abs. 4c KWG. Diese hat gerade zum Inhalt, dass ein Risikomanagement eingerichtet wird und entsprechende Maßnahmen getroffen werden.

Durch die Anordnungsbefugnis legt die BaFin den Inhalt der Risikomanagementpflicht fest, und entscheidet zugleich, ob die Anforderungen erfüllt wurden.[823] Jedoch knüpft die Anordnung nach § 25c Abs. 4c KWG genauso wie die Voraussetzung der Strafbarkeit nach § 54a Abs. 1 KWG an die Einhaltung der Sorgetragungspflichten, sodass eine materiell-rechtswidrige Anordnung nicht zur Strafbarkeit führen kann. Unabhängig von diesem Aspekt wird angenommen, dass § 54a KWG aufgrund des dritten Absatzes kaum Anwendung finden dürfte.[824]

d) Zwischenergebnis

Der später noch im Laufe des Gesetzgebungsverfahrens eingefügte dritte Absatz hat mit dem Erfordernis der Anordnung an den Geschäftsleiter zumindest einen *safe harbour* geschaffen. Jedoch besteht zum einen durch die nicht eindeutige Rechtslage, wie sich der Rechtsschutz gegen den Verwaltungsakt auf die Strafbarkeit auswirkt, Rechtsunsicherheit. Zum anderen besteht diese Unsicherheit durch die Formulierung des Adressaten als „Täter" und die Einordnung durch den Gesetzgeber als Strafausschließungsgrund, obwohl der Absatz Tatbestandsmerkmale beinhaltet.

4) Abstraktes oder konkretes Gefährdungsdelikt

Fraglich ist, ob es sich bei § 54a KWG um ein abstraktes oder ein konkretes Gefährdungsdelikt handelt oder um eine Mischung aus beiden Kategorien.

Aus der Gesetzesbegründung ergibt sich eine Einordnung als abstraktes Gefährdungsdelikt.[825] Das Problem ist, dass dort vorangehend zunächst die bereits beschriebenen „Rechtsgüter"[826] genannt werden und im Anschluss auf die Unternehmenskrise abgestellt wird, verursacht durch die Verletzung wesentlicher Risikomanagementpflichten. Die Einordnung wird dann ohne weitere Begründung lediglich konstatiert:

> *„Es handelt sich bei dem Straftatbestand insoweit um ein abstraktes Gefährdungsdelikt."*[827]

---

823 *Ahlbrecht,* Banken im strafrechtlichen Regulierungsfokus, BKR 2014, S. 98 (102).

824 *Schork/Reichling,* Der strafrechtliche Schutz des Risikomanagements durch das sog. Trennbankengesetz, CCZ 2013, S. 269 (269).

825 BT-Drs. 17/12601, S. 44.

826 Zu dieser Problematik siehe B) I) 3).

827 BT-Drs. 17/12601, S. 44.

Bereits die Formulierung wird in der Literatur kritisiert, da der Satz so verstanden werden kann, als wolle der Gesetzgeber damit ausdrücken, dass das Strafgesetz nur teilweise als abstraktes Gefährdungsdelikt zu verstehen sei.[828] Der Satz kann allerdings auch anders interpretiert und das Wort „insoweit" dahin gehend verstanden werden, dass es sich aufgrund der vorherigen Ausführungen bei dem Strafgesetz um ein abstraktes Gefährdungsdelikt handeln soll.[829]

Auch aufgrund dieser Interpretationsunsicherheit wird die Kategorisierung bezweifelt.[830] Wenn es bei dem Straftatbestand darum gehe, die Stabilität des Finanzsystems abzusichern, diese jedoch nicht ein Teil des Tatbestands sein solle, handele es sich um ein abstraktes Gefährdungsdelikt.[831] Da allerdings die Unternehmenskrise in Gestalt der Bestandsgefährdung als Tatbestandsvoraussetzung verankert ist und es sich dabei um eine konkrete Gefährdung handelt, die abstrakte Gefährdungsdelikte jedoch nicht voraussetzen[832], wird eine Kategorisierung der Norm als konkretes Gefährdungsdelikt ebenfalls diskutiert.[833] Die Lösungsvorschläge gehen so weit, dass eine Einordnung als neuartige Kombination aus konkretem und abstraktem Gefährdungsdelikt diskutiert wird.[834] So soll es sich um eine Art zweiaktiges Delikt handeln.[835] Danach wiese die mangelnde Sorgetragung für das Risikomanagement im Hinblick auf die dadurch typischerweise mögliche Gefährdung des Finanzsystems Merkmale eines abstrakten Gefährdungsdeliktes auf.[836] Das Erfordernis einer Gefährdung für den Bestand des Instituts, des übergeordneten Unternehmens oder eines gruppenangehörigen Instituts durch die mangelnde Sorgetragung im Risikomanagementbereich sei als konkretes Gefährdungsdelikt zu verstehen.[837]

---

828 *Volk*, Strafrecht ohne Grenzen im neuen Trennbankengesetz, S. 669 (671).

829 Dass ist der Fall, wenn man von einem Adverb statt von einer Konjunktion ausgeht.

830 *Wegner*, in: *Schork/Groß*, Bankstrafrecht, Rn. 669; *Strafrechtsausschuss des DAV*, Stellungnahme, NZG 2013, S. 577 (580 f.); zum Teil auch vollständig abgelehnt *Volk*, Strafrecht ohne Grenzen im neuen Trennbankengesetz, S. 669 (671).

831 *Strafrechtsausschuss des DAV*, Stellungnahme, NZG 2013, S. 577 (581); vgl. auch *Volk*, Strafrecht ohne Grenzen im neuen Trennbankengesetz, S. 669 (671).

832 Vgl. nur *Fischer*, StGB, Vor § 13 Rn. 19 m. w. N.

833 Vgl. *Strafrechtsausschuss des DAV*, Stellungnahme, NZG 2013, S. 577 (581).

834 *Hamm/Richter*, Symbolisches und hypertrophes Strafrecht, WM 2013, S. 865 (868); *Strafrechtsausschuss des DAV*, Stellungnahme, NZG 2013, S. 577 (581).

835 *Cichy/Cziupka/Wiersch*, § 54a KWG n. F., NZG 2013, S. 846 (847).

836 *Cichy/Cziupka/Wiersch*, § 54a KWG n. F., NZG 2013, S. 846 (847).

837 *Cichy/Cziupka/Wiersch*, § 54a KWG n. F., NZG 2013, S. 846 (847).

Allerdings kann ein Strafgesetz nur abstraktes oder konkretes Gefährdungsdelikt sein.[838] Die Verwirrung ist zum einen durch die Formulierung hinsichtlich des abstrakten Gefährdungsdelikts in der Gesetzesbegründung, aber auch aufgrund der Beschreibungen der vermeintlichen Rechtsgüter entstanden. Wie dargelegt, wird vorliegend der Gesetzgeber dahin gehend verstanden, dass das Rechtsgut des § 54a KWG die Stabilität des Finanzsystems ist[839]. Sie abzusichern, war die Intention des Gesetzgebers. Die Unternehmenskrise als solche bildet hinsichtlich der Schutzrichtung nur eine Vorstufe. Es geht aus der Gesetzesbegründung nicht hervor, dass der Schutz der einzelnen Vermögenswerte der Institute an sich beabsichtigt ist.

Dass die Stabilität des Finanzsystems kein Tatbestandsmerkmal ist, spricht für die Einordnung als abstraktes Gefährdungsdelikt.[840] Eingewandt wird zwar, dass mit dem Eintritt der Bestandsgefährdung eine konkrete Gefahr als Tatbestandsmerkmal verlangt wird.[841] Das liegt allerdings daran, dass es aufgrund des Eintritts der Bestandsgefährdung weder zu einer Gefährdung der Einlagen der Bankkunden noch zu einer Systemgefährdung kommen muss.[842] Das bedeutet, dass der Eintritt der konkreten Gefahr nicht notwendig das zu schützende Rechtsgut beeinträchtigt.[843] Damit handelt es sich bei § 54a KWG trotz der berechtigten Bedenken um ein abstraktes Gefährdungsdelikt. Der Einwand der weit verbreitet kritisierten grundsätzlichen Vorverlagerung von abstrakten Gefährdungsdelikten bleibt allerdings auch dadurch bestehen.[844]

Vorliegend handelt es sich mit der in § 54a Abs. 2 KWG geregelten Vorsatz-Fahrlässigkeitsstrafbarkeit um eine neue Deliktskategorie des gefährdungsqualifizierten Unterlassungsdelikts.[845] Der qualifizierende Taterfolg ist in diesem Zusammenhang die Bestandsgefährdung, deren Verursachung fahrlässig

---

838 *Volk*, Strafrecht ohne Grenzen im neuen Trennbankengesetz, S. 669 (671).

839 Siehe dazu B) I) 3) c) und e).

840 A. A. *Wastl*, Trennbankengesetz, Strafrecht, verschärfte Sanktionen, WM 2013, S. 1401 (1403), der daran zweifelt, weil die Beeinträchtigung der Stabilität des Finanzsystems nicht erforderlich für den Anwendungsbereich der Norm ist.

841 *Hamm/Richter*, Symbolisches und hypertrophes Strafrecht, WM 2013, S. 865 (868).

842 *Goeckenjan*, Die neuen Strafvorschriften, wistra 2014, S. 201 (204), wonach die dogmatische Konstruktion mit Tatbeständen wie § 306a StGB vergleichbar sei.

843 So im Ganzen auch *Häberle*, in: *Erbs/Kohlhaas*, Strafrechtliche Nebengesetze, § 54a KWG, Rn. 3.

844 Vgl. nur *Hamm/Richter*, Symbolisches und hypertrophes Strafrecht, WM 2013, S. 865 (868).

845 *Hamm/Richter*, Symbolisches und hypertrophes Strafrecht, WM 2013, S. 865 (868).

geschehen kann. Das bedeutet jedoch, dass die straflose Pflichtverletzung im Bereich des Risikomanagements das Grunddelikt darstellt.[846]

5) Zusammenfassung zum Tatbestand des § 54a KWG

Durch die Beschreibung der Tatbestandsmerkmale ist deutlich, worin die folgenden Anknüpfungspunkte für die weitere verfassungsrechtliche Untersuchung liegen. Die Erfassung sämtlicher Institute, die das Rechtsgut des § 54a KWG nicht tangieren können, Sorgetragungspflichten, die von Institut zu Institut unterschiedlich sein können, und auch die Bestandsgefährdung, die auch den Insolvenzmerkmalen vorgelagert ist. Auch auf den dritten Absatz ist einzugehen, der in Teilen für mehr Klarheit sorgt, jedoch der BaFin eine entscheidende Anordnungsbefugnis einräumt.

IV) Prüfung der Bestimmtheit

Im Folgenden wird die Vereinbarkeit des § 54a KWG vor allem mit dem Bestimmtheitsgrundsatz geprüft. Durch den nachträglich eingefügten § 54a Abs. 3 KWG und der dort normierten Voraussetzung der Anordnung der BaFin ist auch auf den Gewaltenteilungsgrundsatz einzugehen. In diesem Kontext ist zu klären, ob der BaFin als Teil der Exekutive ein zu großer Einfluss auf eine etwaige Strafbarkeit zukommt. Die beiden Fragestellungen sind vor dem Hintergrund der Rechtsprechung des Bundesverfassungsgerichts zu klären, da diesem nach Art. 93 GG und Art. 100 GG das Verwerfungsmonopol obliegt, welches nach § 31 BVerfGG Bindungswirkung entfaltet.

1) Verwerfungsmonopol des Bundesverfassungsgerichts

In Art. 20 Abs. 2 S. 2 GG ist die Gewaltenteilung normiert, wonach die Staatsgewalt durch Organe der Gesetzgebung, der vollziehenden Gewalt und der Rechtsprechung ausgeübt werden soll. Die Kompetenz, Gesetze zu erlassen oder auch wieder aufzuheben, ergibt sich aus Art. 70 GG, für die Länder und den Bund. Die Entscheidungskompetenz des Bundesverfassungsgerichts ist in Art. 93 GG und in Art. 100 GG normiert. Die Kompetenz umfasst auch die Prüfung, ob ein formelles Gesetz des Parlaments des Bundes mit dem Grundgesetz vereinbar ist. Damit einhergehend besteht die in §§ 78, 95 Abs. 3 BVerfGG eingeräumte Entscheidungsmöglichkeit, ein Gesetz für nichtig zu erklären. Eine solche

---

846 *Volk*, Strafrecht ohne Grenzen im neuen Trennbankengesetz, S. 669 (672).

Entscheidung bindet nach § 31 Abs. 1 BVerfGG die Verfassungsorgane des Bundes und der Länder sowie alle Gerichte und Behörden. Bei der Überprüfung von Gesetzen wird dem Gesetzgeber aufgrund seiner unmittelbaren demokratischen Legitimation ein weiter Gestaltungsspielraum eingeräumt.[847] Der Ausnahmecharakter einer Nichtigkeitsentscheidung bezüglich eines Gesetzes zeigt sich darin, dass nach dem Verfassungsgericht selbst primär davon auszugehen ist, dass ein Gesetz mit dem Grundgesetz vereinbar sei und eine verfassungskonforme Auslegung anzustreben sei.[848] Der Achtung vor dem demokratisch legitimierten Gesetzgeber entspricht es auch, einen Nichtigkeitsausspruch nur in entsprechendem Umfang zu erklären.[849]

2) Verstoß gegen den Bestimmtheitsgrundsatz

In der Literatur wird angenommen, dass der Bestimmtheitsgrundsatz durch den Erlass des § 54a KWG missachtet worden sei.[850] Durch die zahlreichen Verweisungen auf das sich stets ändernde deutsche und europäische Aufsichtsrecht sowie die Verwendung von unbestimmten Rechtsbegriffen und die außergewöhnliche Komplexität sei ein Verstoß gegen den Bestimmtheitsgrundsatz anzunehmen.[851]

Im Folgenden soll diese Frage und ein möglicher veränderter Prüfungsmaßstab bei Sonderdelikten dargestellt werden. Für die Prüfung des § 54a KWG könnte die Perspektive und in der Konsequenz der Bemessungsmaßstab eines Geschäftsleiters eines Kreditinstituts in Betracht kommen. In diesem Zusammenhang ist zu berücksichtigen, dass es gewisse nachzuweisende Anforderungen für die Position des Geschäftsleiters gibt und dass es sich bei den normierten Sorgetragungspflichten um für die Geschäftsleiter bereits bekannte Vorschriften handelt. Die normerhaltende Tendenz des Bundesverfassungsgerichts, eher nach einer verfassungskonformen Auslegungsmöglichkeit zu suchen, statt die

---

847 Vgl. *BVerfG* NJW 1986, S. 1601 (1602); *Walter*, in: *Maunz/Dürig*, GG, Art. 93 Rn. 104.

848 *BVerfGE* 2, S. 266 (282).

849 *Karpenstein*, in: *Walter/Grünewald*, BeckOK BVerfGG, § 78 Rn. 12.

850 *Cichy/Cziupka/Wiersch*, § 54a KWG n. F., NZG 2013, S. 846 (849); *Hamm/Richter*, Symbolisches und hypertrophes Strafrecht, WM 2013, S. 865 (866); *Krause*, Symbolische Gesetzgebung, S. 113 (118); *Schork/Reichling*, Der strafrechtliche Schutz des Risikomanagements durch das sog. Trennbankengesetz, CCZ 2013, S. 269 (271); *Volk*, Protokoll Nr. 17/138 Sitzung des Finanzausschusses vom 22.04.2013, S. 39 (39).

851 *Strafrechtsausschuss des DAV*, Stellungnahme, NZG 2013, S. 577 (578).

Norm für verfassungswidrig zu erklären[852], muss ebenfalls Berücksichtigung finden. Auch wird auf die Anforderung eingegangen, dass sowohl nach der Rechtsprechung des Bundesverfassungsgerichts als auch nach der Rechtsprechung des Europäischen Gerichtshofs für Menschenrechte mehr als nur Zweifel an der Bestimmtheit erforderlich sind, um einen Verstoß gegen Art. 103 Abs. 2 GG oder Art. 7 Abs. 1 MRK anzunehmen. Auch die Ausführungen des Bundesverfassungsgerichts zum Verschleifungsverbot sind zu thematisieren, wonach einzelne Tatbestandsmerkmale nicht ineinander aufgehen dürfen.[853]

a) *Ansatzpunkte für die verfassungsrechtliche Kritik*

Zunächst ist auf die in der Literatur geäußerte Kritik hinsichtlich der Unbestimmtheit einzugehen. Der Gesetzgeber ist durch den Bestimmtheitsgrundsatz verpflichtet, die Tatbestandsvoraussetzungen so konkret zu beschreiben, dass sowohl Tragweite als auch Anwendungsbereich zu erkennen sind.[854] Strafrecht ist einerseits durch die Präzision seiner Begriffe gekennzeichnet, welche seine Berechenbarkeit ermöglicht und hierdurch seine freiheitsschützende Wirkung entfaltet.[855] Andererseits berücksichtigt der Bestimmtheitsgrundsatz sowohl die Auslegungsfähigkeit als auch die Auslegungsbedürftigkeit des Rechtsakts.[856] Das bedeutet, dass allein durch die Verwendung von unbestimmten, wertausfüllungsbedürftigen Rechtsbegriffen oder Generalklauseln nicht gegen den Bestimmtheitsgrundsatz verstoßen wird.[857] Es liegt kein Verstoß vor, wenn die Norm mithilfe der üblichen Auslegungsmethoden eine zuverlässige Grundlage für ihre Auslegung und Anwendung bietet oder wenn die Norm eine gefestigte Rechtsprechung übernimmt und sich daraus eine hinreichende Bestimmtheit gewinnen lässt.[858] Eine hinreichende Bestimmtheit kann sich zudem auch aus dem Normzusammenhang[859] oder aus einer

852 *Dannecker/Bülte*, in: *Wabnitz/Janovsky*, Hdb. Wirtschafts- und Steuerstrafrecht, Kap. 1 Rn. 108; siehe auch *BVerfGE* 109, S. 133 (172); *Nolte*, in: *v. Mangoldt/Klein/Starck*, GG-Kommentar, Art. 103 Abs. 2 Rn. 141.

853 *BVerfG* NJW 2010, S. 3209 (3211).

854 Siehe etwa *Krause*, Symbolische Gesetzgebung, S. 113 (118); siehe auch B) II).

855 *Hamm/Richter*, Symbolisches und hypertrophes Strafrecht, WM 2013, S. 865 (867).

856 *Krause*, Symbolische Gesetzgebung, S. 113 (118).

857 Vgl. *Ahlbrecht*, Banken im strafrechtlichen Regulierungsfokus, BKR 2014, S. 98 (101).

858 Vgl. *BVerfGE* 45, S. 363 (371); 48, S. 48 (56 f.); 86, S. 288 (311); 96, S. 68 (97 f.); *BVerfG* NJW 2000, S. 3417 (3417).

859 *Goeckenjan*, Die neuen Strafvorschriften, wistra 2014, S. 201 (203).

ständigen Übung der Praxis, wie beispielsweise den Regeln der ärztlichen Kunst, ergeben[860].

Vielfach wird in der Literatur dem § 54a KWG diese Art der Auslegungsfähigkeit abgesprochen und dementsprechend angenommen, dass die Norm den Anforderungen des Bestimmtheitsgrundsatzes nicht gerecht werde.[861] Am deutlichsten wird das wie folgt formuliert: „*[...] den Tatbestand des Absatzes 1 hätte man unbestimmter kaum fassen können.*“[862] Dennoch wird auch das Gegenteil vertreten und angenommen, dass die durch § 54a Abs. 3 KWG in Bezug genommenen § 25c Abs. 4a und 4b KWG die erforderlichen Sorgetragungspflichten konkret genug beschrieben.[863]

Hintergrund der Kritik ist, dass der Straftatbestand des § 54a KWG Bezug auf § 25c KWG nimmt, indem es eine Voraussetzung ist, dass entgegen § 25c Abs. 4a KWG oder § 25c Abs. 4b KWG nicht dafür Sorge getragen wird, die dort genannten Pflichten einzuhalten.[864] Es handelt sich somit um einen Fall der Blankettstrafgesetzgebung. Im Falle einer solchen Gesetzgebung muss auch die Norm, auf die verwiesen wird, dem Bestimmtheitsgrundsatz entsprechen.[865] Trotz des akzessorischen Charakters bedeutet dies jedoch nicht, dass die in Bezug genommene Norm notwendig so auszulegen ist, wie es ihrerseits dem Verständnis in dem jeweils betroffenen Rechtsgebiet entspräche.[866] Bei der Auslegung für das Strafrecht sind dessen spezielle Erfordernisse in Bezug auf Bestimmtheit, aber auch hinsichtlich der Ultima-Ratio-Funktion und die übergreifenden prozessrechtlichen Grundsätze zu beachten.[867] Der Schutzzweck von Art. 103 Abs. 2 GG wird demnach nicht durch die Blankettstrafgesetzgebung umgangen. Das hat

---

860 *Kasiske,* Das Kapitalmarktstrafrecht, ZIS 2013, S. 257 (260).

861 Vgl. *Deutsche Kreditwirtschaft,* Stellungnahme vom 17. April 2013, S. 3, 23; *Wegner,* in: *Schork/Groß,* Bankstrafrecht, Rn. 675; *Volk,* Strafrecht ohne Grenzen im neuen Trennbankengesetz, S. 669 (673).

862 *Brand,* Konfliktherde des § 54a KWG, ZVglRWiss 2014, S. 142 (145).

863 *Braun,* in: *Boos/Fischer/Schulte-Mattler,* § 25c KWG Rn. 74; aber auch *Schröder,* Keine Strafbarkeitsrisiken für verantwortungsvoll handelnde Geschäftsleiter, WM 2014, S. 100 (104), der dies nicht ausschließt.

864 Siehe dazu B) III) 1) b).

865 *Bülte,* Blankette und normative Tatbestandsmerkmale, JuS 2015, S. 769 (773).

866 *Lüderssen,* Finanzmarktkrise, Risikomanagement und Strafrecht, StV 2009, S. 486 (492).

867 *Lüderssen,* Finanzmarktkrise, Risikomanagement und Strafrecht, StV 2009, S. 486 (492).

zur Folge, dass sich die Bestimmtheitsanforderungen für Straftatbestände auch auf den Pflichtenkatalog der § 25c Abs. 4a und § 25c Abs. 4b KWG erstrecken.[868]

aa) Pflichtenkatalog in § 25c KWG

Zunächst ist auf den dort beschriebenen Pflichtenkatalog einzugehen. Aus der Tatsache allein, dass die Pflichten sehr umfangreich geregelt sind, kann nicht notwendig auf eine hinreichende Bestimmtheit gefolgert werden.[869] Die Unbestimmtheit wird im hier interessierenden Zusammenhang nicht mit der Anzahl, sondern der Art der Begriffe begründet. So wird angenommen, dass hinsichtlich der Beschreibung der Sorgetragungspflichten viele konturlose, unpräzise Schlagworte verwendet würden.[870] Beispielhaft werden folgende Begriffe aufgezählt: „Strategien, Prozesse, Gesamtziele, konsistente Risikostrategie, Risikosituation“[871]. Ohne Weiteres ließe sich die Aufzählung mit den aufsichtsrechtlichen Begriffen fortführen, wie „zeitkritischen Aktivitäten“, „Verfahren“, „Funktionen“ oder „Konzepte“, welchen es laut der Literatur an jedweden Konturen mangele, und die deshalb den Anforderungen des Art. 103 Abs. 2 GG nicht gerecht würden, sodass darauf auch keine strafrechtliche Verurteilung gestützt werden könne.[872] Durch das Anheben der MaRisk (BA) in den Rang eines formellen Gesetzes hat der Gesetzgeber den (formellen) Anforderungen von Art. 103 Abs. 2 GG entsprochen. Zu dem dort normierten Gesetzlichkeitsprinzip gehört allerdings auch, dass der Gesetzgeber die Voraussetzungen in der Sache selbst hinreichend bestimmt.[873] Anders als im bisherigen Blankettstrafrecht wie unter anderem im Umweltstrafrecht mangelt es bei diesem Katalog an allgemein verbindlichen Standards.[874] Auch hat der Gesetzgeber bei Erhebung auf Gesetzesrang keine inhaltlich-qualitativen Vorgaben gemacht.[875] Wie bereits dargelegt, wurden die MaRisk (BA) fast wörtlich übernommen.[876] Dabei war es gerade die

---

868 *Krause*, Symbolische Gesetzgebung, S. 113 (118 f.).

869 *Hamm/Richter*, Symbolisches und hypertrophes Strafrecht, WM 2013, S. 865 (867).

870 *Hamm/Richter*, Symbolisches und hypertrophes Strafrecht, WM 2013, S. 865 (867).

871 *Hamm/Richter*, Symbolisches und hypertrophes Strafrecht, WM 2013, S. 865 (867).

872 *Wegner*, in: *Schork/Groß*, Bankstrafrecht, Rn. 675; so auch *Häberle*, in: *Erbs/Kohlhaas*, Strafrechtliche Nebengesetze, § 54a KWG, Rn. 3 und *Volk*, Strafrecht ohne Grenzen im neuen Trennbankengesetz, S. 669 (673).

873 *Schröder*, Keine Strafbarkeitsrisiken für verantwortungsvoll handelnde Geschäftsleiter, WM 2014, S. 100 (102).

874 *Strafrechtsausschuss des DAV*, Stellungnahme, NZG 2013, S. 577 (578).

875 *Strafrechtsausschuss des DAV*, Stellungnahme, NZG 2013, S. 577 (578).

876 Siehe dazu B) III) 1) b) dd).

Intention des Gesetzgebers mit der Formulierung der Sorgetragungspflichten in § 25c KWG, dem Bestimmtheitsgrundsatz Rechnung zu tragen.[877]

Den Anforderungen in § 25c KWG fehlt aber die notwendige Umgrenzung sowie die Vorhersehbarkeit.[878] Das liegt daran, dass mit dem Verweis in § 54a KWG auf § 25c KWG an prinzipiengeleitete aufsichtsrechtliche Vorgaben anknüpft wird und die Besonderheit solcher Vorgaben darin begründet ist, dass es keinen allgemeinen objektiven Maßstab gibt.[879]

In § 25c Abs. 4a und 4b KWG sind Zielvorgaben und Erwartungen beschrieben, für welche Konzepte entwickelt werden müssen, aber es handelt sich nicht um Verhaltensnormen, welche der Normadressat verwenden und in seinem Institut umsetzen kann.[880] Dieser wird aufgefordert, sich ein System und entsprechende Regeln zu geben, um die Zielvorgaben einzuhalten.[881] Zwar sind teilweise in § 25c Abs. 4a und 4b KWG auch klare Handlungsanweisungen enthalten, wie die Pflicht zur Durchführung von Stresstests.[882] Bezüglich anderer Aspekte wird lediglich ein Bereich genannt, der hervorhebt, was Teil des Risikomanagements ist.[883] Im Übrigen aber darf das Ergebnis einer unpräzisen Anforderungsbeschreibung nicht zu einer Erfolgshaftung im Bereich des Risikomanagements führen, da ein Institut auch stets Risiken einzugehen hat.[884] Daher wird vertreten, dass eine strafrechtliche Inanspruchnahme überhaupt nur dann in Betracht komme, wenn eine durch Risikogeschäft hervorgerufene Bestandsgefährdung

877 BT-Drs. 17/12601, S. 29 und S. 44.

878 *Hamm/Richter,* Symbolisches und hypertrophes Strafrecht, WM 2013, S. 865 (867).

879 *Goeckenjan,* Die neuen Strafvorschriften, wistra 2014, S. 201 (203); zu diesem Prinzipiencharakter der Normen siehe B) III) 1) b) ee) (2).

880 *Schröder,* Keine Strafbarkeitsrisiken für verantwortungsvoll handelnde Geschäftsleiter, WM 2014, S. 100 (104); siehe zu den Vorgaben auch *Luz/Maaß,* Der aufsichtliche Überprüfungsprozess, S. 399 (407); *Wundenberg,* Compliance und die prinzipiengeleitete Aufsicht über Bankengruppen, S. 36; *Hellstern,* in: *Luz/Neus/Schaber,* KWG, § 25a Rn. 40 f.; *Dreher,* Ordnungswidrigkeiten statt Strafrecht, S. 217 (234 f.).

881 *Schröder,* Keine Strafbarkeitsrisiken für verantwortungsvoll handelnde Geschäftsleiter, WM 2014, S. 100 (104), siehe auch *Hamm/Richter,* Symbolisches und hypertrophes Strafrecht, WM 2013, S. 865 (867) und *Gercke/Stirner,* in: *Park,* Kapitalmarktstrafrecht, Teil 3 Kap. 14.10 Rn. 10.

882 *Schröder,* Keine Strafbarkeitsrisiken für verantwortungsvoll handelnde Geschäftsleiter, WM 2014, S. 100 (104).

883 *Schröder,* Keine Strafbarkeitsrisiken für verantwortungsvoll handelnde Geschäftsleiter, WM 2014, S. 100 (104).

884 *Schröder,* Keine Strafbarkeitsrisiken für verantwortungsvoll handelnde Geschäftsleiter, WM 2014, S. 100 (104).

auf schweren, unvertretbaren Managementfehlern beruht.[885] Es wird also eine Einschränkung dahin gehend vorgeschlagen, dass es sich um eine gravierende Pflichtverletzung zu handeln habe.

Anderseits wird jedoch auch betont, dass der Gesetzgeber nicht nur die wesentlichen Risikomanagementpflichten aus § 25a KWG herauskristallisiert, sondern auch die Pflichten, die zu unbestimmt umrissen waren, mit detaillierten Mindestanforderungen nun normiert habe.[886] Dazu wird ausgeführt, dass die Mindestanforderungen hinreichend konkrete Handlungsanweisungen enthielten, während sie dem Geschäftsleiter im Sinne des Proportionalitätsprinzips einen Beurteilungsspielraum zur Anpassung an die Situation in seinem Verantwortungsbereich beließen.[887] Danach bestünden nun für den Normadressaten ausreichende Bestimmtheit und zugleich ein angemessener Umsetzungsspielraum.

Allerdings sind Begriffe wie zum Beispiel die „Angemessenheit" wiederum präzisierungsbedürftig.[888] Dabei ist dieser Begriff nicht neu[889], so hat man nach § 142 Abs. 1 Nr. 2 StGB eine angemessene Zeit zu warten. In diesem Zusammenhang wird vertreten, dass es sich bei § 142 StGB allerdings um einen Rechtsbegriff handele, der durch die Umstände konkretisiert werden könne, während der Begriff in §§ 25a, 25c KWG lediglich ein Prinzip formuliere, welches in pflichtgemäßer Ermessensausübung umgesetzt und überwacht werde.[890] Der Unterschied zwischen beiden Tatbeständen ist, dass es bei § 142 StGB lediglich darum geht, zu warten und Zeit verstreichen zu lassen, um das Kriterium der Angemessenheit zu erfüllen.[891] Eine Konkretisierung hierzu ist in Abhängigkeit vom Schadensumfang und Art des Unfalls durch die Rechtsprechung erfolgt.[892] Solche Vorgaben oder Richtlinien lassen sich für § 54a KWG nicht ohne Weiteres treffen. In § 25c Abs. 4a KWG müssen zahlreiche genannte Prozesse implementiert werden, damit das Risikomanagement angemessen ist.[893] Das Problem

---

885 *Schröder,* Keine Strafbarkeitsrisiken für verantwortungsvoll handelnde Geschäftsleiter, WM 2014, S. 100 (104).

886 *Lindemann,* in: *Boos/Fischer/Schulte-Mattler,* § 54a KWG Rn. 6.

887 *Lindemann,* in: *Boos/Fischer/Schulte-Mattler,* § 54a KWG Rn. 6.

888 *Kasiske,* Das Kapitalmarktstrafrecht, ZIS 2013, S. 257 (258).

889 *Kasiske,* Das Kapitalmarktstrafrecht, ZIS 2013, S. 257 (259).

890 *Kasiske,* Das Kapitalmarktstrafrecht, ZIS 2013, S. 257 (259).

891 Siehe dazu *Zopfs,* in: Münchener Kommentar zum StGB, § 142 Rn. 80–87.

892 *Zopfs,* in: Münchener Kommentar zum StGB, § 142 Rn. 87; beispielsweise ist bei Sachschäden geringeren Umfangs, also bis zu maximal 500 EUR und eindeutiger Haftungslage eine Dauer von 10 bis 15 Minuten hinreichend, während bei höherem Schaden eher 20 bis 30 Minuten angemessen ist

893 Vgl. *Kasiske,* Das Kapitalmarktstrafrecht, ZIS 2013, S. 257 (259).

ergibt sich daher aus dem Zusammenhang, in welchem der Begriff verwendet wird. Wie das Risikomanagement mit all den Umsetzungsmöglichkeiten „angemessen" werden kann, bleibt unklar.

Auf der anderen Seite lässt sich jedoch einwenden, dass das unbestimmte Adjektiv „angemessen" lediglich an jeweils zwei Stellen in § 25c Abs. 4a Nr. 3 lit. f und Nr. 6 sowie Abs. 4b S. 2 Nr. 3 lit. f und Nr. 6 KWG ohne nähere Begriffsbeschreibung verwendet wird.[894] Die Verweisung in § 54a KWG könnte derart verstanden werden, dass nur auf die genannten detaillierten Mindestanforderungen und nicht auf alle umfassend verwiesen wird.[895] Mit anderen Worten ließe sich annehmen, dass § 54a KWG nur auf die Pflichten verweist, die auch den Anforderungen des Bestimmtheitsgrundsatzes entsprechen. Jedoch mangelt es bei einer solchen Annahme an der Bestimmtheit der Norm im Ganzen. Welche Pflichten ausreichend bestimmt sind und welche nicht, ist nicht ersichtlich. Das bedeutet, es wäre für einen Geschäftsleiter auch nicht erkennbar, welche Pflichtverstöße strafrechtlich sanktioniert werden. Somit erscheint der in § 54a KWG in Bezug genommene Pflichtenkatalog zunächst unvereinbar mit dem Bestimmtheitsgrundsatz zu sein.

bb) Merkmal der Bestandsgefährdung

Neben der Kritik hinsichtlich der erforderlichen Pflichtverletzung wurde auch das Erfordernis der Bestandsgefährdung als zu unpräzise kritisiert.[896] Der Begriff war in § 48b Abs. 1 S. 1 KWG a. F. legaldefiniert, auf den die Gesetzesbegründung verweist.[897] Zu Recht wird in diesem Zusammenhang allerdings darauf hingewiesen, dass der Begriff der Bestandsgefährdung selbst in § 48b KWG a. F. erst 2011 aufgenommen wurde und bis zum Inkrafttreten des § 54a KWG am 2. Januar 2014 keine ausreichende Konkretisierung erfahren konnte. Das hat zur Folge, dass hinsichtlich des Kriteriums der Bestandsgefährdung zumindest das Zugeständnis des Bundesverfassungsgerichts an den Gesetzgeber aus der Untreueentscheidung[898] ausscheidet, wonach ein unbestimmter Rechtsbegriff seine erforderliche Konkretisierung durch die Rechtsprechung erfahren haben kann.[899] Entgegen der Annahme des Gesetzgebers ist für dieses

894 So argumentierend: *Lindemann*, in: *Boos/Fischer/Schulte-Mattler*, § 54a KWG Rn. 6.
895 *Lindemann*, in: *Boos/Fischer/Schulte-Mattler*, § 54a KWG Rn. 6.
896 *Hamm/Richter*, Symbolisches und hypertrophes Strafrecht, WM 2013, S. 865 (868); aber auch *Krause*, Symbolische Gesetzgebung, S. 113 (119).
897 BT-Drs. 17/12601, S. 29 und S. 44.
898 *BVerfG* NJW 2010, S. 3209 (3211).
899 *Hamm/Richter*, Symbolisches und hypertrophes Strafrecht, WM 2013, S. 865 (868).

Tatbestandsmerkmal noch keine Konkretisierung eingetreten. Auch wenn die Grenzen des Tatbestandsmerkmals der Bestandsgefährdung noch nicht ausgelotet sind, ist ein solcher Zustand bei jeder neu eingefügten Strafvorschrift vorzufinden.[900] Eine nähere Beschreibung eines Tatbestandsmerkmals ist dennoch möglich. Wie bereits dargelegt, ist eine Bestandsgefährdung die Gefahr eines insolvenzbedingten Zusammenbruchs des Kreditinstituts für den Fall des Unterbleibens korrigierender Maßnahmen.[901] Vergleichend mit dem Merkmal der drohenden Zahlungsunfähigkeit in § 283 StGB wird daher vertreten, dass der Begriff der Bestandsgefährdung ausreichend konturiert sei.[902]

Kein Problem besteht mehr nach der Gesetzesänderung durch die ehemals in § 48b Abs. 2 KWG a. F. normierte Vermutungsregelung, wonach diese Vermutung auch vor der Streichung keine Anwendung gefunden hätte. Denn der Hinweis auf § 48b KWG a. F. konnte nicht so verstanden werden, dass die Vermutung im zweiten Absatz erfasst sein sollte. Dafür spricht bereits, dass lediglich begrifflich an den § 48b KWG a. F. angeknüpft wurde, in dessen erstem Absatz die Bestandsgefährdung legaldefiniert war. Zu einer etwaigen Umkehr der Unschuldsvermutung fehlen jegliche Ausführungen.[903] Wenn der Gesetzgeber ein solch wesentliches Prinzip des rechtsstaatlichen Strafverfahrens beeinträchtigen oder abändern wollte, ist zu erwarten, dass entsprechende Ausführungen erfolgen. Hinzu kommt, dass der Verweis lediglich in der Gesetzesbegründung genannt wird und nicht in § 54a KWG selbst wiedergegeben ist. Daher ist davon auszugehen, dass keine Umkehr der Unschuldsvermutung an dieser Stelle angenommen werden kann. Im Ergebnis trifft es zwar zu, dass der Begriff der Bestandsgefährdung sehr weit gefasst ist, dennoch ist er konkret genug, dass Normadressaten ihr Handeln daran ausrichten können.[904]

Voraussetzung für die Strafbarkeit nach § 54a KWG ist, dass die Bestandsgefährdung i. S. des § 48b Abs. 1 S. 1 KWG a. F. tatsächlich vorgelegen hat und nicht bloß durch die BaFin festgestellt wurde.[905] Dem könnte entgegnet werden, dass die Bestandsgefährdung durch die BaFin nach § 48b Abs. 3 KWG a. F. verbindlich festgestellt werde, sodass Strafgerichte nicht mit komplexen Berechnungen

900 *Schwerdtfeger,* Strafbarkeitsrisiken für Geschäftsleiter, ZWH 2014, S. 336 (341).
901 Siehe dazu B) III) 1 d).
902 *Kasiske,* Das Kapitalmarktstrafrecht, ZIS 2013, S. 257 (261).
903 Siehe dazu B) III) 1) d) bb) (6).
904 *Schwerdtfeger,* Strafbarkeitsrisiken für Geschäftsleiter, ZWH 2014, S. 336 (341).
905 *Schröder,* Keine Strafbarkeitsrisiken für verantwortungsvoll handelnde Geschäftsleiter, WM 2014, S. 100 (105).

überfordert werden.[906] Allerdings lässt sich weder aus § 48b Abs. 3 KWG a. F. noch § 62 Abs. 2 S. 1 SAG entnehmen, dass die Feststellung der Bestandsgefährdung *inter omnes* wirke und alle späteren Entscheidungsinstanzen binde.[907] Auch knüpft die Strafbarkeit hier nicht an die Feststellung der BaFin an, dass eine Bestandsgefährdung vorliege, sondern an das tatsächliche Vorhandensein einer solcher. Daher ist ein Strafrichter nicht an die Einschätzung der BaFin hinsichtlich der Bestandsgefährdung gebunden[908], sodass die Gerichte die entsprechenden Berechnungen der BaFin zu überprüfen haben. Das bedeutet auch, dass die BaFin mit der Anordnung nicht über das Vorhandensein einer Strafbarkeit entscheiden kann und verfassungsrechtliche Bedenken in diese Richtung ausscheiden.[909]

cc) *Erfassung sämtlicher Kreditinstitute*

Ein weiterer Kritikpunkt hinsichtlich der Formulierung des § 54a KWG ist dessen Anwendbarkeit auf sämtliche Kreditinstitute und der damit einhergehende Verstoß gegen den Grundsatz der Verhältnismäßigkeit. Vom Wortlaut der Norm ist jedes Kreditinstitut erfasst, was in der Literatur mit dem Hinweis bemängelt wurde, dass die Bestandsgefährdung eines kleineren Instituts die Stabilität des Finanzsystems nicht gefährden könne.[910] Der Sinn und Zweck der Strafnorm ist es, Risiken zu mindern. Vor allem sollen sie nicht ein solches Ausmaß erreichen, dass die Stabilität des Finanzmarkts tangiert wird.[911] Um dies zu vermeiden, ist es legitim, bereits bei der Bestandsgefährdung anzusetzen und

906 *Kasiske,* Das Kapitalmarktstrafrecht, ZIS 2013, S. 257 (261).

907 So zumindest zu § 48b KWG a. F. *Brand,* Konfliktherde des § 54a KWG, ZVglRWiss 2014, S. 142 (151).

908 *Schröder,* Keine Strafbarkeitsrisiken für verantwortungsvoll handelnde Geschäftsleiter, WM 2014, S. 100 (105); *Volk,* Strafrecht ohne Grenzen im neuen Trennbankengesetz, S. 669 (675).

909 *Schröder,* Keine Strafbarkeitsrisiken für verantwortungsvoll handelnde Geschäftsleiter, WM 2014, S. 100 (105); so auch *Brand,* Konfliktherde des § 54a KWG, ZVglRWiss 2014, S. 142 (154); ebenfalls eine Überprüfbarkeit der Feststellung der Bestandsgefährdung befürwortend *Wolfers/Voland,* Der Weg aus der Krise?, WM 2011, S. 1159 (1164). Ein anderer Aspekt ist, ob die BaFin durch die Anordnungskompetenz hinsichtlich der Pflichtverletzung auf die Strafbarkeit maßgebenden Einfluss hat, dies wird unter B) IV) 2) c) bb) besprochen.

910 *Strafrechtsausschuss des DAV,* Stellungnahme, NZG 2013, S. 577 (579); so auch *Wegner,* in: *Schork/Groß,* Bankstrafrecht, Rn. 669.

911 Siehe dazu B) I) 3 e).

dass deren Erfassung gegen den Grundsatz der Verhältnismäßigkeit verstößt. Die Auslegung, die jedoch solche Kreditinstitute nicht erfasst, steht nicht im Widerspruch zum Grundsatz der Verhältnismäßigkeit und auch nicht zum erklärten Ziel des Gesetzgebers die Stabilität des Finanzsystems abzusichern. Diese verfassungskonforme Auslegung ist daher maßgebend für die Anwendung des § 54a KWG.

dd) Zwischenergebnis

Das bedeutet nach einer ersten Betrachtung, dass Bedenken hinsichtlich des Kriteriums der Bestandsgefährdung ausgeräumt werden können. Ebenfalls bietet sich eine Lösung durch eine verfassungskonforme Auslegung hinsichtlich der vom Wortlaut erfassten Institute an. Eine solche Möglichkeit ist hinsichtlich der Anforderungen an das Risikomanagement und den normierten Pflichtenkatalog dagegen nicht ohne Weiteres ersichtlich, auch wenn sich hinsichtlich einzelner Merkmale entweder eine Konkretisierung ergeben oder deren Anwendung ausgeschlossen werden kann.

b) Der Aspekt des Sonderdeliktscharakters

Allerdings könnte sich bezüglich des Pflichtenkatalogs eine ausreichende Bestimmtheit aufgrund des Sonderdeliktscharakters ergeben.

Nach der Rechtsprechung des Bundesverfassungsgerichts kann das Vorhersehbarkeitskriterium dadurch relativiert werden, dass sich die Vorschrift an bestimmte Verkehrskreise des Wirtschaftslebens richtet.[926] Der Gedanke dahinter ist, dass der Anwendungsbereich dann zwar nicht für jedermann, wohl aber für den Adressatenkreis erkennbar ist. Aufgrund dessen wurde bereits vor der Einführung des § 54a Abs. 3 KWG eine restriktive und dadurch verfassungskonforme Auslegung für möglich gehalten.[927]

Wie ausgeführt, handelt es sich bei § 54a KWG um ein Sonderdelikt, das sich nur an Geschäftsleiter von Kreditinstituten richtet.[928] Um als solcher bestellt werden zu können, müssen bei der BaFin bestimmte Nachweise erbracht werden. Die Anforderungen an die Person des Geschäftsleiters ergeben sich unter

---

926 *Schröder,* Keine Strafbarkeitsrisiken für verantwortungsvoll handelnde Geschäftsleiter, WM 2014, S. 100 (104); verweisend auf *BVerfG* NJW 1987, S. 3175 (3176), unter anderem bestätigt in *BVerfG* NJW 2000, S. 3417 (3417).

927 *Schröder,* Keine Strafbarkeitsrisiken für verantwortungsvoll handelnde Geschäftsleiter, WM 2014, S. 100 (104).

928 Siehe dazu B) III) 1) a).

anderem aus § 25c Abs. 1 S. 1 KWG, wonach die Person zuverlässig und fachlich geeignet zu sein sowie der Wahrnehmung seiner Aufgaben ausreichend Zeit zu widmen hat. Die fachliche Eignung setzt voraus, dass der Geschäftsleiter in ausreichendem Maße theoretische und praktische Kenntnisse in den betreffenden Geschäften sowie Leitungserfahrung hat, § 25c Abs. 1 S. 2 KWG. Hinsichtlich der Zuverlässigkeit dürfen keine Tatsachen vorliegen, aus denen Zweifel an der persönlichen Zuverlässigkeit des Geschäftsleiters resultieren.[929] Hinzu kommt, dass der BaFin nach § 36 KWG in bestimmten Konstellationen die Möglichkeit eingeräumt ist, den Geschäftsleiter abzuberufen. Einer dieser Fälle ist gegeben, wenn eine Gefahr hinsichtlich der Erfüllung der Verpflichtungen des Instituts gegenüber seinen Gläubigern besteht, vor allem für die Sicherheit der dem Institut anvertrauten Vermögenswerte, und die Gefahr nicht durch andere Maßnahmen nach dem KWG abgewendet werden kann, § 36 Abs. 1 i. V. m. § 35 Abs. 2 Nr. 4 KWG. Die Adressaten zeichnen sich also durch ein entsprechendes Fachwissen aus, welches bei einer Bundesbehörde auch nachgewiesen werden muss. Hinzu kommt, dass die Regelung zu den Anforderungen an das Risikomanagement in § 25c KWG eine Übernahme der MaRisk (BA) darstellt. Das bedeutet aber auch, dass sich inhaltlich keine Neuerungen ergeben haben[930], wovon auch die Gesetzesbegründung ausgeht[931]. Das hat zur Folge, dass die Geschäftsleiter durch die Einführung von § 54a KWG und die Normierung der Sorgetragungspflichten nicht vor neue Herausforderungen gestellt werden und auch sonst die vorhandenen Erfahrungen im Bereich des Risikomanagements genutzt werden können.

Dennoch wird vertreten, dass dies nicht ausreiche und die Vorschrift auch unter Berücksichtigung der Rechtsprechung des Bundesverfassungsgerichts nicht hinreichend bestimmt sei.[932] Auf diese Rechtsprechung ist daher näher einzugehen. Die häufig in Bezug genommene Entscheidung zum Bestimmtheitsgrundsatz hatte keine strafrechtliche, sondern eine disziplinarrechtliche Verurteilung zum Gegenstand.[933] Es ging um eine Entscheidung der Ehrengerichte, die einen Rechtsanwalt wegen Verletzung anwaltlicher Berufspflichten mit einem Verweis bestraft hatten.[934] Dabei waren und sind die Berufspflichten unter anderem in

929 *Kirchhartz*, in: *Claussen*, Bank- und Börsenrecht, § 1 Rn. 159.

930 *Braun*, in: *Boos/Fischer/Schulte-Mattler*, § 25c KWG Rn. 2.

931 BT-Drs. 17/12601, S. 29.

932 *Krause*, Symbolische Gesetzgebung, S. 113 (120), mit dem Verweis auf *BVerfG* wistra 2000, S. 379 (379).

933 Siehe *BVerfG* NJW 1969, S. 2192 (2194 f.).

934 Siehe *BVerfG* NJW 1969, S. 2192 (2194 f.).

der Generalklausel des § 43 Satz 2 BRAO geregelt.[935] Zur Frage eines Verstoßes dieser Generalklausel gegen Art. 103 Abs. 2 GG führt das Gericht aus, dass es sich um eine Norm handele, welche sich nur an den Kreis der entsprechenden Berufsangehörigen richteten, dass die Regelungen sich aus den gestellten Aufgaben ergäben und daher für die Personengruppe im Allgemeinen leicht erkennbar seien.[936] Deswegen sei die Norm mit dem Bestimmtheitsgrundsatz vereinbar.[937] Diese Rechtsprechung wurde im Anschluss auf Straftatbestände ausgeweitet. Dabei wurde klargestellt, dass keine Bedenken hinsichtlich des Art. 103 Abs. 2 GG bestehen, wenn davon ausgegangen werden kann, dass der Adressat aufgrund seines Fachwissens imstande ist, den Regelungsinhalt solcher Begriffe zu verstehen und ihnen konkrete Verhaltensanweisungen zu entnehmen.[938] Zu berücksichtigen ist, dass das Bundesverfassungsgericht wiederum in einer späteren Entscheidung davon ausgeht, dass *„[a]nders als im allgemeinen Strafrecht [...] jedoch im Berufsrecht eine Einzelnormierung bestimmter missbilligter Verhaltensweisen in der Regel nicht notwendig“*[939] sei. In diesem Zusammenhang wird auch auf die Ausgangsentscheidung verwiesen, in welcher nicht eine Norm des allgemeinen Strafrechts unbestimmt sei, sondern dass die Verwendung von Generalklauseln im Berufsrecht mit Art. 103 Abs. 2 GG vereinbar sind.[940] Es ist dennoch sehr bedenklich, wenn das Bundesverfassungsgericht in diesem Zusammenhang ausführt, dass *„das Gebot der Gesetzesbestimmtheit nicht übersteigert werden“*[941] darf. Die Vertreter, die auf die Rechtsprechung des Bundesverfassungsgerichts verweisen, nehmen Bezug auf eine Rechtsprechung, die das Berufsrecht zum Gegenstand hatte.

Für die nachvollziehbare Übertragung der Rechtsprechung des Bundesverfassungsgerichts auf § 54a KWG ist es erforderlich, dass die vom Gericht festgelegten Voraussetzungen gegeben sind und eine vergleichbare Norm zugrunde liegt.

---

935 Zur früheren Bedeutung der Generalklauseln, siehe *Träger*, in: *Weyland*, BRAO, § 43 Rn. 7–8.

936 Siehe *BVerfG* NJW 1969, S. 2192 (2195).

937 Siehe *BVerfG* NJW 1969, S. 2192 (2195).

938 *BVerfG* NJW 1978, S. 1423 (1423); auf diese Rechtsprechung etwa verweisend: *BVerfG* NJW 1987, S. 3175 (3175 f.) hinsichtlich der Fachkenntnis zu Fragen der Emissionen und Umweltschutzes; *BVerfG* NJW 2000, S. 3417 (3417) hinsichtlich der Fachkenntnis zum aktuellen Stand der Wissenschaft bezüglich des Inverkehrsbringens von Medikamenten.

939 *BVerfG* NJW 2014, S. 2019 (2020).

940 *BVerfG* NJW 2014, S. 2019 (2019 f.).

941 *BVerfG* NJW 1978, S. 1423 (1423).

Letzteres liegt nicht vor, da es sich um einen Straftatbestand und keine Norm des Disziplinarrechts handelt. Sollte man annehmen, dass hier eine Vergleichbarkeit vorliegt, mangelt es aber auch an den weiteren Voraussetzungen. Der Geschäftsleiter müsste aufgrund seines Fachwissens in der Lage sein, die Anforderungen in § 25c Abs. 4a und 4b KWG zu verstehen und ihnen konkrete Verhaltensanweisungen zu entnehmen, was allerdings nicht möglich ist.

Bereits die Oberbegriffe der jeweiligen Pflichten sind nicht konkret genug[942], beispielsweise ist es nicht nachvollziehbar, wodurch oder wann aus Einzelkonzepten eine „Strategie" im Sinne des § 25c Abs. 4a KWG wird.[943] Ähnlich problematisch ist die Beurteilung, ob eine „Risikostrategie" sich „konsistent" zu der auf die „nachhaltige Entwicklung des Instituts gerichtete[n] Geschäftsstrategie" verhält.[944] Genauso schwer dürfte die Trennung von „wesentlichen" und „unwesentlichen" Geschäftsaktivitäten fallen.[945] Fortführen lässt sich die Liste mit der Frage, wann die in § 25c Abs. 4a Nr. 3 lit. f KWG verlangten „Stresstests" als „regelmäßig" anzusehen sind.[946] Verschärft wird dieses Problem dadurch, dass die nicht explizit definierten Begriffe zum Teil in Verbindung stehen, so müssen die angesprochenen „Stresstests" für die „wesentlichen" Risiken durchgeführt werden.[947] Die Aufzählung der unbestimmten Rechtsbegriffe lässt sich ohne Weiteres fortführen, allerdings wird bereits anhand dieser ersichtlich, dass es für die Geschäftsleiter an klaren Gesetzesvorgaben mangelt.[948] Dieses Ergebnis ist nicht überraschend, weil die Vorschriften aus dem Aufsichtsrecht übernommen wurden und dieses sich gezielt solcher Begrifflichkeiten bedient, um flexibel reagieren zu können.[949]

Aber nicht nur die Art und Weise, wie die Umsetzung der Zielvorgabe erfolgen soll, ist nicht bestimmt genug, sondern auch die Zielvorgabe selbst.[950] Hinzu kommt, dass es sich bei dem Risikomanagement um einen dynamischen Prozess

---

942 Siehe dazu B) IV) 2) a) aa).

943 *Krause,* Symbolische Gesetzgebung, S. 113 (119); so auch *Hamm/Richter,* Symbolisches und hypertrophes Strafrecht, WM 2013, S. 865 (867).

944 *Krause,* Symbolische Gesetzgebung, S. 113 (119).

945 *Krause,* Symbolische Gesetzgebung, S. 113 (119).

946 *Krause,* Symbolische Gesetzgebung, S. 113 (119).

947 *Krause,* Symbolische Gesetzgebung, S. 113 (119).

948 Vgl. *Krause,* Symbolische Gesetzgebung, S. 113 (119 f.).

949 *Krause,* Symbolische Gesetzgebung, S. 113 (120); so aber auch *Hamm/Richter,* Symbolisches und hypertrophes Strafrecht, WM 2013, S. 865 (867) und *Boehm*, in: *Park*, Kapitalmarktstrafrecht, Teil 2 Kap. 1.2 Rn. 36; siehe dazu B) III) 1) b) ee) (2).

950 *Kasiske,* Das Kapitalmarktstrafrecht, ZIS 2013, S. 257 (259).

handelt, der sich durch einen kontinuierlichen Dialog zwischen Aufsichtsbehörde und dem jeweiligen Institut auszeichnet.[951] Der konkrete Inhalt der aufsichtsrechtlichen Vorgaben in den §§ 25a, 25c KWG steht nicht von vornherein fest, denn dieser muss erst zwischen Institut und Aufsicht konkretisiert und ausgehandelt werden.[952] Das bedeutet, dass auch eine langjährige Tätigkeit als Geschäftsleiter nicht ausreicht, um stets zu wissen, was die konkreten Anforderungen sind, und dass auch die Vorerfahrung der jeweiligen Geschäftsleiter für ein zukünftiges Handeln keine Sicherheit geben kann.

Ferner erfassen die Regelungen in § 25c KWG auch Bereiche, die dem Risikomanagement nicht primär zuzurechnen sind, wie die geforderte nachhaltige Entwicklung des Instituts gerichtete Geschäftsstrategie.[953] Bei der Kritik in der Literatur an der Bestimmtheit des § 54a KWG bleibt es aber nicht nur bei der abstrakten Annahme, dass die Norm gegen den Bestimmtheitsgrundsatz verstoße, es werden auch konkrete Beispiele genannt.

Brand stellt die Frage der Bestimmtheit hinsichtlich der Anforderungen in § 25c Abs. 4a Nr. 3 lit. b KWG und deren nur teilweiser oder vollständiger Nichtumsetzung.[954] Nach § 25c Abs. 4a Nr. 3 lit. b KWG sind die Bereiche Markt und Marktfolge voneinander zu trennen. Das bedeutet, dass demjenigen, der Kreditgeschäfte initiiert, nicht gleichzeitig die Kompetenz eingeräumt werden darf, über die Vergabe des selbst veranlassten Kredits zu entscheiden.[955] Sollte ein Kreditinstitut ein Kreditengagement eingehen, weil in diesem Bereich gleichwohl nicht sauber getrennt wurde und es kommt aufgrund der Risiken des Engagements zu einer Bestandsgefährdung, wäre der objektive Tatbestand des § 54a Abs. 1 KWG erfüllt.[956] Der Nachweis einer Strafbarkeit nach § 54a KWG dürfte allerdings nur in sehr einfach gelagerten Fällen gelingen.[957] Problematisch wird es im Beispiel etwa, wenn die Trennung der Bereiche etabliert, aber nicht völlig erreicht wird und zudem nicht nur ein einzelnes Kreditgeschäft für die Bestandsgefährdung verantwortlich ist.[958] Unklar ist die Bewertung für den Fall,

951 *Deutsche Kreditwirtschaft,* Stellungnahme vom 17. April 2013, S. 3.
952 *Kasiske,* Das Kapitalmarktstrafrecht, ZIS 2013, S. 257 (259).
953 *Deutsche Kreditwirtschaft,* Stellungnahme vom 17. April 2013, S. 25.
954 *Brand,* Konfliktherde des § 54a KWG, ZVglRWiss 2014, S. 142 (147 f.).
955 *Brand,* Konfliktherde des § 54a KWG, ZVglRWiss 2014, S. 142 (147).
956 *Brand,* Konfliktherde des § 54a KWG, ZVglRWiss 2014, S. 142 (147).
957 *Beukelmann,* Strafbarkeit von Bankern bei fehlendem Risikomanagement, NJW-Spezial 2013, S. 120 (120); *Brand,* Konfliktherde des § 54a KWG, ZVglRWiss 2014, S. 142 (148).
958 *Brand,* Konfliktherde des § 54a KWG, ZVglRWiss 2014, S. 142 (148).

dass eine Trennung eingerichtet wurde, sie aber nicht so weitreichend war, wie vom Aufsichtsrecht gefordert und die Beantwortung der daran anschließende Frage, ob alle Darlehen, die für die Bestandsgefährdung kausal waren, berücksichtigt werden können oder nur solche, die bei einer entsprechenden Trennung nicht vergeben worden wären.[959] Das bedeutet, dass auch eine gewisse Erfahrung nicht ausreicht, um hier mit der erforderlichen Gewissheit vorhersehen zu können, welches Verhalten strafbar ist.

Zusätzlich sind die Anforderungen an das Risikomanagement auch noch von Institut zu Institut abzuändern.[960] Selbst wenn man den der MaRisk (BA) zugrunde liegenden Proportionalitätsgedanken entsprechend anwenden würde, bedeutet dies noch keine ausreichende Konkretisierung für den einzelnen Geschäftsleiter.[961] Viel eher darf dieser Grundsatz keine Anwendung finden, da er mangels entsprechender Rechtsprechung zur Frage des verbotenen Verhaltens nicht ausreichend konkretisiert ist.[962] Es kann hier nicht auf einen gesicherten wissenschaftlichen Standard zurückgegriffen werden.[963] Hinzu kommt, dass die Idee hinter den prinzipienorientierten Regelungen ist, dass der Normadressat dafür verantwortlich ist, sie umzusetzen.[964] Im Falle von Fehlern oder mangelhafter Umsetzung kommt es im Einzelfall zu aufsichtsrechtlichen Maßnahmen wie der Ermahnung oder der Weisung.[965] Es ist aber unverhältnismäßig, bei dieser Art der Verantwortungszuweisung strafrechtliche Sanktionen bei der Nichtbefolgung zu normieren.[966]

Im Ergebnis bedeutet dies, dass die Voraussetzungen der Rechtsprechung des Bundesverfassungsgerichts nicht vorliegen. Erforderlich wäre, dass die Fachkenntnis des Adressaten ausreicht, um eine gesicherte Kenntnis des sanktionierten Verhaltens zu haben. Das ist im Falle des Risikomanagements nicht möglich. Dies hat zur Folge, dass hinsichtlich des Pflichtenkatalogs nicht von einer hinreichenden Bestimmtheit ausgegangen werden kann, nur weil sich die Norm an einen speziellen Personenkreis, die Geschäftsleiter, richtet.

---

959 *Brand,* Konfliktherde des § 54a KWG, ZVglRWiss 2014, S. 142 (148).

960 *Deutsche Kreditwirtschaft,* Stellungnahme vom 17. April 2013, S. 23; so auch *Krause,* Symbolische Gesetzgebung, S. 113 (120).

961 *Deutsche Kreditwirtschaft,* Stellungnahme vom 17. April 2013, S. 23.

962 *Deutsche Kreditwirtschaft,* Stellungnahme vom 17. April 2013, S. 23.

963 *Krause,* Symbolische Gesetzgebung, S. 113 (120), im Gegensatz zu Arzneimitteln.

964 *Kasiske,* Das Kapitalmarktstrafrecht, ZIS 2013, S. 257 (260).

965 *Kasiske,* Das Kapitalmarktstrafrecht, ZIS 2013, S. 257 (260).

966 *Kasiske,* Das Kapitalmarktstrafrecht, ZIS 2013, S. 257 (260).

c) *Konkretisierung durch den dritten Absatz?*

Fraglich ist, ob durch die nachträgliche Einfügung des dritten Absatzes in § 54a KWG die notwendige Konkretisierung und dadurch auch die Wahrung des Bestimmtheitsgrundsatzes eingetreten ist. Nach § 54a Abs. 3 KWG ist als weitere Voraussetzung erforderlich, dass erst gegen eine Anordnung der BaFin zuwidergehandelt werden muss und durch die Zuwiderhandlung die Bestandsgefährdung eintritt. Eine Konkretisierung der Norm war zumindest die Intention des Gesetzgebers.[967] Die Teile der Literatur, die von einer ausreichenden Bestimmtheit in der Ursprungsfassung ausgegangen waren, gaben zu bedenken, dass bis zur Klärung durch die Rechtsprechung eine Rechtsunsicherheit bestanden hätte, welche die Rettung von kriselnden Instituten erschwert hätte, und befürworteten die klärende Funktion von § 54a Abs. 3 KWG.[968] Aus der Beratung der federführenden Parteien zu der Gesetzesänderung ergibt sich aus dem Bericht des Finanzausschusses deren Annahme:

> *„dass [...] die entsprechenden Vorschriften nicht so klar gefasst seien, dass ein Verstoß gegen sie einen eindeutigen Anknüpfungspunkt für strafrechtliche Sanktionen böte. Durch die Zwischenschaltung der Anordnungsbefugnis für die BaFin sei aber nun eine sichere Regelung gefunden worden. Die Verantwortlichen in den Instituten hätten nun eine klare Regelung an der Hand."*[969]

Es wird angenommen, dass der Gesetzgeber erkannt habe, dass die ursprüngliche Vorschrift problematisch sein könnte und deshalb das Anordnungserfordernis in § 54a Abs. 3 KWG und die dazugehörige Anordnungsbefugnis in § 25c Abs. 4c KWG normiert hatte.[970] Jegliche Bedenken wegen des Bestimmtheitsgrundsatzes könnten sich demnach dadurch erledigt haben, dass nun durch die erforderliche vollziehbare Anordnung der BaFin nach § 25c Abs. 4c KWG die Anforderungen an das Risikomanagement ausreichend konkretisiert werden.[971]

---

967 Siehe dazu B) III) 3).

968 *Schröder,* Keine Strafbarkeitsrisiken für verantwortungsvoll handelnde Geschäftsleiter, WM 2014, S. 100 (104).

969 BT-Drs. 17/13539, S. 6, Hervorhebung nicht im Original.

970 *Jahn,* Aufarbeitung der Finanzmarktkrise, S. 19 (24); *Wegner,* in: *Schork/Groß,* Bankstrafrecht, Rn. 676.

971 So *Goeckenjan,* Die neuen Strafvorschriften, wistra 2014, S. 201 (203); *van Kann/Rosak,* Der Regierungsentwurf des Trennbankengesetzes, BB 2013, S. 1475 (1482); *Kasiske,* Das Kapitalmarktstrafrecht, ZIS 2013, S. 257 (261); damit wird der Anwendungsbereich auf jeden Fall begrenzt *Hopt,* Die Verantwortlichkeit von Vorstand und Aufsichtsrat, ZIP 2013, S. 1793 (1805).

In Folge der Änderung wird angenommen, dass durch die nun erforderliche Anordnung dem Institutsleiter deutlich sei, was von ihm erwartet werde.[972] Daher wird auch in der Literatur weitestgehend vertreten, dass sich die verfassungsrechtlichen Bedenken mit der Einfügung des dritten Absatzes erledigt[973] oder zumindest entschärft hätten[974]. Der Gesetzgeber orientierte sich bei dieser Gesetzestechnik, wie bereits dargelegt, am Umweltstrafrecht aus den §§ 324 ff. StGB, in welchen bereits ein Fall der Verwaltungsakzessorietät im Strafrecht geregelt ist.[975] Dadurch, dass ein Zuwiderhandeln gegen die Anordnung erfolgen muss, kann der Geschäftsleiter auf die Auslegung der BaFin bezüglich der teils unbestimmten Begriffe in § 25c KWG vertrauen.[976] Damit werden den Geschäftsleitern nun verständliche Vorgaben gemacht, welche im Anschluss umgesetzt werden können.[977] Dies bedeutet für die Praxis, insbesondere für die Geschäftsleiter, eine gewisse Rechtssicherheit hinsichtlich der Strafandrohung des § 54a KWG.[978] Durch ein Befolgen der Anordnung entfällt das strafrechtliche Risiko.

Allerdings wird eine Strafnorm nicht dadurch bestimmt, dass es eine Möglichkeit für den Normadressaten gibt, der Strafandrohung zu entgehen. Ferner ist es gesetzestechnisch verfehlt, einem unbestimmten Straftatbestand erst auf der Ebene eines Strafausschließungsgrunds zu begegnen.[979] Gravierender werden diese Probleme, wenn für die Frage der Strafbarkeit nur noch auf die Voraussetzungen des dritten Absatzes abgestellt werden soll.[980]

---

972 *Lindemann*, in: *Boos/Fischer/Schulte-Mattler*, § 54a KWG Rn. 6; *Goeckenjan*, Die neuen Strafvorschriften, wistra 2014, S. 201 (203); *van Kann/Rosak*, Der Regierungsentwurf des Trennbankengesetzes, BB 2013, S. 1475 (1482).

973 *Wastl*, Trennbankengesetz, Strafrecht, verschärfte Sanktionen, WM 2013, S. 1401 (1406); so auch *Häberle*, in: *Erbs/Kohlhaas*, Strafrechtliche Nebengesetze, § 54a KWG, Rn. 3.

974 *Schröder*, Keine Strafbarkeitsrisiken für verantwortungsvoll handelnde Geschäftsleiter, WM 2014, S. 100 (104).

975 *Krause*, Symbolische Gesetzgebung, S. 113 (121); siehe dazu B) III) 3) a) aa) (3) (a).

976 *Cichy/Cziupka/Wiersch*, § 54a KWG n. F., NZG 2013, S. 846 (849).

977 *Krause*, Symbolische Gesetzgebung, S. 113 (122).

978 Vgl. *Cichy/Cziupka/Wiersch*, § 54a KWG n. F., NZG 2013, S. 846 (849), dort beschrieben als *safe harbour* für die Geschäftsleiter, die sich an die Anordnung halten.

979 *Schork/Reichling*, Der strafrechtliche Schutz des Risikomanagements durch das sog. Trennbankengesetz, CCZ 2013, S. 269 (271), siehe dazu B) III) 3) c).

980 Angedeutet wird dies bei *Cichy/Cziupka/Wiersch*, § 54a KWG n. F., NZG 2013, S. 846 (851).

Die verfassungsrechtlichen Probleme werden durch den dritten Absatz also nicht nur nicht gelöst, sondern noch verschärft.[981] Zunächst ist auf den Aspekt einzugehen, dass durch den dritten Absatz und der damit erforderlichen Anordnung weder Unklarheiten im ersten Absatz beseitigt noch erledigt wären. In diesem Zusammenhang ist das Verschleifungsverbot relevant, welches das Bundesverfassungsgericht in seinem bekannten Untreue-Beschluss[982] erstmals deutlich formuliert hat. Im Anschluss ist auf die Gewaltenteilung einzugehen, da die BaFin durch das mit dem dritten Absatz eingefügte Anordnungserfordernis einen Einfluss auf die Strafbarkeit hat.

aa) Verschleifungsverbot

Das Verschleifungsverbot ist eine Ausprägung des Bestimmtheitsgrundsatzes.[983] Nach dem Bundesverfassungsgericht müssen einzelne Tatbestandsmerkmale eine eigenständige tatbestandsbeschränkende Bedeutung zukommen und dürfen nicht mit anderen Merkmalen vermengt werden.[984]. Das Bundesverfassungsgericht formuliert dies wie folgt:

> *„Einzelne Tatbestandsmerkmale dürfen also auch innerhalb ihres möglichen Wortsinns nicht so weit ausgelegt werden, dass sie vollständig in anderen Tatbestandsmerkmalen aufgehen, also zwangsläufig mit diesen mitverwirklicht werden“*[985].

Dazu heißt es weiter, dass der Wille des Gesetzgebers zu berücksichtigen sei und die einzelnen Tatbestandsmerkmale selbstständig festgestellt werden müssten.[986] Dabei geht es nicht darum, dass ein bestimmter Sachverhaltsumstand nicht im

---

981 *Krause*, Symbolische Gesetzgebung, S. 113 (122).

982 *BVerfG* NJW 2010, S. 3209 ff.

983 *Dannecker/Bülte*, in: *Wabnitz/Janovsky/Schmitt*, Hdb. Wirtschafts- und Steuerstrafrecht, Kap. 1 Rn. 108a; *Bittmann*, Verschleifungsverbot, Quantifizierungsgebot und Pflichtwidrigkeit, wistra 2013, S. 1 (1); diskutierend, ob es nicht Teil des Analogieverbots ist, *Krell*, Das Verbot der Verschleifung, ZStW 126 (2014), S. 902 (908 f.).

984 *BVerfG* NJW 2010, S. 3209 (3211; 3212); begriffsprägend *Saliger*, Wider die Ausweitung des Untreuetatbestandes, ZStW 112 (2000), S. 563, vor allem ab S. 610 ff., worauf auch das Bundesverfassungsgericht sowohl terminologisch als auch inhaltlich verweist. Vor der Entscheidung gab es Kritik an der Verschmelzung der Tatbestandsmerkmale bei *Volk*, Untreue und Gesellschaftsrecht, S. 803 (805).

985 *BVerfG* NJW 2010, S. 3209 (3211), Hervorhebung nicht im Original.

986 *BVerfG* NJW 2010, S. 3209 (3215), dort war es das Nachteilsmerkmal, welches neben der erforderlichen Pflichtverletzung bei der Untreuestrafbarkeit statuiert ist. Dabei stellt das Vollendungserfordernis einen weiteren, aber nicht den einzigen Grund dar, warum die Voraussetzungen für sich genommen festzustellen sind.

konkreten Einzelfall zwei verschiedene Tatbestandsmerkmale ausfüllen kann, sondern darum, zu vermeiden, dass die abstrakte Auslegung zur Verschleifung führt.[987] Das Verschleifungsverbot bezieht sich demnach auf Tatbestandsmerkmale, welche für eine Strafbarkeit kumulativ gegeben sein müssen, sodass einzelne Merkmale nicht bereits in anderen zwangsläufig – automatisch – mitverwirklicht werden können und ihnen ein eigenständiger Gehalt verbleibt.[988]

Wenn es um den Willen des Gesetzgebers geht, ist zu beachten, dass er sich trotz der erkannten Problematik hinsichtlich des ersten Absatzes des § 54a KWG nicht dafür entschieden hat, die Voraussetzungen dahin gehend zu ändern, dass es allein auf eine Zuwiderhandlung gegen eine Anordnung der BaFin ankäme.[989] Zwar wurden die Voraussetzungen des § 54a KWG erweitert, aber durch die Bezeichnung als „Strafausschließungsgrund" wird der Wille erkennbar, dass der erste Absatz noch eine eigene und vor allem keine untergeordnete Bedeutung haben soll. Vor diesem Hintergrund ist der teilweise angenommene Automatismus bei der Auslegung des § 54a KWG kritisch zu sehen. Vielfach wird angenommen, hinsichtlich der Pflichtverletzung sei lediglich relevant, dass eine Anordnung der BaFin erlassen und dieser zuwidergehandelt wurde.[990] Dies wird von den Vertretern in der Literatur impliziert, die davon ausgehen, dass mit dem dritten Absatz die Problematik des Bestimmtheitsgebots gelöst worden sei.[991] Mit dieser Annahme nehmen sie keine Trennung der einzelnen Tatbestandsmerkmale vor.

Dem Verschleifungsverbot wird durch ein solches Verständnis nicht ausreichend Rechnung getragen. Die einzelnen Tatbestandsmerkmale sollen ihre eigene Kontur behalten und ihre eigene Bedeutung nicht einbüßen.[992] Eine Vermischung von Tatbestandsmerkmalen erhöht das Risiko für den Adressaten, nicht mehr erkennen zu können, welches Verhalten strafbar und welches straflos ist.[993] Sofern das betroffene Merkmal einen eigenständigen Beitrag zur

---

987 *Wagner,* Die Akzessorietät des Wirtschaftsstrafrechts, Rn. 635, verweisend auf *Bittmann,* Verschleifungsverbot, Quantifizierungsgebot und Pflichtwidrigkeit, wistra 2013, S. 1 (2), der dies hinsichtlich der Sachverhaltsumstände ausführt.

988 *BVerfG* NJW 2015, S. 2949 (2955); *Bittmann,* Verschleifungsverbot, Quantifizierungsgebot und Pflichtwidrigkeit, wistra 2013, S. 1 (2); *Krell,* Das Verbot der Verschleifung, ZStW 126 (2014), S. 902 (903).

989 Im Ergebnis auch *Brand,* Konfliktherde des § 54a KWG, ZVglRWiss 2014, S. 142 (159).

990 Vgl. *Cichy/Cziupka/Wiersch,* § 54a KWG n. F., NZG 2013, S. 846 (849 f.).

991 Siehe dazu die Nachweise in Fn. 994.

992 *Krell,* Das Verbot der Verschleifung, ZStW 126 (2014), S. 902 (905).

993 *Dannecker/Bülte,* in: *Wabnitz/Janovsky/Schmitt,* Hdb. Wirtschafts- und Steuerstrafrecht, Kap. 1 Rn. 108a.

Eingrenzung des jeweiligen strafrechtlich relevanten Verhaltens zu erbringen hat[994], liegt bei der Annahme eines solchen Automatismus ein Verstoß vor. Das ist bei dem hier infrage stehenden Tatbestandsmerkmal gegeben. Das Erfordernis eines Pflichtverstoßes nach § 54a Abs. 1 KWG hat das Potenzial, die Strafbarkeit einzuschränken, vor allem in den Fällen, in denen die BaFin fälschlicherweise von einem Mangel im Bereich des Risikomanagements ausgeht und bezüglich des vermeintlichen Mangels eine Anordnung erlässt.[995]

Die Vermischung des ersten und dritten Absatzes des § 54a KWG ist mit dem Verschleifungsverbot unvereinbar.[996] Es reicht daher nicht aus, dass der Normadressat durch die Einfügung des dritten Absatzes und die dadurch erforderliche Anordnung nun erkennen kann, dass sein Verhalten strafrechtlich relevant ist. Nach Art. 103 Abs. 2 GG ist es erforderlich, dass jede Strafbarkeitsvoraussetzung für sich bestimmt ist, sodass sich nichts daran ändert, dass der objektive Tatbestand unbestimmt bleibt.[997] Zudem wäre es auch gesetzestechnisch verfehlt, einen unbestimmten Tatbestand erst auf der Ebene eines „Strafausschließungsgrunds" einzuschränken.[998] Damit wird die in § 54a Abs. 1 KWG normierte Pflicht nicht durch den dritten Absatz inhaltlich konkretisiert.[999] Außerdem bezieht sich die Anordnungsbefugnis der BaFin nach § 25c Abs. 4c KWG auf Verstöße gegen § 25c Abs. 4a und 4b KWG und damit bleibt die Frage der materiellen Richtigkeit der Anordnung immer noch an die unbestimmten Rechtsbegriffe des § 25c Abs. 4a und 4b KWG gebunden.[1000] Das bedeutet, sofern der Geschäftsführer eines Instituts die Anforderungen der § 25c Abs. 4a und 4b KWG grundsätzlich erfüllt, während die BaFin anderer Ansicht ist und deswegen eine Anordnung nach § 25c Abs. 4c KWG erlässt, bleibt der Institutsleiter auch dann straflos, wenn er der Anordnung nicht Folge leistet und deshalb eine Bestandsgefährdung des Instituts eintritt.[1001]

---

994 So *Krell*, Das Verbot der Verschleifung, ZStW 126 (2014), S. 902 (906).

995 Vgl. *Brand*, Konfliktherde des § 54a KWG, ZVglRWiss 2014, S. 142 (158 f.).

996 So auch: *Brand*, Konfliktherde des § 54a KWG, ZVglRWiss 2014, S. 142 (158 f.).

997 *Ahlbrecht*, Banken im strafrechtlichen Regulierungsfokus, BKR 2014, S. 98 (102).

998 *Schork/Reichling*, Der strafrechtliche Schutz des Risikomanagements durch das sog. Trennbankengesetz, CCZ 2013, S. 269 (271).

999 *Ahlbrecht*, Banken im strafrechtlichen Regulierungsfokus, BKR 2014, S. 98 (102).

1000 *Krause*, Symbolische Gesetzgebung, S. 113 (122).

1001 *Brand*, Konfliktherde des § 54a KWG, ZVglRWiss 2014, S. 142 (159), verweisend auf *Cichy/Cziupka/Wiersch*, § 54a KWG n. F., NZG 2013, S. 846 (852), die der Ansicht sind, der Pflichtverstoß müsse in einer Zuwiderhandlung gegen eine Anordnung der BaFin liegen. Vergleichbar auch bei *Lindemann*, in: *Boos/Fischer/Schulte-Mattler*, § 54a KWG Rn. 24.

Auch wird § 54a KWG nicht dadurch bestimmter, dass der Begriff der Tathandlung ausgetauscht wurde. Zum Teil wurde jedoch angenommen, dass die Bedenken gegen § 54a Abs. 1 KWG dadurch ausgeräumt seien, dass das ursprüngliche „sicherstellen" durch eine „Sorge zu tragen" im ersten Absatz ausgetauscht worden sei[1002] und dadurch ein Bemühen, die Vorgaben des § 25c Abs. 4a und 4b KWG umzusetzen, ausreiche.[1003] Der Austausch der Begrifflichkeiten betrifft jedoch lediglich die Tathandlung und nicht den Pflichtenkatalog, auf den sich die Tathandlung bezieht. Da es sich hierbei um zwei unterschiedliche Tatbestandsvoraussetzungen handelt, kann eine vermeintliche Konkretisierung eines Merkmals nicht zur Bestimmtheit eines anderen beitragen.

Die Tatbestandsmerkmale des ersten Absatzes sind zueinander und im Verhältnis zum dritten Absatz des § 54a KWG für sich genommen festzustellen.

bb) Neuer Konflikt: Gewaltenteilung

Der dritte Absatz des § 54a KWG verursacht aber noch ein anderes Problem hinsichtlich des Art. 103 Abs. 2 GG, und zwar dadurch, dass die BaFin strafbegründend entscheidet[1004], ob ein Versäumnis im Bereich des Risikomanagements gegeben ist.[1005]

Der Gesetzesvorbehalt in Art. 103 Abs. 2 GG stellt sicher, dass der Legislative die Entscheidung über die Strafbarkeit eines bestimmten Verhaltens vorbehalten bleibt und diese nicht im Nachhinein von der Exekutive oder der Judikative getroffen wird.[1006] Das Verhältnis ist hierbei durch den Gewaltenteilungsgrundsatz bestimmt.[1007] Nach der Wesentlichkeitstheorie reicht es jedoch aus, wenn der parlamentarische Gesetzgeber alle Fragen, die grundrechtsrelevant sind, und daher auch die wesentlichen Voraussetzungen staatlicher Eingriffe selbst regelt.[1008]

1002 Siehe dazu B) III) 1) c).

1003 So aber *Brand,* Konfliktherde des § 54a KWG, ZVglRWiss 2014, S. 142 (151).

1004 Siehe dazu B) III) 3) a) aa) (2).

1005 *Kasiske,* Das Kapitalmarktstrafrecht, ZIS 2013, S. 257 (261); kritisch dazu auch *Ahlbrecht,* Banken im strafrechtlichen Regulierungsfokus, BKR 2014, S. 98 (102).

1006 *Radtke,* in: *Epping/Hilgruber,* Grundgesetz, Art. 103 Rn. 23; so auch *BVerfG* NJW 1989, S. 1663 (1663); *Lagodny,* Strafrecht vor den Schranken der Grundrechte, S. 16; siehe dazu auch *BVerfGE* 71, S. 108 (114).

1007 *BVerfG* NJW 1989, S. 1663 (1663).

1008 *BVerfG* NJW 1991, S. 1471 (1472); NVwZ 2015, 1279 (1280); *Lagodny,* Strafrecht vor den Schranken der Grundrechte, S. 16.

Fraglich ist, ob dies im Falle des § 54a KWG berücksichtigt wurde. In der Literatur wird angenommen, dass der dritte Absatz die Vorhersehbarkeit ermögliche, jedoch gegen das Prinzip der Gewaltenteilung verstoße, da der BaFin die Strafbarkeitsentscheidung überlassen werde.[1009] Begründet wird die Annahme des Verstoßes damit, dass die BaFin mit der Anordnung erst das tatbestandliche Moment setze, dessen Missachtung pönalisiert werde.[1010] Die Kritik hat Bestand, wenn man dem Verschleifungsverbot entsprechend zwischen dem ersten und dritten Absatz des § 54a KWG trennt. Die Pflichtverletzung in § 54a Abs. 1 KWG wird isoliert bestimmt, aber Gleiches gilt für die Anordnung i. S. des § 54a Abs. 3 KWG, ohne die es nicht zu einer Strafbarkeit kommen kann.

Im Ansatz abzulehnen ist hingegen die Annahme eines Verstoßes gegen den Gewaltenteilungsgrundsatz aufgrund der Feststellungskompetenz der BaFin hinsichtlich einer Bestandsgefährdung. Ursprünglich war diese Kompetenz in § 48b Abs. 3 KWG geregelt und ist nun in § 62 Abs. 2 SAG normiert. Ein Strafrichter wäre ohnehin nicht an diese Feststellung gebunden gewesen.[1011] Sie hätte lediglich als Orientierung dienen können. Eine Zuständigkeitskonzentration bei einer Behörde, die nicht mit dem in Art. 103 Abs. 2 GG normierten Gesetzesvorbehalt und dem dahinterstehenden Gewaltenteilungsgrundsatz vereinbar wäre, ist deshalb in diesem Ausmaß nicht gegeben.[1012]

Zusätzliche Bedenken hinsichtlich der Vereinbarkeit mit Art. 103 Abs. 2 GG entstehen aufgrund des eingeräumten Beurteilungs- und Ermessensspielraums aber grundsätzlich bei Straftatbeständen[1013], die abhängig von einer Einzelanordnung einer Verwaltungsbehörde sind.[1014] Dabei ist es prinzipiell mit der Verfassung vereinbar, eine Strafandrohung an die Verstöße gegen Verwaltungsakte zu knüpfen.[1015] Früher wurde die Verwendung des Verwaltungsakts damit begründet, dass die Alternative unbestimmte Rechtsbegriffe[1016] oder Verweisungen auf Spezialgesetze mit unbestimmten Rechtsbegriffen seien[1017]. Der Vorteil des Verwaltungsakts gegenüber der Verwendung von unbestimmten Rechtsbegriffen,

---

1009 Siehe dazu *Lindemann*, in: *Boos/Fischer/Schulte-Mattler*, § 54a KWG Rn. 5.

1010 *Ahlbrecht*, Banken im strafrechtlichen Regulierungsfokus, BKR 2014, S. 98 (99).

1011 Siehe dazu B) III) 1) d) bb) (6).

1012 So der Vorwurf von *Kasiske*, Das Kapitalmarktstrafrecht, ZIS 2013, S. 257 (261).

1013 Siehe dazu B) II).

1014 Siehe dazu *Schall*, Umweltschutz durch Strafrecht, NJW 1990, S. 1263 (1266) m. w. N.

1015 Siehe etwa *BVerfG* NJW 1989, S. 1663 (1664); *Remmert*, in: *Maunz/Dürig*, GG, Art. 103 Abs. 2 Rn. 118 f.

1016 *Kühl*, Probleme der Verwaltungsakzessorietät des Strafrechts, S. 815 (839).

1017 *Winkelbauer*, Zur Verwaltungsakzessorietät des Umweltstrafrechts, S. 36.

dass ansonsten die richterliche Rechtsanwendung und die Orientierungssicherheit des Bürgers erschwert wären, besteht unverändert.[1018]

Art. 103 Abs. 2 GG verlangt jedoch aus dem Gedanken der parlamentarischen Steuerungsverpflichtung eine sogenannte abstrakte Bestimmtheit, wonach das Gesetz selbst sowohl Typus als auch Regelungsumfang des Verwaltungsakts zumindest soweit festlegt, wie der Verstoß gegen die entsprechende Verhaltenspflicht strafbewehrt werden soll.[1019] Denn es kann nicht der Exekutive überlassen werden, durch die Ausgestaltung des Verwaltungsaktinhalts auf Inhalt und Umfang der Strafbarkeit Einfluss zu nehmen.[1020] Der Gesetzgeber muss die Verbotsmaterie daher zumindest in Grundzügen in einem förmlichen Gesetz umschrieben haben und lediglich gewisse Spezifizierungen können der Behörde bei Erlass des Verwaltungsakts überlassen werden.[1021] Das bedeutet, dass Exekutivblankette nur in Betracht kommen, wenn sie einen bereits vollständigen gesetzlichen Straftatbestand konkretisieren.[1022] Anderenfalls wird entgegen Art. 103 Abs. 2 GG die Strafbarkeit durch die Verwaltung und nicht durch das Gesetz bestimmt.[1023]

Im Unterschied zu § 15 Abs. 2 lit. a FAG a. F., welcher in einer Entscheidung des Bundesverfassungsgerichts für verfassungswidrig erklärt wurde[1024], enthält das KWG zahlreiche Vorgaben hinsichtlich der Anordnung. Allerdings erscheint es im Falle des § 54a KWG mehr als fraglich, ob die Merkmale in § 25c KWG dazu geeignet sind, die Anordnungsmöglichkeit des § 25c Abs. 4c KWG entsprechend zu begrenzen. Der Tatbestand müsste abgesehen von der Anordnung ausreichend klar sein, sodass im Ergebnis das Handeln der Behörde darauf beschränkt wäre, einen bestimmten Verwaltungsakt zu erlassen, gegen welchen der Täter verstoßen muss.[1025] Diese Begrenzung wird in Teilen der Literatur angenommen und mit dem umfangreichen Katalog in § 25c Abs. 4a und Abs. 4b KWG begründet. Danach bestünde kein Konflikt mehr mit dem Gesetzlichkeitsprinzip.[1026]

1018 Siehe dazu *Kühl*, Probleme der Verwaltungsakzessorietät des Strafrechts, S. 815 (839).
1019 *Remmert*, in: *Maunz/Dürig*, GG, Art. 103 Abs. 2 Rn. 118.
1020 Vgl. *Remmert*, in: *Maunz/Dürig*, GG, Art. 103 Abs. 2 Rn. 118.
1021 *BVerfG* NJW 1989, S. 1663 (1663).
1022 *Bülte*, Blankette und normative Tatbestandsmerkmale, JuS 2015, S. 769 (772).
1023 *Bülte*, Blankette und normative Tatbestandsmerkmale, JuS 2015, S. 769 (771).
1024 Siehe *BVerfG* NJW 1989, S. 1663 (1663 f.).
1025 *Winkelbauer*, Zur Verwaltungsakzessorietät des Umweltstrafrechts, S. 14.
1026 *Goeckenjan*, Die neuen Strafvorschriften, wistra 2014, S. 201 (203).

Dagegen spricht auf der anderen Seite, dass aufgrund der Prinzipienorientierung der in Bezug genommenen Pflichten ein möglicher Regelungsinhalt einer Anordnung der BaFin weder § 54a Abs. 3 KWG noch der Befugnisnorm des § 25c Abs. 4c KWG zu entnehmen ist.[1027] Der Pflichtenkatalog des § 25c Abs. 4a und 4b KWG ist nicht präzise beschrieben, sodass die Aufsichtsbehörde hier einen Spielraum hat und selbst entscheiden kann, welche Mängel im Risikomanagement strafrechtlich zu verfolgen sind und welche nicht.[1028] Das bedeutet, dass der Verwaltung eine mit Art. 103 Abs. 2 GG nicht vereinbare selbstständige Definitionsmacht hinsichtlich der Frage nach Strafbarkeit eines Verhaltens eingeräumt ist.[1029] Verfassungsrechtlich problematisch ist hierbei, dass von den „geeigneten Maßnahmen" der BaFin die Rede ist.[1030] Nach § 25c Abs. 4c KWG steht der BaFin zusätzlich ein Ermessen zu. Dieses ist gemäß § 40 VwVfG zwar pflichtgemäß auszuüben, wobei sich die Gesetzmäßigkeit der Verwaltung bereits aus Art. 20 Abs. 3 GG ergibt.[1031] Damit bleibt der BaFin aber überlassen, welche Maßnahmen als geeignet und zweckmäßig erachtet werden.

Einzuräumen ist allerdings, dass trotz dieser gesetzestechnischen Unzulänglichkeiten die Einführung dem Normadressaten insoweit geholfen hat, als er anhand der an ihn gerichteten Anordnung zumindest das Strafbarkeitsrisiko erkennen kann.[1032] Denn auch wenn die Anordnung der BaFin für die Strafgerichte nicht verbindlich ist, können die Geschäftsleiter sich insoweit darauf verlassen, als sie einer Strafbarkeit nach § 54a KWG entgehen können, indem sie der Anordnung Folge leisten.[1033] Insofern hat das Erfordernis der Anordnung eine gewisse Vorhersehbarkeit für die Normadressaten geschaffen.

Problematisch wird es allerdings, wenn der Anordnung nicht Folge geleistet werden soll, weil sie für rechtswidrig gehalten wird. Die entscheidende Frage, ob ein bestimmtes Verhalten strafbewehrt ist, kann der Normadressat nur dann sicher beurteilen, sobald die BaFin im Einzelfall eine entsprechende Anordnung erlassen hat.[1034] Das liegt daran, dass die BaFin immer noch den Inhalt der Risikomanagementpflichten festlegt und im Anschluss entscheidet, ob den

---

1027 *Ahlbrecht*, Banken im strafrechtlichen Regulierungsfokus, BKR 2014, S. 98 (102).

1028 *Krause*, Symbolische Gesetzgebung, S. 113 (122).

1029 *Krause*, Symbolische Gesetzgebung, S. 113 (123).

1030 So etwa *Wegner*, in: *Schork/Groß*, Bankstrafrecht, Rn. 676.

1031 Siehe *Sachs* in: *Stelkens/Bonk/Sachs*, VwVfG, § 40 Rn. 12.

1032 *Goeckenjan*, Die neuen Strafvorschriften, wistra 2014, S. 201 (203), *Kasiske*, Das Kapitalmarktstrafrecht, ZIS 2013, S. 257 (261).

1033 *Cichy/Cziupka/Wiersch*, § 54a KWG n. F., NZG 2013, S. 846 (849).

1034 *Ahlbrecht*, Banken im strafrechtlichen Regulierungsfokus, BKR 2014, S. 98 (102).

aufgestellten Anforderungen genügt worden ist.[1035] Das hat im Ergebnis zur Folge, dass die BaFin die Entscheidung trifft, ob ein Versäumnis im Bereich des Risikomanagements die Grenze zur Strafbarkeit überschreitet.[1036]

Da zusätzlich die Voraussetzungen § 54a Abs. 1 KWG vorliegen müssen, wird angenommen, dass der Entscheidung der BaFin kein rechtssatzvertretenden Charakter zukomme.[1037] Jedoch wird auch umgekehrt vertreten, dass die Entscheidung eine konstitutive Wirkung habe.[1038] Für eine Strafbarkeit ist es entscheidend, dass eine entsprechende Anordnung ergeht. Ein rechtssatzvertretender Charakter ließe sich nur ablehnen, wenn der Behörde bei der Entscheidung kein Ermessen zukäme.[1039] Zwar ist die BaFin an die Vorgaben des § 25c Abs. 4a und 4b KWG gebunden, dennoch ergibt sich aus dem Wortlaut des § 25c Abs. 4c KWG, dass ihr ein Ermessen zusteht. Auch wenn zwischen den Voraussetzungen des ersten und dritten Absatzes des § 54a KWG zu unterscheiden ist und der Handlungsspielraum hinsichtlich der Strafbarkeitsentscheidung der Behörde begrenzt ist, verbleibt ein eigenständiger Beurteilungsspielraum der BaFin. Dieser Spielraum besteht auch, wenn bei der Ausübung des Ermessens der Grundsatz der Verhältnismäßigkeit beachtet wird.

Fraglich ist, ob ein Verstoß gegen den Gewaltenteilungsgrundsatz verneint werden kann, weil die Entscheidung der BaFin letztlich durch die Strafgerichte überprüfbar ist. Eine solche Überprüfbarkeit wird zwar zum Teil nicht für erforderlich gehalten, da in manchen Bereichen eine enge Verzahnung unvermeidlich sei.[1040] Auf der anderen Seite wird vertreten, dass der den Behörden eingeräumte Handlungsspielraum nur dann vertretbar sei, wenn der Strafrichter an die Feststellungen der Verwaltung nicht ohne Weiteres gebunden sei.[1041] Dies ist vor dem Hintergrund zu betrachten, dass die BaFin bereits vor der Einführung des § 54a KWG erheblichen Einfluss auf die Ermittlungstätigkeiten der Staatsanwaltschaft hatte.[1042] Die Verantwortung bei der Feststellung der Voraussetzungen des

---

1035 *Ahlbrecht,* Banken im strafrechtlichen Regulierungsfokus, BKR 2014, S. 98 (102).

1036 *Ahlbrecht,* Banken im strafrechtlichen Regulierungsfokus, BKR 2014, S. 98 (102).

1037 Vgl. *Winkelbauer,* Zur Verwaltungsakzessorietät des Umweltstrafrechts, S.35.

1038 *Krause,* Symbolische Gesetzgebung, S. 113 (122); siehe zu der vergleichbaren Problematik im Umweltstrafrecht *Winkelbauer,* Zur Verwaltungsakzessorietät des Umweltstrafrechts, S. 35.

1039 Vgl. *Kühl,* Probleme der Verwaltungsakzessorietät des Strafrechts, S. 815 (834 f.).

1040 Vgl. *BVerfG* NJW 1990, S. 37 (39).

1041 Zur Parallele im Umweltstrafrecht *Kühl,* Probleme der Verwaltungsakzessorietät des Strafrechts, S. 815 (842).

1042 Siehe dazu *Feigen,* Strafjustiz durch die BaFin?, S. 466 (478 f.).

§ 54a KWG liegt durch die Anordnungskompetenz bei der BaFin und darf nicht unterschätzt werden.[1043] Ein solcher Streitentscheid ist auch nicht aufgrund der sonst gerichtlich festzustellenden Voraussetzungen von § 54a KWG obsolet.

Dadurch, dass es sich bei der Verletzung der Sorgetragungspflichten um eine Tatbestandsvoraussetzung handelt, auf die sich die Anordnung bezieht, muss das Gericht unabhängig von der Anordnung feststellen, ob eine entsprechende Verletzung des § 25c Abs. 4a oder 4b KWG vorlag. Es handelt sich um eine Voraussetzung der Strafbarkeit nach § 54a Abs. 1 KWG. Auf die gleiche Pflichtverletzung hat sich auch die Anordnung nach § 54a Abs. 3 KWG zu beziehen. Das hat zur Folge, dass lediglich die Ausübung des Ermessens nicht durch den Strafrichter ohne Weiteres überprüft werden würde.

Es ist allerdings nicht nur die Anordnung an sich relevant, sondern es bedarf einer Zuwiderhandlung nach § 54a Abs. 3 KWG, welche für die Bestandsgefährdung auch kausal sein muss. Für die Feststellung dieser Voraussetzung ist daher eine Auseinandersetzung mit der Anordnung erforderlich. Gerade in einem solch komplexen Bereich wie dem Risikomanagement erweist sich eine solche Feststellung als diffizil. Auf diese Weise würde sich auch in begrenztem Umfang Ermessensfehlern begegnen lassen. Das bedeutet hinsichtlich der Mängel im Risikomanagement, dass das Gericht für die Tatbestandsvoraussetzungen nach § 54a Abs. 1 KWG festzustellen hat, welche Mängel bestanden. Für § 54a Abs. 3 KWG muss feststehen, worauf sich die Anordnung bezog, ob hier eine Zuwiderhandlung gegeben ist und ob diese kausal für die Bestandsgefährdung ist.

Unabhängig also von der Streitfrage, ob der Strafrichter die Anordnung vollständig überprüfen soll oder nicht, hat der Strafrichter bei § 54a KWG grundsätzlich die wesentlichen Voraussetzungen der Anordnung selbst festzustellen. Das ändert jedoch nichts daran, dass die Anordnung für die Strafbarkeit erforderlich ist und es im Ermessen der BaFin steht, diese zu erlassen.[1044] Die BaFin entscheidet über eine notwendige Voraussetzung für die Strafbarkeit nach § 54a KWG, da ohne eine solche Anordnung im Sinne des § 54a Abs. 3 KWG jedenfalls keine Strafbarkeit in Betracht kommt. Die Streitfrage hinsichtlich der Überprüfbarkeit ist daher zu klären.

Für § 54a KWG ist aufgrund des vorherigen Einflusses der BaFin im Bankaufsichtsrecht eine vollständige Überprüfung der Anordnung zu befürworten. Da die Anordnung des dritten Absatzes an die Voraussetzungen von § 54a Abs. 1 KWG anknüpft, dürfte die vollständige Überprüfbarkeit auch dem Willen des

1043 *Goeckenjan,* Die neuen Strafvorschriften, wistra 2014, S. 201 (205).

1044 Vgl. *Kasiske,* Das Kapitalmarktstrafrecht, ZIS 2013, S. 257 (261).

Gesetzgebers entsprechen. Durch die vollständige Überprüfbarkeit durch die Strafgerichte kann Bedenken hinsichtlich der Gewaltenteilung begegnet werden, was ebenfalls im Interesse des Gesetzgebers liegen dürfte. Die BaFin hat zwar einen Einfluss auf eine etwaige Strafbarkeit, allerdings ist ihre Anordnung vollständig überprüfbar. Der dritte Absatz ist mit dem Gewaltenteilungsgrundsatz vereinbar, sofern eine vollständige strafrichterliche Überprüfung stattfindet.

cc) Zwischenergebnis

Die Bedenken hinsichtlich des Bestimmtheitsgrundsatzes können demnach nicht durch den dritten Absatz beseitigt werden. Die Anforderungen des ersten und dritten Absatzes des § 54a KWG sind eigenständig und getrennt voneinander zu betrachten. Ein Verstoß gegen den Gewaltenteilungsgrundsatz lässt sich im Falle einer vollständigen gerichtlichen Überprüfung nicht begründen. Jedoch hat die gerichtliche Überprüfung der Anforderungen an den unscharfen Begrifflichkeiten des § 25c Abs. 4a und 4b KWG zu erfolgen.[1045] Das bedeutet, dass die Anordnung ebenfalls nicht dazu geeignet ist, die Vorgaben des § 54a KWG ausreichend zu konkretisieren. Allerdings gibt es noch eine andere Möglichkeit, die sich aus der Rechtsprechung des Bundesverfassungsgerichts ergibt.

d) Hohe Hürden des Bundesverfassungsgerichts

Auch wenn eine Norm vom Wortlaut her noch nicht ausreichend konkretisiert ist, ist es möglich, dass sie dennoch als verfassungskonform bewertet werden kann.

aa) Anforderungen für eine noch hinreichende Bestimmtheit

Es reicht aus, wenn das Risiko einer Strafbarkeit für den Normadressaten erkennbar ist.[1046] Das Kriterium der Erkennbarkeit ist gegeben, wenn eine Konkretisierung durch die Rechtsprechung bereits eingetreten, aber auch wenn eine solche Konkretisierung zu erwarten ist.[1047]

Interessant ist diese Ansicht vor dem Hintergrund, dass eine Konkretisierung durch die Exekutive abgelehnt wird, hingegen eine solche der Judikative überlassen werden kann. Es wird zwar davon ausgegangen, dass die konkretisierende

---

1045 *Krause*, Symbolische Gesetzgebung, S. 113 (122).

1046 Siehe dazu B) IV) 2) b).

1047 Vgl. *BVerfG* NJW 2010, S. 3209 (3211), dort als Präzisierungsgebot bezeichnet; aber auch *Nolte*, in: *v. Mangoldt/Klein/Starck*, GG, Art. 103 Abs. 2 Rn. 141.

Judikatur nicht selbst an der Legitimationskraft des Gesetzes teilhabe.[1048] Dies überzeugt jedoch nicht vollends. Es lässt sich nicht abstreiten, dass der Strafrichter im Bereich der unbestimmten Rechtsbegriffe eine teilweise vom Gesetzgeber preisgebende Rechtssetzungsbefugnis wahrnimmt, indem er dessen Begriffe konkretisieren soll.[1049] Es ist aber als kritisch zu betrachten, dass die Legislative der Judikative die Konkretisierung für zu weit gefasste Gesetze überlässt und von ihr erwartet, dass sie einen vernünftigen Anwendungsbereich bestimmen wird.[1050] Andererseits soll nicht unerwähnt bleiben, dass dort die institutionellen Vorkehrungen, wie die richterliche Unabhängigkeit und die Verfahrensgarantien, die Einbußen an gesetzlicher Bestimmtheit ausgleichen, und die Beeinträchtigung der Gewaltenteilung durch die rechtsprechungsinternen Kontrollmechanismen und Machthemmnisse einigermaßen aufgefangen werden.[1051] Außerdem bildet selbstverständlich der Wortlaut die äußerste Grenze der Auslegung.[1052] Das bedeutet allerdings nicht, dass diese Grenzen der richterlichen Rechtsfortbildung eindeutig erkennbar wären.[1053] Dennoch ist es in diesem Zusammenhang grundsätzlich zulässig, wenn der Gesetzgeber sich gegen eine detaillierte Tatbestandsstruktur entscheidet und dadurch die Möglichkeit besteht, Besonderheiten des Einzelfalls berücksichtigen zu können.[1054] Die Frage ist daher, ob das Präzisierungsgebot des Bundesverfassungsgerichts[1055] dafür Sorge tragen kann, dass § 54a KWG nicht gegen Art. 103 Abs. 2 GG verstößt. Nur wenn die vorgegebenen Voraussetzungen im Falle des § 54a KWG eingehalten worden sind, ist die Norm verfassungsgemäß.

Wie bereits erwähnt, führt das Bundesverfassungsgericht hinsichtlich der Bestimmtheit in ständiger Rechtsprechung aus, dass Generalklauseln oder unbestimmte, wertausfüllungsbedürftige Begriffe im Strafrecht nicht zu beanstanden sind, wenn die Norm mithilfe der üblichen Auslegungsmethoden eine zuverlässige Grundlage für ihre Auslegung und Anwendung bietet oder wenn sie eine gefestigte Rechtsprechung übernimmt und daraus hinreichende Bestimmtheit

---

1048 *Bülte*, Blankette und normative Tatbestandsmerkmale, JuS 2015, S. 769 (775).

1049 So bereits *Kühl*, Probleme der Verwaltungsakzessorietät des Strafrechts, S. 815 (840) m. w. N.

1050 Siehe *Volk*, Über strafrechtliche Kontrolle und Systemrelevanz, S. 177 (179).

1051 *Kühl*, Probleme der Verwaltungsakzessorietät des Strafrechts, S. 815 (840 f.)

1052 *BVerfG* NJW 2010, S. 3209 (3211).

1053 *Kempf/Schilling*, Revisionsrichterliche Rechtsfortbildung in Strafsachen, NJW 2012, S. 1849 (1851).

1054 *BVerfG* NJW 2010, S. 3209 (3218).

1055 Siehe dazu *BVerfG* NJW 2010, S. 3209 (3211).

gewinnt.[1056] Ferner sind auch Begriffe, die der Konkretisierung bedürfen, nicht ausgeschlossen.[1057] Nach dem Präzisierungsgebot des Bundesverfassungsgerichts ist die Rechtsprechung gehalten, verbleibende Unklarheiten über den Anwendungsbereich einer Norm durch Präzisierung und Konkretisierung im Wege der Auslegung nach Möglichkeit auszuräumen.[1058] Eine besondere Bedeutung hat diese Aufgabe seitens der Rechtsprechung bei solchen Tatbeständen, welche der Gesetzgeber im Rahmen des Zulässigen entsprechend unscharf gefasst hat.[1059] Bedenken wegen der Weite eines Tatbestands soll dadurch begegnet werden, dass die Rechtsprechung den Bedeutungsgehalt einengt.[1060]

Eine vergleichbare Ansicht vertritt der EGMR, wenn es um die Feststellung der Unbestimmtheit eines Straftatbestands geht. In Art. 7 MRK ist das Gesetzlichkeitsprinzip und damit einhergehend auch der Bestimmtheitsgrundsatz normiert. In der Entscheidung „Soros/Frankreich" hat der EGMR unter anderem bestätigt, dass die Folgen eines Verhaltens auch dann noch vorhersehbar seien, wenn der Betroffene zunächst Rechtsrat einzuholen hat, um die Folgen seines Verhaltens abschätzen zu können.[1061] Das bedeutet, dass das Vorhersehbarkeitsrisiko auf den Adressaten der Strafbestimmung verschoben wird.[1062] Nach der Entscheidung hängt der Begriff der Vorhersehbarkeit vom Inhalt der Vorschrift ab, um die es geht, dem Sachbereich der Regelung sowie der Anzahl und dem Kreis der Personen, an die sie sich richtet.[1063] Das soll insbesondere für Personen gelten, die es gewohnt sind, bei ihrer Arbeit besonders sorgfältig zu agieren.[1064] Von diesem Personenkreis könne erwartet werden, dass er die eingehenden Risiken vorher genau prüfe.[1065] Ferner seien Zweifel an der Bestimmtheit kein Grund für die Annahme eines Verstoßes gegen Art. 7 MRK, da es Aufgabe der Gerichte sei, solche Zweifel auszuräumen.[1066] Es besteht eine weitere Verschärfung für den Normadressaten, denn in diesem Zusammenhang wird davon ausgegangen,

---

1056 Siehe erneut die Nachweise in Fn. 885.
1057 *BVerfG* NJW 2010, S. 3209 (3211); bestätigt in *BVerfG* NJW 2016, S. 3648 (3650).
1058 *BVerfG* NJW 2010, S. 3209 (3211).
1059 *BVerfG* NJW 2010, S. 3209 (3211).
1060 Vgl. *BVerfG* NJW 2010, S. 3209 (3211) m. w. N.
1061 *EGMR* NZG 2012, S. 1229 (1230); für weitere Beispiele *Safferling*, Bestimmt oder nicht bestimmt, NStZ 2011, S. 376 (377 Fn. 13).
1062 *Hammen*, Insiderstrafrecht und Bestimmtheitsgebot, ZIS 2014, S. 303 (307).
1063 *EGMR* NZG 2012, S. 1229 (1230).
1064 *EGMR* NZG 2012, S. 1229 (1230).
1065 *EGMR* NZG 2012, S. 1229 (1230).
1066 *EGMR* NZG 2012, S. 1229 (1230).

falls noch keine konkretisierende Rechtsprechung bestehe, an welcher sich der Adressat orientieren könnte, habe dieser erst recht vorsichtig zu sein.[1067] Insgesamt sind damit sämtliche Risiken der Unbestimmtheit auf den jeweiligen Normadressaten verschoben. Für den Gesetzgeber bedeutet diese Verschiebung eine größere Freiheit bei der Formulierung von Gesetzen. Diese Lockerung hat sich das Bundesverfassungsgericht bisher noch nicht zu eigen gemacht.

Im Vergleich wird deutlich, dass das an die Rechtsprechung gerichtete Präzisierungsgebot des Bundesverfassungsgerichts engere Anforderungen an das Vorhersehbarkeitskriterium stellt als der EGMR.[1068]

Die Entscheidung des Bundesverfassungsgerichts zur Untreue im Jahr 2010 wurde in der Literatur unterschiedlich bewertet. Auf der einen Seite wurde angenommen, dass damit Strafrechtsgeschichte geschrieben worden sei[1069], auf der anderen Seite konstatiert, dass die bisherigen Anforderungen lediglich neu formuliert worden seien und sich wenig ändern werde[1070]. Entweder ist mit dem Präzisierungsgebot gemeint, dass die Gerichte bei der Konkretisierung der Gesetze eine konstitutive Rolle einnehmen[1071], oder es bedeutet, dass die Rechtsprechung bei Zweifeln zu einer verfassungskonformen restriktiven Auslegung verpflichtet sei.[1072] Nach beiden Ansichten geht es jedenfalls darum, die Entscheidung des Gesetzgebers anzupassen.

Mit der Entscheidung weicht das Bundesverfassungsgericht zumindest von seinem bisherigen Kurs ab und stellt das Präzisierungsgebot auf einen Rang mit dem Analogieverbot[1073]. Ob hierin eine neue Tendenz zu sehen ist, ist fraglich. Inhaltlich handelt es sich vor allem um eine neu formulierte Mahnung, dass die Gerichte bei weit gefassten Tatbeständen angehalten sind, diese verfassungskonform und restriktiv auszulegen.[1074] Die Konkretisierung der Rechtsprechung zu überlassen, erscheint in Teilen als einzig realistische Lösung und ist eine

---

1067 *EGMR* NZG 2012, S. 1229 (1230).

1068 So auch *Safferling*, Bestimmt oder nicht bestimmt, NStZ 2011, S. 376 (376 f.).

1069 *Saliger*, Das Untreuestrafrecht auf dem Prüfstand der Verfassung, NJW 2010, S. 3195 (3196); ebenfalls die Wichtigkeit der Entscheidung betonend *Safferling*, Bestimmt oder nicht bestimmt, NStZ 2011, S. 376 (376); ähnlich *Dierlamm*, in: Münchener Kommentar zum StGB, § 266 Rn. 14.

1070 Vgl. *Krüger*, Neues aus Karlsruhe zu Art. 103 II GG und § 266 StGB, NStZ 2011, S. 369 (370).

1071 *Kuhlen*, Gesetzlichkeitsprinzip und Untreue, JR 2011, S. 246 (249).

1072 So auch *Hüls*, Bestimmtheitsgrundsatz, NZWiSt 2012, S. 12 (13).

1073 Siehe dazu *Kuhlen*, Gesetzlichkeitsprinzip und Untreue, JR 2011, S. 246 (253).

1074 *Kraatz*, Der Untreuetatbestand ist verfassungsgemäß, JR 2011, S. 434 (435).

Konsequenz aus einer Einsicht, welche in der juristischen Methodenlehre seit Langem anerkannt ist.[1075] Bei einem kodifizierten Rechtssystem ist es nachvollziehbar, dass die Rechtsprechung, aber auch die Wissenschaft dazu beitragen, die Normen zu konkretisieren, und dass dieser Vorgang bis zu einem gewissen Maße systemimmanent ist.[1076]

Von diesem Standpunkt aus betrachtet, handelt es sich bei dem Präzisierungsgebot aber auch aus einem anderen Grund um keine wirkliche Neuerung.[1077] Bisher wurde bereits in der Rechtsprechung davon ausgegangen, dass die verfassungsrechtlichen Bedenken hinsichtlich der Weite eines Tatbestandsmerkmals insbesondere durch eine gefestigte höchstrichterliche Rechtsprechung entkräftet werden könnten.[1078] Das setzt allerdings voraus, dass es eine Zeit vor dieser Rechtsprechung gab, zu welcher der Tatbestand eben noch nicht ausreichend konkretisiert war.[1079]

Das bedeutet zweierlei. Zum einen heißt es, dass es als legitim oder sogar notwendig erachtet wurde, dass die Rechtsprechung hier konkretisierend vorgeht. Zum anderen bedeutet es aber auch, dass aufgrund der bis dahin mangelnden Präzisierung der Norm kein Konflikt mit Art. 103 Abs. 2 GG bestand. Fehlt es aber an einer konkretisierenden bestehenden Rechtsprechung hinsichtlich eines unbestimmten Straftatbestands, lehnt ein Teil der Literatur in Folge der Untreueentscheidung die Konkretisierungsaufgabe durch die Rechtsprechung ab.[1080] Dies widerspricht aber nicht nur dem zuvor beschriebenen Weg, sondern ausdrücklich der dargestellten Entscheidung. Allerdings ist die Grenze bei der Konkretisierung dann erreicht, wenn eine stark ausgeprägte Konkretisierung den Gesetzeswortlaut derart bestimmt, dass dieser im Ergebnis keine Bedeutung mehr entfalten kann.[1081]

Zusammenfassend lässt sich daher sagen, dass der Exekutive bei der Umsetzung einer Norm Spielräume eingeräumt werden können. Die Grenze bei einer Strafnorm ist hinsichtlich des Bestimmtheitsgebots erreicht, wenn die Norm so

---

1075 *Kuhlen,* Gesetzlichkeitsprinzip und Untreue, JR 2011, S. 246 (249).

1076 *Safferling,* Bestimmt oder nicht bestimmt, NStZ 2011, S. 376 (376).

1077 Vgl. *Kempf/Schilling,* Revisionsrichterliche Rechtsfortbildung in Strafsachen, NJW 2012, S. 1849 (1852), die darauf eingehen, dass es erstmals in dieser Deutlichkeit vom Bundesverfassungsgericht angesprochen wird.

1078 Etwa bei *BVerfG* NJW 1995, S. 3303 (3304).

1079 *Kempf/Schilling,* Revisionsrichterliche Rechtsfortbildung in Strafsachen, NJW 2012, S. 1849 (1852), die diese Problematik auch ansprechen.

1080 *Hamm/Richter,* Symbolisches und hypertrophes Strafrecht, WM 2013, S. 865 (868).

1081 *Safferling,* Bestimmt oder nicht bestimmt, NStZ 2011, S. 376 (376).

unbestimmt ist, dass das förmliche Gesetz keine konkretisierbare Aussage darüber trifft, welche Verhaltensweisen mit Strafe bedroht sein sollen und wo die Grenze zum Strafbaren verlaufen soll.[1082] Durch das Präzisierungsgebot wird die Bestimmung des Strafrechts allerdings nun als Aufgabe der Gesetzgebung und der Gerichte in arbeitsteiligem Zusammenwirken wahrgenommen.[1083] Dementsprechend geht auch der Finanzausschuss davon aus, dass zunächst hinsichtlich der Anwendung des § 54a KWG praktische Erfahrung gesammelt werden müsse.[1084] Am Beispiel der Untreueentscheidung wurde verdeutlicht, dass eine Eingrenzung durch die Rechtsprechung möglich ist, auch wenn diese in der Literatur zum Teil als nicht ausreichend erachtet wird.[1085] Auch sind die der Rechtsprechung vorgegebenen Grenzen nicht immer eindeutig[1086] oder lassen sich nicht auf eine einheitliche Formel bringen[1087]. Für die Prüfung der Bestimmtheit des § 54a KWG ist es entscheidend, ob hier eine Konkretisierung oder eine restriktive Auslegung möglich ist. In der Literatur wird das teilweise angenommen.[1088]

bb) Keine Konkretisierbarkeit

Eine Konkretisierung der Voraussetzungen des § 54a KWG ist jedoch nicht möglich. Sie scheitert nicht daran, dass sie viel Zeit in Anspruch nehmen würde, sondern an der Eigenart der in Bezug genommenen Vorschriften.

Die Finanzkrise von 2008 hat unter anderem deutlich gemacht, dass die strafrechtliche Aufarbeitung durch die Gerichte viel Zeit in Anspruch nehmen kann.[1089] Dementsprechend dauert es umso länger, bis es zu einer höchstrichterlichen Entscheidung kommt. Letztere ist für eine Konkretisierung zwar nicht notwendig, aber förderlich. Das bedeutet für eine mögliche Konkretisierung des § 54a KWG durch die Rechtsprechung, dass nicht nur die nächste Krise bei

---

1082 *BVerfGE* 78, S. 374 (388 f.)

1083 *Kuhlen,* Gesetzlichkeitsprinzip und Untreue, JR 2011, S. 246 (249).

1084 BT-Drs. 17/13539, S. 6.

1085 Siehe bspw. auch kritisch gegenüber den Annahmen des Bundesverfassungsgerichts *Dierlamm,* in: Münchener Kommentar zum StGB, § 266 Rn. 16.

1086 Vgl. *Kempf/Schilling,* Revisionsrichterliche Rechtsfortbildung in Strafsachen, NJW 2012, S. 1849 (1851).

1087 *BVerfGE* 34, S. 269 (288).

1088 *Schröder,* Keine Strafbarkeitsrisiken für verantwortungsvoll handelnde Geschäftsleiter, WM 2014, S. 100 (104), wobei er davon ausgeht, dass diese durch die Literatur und nicht durch die Rechtsprechung vorgenommen wäre.

1089 Siehe für einen Überblick über die Verfahren C) I) 1).

einer Bank abzuwarten wäre. Bei dieser müsste es vorher zu Mängeln im Risikomanagement gekommen sein, die zu einer Bestandsgefährdung geführt haben. Diese Mängel müssten zudem von der BaFin erkannt sowie mit einer Anordnung gerügt worden sein. Gegen die Anordnung müsste seitens der Geschäftsleiter zuwidergehandelt worden seien, was schließlich zu der Bestandsgefährdung geführt haben müsste.[1090] Dies alles muss von der Staatsanwaltschaft erkannt werden, wobei hier jedoch auf den guten Informationsaustausch zwischen der BaFin und der Staatsanwaltschaft verwiesen werden kann[1091]. Die Einleitung eines Ermittlungsverfahrens sowie die Eröffnung eines Hauptverfahrens ist daher nicht auszuschließen, allerdings ist hierbei die gerade im Wirtschaftsstrafrecht stark vorherrschende Tendenz zu Einstellungen im Rahmen von Verständigungen i. S. des § 257c StPO oder von „Deals“[1092] zu berücksichtigen.[1093] All dies ist erforderlich, bevor es überhaupt zu einer konkretisierenden Rechtsprechung kommen kann, ganz abgesehen von einer höchstrichterlichen Rechtsprechung.[1094] Auch wenn dieser Vorgang einige Zeit in Anspruch nehmen würde, schließt dies nicht aus, dass es theoretisch dennoch zu der Konkretisierung kommen könnte.

Notwendig hierfür ist jedoch, dass die Voraussetzungen des § 54a KWG sich überhaupt ausreichend konkretisieren lassen. Das könnte dadurch geschehen,

---

1090 Bereits wegen dieser Voraussetzungen wird der Anwendungsbereich als gering eingeschätzt *Brand,* Konfliktherde des § 54a KWG, ZVglRWiss 2014, S. 142 (161); *Schork/Reichling,* Der strafrechtliche Schutz des Risikomanagements durch das sog. Trennbankengesetz, CCZ 2013, S. 269 (271); *Wastl,* Trennbankengesetz, Strafrecht, verschärfte Sanktionen, WM 2013, S. 1401 (1407), wobei letzterer dies aber auch mit dem seiner Ansicht nach einschlägigen § 266 StGB begründet.

1091 Kritisch hierzu und den weiteren Kompetenzen der BaFin *Feigen,* Strafjustiz durch die BaFin?, S. 466 (466 f.).

1092 Im Sinne einer Absprache, die nicht den Anforderungen des § 257c StPO entspricht, siehe dazu *Jahn,* Entwicklung und Tendenzen zwei Jahre nach Inkrafttreten des Verständigungsgesetzes, StV 2011, S. 497 (500).

1093 Dies ist schlichtweg vor dem Hintergrund der Fall, dass in der Regel die Ressourcen nicht vorhanden sind, um die komplexe Sachverhaltsaufklärung ordentlich und zügig voranzubringen, siehe dazu etwa *BGH* NJW 2006, S. 925 (929); aber auch bspw. *Lüderssen,* Warnung vor neuem Finanzstrafrecht, FAZ vom 19.01.2009, S. 10; *Jahn,* Absprachen im Finanzmarktstrafrecht, S. 155 (159).

1094 Siehe dazu *Schröder,* Keine Strafbarkeitsrisiken für verantwortungsvoll handelnde Geschäftsleiter, WM 2014, S. 100 (104), der die Situation ohne den dritten Absatz anspricht und die ohne diesen bestehende Unsicherheit für einen Geschäftsleiter.

dass sich Entscheidungen zu den einzelnen Voraussetzungen verallgemeinern lassen.[1095]

Es reicht allerdings nicht aus, wenn eine gesicherte ober- oder höchstgerichtliche Rechtsprechung lediglich zu Teilbereichen vorliegt. Bestenfalls dies ist zu dem Pflichtenkatalog in § 25c KWG jedoch zu erwarten.[1096] Problematisch sind der umfangreiche Pflichtenkatalog und die dort beschrieben vielfältigen Pflichten, die selbst nicht ausreichend konkretisiert sind und deshalb gleichermaßen einer Konkretisierung durch die Rechtsprechung bedürfen. Allerdings bedeutete dies lediglich, dass die Konkretisierung mehr Zeit in Anspruch nehmen würde, und schlösse eine solche nicht von vornherein aus. Denn grundsätzlich führt auch die übermäßige Häufung auslegungsbedürftiger Tatbestandsmerkmale nicht unweigerlich zur Unbestimmtheit einer Norm.[1097] Das bedeutet, dass die Vielzahl der auslegungsbedürftigen Pflichten in § 25c Abs. 4a und 4b KWG einer Konkretisierung nicht entgegensteht.

Es kann aber aufgrund des Normcharakters keine Konkretisierung eintreten. Die Konkretisierung zielt darauf ab, dass die Normanwendung für den Normadressaten voraussehbarer wird. § 25c Abs. 4a und 4b KWG beruhen auf einer besonderen Regelungstechnik.[1098] Es wird nicht an unbestimmte Rechtsbegriffe, sondern an die prinzipiengeleiteten aufsichtsrechtlichen Vorgaben angeknüpft.[1099] Das Besondere an solchen Normen ist es gerade, dass es keinen objektiven Maßstab geben kann, da die Anforderungen erst für den jeweiligen Einzelfall entwickelt werden muss.[1100] Aufgrund der speziellen Normstruktur des § 25c Abs. 4a und 4b KWG wird es nicht möglich sein, eine Konkretisierung in der Form vorzunehmen, dass der Norm auch für andere Institute eine genauere Verhaltenspflicht zu entnehmen ist.[1101] Das Problem bei § 25c Abs. 4a und 4b KWG ist, dass dort auch Zielvorgaben formuliert sind und der genaue Inhalt sich nicht der Norm entnehmen lässt.[1102] Das bedeutet, dass eine Konkretisierung durch die Rechtsprechung, durch welche anschließend fassbare

---

1095 Vgl. *BVerfG* NJW 1989, S. 1663 (1665).
1096 Vgl. *BVerfG* NJW 1989, S. 1663 (1665).
1097 Siehe dazu *BVerfG* NJW 1993, S. 1457 (1458), eine Entscheidung zu § 131 StGB.
1098 Siehe dazu B) III) 1) b) ee) (2).
1099 *Goeckenjan,* Die neuen Strafvorschriften, wistra 2014, S. 201 (203).
1100 *Kasiske,* Das Kapitalmarktstrafrecht, ZIS 2013, S. 257 (260).
1101 *Ahlbrecht,* Banken im strafrechtlichen Regulierungsfokus, BKR 2014, S. 98 (101).
1102 *Ahlbrecht,* Banken im strafrechtlichen Regulierungsfokus, BKR 2014, S. 98 (101).

Verhaltenspflichten vorliegen, nicht möglich sein wird.[1103] Die Gesetzesbegründung verweist auch auf diese Flexibilität:

> *„Die konkreten Anforderungen an das Risikomanagement sind von Institut zu Institut unterschiedlich. Die Ausgestaltung der Geschäftsleiterpflichten trägt dieser Tatsache Rechnung, indem die Sicherstellungspflichten der Geschäftsleiter institutsbezogen auszulegen sind.“*[1104]

Die Vorteile der prinzipienorientierten Regelungstechnik wurden bereits dargelegt.[1105] Mit diesen Vorteilen korreliert aber die mangelnde Möglichkeit, eine Strafnorm an solchen Normen anzuknüpfen. Dadurch, dass dem Adressaten Gestaltungsspielräume bei der Umsetzung eingeräumt werden, ist eine Konkretisierung, an der sich andere Institute orientieren können, nicht möglich.[1106] Als Ausdruck der individuellen Problemlösung kann auch gesehen werden, dass es bei der Entdeckung von Mängeln üblich war, dass diese Mängel mit der BaFin besprochen und ein Konzept entwickelt wurde.[1107] Hätte es sich bei den Lösungskonzepten um verallgemeinerbare Ansätze gehandelt, müsste die BaFin die Konzepte nicht einzeln aushandeln, sondern könnte sie in Form von Rundschreiben ausgeben.[1108]

Dass bei § 25c KWG die individuelle Situation Berücksichtigung finden soll, verhindert eine Konkretisierung durch die Rechtsprechung. Die Anforderungen an das Risikomanagement in den §§ 25a, 25c KWG und deren Konkretisierung in den MaRisk (BA) sind ein gutes Beispiel für die Erscheinungsform des reflexiven und prozeduralen Rechts, welches eher staatlich geleitete Selbststeuerung statt direkte Verhaltensanordnungen beabsichtigt.[1109] Das gilt auch nach der Entscheidung des Bundesverfassungsgerichts, wonach eine übermäßige Häufung von interpretationsbedürftigen Begriffen noch keinen Verstoß gegen Art. 103 Abs. 2 GG begründet. Denn in diesem Fall war ein Großteil der Begriffe ohne Weiteres mit den Mitteln herkömmlicher Gesetzesanwendung zu bestimmen.[1110] Das ist bei § 25c KWG nicht umsetzbar und daher kann die

---

1103 *Ahlbrecht,* Banken im strafrechtlichen Regulierungsfokus, BKR 2014, S. 98 (101).
1104 BT-Drs. 17/12601, S. 44.
1105 Siehe dazu B) III) 1) b) ee) (2).
1106 Siehe dazu *Kasiske,* Das Kapitalmarktstrafrecht, ZIS 2013, S. 257 (258 f.).
1107 *Ahlbrecht,* Banken im strafrechtlichen Regulierungsfokus, BKR 2014, S. 98 (102); siehe auch *Kasiske,* Das Kapitalmarktstrafrecht, ZIS 2013, S. 257 (258 f.).
1108 Siehe zu Handlungsmöglichkeiten der BaFin C) III) 3) c).
1109 *Kasiske,* Das Kapitalmarktstrafrecht, ZIS 2013, S. 257 (259).
1110 *BVerfG* NJW 1993, S. 1457 (1458).

Entscheidung nicht zur Begründung der Vereinbarkeit von § 54a KWG mit Art. 103 Abs. 2 GG herangezogen werden.

Auch die Anforderungen einer hinreichenden Bestimmtheit nach Art. 7 EMRK dürften nicht gewahrt sein. Damit vorhandene Zweifel nicht zur Unbestimmbarkeit einer Vorschrift führen, ist nach der Rechtsprechung des EGMR erforderlich, dass sich die Vorschrift für eine große Mehrzahl aller Fälle als klar genug erweist.[1111] Dies ist im Falle des § 54a KWG ebenfalls nicht gegeben, denn aufgrund der individuellen Feststellung der Anforderungen an den Pflichten nach § 25c Abs. 4a und 4b KWG eines jeden Instituts lassen sich entsprechende Vorgaben nicht auf andere Institute übertragen. Die Entscheidung, ob eine etwaige Strafbarkeit nach § 54a KWG gegeben ist, wird individuell und geschäftssituationsbedingt definiert.[1112] Damit erfüllt § 54a KWG weder die Voraussetzungen des Bundesverfassungsgerichts noch die weitergehenden Voraussetzungen des EGMR.

e) *Exkurs: Rechtsprechung zu Disziplinarstrafen*

Auf einen weiteren Aspekt ist in diesem Zusammenhang einzugehen, der erwähnt wird. In der Entscheidung des Bundesverfassungsgerichts hinsichtlich einer Disziplinarstrafe der BRAO wird die Verwendung von Generalklauseln unter anderem damit begründet, „*dass eine vollständige Aufzählung der mit dem Beruf verbundenen Pflichten nicht möglich ist*“[1113]. Dieser Gedanke könnte auf die vorliegende Situation übertragbar sein.

Unbestritten ist, dass eine Aufzählung sämtlicher Möglichkeiten der Verletzung von Risikomanagementpflichten schlichtweg nicht umsetzbar wäre und man daher auf unbestimmte Begriffe zurückgreifen muss.

Zunächst ist zu berücksichtigen, dass an Strafvorschriften höhere Anforderungen zu stellen sind als an Vorschriften, die Disziplinarstrafen normieren.[1114] Für eine Übertragung der Rechtsprechung auf § 54a KWG fehlt es daher an einer vergleichbaren Rechtslage. Zudem ging es in der Entscheidung darum, dass die Aufzählung der Pflichten unvollständig war. Die Kritik an dem Pflichtenkatalog für § 54a KWG ist jedoch, dass sich die Pflichten nicht hinreichend konkretisieren

---

1111 *EGMR* NZG 2012, S. 1229 (1230).

1112 *Ahlbrecht,* Banken im strafrechtlichen Regulierungsfokus, BKR 2014, S. 98 (99 f.).

1113 *BVerfG* NJW 1969, S. 2192 (2195).

1114 Eine solche Abgrenzung wird in der Entscheidung selbst vorgenommen *BVerfG* NJW 1969, S. 2192 (2195); darauf Bezug nehmend *Radtke,* in: *Epping/Hillgruber,* BeckOK, GG, Art. 103 Rn. 22

lassen. Letzteres hat seine Ursache, wie bereits ausgeführt, in der Besonderheit des Rückgriffs auf flexibles aufsichtsrechtliches Pflichtenprogramm. Zudem geht es bei § 25c Abs. 4a und Abs. 4b KWG darum, dass eine Vielzahl unbestimmter Begriffe teilweise in Kombination verwendet werden.

Daher ist der Ansatz mit einer Strafnorm, die einen Verweis auf in das Gesetz übernommene aufsichtsrechtliche Verwaltungsvorschriften, die MaRisk (BA), enthält, nicht weiter zu verfolgen.[1115]

f) Zwischenergebnis

§ 54a KWG steht daher mit dem Bestimmtheitsgrundsatz in Widerspruch und wäre somit vom Bundesverfassungsgericht für verfassungswidrig zu erklären. Fraglich ist jedoch, ob das Gericht auch tatsächlich so entscheiden wird.

Zu einer mit § 54a KWG vergleichbaren Norm kam es zu einem anderen Ergebnis. Das Verfahren hatte § 39 Abs. 2 HGB a. F. und das Gebot, die Jahresbilanz innerhalb der einem ordnungsgemäßen Geschäftsgang entsprechenden Zeit zu erstellen, zum Gegenstand.[1116] Das Kriterium der Rechtzeitigkeit der Bilanzerstellung war abhängig von den Verhältnissen des jeweiligen Unternehmens.[1117]

Eine feste Frist hinsichtlich dieses Kriteriums ließ sich nicht durch die Rechtsprechung bestimmen, da zu große Unterschiede zwischen den einzelnen Unternehmen bestehen. Nach der Entscheidung des Bundesverfassungsgerichts gab es dennoch eine Möglichkeit der Verallgemeinerung. Darin heißt es:

> „*[...] so lassen sich die angeführten Äußerungen doch dahin verallgemeinern, daß die Errichtung einer solchen Bilanz vordringlich zu erfolgen hat und daß sie aus handelsrechtlicher Sicht nur dann als noch im Zuge eines ordnungsmäßigen Geschäftsgangs liegend angesehen werden kann, wenn sie unter Berücksichtigung aller Umstände – insbesondere der Verhältnisse des betreffenden Unternehmens – alsbald nach dem Ende des Geschäftsjahres erfolgt, auf das sie sich bezieht.*“[1118]

Es kann davon ausgegangen werden, dass sich eine solche Eingrenzung hinsichtlich mancher Aspekte des § 25c KWG ergeben kann, etwa wann das Kriterium der Regelmäßigkeit von Stresstests, § 25c Abs. 4a Nr. 3 lit. f KWG erfüllt ist. Allerdings wird sich eine solche Verallgemeinerung nicht für sämtliche Merkmale des § 25c Abs. 4a und 4b KWG erreichen lassen. Im Unterschied zu § 39

1115 So auch *Krause*, Symbolische Gesetzgebung, S. 113 (120).
1116 *BVerfG* NJW 1978, S. 1423 (1423 f.).
1117 *BVerfG* NJW 1978, S. 1423 (1423).
1118 *BVerfG* NJW 1978, S. 1423 (1424), Hervorhebung nicht im Original.

Abs. 2 HGB a. F. handelt es sich um eine Vielzahl von unbestimmten Anforderungen. Ferner konnte die Konkretisierung hinsichtlich des § 39 Abs. 2 HGB a. F. durch die Entstehungsgeschichte sowie durch eine Vielzahl von höchstrichterlichen Entscheidungen erfolgen.[1119] Hier ist jedoch eine solche Konkretisierung durch die Rechtsprechung in Bezug auf die in § 25c KWG normierten Pflichten nicht möglich. Aufgrund der Offenheit und Unbestimmtheit der Begriffe des Pflichtenkatalogs handelt es sich vorliegend auch nicht lediglich um eine zu tolerierende Randunschärfe[1120]. Ferner ist aufgrund der Unbestimmtheit auch nicht in Ausnahmefällen möglich, zumindest das Risiko einer Strafbarkeit erkennen zu lassen[1121]. Eine Übertragung dieser Entscheidungen des Bundesverfassungsgerichts auf § 54a KWG scheidet daher aus. Die Norm ist damit anhand des Maßstabs des Bundesverfassungsgerichts für verfassungswidrig zu erklären.

g) Lösungsansätze

Aufgrund dieser Problematik wurden bereits unterschiedliche Lösungswege teils in der Literatur angesprochen, welche im Folgenden kurz dargelegt werden. Die Vorschläge lassen sich in zwei Kategorien einteilen. Zum einen sind es Anregungen, die den Tatbestand des § 54a KWG unverändert lassen und eine Lösung auf eine andere Art und Weise anstreben. Zum anderen existieren Empfehlungen, welche Änderungen de lege ferenda an § 54a KWG vorgenommen werden sollten, um diesen mit der Verfassung in Einklang zu bringen.

aa) Lösungsansatz: Ausgleich durch Irrtumsregelungen?

Ein Lösungsvorschlag könnte sein, die bestehende Unbestimmtheit durch die Irrtumsregelungen zu kompensieren. Ein solcher Weg wurde bereits früher bezüglich anderer Regelungen thematisiert.[1122] Das Bundesverfassungsgericht hatte in einer Entscheidung zum Umweltstrafrecht betont, dass im Zusammenhang mit Art. 103 Abs. 2 GG die Irrtumsregelungen angemessene Lösungen ermöglichten.[1123] Ob eine solche Lösung überhaupt mit dem Sinn und Zweck

---

1119 Vgl. *BVerfG* NJW 1978, S. 1423 (1424).

1120 Nach *BVerfG* NJW 2010, S. 3209 (3211).

1121 Zu erwähnen ist in diesem Zusammenhang, dass das Bundesverfassungsgericht in einer Entscheidung zur Nötigung der Ansicht, dass zumindest das Risiko einer Strafbarkeit erkennbar sein muss, kritisch gegenübersteht *BVerfG* NJW 1995, S. 1141 (1143).

1122 Vgl. *BVerfG* NJW 1987, S. 3175 (3176); *BGH* NJW 1982, S. 775 (775); *v. Heintschel-Heinegg*, in: *v. Heintschel-Heinegg*, BeckOK, StGB, § 1 Rn. 11.

1123 Vgl. *BVerfG* NJW 1987, S. 3175 (3176).

der Irrtumsregelungen zu vereinbaren wäre, da diese den Normadressaten zugutekommen sollen und nicht dem Gesetzgeber den Erlass von unklaren Gesetzen ermöglichen, ist fraglich. Entscheidend ist aber, dass bei einer solchen Lösung Zweifel hinsichtlich des Gesetzesverständnisses zulasten der Adressaten gingen. Dieser müsste darlegen, dass ein entsprechender Irrtum vorlag. Der Irrtum könnte sich hinsichtlich des ersten Absatzes darauf beziehen, bereits ein ausreichendes Risikomanagement eingerichtet zu haben. Allerdings wird dieser Nachweis umso schwieriger gelingen, wenn eine Anordnung i. S. des § 54a Abs. 3 KWG gegeben ist, wenngleich nicht ausgeschlossen ist, dass die BaFin im vorliegenden Fall falsch gelegen und die Anordnung zu Unrecht erlassen hat. Ob eine solche Verteidigungsstrategie gelingen kann, erscheint fragwürdig. Selbst wenn sie erfolgsversprechend wäre, ist zu bedenken, dass eine Vorsatzverteidigung in der Regel die Eröffnung eines Ermittlungsverfahrens nicht verhindern kann.[1124] Im Ergebnis würde eine solche Lösung in der Praxis bedeuten, dass der Anordnung der BaFin, unabhängig ob sie für rechtmäßig gehalten wird, stets Folge zu leisten ist. Aus diesem Grund ist sie abzulehnen, aber auch weil der Gesetzgeber und nicht der Normadressat die Verantwortung für eine klare Rechtslage hat.

bb) Lösungsansatz: Begrenzung auf evidente Fälle?

Eine andere Möglichkeit wäre es, die Strafnorm nur im Falle von offensichtlichen Pflichtverletzungen hinsichtlich der Einrichtung eines Risikomanagements anzuwenden. Denkbar wäre eine Anwendung auf solche Fälle, welche die rechtlichen Vorgaben evident verletzten würden – ähnlich wie bei der Anwendung des § 266 StGB hinsichtlich der in § 93 Abs. 1 S. 2 AktG normierten *Business Judgement Rule*. Dies scheitert zwar nicht daran, dass eine präzise Grenze zwischen noch vertretbarer und unvertretbarer Umsetzung der aufsichtsrechtlichen Anforderungen erkennbar ist.[1125] Da eine solche Grenze fließend ist und ihre Überschreitung erst ex post in Abstimmung mit der BaFin gezogen werden kann[1126], beseitigt eine solche Lösung die Rechtsunsicherheit nicht[1127] und ist daher abzulehnen.

1124 Der Vortrag in einer Stellungnahme des Beschuldigten, er habe ohne Vorsatz gehandelt, dürfte in der Regel als Schutzbehauptung gewertet werden, wenn diese Annahme nicht näher konkretisiert wird.

1125 So aber *Kasiske*, Das Kapitalmarktstrafrecht, ZIS 2013, S. 257 (261).

1126 *Kasiske*, Das Kapitalmarktstrafrecht, ZIS 2013, S. 257 (261).

1127 Vgl. *Schröder*, Keine Strafbarkeitsrisiken für verantwortungsvoll handelnde Geschäftsleiter, WM 2014, S. 100 (104).

cc) *Lösungsansatz: Anordnung als echte Tatbestandsvoraussetzung?*

Ein anderer Weg könnte sein, die Anordnung i. S. des § 54a Abs. 3 KWG als echte Tatbestandsvoraussetzung zu formulieren. Nach der Rechtsprechung des Bundesverfassungsgerichts muss jedes Tatbestandsmerkmal für sich genommen bestimmt genug sein, um den Anforderungen von Art. 103 Abs. 2 GG gerecht zu werden. Für eine Änderung des § 54a KWG bedeutet diese Vorgabe, dass selbst wenn es sich bei der Anordnung um eine zusätzliche Voraussetzung des Tatbestands handeln würde, diese Anforderungen nicht erfüllt wären.

Daher könnte es die Konsequenz sein, den Verstoß gegen die Sorgetragungspflichten als Tatbestandsvoraussetzung zu streichen und dafür lediglich das Zuwiderhandeln gegen eine Anordnung nach § 25c Abs. 4c KWG als Voraussetzung einzusetzen.[1128] Allerdings würde durch eine solch gesteigerte Bedeutung der Anordnung die ohnehin bereits kritisierte Spannung zum Gewaltenteilungsgrundsatz noch verstärkt.[1129] Dieser Kritikpunkt lässt sich – wie dargelegt[1130] – auch nicht dadurch entschärfen, dass die Vorgaben für die Anordnung umfangreich in § 25c Abs. 4a und 4b KWG geregelt sind, da diese Vorgaben zu unbestimmt sind, um als verbindliche Grundlage zu dienen. Das bedeutet, dass man das Problem hinsichtlich des Verschleifungsverbots auf diese Weise beseitigen könnte, allerdings würde das Problem bezüglich des Gewaltenteilungsgrundsatzes nicht mehr zu lösen sein. Die BaFin hätte durch ihre Anordnungsbefugnis entscheidenden Einfluss auf eine Strafbarkeit, welcher nicht durch eine Überprüfung durch die Strafgerichte relativiert werden könne. Die Vorgaben in § 25c Abs. 4a und 4b KWG sind als Prüfungsmaßstab dafür zu unbestimmt. Daher kommt dieser Lösungsweg ebenfalls nicht in Betracht.

dd) *Lösungsansatz: Formulierung als OWiG?*

Auch ist eine Lösung nicht dadurch denkbar, dass man die Strafvorschrift in eine Ordnungswidrigkeit umwandelt. Dabei ist zu berücksichtigen, dass mit § 56 Abs. 2 Nr. 3 lit. f i. V. m. § 25a Abs. 2 S. 2 KWG bereits eine Ordnungswidrigkeit besteht, die an eine Anordnung, die der Sicherstellung einer ordnungsgemäßen

---

1128 Befürwortend *Cichy/Cziupka/Wiersch*, § 54a KWG n. F., NZG 2013, S. 846 (849); *Schröder*, Keine Strafbarkeitsrisiken für verantwortungsvoll handelnde Geschäftsleiter, WM 2014, S. 100 (104 f.), der allerdings bereits die aktuelle Formulierung in diese Richtung versteht.

1129 Siehe dazu B) IV) 2) c) bb).

1130 Siehe dazu B) IV) 2) f).

Geschäftsführung dient, anknüpft.[1131] Außerdem ist hier zu beachten, dass Art. 103 Abs. 2 GG auch im Ordnungswidrigkeitenrecht gilt, deklaratorisch auch in § 3 OWiG geregelt, und damit auch das Bestimmtheitsgebot Anwendung findet.[1132] Das bedeutet, dass die beschriebenen Unsicherheiten für die Normadressaten auch im Ordnungswidrigkeitenrecht nicht toleriert werden können.

3) Zusammenfassung der Verfassungsmäßigkeitsprüfung

Keiner der dargelegten Lösungsansätze ist geeignet, die Bedenken hinsichtlich der Unbestimmtheit des § 54a KWG zu entkräften. Auch eine Kombination aus den unterschiedlichen Lösungsansätzen ist hierbei nicht hilfreich. Es ist deutlich geworden, dass sich dem Gesetz keine eindeutig formulierten Merkmale entnehmen lassen, um die Grenzen eines strafbaren Verhaltens bei der Einrichtung und dem Betrieb eines Risikomanagementsystems vorhersehen zu können.[1133] § 54a KWG verstößt gegen den Bestimmtheitsgrundsatz und wäre in einem Verfahren vor dem Bundesverfassungsgericht für verfassungswidrig zu erklären. Der Gesetzgeber sollte dem zuvorkommen.

1131 Siehe dazu *Volk*, Strafrecht ohne Grenzen im neuen Trennbankengesetz, S. 669 (671 Fn. 8) sowie *Kasiske*, Das Kapitalmarktstrafrecht, ZIS 2013, S. 257 (260), die noch auf die alte Gesetzeslage verweisen: § 56 Abs. 3 Nr. 5 i. V. m. § 25a Abs. 1 S. 8 KWG a. F.

1132 *Rogall*, in: Karlsruher Kommentar zum OWiG, § 3 Rn. 2.

1133 *Krause*, Symbolische Gesetzgebung, S. 113 (120).

C) Verfassungskonforme Alternative

Aufgrund der dargelegten Mängel hinsichtlich der Bestimmtheit des § 54a KWG soll im Folgenden darauf eingegangen werden, ob es nicht doch eine verfassungskonforme Regelungsmöglichkeit gibt. Dabei soll thematisiert werden, ob überhaupt ein Bedarf nach einer neuen Strafnorm vorhanden ist oder das bestehende Strafrecht ausreicht, um das genannte Rechtsgut, die Stabilität des Finanzsystems, zu schützen. Dem Gedanken des fragmentarischen Charakters entsprechend soll, das Strafrecht nicht jeden Sachverhalt erfassen können, daher ist in diesem Zusammenhang ebenfalls zu thematisieren, ob gesetzliche Regelungen außerhalb des Strafrechts hinreichenden Schutz für das beschriebene Rechtsgut gewähren können und ausreichende Sanktionsmöglichkeiten bereithalten. Für die Bevorzugung einer solchen Regelung spricht abgesehen vom Ultima-Ratio-Grundsatz auch die Verpflichtung aus Art. 103 Abs. 2 GG, wonach der Gesetzgeber Regelungsalternativen zu prüfen hat.[1134]

I) Andere bestehende Strafnormen

Zunächst könnte sich die Einführung einer Alternative zu § 54a KWG dadurch als überflüssig erweisen, dass eine bereits bestehende Strafnorm vorhanden ist, welche die entsprechenden Sachverhalte abdeckt und das Rechtsgut der Stabilität des Finanzsystems zumindest mittelbar schützen kann. Dahin gehend wurde der Gesetzgeber bei der Einfügung des § 54a KWG kritisiert, da die Möglichkeiten des Strafrechts übersehen würden.[1135] Neben der strafrechtlichen Aufarbeitung ist besonders der Untreuetatbestand im Verhältnis zu § 54a KWG zu beleuchten.

1) Strafrechtliche Aufarbeitung in der Praxis

Auch wenn die Finanzkrise über ein Jahrzehnt her ist, hatte die strafrechtliche Aufarbeitung noch angedauert. Es soll nicht auf die Verfahren im Einzelnen eingegangen werden, deren strafrechtliche Bewertung ohne genaue Kenntnis der Akten ohnehin verbietet. Anlässlich der Finanzkrise liefen einige Ermittlungsverfahren, von denen nur wenige in ein Hauptverfahren übergingen. Zur Einschätzung bestehender strafrechtlicher Sanktionsmöglichkeiten bereits vor

---

1134 Siehe *BVerfG* NJW 2010, S. 3209 (3211).

1135 *Wegner*, in: *Schork/Groß*, Bankstrafrecht, Rn. 668.

Einführung des § 54a KWG erscheint ein Blick auf diese Verfahren lohnenswert. Zu berücksichtigen ist, dass die unklare Beweislage die strafrechtliche Aufarbeitung erschwerte.[1136] Im Folgenden wird in extrahierter Form auf die im Zusammenhang mit der Finanzkrise geführten Verfahren eingegangen.[1137]

a) Beendigung vor Beginn des Hauptverfahrens

Einige Strafverfahren, deren Anlass auch die Finanzkrise war, wurden bereits im Stadium des Ermittlungsverfahrens beendet.

Gegen die ehemaligen Vorstände der Hypo Real Estate Holding AG („HRE AG") wurde das Verfahren wegen Untreue, welches unter anderem wegen des Zusammenbruchs der HRE-Gruppe geführt wurde, eingestellt.[1138] Grund dafür war, dass sich entweder keine Hinweise auf Pflichtverletzungen ergeben haben oder sich eine mögliche Pflichtverletzung wegen der damaligen Marktsituation nicht mehr kausal auf den Zusammenbruch der HRE-Gruppe ausgewirkt habe.[1139]

Auch ein Verfahren wegen Untreue gegen ehemalige Vorstände der IKB Deutsche Industriebank AG („IKB") bezüglich der Abgabe von Liquiditätsgarantien in unvertretbarem Umfang für Zweckgesellschaften, welche ein risikobehaftetes Geschäftsmodell verfolgten, wurde von der Staatsanwaltschaft eingestellt.[1140]

Ein abgetrennter Teil eines Verfahrens gegen Verantwortliche der Landesbank Sachsen („Sachsen LB") endete aufgrund eines Versäumnisses der Staatsanwaltschaft Leipzig. Diese hatte Anklage vor dem Landgericht Leipzig – Wirtschaftsstrafkammer – wegen unrichtiger Darstellung, Untreue in einem besonders schweren Fall nach § 331 Nrn. 1 und 2, § 340m HGB, § 266 Abs. 1 und 2, § 263 Abs. 3 Satz 2 Nrn. 2 und 4 StGB erhoben, die Wirtschaftsstrafkammer die Eröffnung des Hauptverfahrens jedoch aus tatsächlichen Gründen abgelehnt.[1141] Die sofortige Beschwerde der Staatsanwaltschaft gegen den Nichteröffnungsbeschluss wurde allerdings vom Oberlandesgericht Dresden als

1136 *Jahn*, Moralunternehmergewinne und Gewissheitsverluste, JZ 2011, S. 340 (342).

1137 Siehe auch die Darstellung bei *Jahn*, Absprachen im Finanzmarktstrafrecht, S. 155 (164–166).

1138 *Staatsanwaltschaft München I*, Pressemitteilung vom 29. September 2014.

1139 *Staatsanwaltschaft München I*, Pressemitteilung vom 29. September 2014.

1140 *Hetzer*, Finanzmafia, S. 185.

1141 *OLG Dresden*, Beschluss vom 13.02.2014 – 2 Ws 658/13, juris KORE403272014, Rn. 3.

unzulässig verworfen, da die Beschwerde nicht handschriftlich von der bearbeitenden Staatsanwältin unterschrieben worden war.[1142]

Das Ermittlungsverfahren gegen mehrere ehemalige Vorstände der Westdeutschen Landesbank Girozentral AG („WestLB") wurde gegen Zahlung einer Geldauflage eingestellt.[1143] Auch ein Verfahren wegen Untreue gegen die ehemaligen Vorstände der Landesbank Baden-Württemberg („LBBW") wurde bereits im Ermittlungsverfahren beendet.[1144] Das Verfahren gegen die Verantwortlichen der Bayrischen Landesbank („Bayern LB") wurde ebenfalls eingestellt, weil die dortigen Geschäfte noch vertretbar gewesen seien.[1145] Die Ermittlungen gegen die Verantwortlichen der Bayern LB wegen der ABS-Geschäfte wurden eingestellt, was daran lag, dass das Geschäft mit diesen Papieren bereits im Sommer 2007 beendet worden und der Aufbau des ABS-Portfolios relativ gering gewesen war.[1146] Ferner wurde auch ein Ermittlungsverfahren der Staatsanwaltschaft in Hamburg gegen Mitglieder des Vorstands der Hamburgisch-Schleswig-Holsteinischen Nordbank AG („HSH Nordbank"), nunmehr Hamburg Commercial Bank AG, wegen des Verdachts der Untreue bezüglich des Ankaufs eines CDS, welches in Zusammenhang mit Lehman Brothers-Anleihen stand, eingestellt.[1147]

Voraussetzung für die Einleitung eines Ermittlungsverfahrens ist der Anfangsverdacht. Dieser Verdacht ist gegeben, wenn nach kriminalistischer Erfahrung die Möglichkeit besteht, dass eine verfolgbare Straftat vorliegt.[1148] Da in den beschriebenen Verfahren ein Ermittlungsverfahren eingeleitet wurde, welches später eingestellt wurde, sind die jeweiligen Staatsanwaltschaften demnach zunächst von einer verfolgbaren Straftat ausgegangen. In Teilen kam eine Untreuestrafbarkeit in Betracht, die jedoch anscheinend nicht mit der für einen hinreichenden Tatverdacht nach § 170 Abs. 1, § 203 StPO erforderlichen Wahrscheinlichkeit einer Verurteilung festgestellt werden konnte.

1142 *OLG Dresden*, Beschluss vom 13.02.2014 – 2 Ws 658/13, juris KORE403272014, Rn. 16.

1143 *Köhler*, Thomas Fischer muss zahlen, Handelsblatt vom, 30. Juli 2010.

1144 *Staatsanwaltschaft Stuttgart*, Pressemitteilung vom 28. November 2012.

1145 *Strate*, Strafrechtliche Aufarbeitung der Finanzkrise, HRRS 2012, S. 416 (417).

1146 *Strate*, Strafrechtliche Aufarbeitung der Finanzkrise, HRRS 2012, S. 416 (417).

1147 *Strate*, Strafrechtliche Aufarbeitung der Finanzkrise, HRRS 2012, S. 416 (417).

1148 *BVerfG* NStZ 1982, S. 430 (430); NJW 1994, S. 783 (784); *BGH* NJW 1989, S. 96 (97).

b) Beendigung im Hauptverfahren

Bei weiteren Strafverfahren kam es zur Anklageerhebung und Eröffnung des Hauptverfahrens, allerdings sind diese Verfahren überwiegend durch Beschluss eingestellt worden, wobei auch eine rechtskräftige Entscheidung in Form eines Urteils vorliegt.

So wurde gegen zwei Verantwortliche der HRE-Gruppe das Verfahren, welches wegen unrichtiger Darstellung nach § 400 AktG und Marktmanipulation nach § 20a WpHG[1149] betrieben wurde, gegen Zahlung einer Geldauflage in Höhe von insgesamt EUR 43.000 beendet.[1150]

Auch gegen zwei ehemalige Vorstandsmitglieder der Sachsen LB wurde das Verfahren unter anderem wegen Untreue gegen Zahlung einer Geldauflage beendet.[1151] Anklage hat auch die Staatsanwaltschaft Stuttgart gegen sieben Vorstandsmitglieder der LBBW erhoben sowie gegen zwei Mitarbeiter und zwei Wirtschaftsprüfer wegen der unrichtigen Darstellung nach § 400 AktG, der Beihilfe hierzu sowie der Verletzung der Berichtspflicht nach § 403 AktG.[1152] Auch dieses Verfahren wurde gegen Zahlung einer Geldauflage eingestellt.[1153] Gegen vier von sechs angeklagten ehemaligen Mitarbeitern der Bayern LB wurde das Strafverfahren unter anderem wegen Untreue im Zusammenhang mit der Übernahme der österreichischen Bank Hypo Alpe Adria gegen Leistung einer Geldauflage eingestellt.[1154]

Lediglich gegen den ehemaligen Manager der IKB, Stefan Ortseifen, liegt eine Verurteilung zu einer Freiheitsstrafe von 10 Monaten wegen vorsätzlicher Marktmanipulation nach § 20a Abs. 1 S. Nr. 1, § 38 Abs. 2, § 39 Abs. 2 Nr. 11 WpHG durch das Landgericht Düsseldorf[1155] und eine Bestätigung durch den Bundesgerichtshof[1156] vor.

Die Verantwortlichen der HSH Nordbank wurden vom Landgericht Hamburg – Wirtschaftsstrafkammer – sowohl hinsichtlich des Untreuevorwurfs nach

---

1149 *Staatsanwaltschaft München I,* Pressemitteilung vom 29. September 2014.

1150 *Fromm/Radomsky,* Die deutsche Finanzkrise ist abgehakt, Süddeutsche Zeitung vom 29. September 2017.

1151 *Handelsblatt,* Geringe Schuld – Untreue-Prozess gegen SachsenLB, vom 1. Dezember 2016.

1152 *Staatsanwaltschaft Stuttgart,* Pressemitteilung vom 28. November 2012.

1153 *Handelsblatt,* Geldauflagen für EX-LBBW-Vorstände, vom 24. April 2014.

1154 *Radomsky,* Ex-BayernLB-Vorstände, Süddeutsche Zeitung vom 26. August 2019.

1155 *LG Düsseldorf,* Urteil vom 14.07.2010 – 14 KLS 6/09, juris JURE100069991, vor Rn. 1.

1156 *BGH* NZG 2011, S. 1075 (1075).

§ 266 StGB als auch hinsichtlich des Vorwurfs der unrichtigen Darstellung nach § 400 AktG freigesprochen.[1157] Bezüglich der Untreue führte das Landgericht aus, dass zwar die Pflichten nach § 93 Abs. 1 AktG verletzt worden seien, eine Pflichtverletzung i. S. des § 266 StGB aber nur dann in Betracht komme, wenn der Verstoß gegen § 93 AktG in seiner Gesamtbetrachtung als offensichtlich oder gravierend anzusehen sei.[1158] Die Freisprüche wurden indes durch den Bundesgerichtshof aufgehoben.[1159] Bezüglich der Pflichtverletzung führte dieser aus, ein Verstoß gegen § 93 Abs. 1 AktG bedeutet stets eine gravierende Pflichtverletzung.[1160] Allerdings wurde auch klargestellt, dass die rechtliche Würdigung des Landgerichts Hamburg, ob der Verstoß gravierend war, für die Frage, ob ein Verstoß gegen § 93 AktG vorliegt, relevant sei.[1161] Nach der Zurückverweisung durch den Bundesgerichtshof hat nun eine andere Wirtschaftsstrafkammer des Landgerichts über die Sache zu entscheiden. Ein rechtskräftiger Abschluss dieses Strafverfahrens ist überwiegend im Jahr 2019 erfolgt. Das Verfahren wurde gegen fünf der sechs ehemaligen Vorstandsmitglieder gegen Zahlungen zwischen EUR 500.000,– und EUR 1,5 Mio. eingestellt.[1162] Ein Vorstandsmitglied stimmte der Einigung zunächst nicht zu, sodass insoweit die Hauptverhandlung begann.[1163] Allerdings stimmte das letzte frühere Vorstandsmitglied im Jahr 2019 der Einstellung gegen eine Geldauflage in Höhe von 1,5 Millionen Euro zu.[1164]

Nach über zehn Jahren sind noch immer nicht alle strafrechtlichen Verfahren abgeschlossen. Nach Abschluss des Verfahrens gegen die HSH-Vorstände nach über 10 Jahren existiert noch eine Anklage gegen eine ehemalige Finanzchefin der Sachsen LB, aufgrund einer langandauernden Verhandlungsunfähigkeit ist hier allerdings kein Verfahren zu erwarten.[1165]

1157 *LG Hamburg,* Urteil vom 09.07.2014 – 608 KLs 12/11, juris JURE150003048, Rn. 5.

1158 *LG Hamburg,* Urteil vom 09.07.2014 – 608 KLs 12/11, juris JURE150003048, Rn. 1508.

1159 *BGH* NJW 2017, S. 578 (579).

1160 *BGH* NJW 2017, S. 578 (579).

1161 *BGH* NJW 2017, S. 578 (579).

1162 *Votsmeier,* HSH-Verfahren, Handelsblatt vom 6. Juni 2019.

1163 *Votsmeier,* HSH-Verfahren, Handelsblatt vom 6. Juni 2019.

1164 *NDR,* Strafverfahren gegen alle HSH-Vorstände eingestellt, vom 04. Juli 2019.

1165 *Handelsblatt,* Geringe Schuld – Untreue-Prozess gegen SachsenLB, vom 1. Dezember 2016.

c) *Zwischenergebnis*

Die Vielfalt der unterschiedlichen herangezogenen Strafvorschriften verdeutlicht, dass es nicht an einschlägigen Straftatbeständen gemangelt hat. Die Ausgangsthese des Gesetzgebers zu § 54a KWG, dass es an Strafnormen bezüglich der Finanzkrise mangele und dieser Mangel die strafrechtliche Aufarbeitung verhindert habe, wird durch diese Verfahren widerlegt. Dass die Verfahren überwiegend eingestellt wurden, steht dieser Annahme nicht entgegen. Voraussetzung für eine Einstellung nach §§ 153 oder 153a StPO, wie sie in einigen dieser Fälle erfolgte, ist der Verdacht eines Vergehens.[1166]

2) Untreue und § 54a KWG

Das Verhältnis der Untreue zu § 54a KWG soll im Folgenden dargelegt werden. § 266 StGB war zur Zeit der Verabschiedung des Trennbankengesetzes die Strafvorschrift mit der größten Bedeutung bei Risikogeschäften[1167], und ist dies noch immer. Auch wenn derzeit noch keine rechtskräftige Verurteilung wegen Untreue anlässlich der Finanzkrise vorliegt[1168], ist dennoch auf diesen Tatbestand einzugehen. Die Behandlung von Risikogeschäften im Kontext des § 266 StGB wird seit fast 40 Jahren diskutiert.[1169] Im Zusammenhang der Finanzkrise ist auf die Arbeit von *Löwer* zu verweisen[1170], der zu dem Ergebnis kommt, dass der Untreuetatbestand insoweit bereits ausreichend die hier infrage stehenden Sachverhaltskonstellationen erfasst.[1171]

Eine Strafbarkeit nach § 266 Abs. 1 StGB kommt durch riskante und kreditwirtschaftlich pflichtwidrige Geschäftsmodelle in Betracht, wenn ein Kreditinstitut in eine existenzgefährdende Schieflage gerät, was man an den Fällen wie der Industriekreditbank oder der Sachsen LB erkennen kann.[1172] Das Verfahren

---

1166 *Diemer*, in: Karlsruher Kommentar zur StPO, § 153a Rn. 9.

1167 *Lüderssen*, „Die Sachlogik des Finanzmarkts", S. 241 (279).

1168 *Brand*, Anmerkung zu BGH, Urteil vom 12.10.2016, NJW 2017, S. 582 (582).

1169 Vgl. bereits *Nack*, Untreue im Bankbereich durch Vergabe von Großkrediten, NJW 1980, S. 1599 (1599); *Hillenkamp*, Risikogeschäft und Untreue, NStZ 1981, S. 161 ff.; auch *Feigen*, Untreue durch Kreditvergabe, S. 445 (445 f.).

1170 *Löwer*, Die strafrechtliche Aufarbeitung der Wirtschafts- und Finanzkrise, vor allem S. 217.

1171 Siehe dazu *Löwer*, Die strafrechtliche Aufarbeitung der Wirtschafts- und Finanzkrise, S. 257 f.

1172 *Schröder*, Keine Strafbarkeitsrisiken für verantwortungsvoll handelnde Geschäftsleiter, WM 2014, S. 100 (101).

bezüglich der Sachsen LB ist zum Teil aufgrund von anderen Umständen nicht fortgeführt worden. Auch hat der Bundesgerichtshof durch die Aufhebung der Freisprüche hinsichtlich der Untreue bei den Vorstandsmitgliedern der HSH Nordbank verdeutlicht, dass strafrechtlich relevantes Verhalten vorliegen kann. Eine Strafbarkeit nach § 266 StGB kommt durchaus in Betracht.

Hinsichtlich des Verhältnisses von § 266 StGB und § 54a KWG wird in Teilen der Literatur ferner angenommen, dass eine Verwirklichung des § 54a KWG in der Regel auch bedeutet, dass § 266 StGB erfüllt ist.[1173] Beispielsweise könne das Unterlassen der durch Anordnung der BaFin verlangten Handlungen auch das Unterlassen der Erfüllung der Vermögensbetreuungspflicht sein.[1174] Auch vor diesem Hintergrund erscheint der durch § 54a KWG gewonnene Mehrwert fraglich, zumal die Feststellung der Bestandsgefährdung durch einen Sachverständigen genauso erforderlich ist wie die sachverständige Begutachtung des für § 266 StGB zu ermittelnden Vermögensschadens.[1175] Konsequenterweise wird dann § 54a KWG grundsätzlich infrage gestellt, da auch die genannten Rechtsgüter zumindest mittelbar durch § 266 StGB erfasst seien.[1176] Zudem wird die in einem Vergleich mit § 266 StGB geringere Strafandrohung des § 54a KWG bemängelt, da im Falle der Untreue in § 266 Abs. 2 i. V. m. § 263 Abs. 3 Nr. 2 StGB ein besonders schwerer Fall vorgesehen ist, womit ein Strafmaß von bis zu zehn Jahren möglich ist, welches über die Strafandrohung des § 54a KWG hinausgeht.[1177]

Jedoch ist der Anwendungsbereich der beiden Normen nicht grundsätzlich deckungsgleich. Es kann durchaus eine Bestandsgefährdung in Betracht kommen, ohne dass der Zusammenbruch des Kreditinstituts tatsächlich erfolgt.[1178] Die schadensgleiche Vermögensgefährdung und damit ein Vermögensnachteil i. S. des § 266 StGB kann ausbleiben, wenn die Gefahr für das Vermögen zu abstrakt ist.[1179] Weder geht § 54a KWG der Anwendbarkeit der Untreue i. S. des

---

1173 Zuerst *Wastl*, Trennbankengesetz, Strafrecht, verschärfte Sanktionen, WM 2013, S. 1401 (1404); im Anschluss *Goeckenjan*, Die neuen Strafvorschriften, wistra 2014, S. 201 (205); *Löwer*, Die strafrechtliche Aufarbeitung der Wirtschafts- und Finanzkrise, S. 250.

1174 *Reichling*, in: Münchener Kommentar zum StGB, § 54a KWG Rn. 32.

1175 *Brand*, Konfliktherde des § 54a KWG, ZVglRWiss 2014, S. 142 (156).

1176 *Häberle*, in: *Erbs/Kohlhaas*, Strafrechtliche Nebengesetze, § 54a KWG, Rn. 1.

1177 *Wastl*, Trennbankengesetz, Strafrecht, verschärfte Sanktionen, WM 2013, S. 1401 (1404).

1178 Siehe zur Bestandsgefährdung B) III) 1) d).

1179 *Schwerdtfeger*, Strafbarkeitsrisiken für Geschäftsleiter, ZWH 2014, S. 336 (341).

§ 266 StGB vor, noch wird die Untreuestrafbarkeit dadurch gesperrt, da es sich bei der Einführung von § 54a KWG also nicht um eine Änderung des § 266 StGB handelt, findet § 2 Abs. 3 StGB keine Anwendung.[1180] Eine solche wäre auch dem Willen des Gesetzgebers diametral entgegengesetzt, der die Schließung einer Strafbarkeitslücke beabsichtigte und nicht die mildere Anwendung bestehender Strafgesetze.[1181]

Auch ergeben sich Unterschiede bezüglich des Anwendungsbereichs der beiden Tatbestände durch die Regelung der fahrlässigen Herbeiführung der Bestandsgefährdung nach § 54a Abs. 2 KWG.[1182] Der im Rahmen der Untreue schwierig zu erbringende Nachweis des Vorsatzes[1183] ist hier nicht erforderlich.

Aufgrund der unterschiedlichen Rechtsgüter wird § 266 StGB nicht grundsätzlich von § 54a KWG verdrängt oder umgekehrt, sondern es kann Tateinheit vorliegen.[1184]

3) Zwischenergebnis

Der Ausgang und der Stand der dargestellten Verfahren veranschaulicht die Langwierigkeit der strafrechtlichen Aufarbeitung der Finanzkrise. Es wird aber auch deutlich, dass die Ursache nicht mangelnde Straftatbestände sind. Die Ausführungen zum Verhältnis zur Untreue haben darüber hinaus veranschaulicht, dass einige von § 54a KWG erfasste Sachverhaltsvarianten bereits unter § 266 StGB strafbar sein können.

II) Alternative strafrechtliche Regelung

Die Frage ist, ob es eine Alternative zu § 54a KWG geben kann, die den verfassungsrechtlichen Anforderungen genügt, und inwieweit die Sachverhaltsvarianten abgebildet werden können, die § 54a KWG erfassen sollte, und die nicht bereits von § 266 StGB geschützt sind. Der Straftatbestand des § 54a KWG ist anscheinend an einen Vorschlag für eine neue Strafnorm von *Kasiske*

1180 *Schröder,* Keine Strafbarkeitsrisiken für verantwortungsvoll handelnde Geschäftsleiter, WM 2014, S. 100 (101).

1181 Zum Willen des Gesetzgebers siehe B) I) 2).

1182 *Schwerdtfeger,* Strafbarkeitsrisiken für Geschäftsleiter, ZWH 2014, S. 336 (341).

1183 Siehe *Kasiske,* Bestandsgefährdung systemrelevanter Kreditinstitute als eigener Straftatbestand, ZRP 2011, S. 137 (138).

1184 *Lindemann,* in: *Boos/Fischer/Schulte-Mattler,* § 54a KWG Rn. 27; so auch *Goeckenjan,* Die neuen Strafvorschriften, wistra 2014, S. 201 (201).

angelehnt.[1185] Dieser hatte zuvor einen Formulierungsvorschlag gemacht, der unter anderem eine Bestandsgefährdung als Tatbestandsmerkmal beinhaltete.[1186] Das ist nicht der einzige Vorschlag, der anlässlich der Finanzkrise gemacht wurde. Im Folgenden soll daher auf die unterschiedlichen Vorschläge eingegangen und analysiert werden, ob einer davon genutzt werden kann, um das Rechtsgut der Stabilität des Finanzsystems zu schützen. Statt eine makro(-kriminalrechtliche) Lösung zu suchen - eine solche wurde etwa von *Naucke* mit der Forderung nach einer „politischen Wirtschaftsstraftat"[1187] vorgeschlagen –, wird es darum gehen, einen anderen Vorschlag einer Strafnorm im Bankaufsichtsrecht bezüglich des Rechtsguts zu formulieren.[1188]

1) Bestandsgefährdung durch nicht wirtschaftliches Handeln?

Zunächst soll auf den Vorschlag von *Kasiske* eingegangen werden, den dieser im Anschluss an die Finanzkrise verfasste und an welchem sich der Gesetzgeber bei § 54a KWG anscheinend orientiert hat. Dieser lautet:

> „*(1) Wer als Angestellter oder Mitglied eines Organs eines Kreditinstituts durch Handlungen, die den Anforderungen an eine ordnungsgemäße Wirtschaft widersprechen, eine Gefährdung von dessen Bestand herbeiführt, wird mit Freiheitsstrafe von sechs Monaten bis zu zehn Jahren bestraft. In minder schweren Fällen ist die Strafe Freiheitsstrafe bis zu 5 Jahren oder Geldstrafe.*
> *(2) Wer in den Fällen des Abs. 1 die Gefährdung leichtfertig herbeiführt, wird mit Freiheitsstrafe bis zu zwei Jahren oder mit Geldstrafe bestraft.*
> *(3) Die Tat ist nur strafbar, wenn durch die Bundesanstalt für die Finanzdienstleistungsaufsicht die Bestands- und Systemgefährdung nach § 48b Abs. 1 und 2 dieses Gesetzes festgestellt wurde.*"[1189]

Die Normierung eines derartigen Tatbestands war naheliegend, weil in den §§ 48a ff. KWG a. F. die aufsichtsrechtlichen Maßnahmen gegenüber Kreditinstituten

1185 Zu beidem *Jahn*, Aufarbeitung der Finanzmarktkrise, S. 19 (23 f.).

1186 Siehe *Kasiske*, Bestandsgefährdung systemrelevanter Kreditinstitute als eigener Straftatbestand, ZRP 2011, S. 137 (139).

1187 *Naucke*, Der Begriff der politischen Wirtschaftsstraftat, S. 100 f.

1188 Einwände zu *Naucke* auch bei: *Jahn*, Die strafrechtliche Aufarbeitung der Finanzmarktkrise, wistra 2013, S. 41 (41 f.); auf die Grenzen des Strafrechts hinweisend *Rönnau*, Globale Finanzkrise, S. 43 (62); *Lüderssen*, Finanzmarktkrise, Risikomanagement und Strafrecht, S. 211 (235).

1189 *Kasiske*, Bestandsgefährdung systemrelevanter Kreditinstitute als eigener Straftatbestand, ZRP 2011, S. 137 (139).

für den Fall einer Bestands- und Systemgefährdung geregelt waren.[1190] Dass diese Vorschriften inzwischen gestrichen und entsprechende Regelungen im SAG normiert worden sind, veranschaulicht den Wandel der bankaufsichtsrechtlichen Regelungen.

Die Ähnlichkeiten zu § 54a KWG sind unter anderem die Anknüpfung an die Bestandsgefährdung als Tatbestandsvoraussetzung, die Vorsatz-Fahrlässigkeits-Kombination im zweiten Absatz und ein Tätigwerden der BaFin als Strafausschließungsgrund.

Unterschiede zu § 54a KWG ergeben sich hinsichtlich des Adressatenkreises der Norm, wonach nicht nur Vorstände, sondern grundsätzlich Angestellte des Kreditinstituts sowie die Aufsichtsräte adressiert wären. Der weite personelle Anwendungsbereich rechtfertige sich dadurch, dass sich Risiken für den Bestand von Kreditinstituten auch aus der Tätigkeit dieser Personen ergeben könnten.[1191]

Ein weiterer Unterschied im Vergleich zu § 54a KWG ist die erforderliche Tathandlung. Erfasst sind Handlungen, die den Anforderungen an eine ordnungsgemäße Wirtschaft widersprechen. Ferner beinhaltet der Vorschlag anders als § 54a KWG eine Strafandrohung von bis zu zehn Jahren sowie die Regelung eines minder schweren Falles. Anders als bei § 54a KWG[1192] wird die Feststellung der Bestands- sowie der Systemgefährdung durch die BaFin als objektive Strafbarkeitsbedingung formuliert. Begrüßenswert aus rechtsstaatlicher Sicht im Vergleich zu § 54a KWG ist die erhöhte Anforderung hinsichtlich des Fahrlässigkeitsvorwurfs im zweiten Absatz des Vorschlags. Es bedarf zwar dennoch einer eigenen Legitimation der Normierung einer Vorsatz-Fahrlässigkeits-Kombination, aber zumindest ist die leichtfertige Begehungsweise für ein Vermögensdelikt kein Novum. Sie ist bereits in § 264 Abs. 4 StGB unter Strafe gestellt.[1193]

Die Tatbestände des § 54a KWG und von *Kasiske* ähneln sich, weisen aber auch deutliche Abweichungen auf. Ein wesentlicher Unterschied ist, dass der Vorschlag von *Kasiske* nicht an die Sorgetragungspflichten des § 25c KWG anknüpft. Die bei § 54a KWG bestehende Umgehungsmöglichkeit wird dadurch

---

1190 So *Kasiske,* Bestandsgefährdung systemrelevanter Kreditinstitute als eigener Straftatbestand, ZRP 2011, S. 137 (138).

1191 *Kasiske,* Bestandsgefährdung systemrelevanter Kreditinstitute als eigener Straftatbestand, ZRP 2011, S. 137 (139).

1192 Siehe zur Diskussion B) IV) 2) a) bb).

1193 Siehe dazu und zu der Kritik *Ceffinato,* in: Münchener Kommentar zum StGB, § 264 Rn. 108.

vermieden. Das Ansetzen bei der Einrichtung eines Risikomanagements als tatbestandliche Voraussetzung bei § 54a KWG ermöglicht eine straflose Bestandsgefährdung durch bewusste Umgehung des Risikomanagements.[1194] Dies wäre bei dem Vorschlag von *Kasiske* nicht möglich, da hier jegliche riskante Handlung erfasst wäre. Anknüpfungspunkte könnten auch beispielsweise Risikogeschäfte wie in großem Umfang vorgenommene Refinanzierungen langfristiger Investitionen durch kurzfristige Schuldverschreibungen, also das Problem exzessiver Fristentransformationen, sein.[1195] Der Grund ist, dass diese bei einer Störung des Refinanzierungsmarkts zu existenzbedrohenden Liquiditätsengpässen führen können.[1196]

Allerdings ist bei der Beschreibung der Tathandlung durch die Begriffe der „ordnungsgemäßen Wirtschaft" fraglich, ob damit in ausreichendem Maße dem Bestimmtheitsgebot genüge getan wird.[1197] Es erfolgt eine Anlehnung an den Begriff in § 283 Abs. 1 Nr. 8 StGB, der an dieser Stelle bereits von der Literatur[1198] kritisiert wird.[1199] Ein Kritikpunkt ist in diesem Zusammenhang, dass die dort verwendeten Unterkriterien nicht gut operationalisierbar sind.[1200] Hinzu kommt, dass der Vorschlag auf das Merkmal „grob" im Gegensatz zu § 283 Abs. 1 Nr. 8 StGB verzichtet, welches aber dem eingrenzenden Kriterium „gravierend" des § 266 StGB entspricht.[1201] Deshalb bestehen durchaus berechtigte Zweifel an der Bestimmtheit.[1202] Nach den Vorstellungen von *Kasiske* sollen hingegen

---

1194 *Kasiske,* Das Kapitalmarktstrafrecht, ZIS 2013, S. 257 (263); siehe zur Tathandlung des § 54a KWG B) III) 1) c) cc).

1195 *Jahn,* Die strafrechtliche Aufarbeitung der Finanzmarktkrise, wistra 2013, S. 41 (42).

1196 *Jahn,* Die strafrechtliche Aufarbeitung der Finanzmarktkrise, wistra 2013, S. 41 (42); siehe dazu B) I) 1).

1197 *Jahn,* Die strafrechtliche Aufarbeitung der Finanzmarktkrise, wistra 2013, S. 41 (43).

1198 *Bosch,* in: *Satzger/Schmitt/Widmaier,* StGB, § 283 Rn. 32; siehe zum Überblick auch *Kindhäuser,* in: *Kindhäuser/Neumann/Paeffgen,* NK-StGB, Vorbem. §§ 283 Rn. 67–69; a. A. *BGH* Wistra 2009, S. 273 (274).

1199 *Jahn,* Die strafrechtliche Aufarbeitung der Finanzmarktkrise, wistra 2013, S. 41 (43).

1200 *Jahn,* Die strafrechtliche Aufarbeitung der Finanzmarktkrise, wistra 2013, S. 41 (43).

1201 *Jahn,* Die strafrechtliche Aufarbeitung der Finanzmarktkrise, wistra 2013, S. 41 (43); wobei diese Funktion des Wortes „grob" auch bezweifelt und zum Teil als lediglich deklaratorisch angesehen wird, siehe dazu *Kindhäuser,* in: *Kindhäuser/Neumann/Paeffgen,* NK-StGB, § 283 Rn. 92; hinsichtlich der Untreue *BGH* NJW 2002, S. 1211 (1212), bestätigt wurde diese Rechtsprechung durch *BVerfG* NJW 2010, S. 3209 (3212).

1202 Siehe *Jahn,* Die strafrechtliche Aufarbeitung der Finanzmarktkrise, wistra 2013, S. 41 (43).

diese Grundsätze durch die im Bankenbereich besonders umfangreichen Regulierungsvorschriften konkretisiert werden.[1203]

Zudem ist zu kritisieren, dass die BaFin die Bestands- und Systemgefährdung festzustellen hätte. Vorteilhaft ist es zumindest, dass im Gegensatz zu § 54a KWG überhaupt die Systemgefährdung festgestellt werden muss.[1204] Mit diesem Erfordernis ist die Schwelle der Strafbarkeit höher, was nicht negativ zu sein hat.[1205] Es hat nämlich den Vorteil, dass kleinere Institute aus dem Anwendungsbereich der Strafnorm ausgeschlossen werden. Bei § 54a KWG kann dieses Ergebnis nur mit einer verfassungskonformen Auslegung erreicht werden.[1206] Durch ein entsprechendes Feststellungserfordernis durch die BaFin bestünden jedoch andere Anwendungsschwierigkeiten.

Problematisch ist bei diesem Vorschlag, dass die Einleitung des Reorganisationsverfahrens i. S. der §§ 7 ff. KredReorgG beeinträchtigt wird.[1207] Der Grund liegt darin, dass das Verfahren freiwillig erfolgt, die BaFin das jeweilige Kreditinstitut nicht dazu zwingen kann, und für dieses Verfahren auch die Feststellung der Bestandsgefährdung erforderlich ist.[1208] Das bedeutet, dass die Durchführung des freiwilligen Reorganisationsverfahrens zur Strafbarkeit führen könnte[1209], wobei die Konsequenzen hinsichtlich der (freiwilligen) Bereitschaft zur Durchführung des Verfahrens offensichtlich sein dürften.

Ferner soll die Konkretisierung der Tathandlung durch die Regulierungsvorschriften erfolgen, die sich allerdings nicht dazu eignen. Aus den bankaufsichtsrechtlichen Regelungen lassen sich keine verbindlichen, konkreten und verallgemeinerbaren Vorgaben entwickeln, die nicht im Konflikt mit dem Bestimmtheitsgrundsatz stehen. Die aufsichtsrechtlichen Vorschriften können nicht den Anforderungen des Bundesverfassungsgerichts entsprechend

---

1203 *Kasiske,* Bestandsgefährdung systemrelevanter Kreditinstitute als eigener Straftatbestand, ZRP 2011, S. 137 (139).

1204 Dies bei § 54a KWG zumindest vermissend *Volk,* Strafrecht ohne Grenzen im neuen Trennbankengesetz, S. 669 (670).

1205 Dies etwa bei § 54a KWG bereits betonend *Schork/Reichling,* Der strafrechtliche Schutz des Risikomanagements durch das sog. Trennbankengesetz, CCZ 2013, S. 269 (269).

1206 Siehe dazu B) IV) 2) a) cc).

1207 *Brand,* Legitimität des Insolvenzstrafrechts, KTS 2012, S. 195 (210 Fn. 79).

1208 Auf die inzwischen alte Gesetzeslage verweisend *Brand,* Legitimität des Insolvenzstrafrechts, KTS 2012, S. 195 (210 Fn. 79). Nach der alten Gesetzeslage war nach § 7 KredReorgG auch eine Systemgefährdung festzustellen.

1209 *Brand,* Legitimität des Insolvenzstrafrechts, KTS 2012, S. 195 (210 Fn. 79).

konkretisiert werden.[1210] Daher sind sie auch nicht geeignet, einen unbestimmten Rechtsbegriff wie den der „ordnungsgemäßen Wirtschaft" zu konkretisieren. Der formulierte Tatbestand ist daher abzulehnen, weil auch er nicht nur nicht konkret genug, sondern auch nicht ausreichend konkretisierbar ist.

2) Strafrechtliche Erweiterung des § 93 AktG?

Ein Vorschlag des Landesparteitags der Berliner SPD aus dem Jahr 2010 sieht vor, in § 93 AktG einen Absatz einzufügen, welcher den vorsätzlichen Verstoß gegen die Pflicht zur Anwendung der Sorgfalt eines ordentlichen und gewissenhaften Kaufmanns unter Strafe stellt.[1211] Danach sollen gravierende Verstöße gegen Prüfungs- und Informationspflichten beim Ausreichen von Krediten, Ankauf hoch risikobehafteter Wertpapiere oder Auslagern von Kreditrisiken auf außerbilanzielle Zweckgesellschaften strafrechtlich verfolgbar sein.[1212] Der Vorschlag könnte nach einem diesen Ansatz aufgreifenden Formulierungsvorschlag des Deutschen Anwaltsvereins folgende Fassung haben:

> „*Vorstandsmitglieder, die sich im Rahmen ihrer Geschäftsführung pflichtwidrig verhalten, indem sie die Sorgfalt eines ordentlichen und gewissenhaften Geschäftsleiters vernachlässigen, werden mit Freiheitsstrafe bis zu [*Angabe offen gelassen, Anmerkung des Verfassers*] oder mit Geldstrafe bestraft. Eine Pflichtverletzung liegt nicht vor, wenn das Vorstandsmitglied bei einer unternehmerischen Entscheidung vernünftigerweise annehmen durfte, auf der Grundlage angemessener Information zum Wohle der Gesellschaft zu handeln.*"[1213]

1210 Siehe dazu B) IV) 2) d) bb).

1211 Zusammenfassend *Jahn,* Die strafrechtliche Aufarbeitung der Finanzmarktkrise, wistra 2013, S. 41 (42), verweisend auf Antrag Nr. 58/II/10: „Effektivere Strafverfolgung von Finanzmarktakteuren" der ASJ Berlin, am Landesparteitag der Berliner SPD vom 13. November 2010 angenommen, Beschlüsse des Landesparteitages der Berliner SPD am 13. November 2010, S. 29 f. (https://parteitag.spd-berlin.de/app/uploads/2010-11-13-beschluesse.pdf, zuletzt aufgerufen am 15.04.2020); zu einer solchen Formulierung kritisch bereits im Rahmen der Untreue: *Fischer,* Die strafrec htliche Bewältigung der Finanzkrise, ZStW 2011, S. 816 (824), der auf die Rechtsp rechung des Bundesverfassungsgerichts verweist.

1212 Antrag Nr. 58/II/10 (Fn. 1228), S. 29 f.; zusammenfassend bei *Jahn,* Die strafrechtliche Aufarbeitung der Finanzmarktkrise, wistra 2013, S. 41 (42).

1213 *Strafrechtsausschuss des DAV,* Stellungnahme Nr. 33, März 2012, S. 20 f., https://anwal tverein.de/de/newsroom/id-2012-33?file=files/anwaltverein.de/downloads/newsr oom/stellungnahmen/2012/SN-33-2012-zu-JuMiKo-WiStrR.pdf (zuletzt aufgeru fen am 15.04.2020).

Zunächst sei darauf hingewiesen, dass die Einführung eines solchen Straftatbestands die damals laufenden Ermittlungen hinsichtlich der Finanzkrise nicht begünstigen hätte können.[1214] Da der Vorschlag des Parteitags eine etwaige Rückwirkung nicht thematisierte, ist nicht auch davon auszugehen, dass die Umgehung des Rückwirkungsverbots überhaupt beabsichtigt werden sollte.

Zu kritisieren ist der Vorschlag aufgrund seines weiten Anwendungsbereichs. Erfasst werden sämtliche Handlungen eines Mitglieds des Vorstands einer Aktiengesellschaft im Rahmen seiner Geschäftsführung. Tatbestandsrelevant sind Pflichtverletzungen, die ohne angemessene Informationen oder nicht zum Wohle der Gesellschaft getroffen wurden. Die verwendete Formulierung „Sorgfalt eines ordentlichen und gewissenhaften Geschäftsleiters" kann nicht davon befreien, hinreichend überprüfbare Grundlagen für eine Verurteilung festzustellen.[1215] Das bedeutet, dass eine strafrechtliche Aufarbeitung durch diese Formulierung nicht erleichtert würde. Ein Pflichtverstoß muss genauso wie bei einer Untreue festgestellt werden. Im Vergleich zur Untreue ist jedoch kein Vermögensnachteil erforderlich. Auch sonst ist kein Taterfolg – und sei es in Form einer konkreten Gefährdung – notwendig, sodass es sich bei dem Vorgeschlagenen um ein abstraktes Gefährdungsdelikt handelt. Im Unterschied zu § 54a KWG und den anderen Vorschlägen liegt ein gravierender Unterschied darin, dass die vorgeschlagene Änderung des § 93 AktG nicht unmittelbar an die vermeintlichen Handlungen, welche die Finanzkrise (mit-)verursacht haben sollen, anknüpft. Auch wird kein einschränkendes Kriterium wie die Feststellung einer Bestands- oder Systemgefährdung formuliert. Eine solche Vorverlagerung strafbaren Handelns bedürfte aber einer widerspruchsfreien Legitimation, die sich in dem Vorschlag indes nicht findet.

In dem Beschluss wird darauf hingewiesen, dass eine etwaige Strafbarkeit nicht von dem Nachweis eines im Einzelnen berechenbaren Schadens abhängig sein dürfte, wenn ein Unternehmen oder eine Volkswirtschaft einen schweren Schaden erleide.[1216] Da aber ein Schadenseintritt immer noch vorausgesetzt wird, geht es nicht darum die Nachweisbarkeit des Schadens zu erleichtern. Die mangelnde Nachweisbarkeit der Kausalität soll stattdessen erleichtert werden. Die Zurechnung eines eingetretenen Schadens zu einer oder mehreren

1214 So *Strafrechtsausschuss des DAV*, Stellungnahme Nr. 33 (Fn. 1231), S. 20.

1215 Siehe dazu *Fischer*, Die strafrechtliche Bewältigung der Finanzkrise, ZStW 2011, S. 816 (824), der dies zur Rechtsprechung des Bundesverfassungsgerichts hinsichtlich der Untreue klarstellt.

1216 Antrag Nr. 58/II/10 (Fn. 1228), S. 29 f.

Pflichtverletzungen soll entbehrlich sein. Wenn jedoch die Pflichtverletzung nicht kausal für den Schaden zu sein braucht, ist nicht ersichtlich, warum sie strafrechtlich zu sanktionieren sein sollte. Die Begründung für einen neuen Straftatbestand verhält sich also widersprüchlich.

Im Übrigen wird in dem Beschluss des Landesparteitags auf die Erweiterung der möglichen strafrechtlichen Verantwortung von Finanzmarktakteuren hingewiesen.[1217] Der Beschluss enthält keine Ausführungen, warum die Erweiterung geboten ist oder warum die bestehenden Straftatbestände nicht ausreichen. Ferner mangelt es an einer Erklärung, warum ein Straftatbestand in § 93 AktG auf sämtliche Aktiengesellschaften anwendbar sein soll, auch auf solche außerhalb des Finanzsektors.

Inhaltlich hat der Vorschlag die Anforderungen des Bundesverfassungsgerichts zu berücksichtigen, um strukturell das Wirtschaftssystem nicht zu sehr zu irritieren.[1218] Eine solche Irritation könnte dadurch entstehen, dass die unternehmerisch notwendige Risikobereitschaft der Finanzmarktakteure zu sehr eingeschränkt würde.[1219] Der Vorschlag beabsichtigt, die Vorgaben des Bundesverfassungsgerichts gezielt zu umgehen, ohne diese Konsequenzen zu berücksichtigen. Schlichtweg jeden Pflichtverstoß strafrechtlich zu ahnden, ohne dass ein vom Vorsatz miterfasster Vermögensnachteil eintritt, würde aufgrund der mangelnden Konkretisierung für Verunsicherung sorgen und weit über die in § 93 Abs. 2 S. 1 AktG geregelte zivilrechtliche Haftung hinausgehen, da für Schadensersatzansprüche ein Schaden erforderlich ist. Es ist zu bedenken, dass dasjenige was zivilrechtlich verboten ist, nicht ohne Weiteres in ein strafrechtliches Verbot übergeleitet werden darf.[1220] Erst recht darf daher ein strafrechtlicher Tatbestand die zivilrechtlichen Haftungsanforderungen nicht unterschreiten.

Daher ist diesem Vorschlag nicht nur aus Gründen des Bestimmtheitsgebots entgegenzutreten, es fehlt vielmehr bereits die erforderliche widerspruchsfreie Legitimation für einen solchen Straftatbestand.

Eine Korrektur des Vorschlags dürfte sich vor dem Hintergrund der neueren Rechtsprechung des Bundesgerichtshofs als überflüssig erweisen. Dieser hatte

---

1217 Antrag Nr. 58/II/10 (Fn. 1228), S. 29.

1218 Siehe *Jahn,* Die strafrechtliche Aufarbeitung der Finanzmarktkrise, wistra 2013, S. 41 (42).

1219 Vgl. *Jahn,* Die strafrechtliche Aufarbeitung der Finanzmarktkrise, wistra 2013, S. 41 (42).

1220 *Lüderssen,* Risikomanagement und Risikoerhöhungstheorie, S. 345 (346); siehe auch *Volk,* Untreue und Gesellschaftsrecht, S. 803 (804).

sich in einem der Verfahren, welches anlässlich der Finanzkrise stattgefunden hat, wie folgt geäußert:

> *„Sind jedoch [...] diese in § 93 I 1 AktG normierten äußersten Grenzen unternehmerischen Ermessens überschritten und ist damit eine Hauptpflicht gegenüber dem zu betreuenden Unternehmen verletzt worden, so liegt eine Verletzung gesellschaftsrechtlicher Pflichten vor, die (gleichsam „automatisch") so gravierend ist, dass sie zugleich eine Pflichtwidrigkeit iSv § 266 StGB begründet"*

und weiter

> *„Angesichts des durch § 93 I AktG eingeräumten weiten unternehmerischen Entscheidungsspielraums ist für eine gesonderte Prüfung der Pflichtverletzung als „gravierend" bzw. „evident" kein Raum"*[1221].

Unabhängig von der durchaus berechtigten Kritik an dieser Entscheidung ist zumindest für den Bundesgerichtshof bis zur Korrektur dieser Rechtsprechung ein eigener Straftatbestand in § 93 AktG nicht erforderlich, da auf das Merkmal des Vermögensnachteils nicht verzichtet werden kann und nach der Begründung des Beschlusses auch nicht soll.

3) Modifizierung des § 266 StGB

Neben dem Vorschlag, einen neuen Straftatbestand einzuführen, gab es im Nachgang zur Finanzkrise Ansätze, Auslegungshilfen für die Untreue vorzugeben, den Untreuetatbestand um eine Qualifikation oder ein Regelbeispiel zu erweitern sowie einen neuen Straftatbestand einzufügen.

Hinsichtlich der Untreue wurden Auslegungshilfen in Form von Fallgruppen vorgeschlagen, bei deren Vorliegen die Indizierung einer Pflichtwidrigkeit angenommen werden könne.[1222] Vorgeschlagen wurden folgende Indizien hinsichtlich der Pflichtwidrigkeit:

> *„Umgehung zwingender Regeln (z.B. der Eigenkapital-Unterlegung, indem quasi eigenkapitalfreie Zweckgesellschaften im Ausland gegründet werden); Eingehen existenzgefährdender Risiken; Eingehen von Klumpenrisiken; Geschäftsstrategien des ‚Alles auf eine Karte-Setzens'; Einrichtung von Entlohnungs- und Bonussystemen, welche systematisch*

1221 *BGH* NJW 2017, S. 578 (579); dazu, dass in diesem Zusammenhang kein zusätzlich strafbeschränkendes Merkmal erforderlich ist, etwa *Schünemann*, in: Leipziger Kommentar zum StGB, § 266 Rn. 256.

1222 Siehe *Fischer*, Die strafrechtliche Bewältigung der Finanzkrise, ZStW 2011, S. 816 (820).

die Höhe von Einkünften proportional an die Höhe der Risikobegründung für zu betreuendes Fremdvermögen knüpfen."[1223]

Auch wenn die Pflichtwidrigkeit bei diesen Fallkonstellationen angenommen wird[1224], muss dennoch der Kausalzusammenhang zwischen der Pflichtverletzung und dem erlittenen Vermögensnachteil geführt werden. Zudem ist es nicht ersichtlich, dass die anlässlich der Finanzkrise geführten Ermittlungsverfahren aufgrund der mangelnden Pflichtwidrigkeit beendet wurden. Wenn bereits keine Pflichtwidrigkeit vorgelegen hätte, hätten sämtliche Verfahren nach § 170 Abs. 2 StPO eingestellt werden müssen. Die genannten Fallgruppen können daher nur eine Orientierungshilfe bieten.

In der Literatur wurde daneben empfohlen, die Untreue um eine Qualifikation zu erweitern, die bei der Verursachung einer Insolvenz oder dann, wenn diese nur aufgrund staatlicher Unterstützung ausbleibt, einschlägig wäre.[1225] Durch die Umsetzung des Vorschlags würde allerdings der Untreuetatbestand die gleiche Schutzwirkung wie der Bankrott entfalten, welchem ohnehin bereits der Schutz der Gläubiger zugrunde liegt. Naheliegender wäre daher eine Änderung des Bankrotttatbestands.[1226]

Alternativ könnte daran gedacht werden, eine Bestandsgefährdung als besonders schwerer Fall des § 266 StGB zu formulieren. Eine solche Ergänzung wäre jedoch nur dann notwendig, wenn die bereits nach § 266 Abs. 2 StGB anwendbaren Regelbeispiele des § 263 Abs. 3 StGB für den Fall der Bestandsgefährdung nicht einschlägig wären. Diese Regelbeispiele, wie etwa der Vermögensverlust großen Ausmaßes, finden nur dann Anwendung, wenn der Vermögensverlust tatsächlich eingetreten ist, jedoch dann nicht, wenn nur eine entsprechende Gefährdung vorgelegen hat.[1227] Das bedeutet, dass das Regelbeispiel nicht einschlägig ist, wenn der Vermögensnachteil des § 266 StGB nur in Form der Vermögensgefährdung gegeben ist.[1228] Ein neu einzufügendes Regelbeispiel könnte also an das Vorliegen einer Vermögensgefährdung und einer Bestandsgefährdung anknüpfen, ohne dass ein Schaden tatsächlich eingetreten ist.

1223 *Fischer,* Die strafrechtliche Bewältigung der Finanzkrise, ZStW 2011, S. 816 (825).

1224 Bereits im Falle der Klumpenrisiken in der zivilrechtlichen Rechtsprechung *OLG Düsseldorf* ZIP 2010, S. 28 (32).

1225 *Schünemann,* Die sog. Finanzkrise, S. 71 (101 f.).

1226 Siehe dazu C) II) 4).

1227 Siehe etwa *BGH* NJW 2003, S. 3717 (3719).

1228 *BGH* NJW 2003, S. 3717 (3719).

Es ist allerdings zweifelhaft, ob § 266 StGB der richtige Ansatz ist. Dessen Schutzrichtung ist (zumindest primär) nicht, Schaden von der Allgemeinheit oder die Existenzkrise eines systemrelevanten Kreditinstituts abzuwenden.[1229] Zudem erfüllt eine Bestandsgefährdung nicht notwendig den Tatbestand des § 266 StGB.[1230] Es besteht zwar durchaus die Möglichkeit, dass in der Eingehung unvertretbarer Risiken für das anvertraute Vermögen ein pflichtwidriges Handeln erblickt werden kann, allerdings sind die Hürden für eine Verurteilung weiterhin hoch.[1231] Dies wird nicht zuletzt dadurch bestätigt, dass bis heute (noch) keine untreuestrafrechtliche Verurteilung anlässlich der Finanzkrise vorliegt.[1232] Selbst wenn es noch zu einer solchen Verurteilung kommen sollte, wäre damit ohnehin noch nicht festgestellt, dass der Untreuetatbestand auch in Zukunft dafür geeignet wäre, entsprechende Krisensituationen strafrechtlich aufzuarbeiten. Bezüglich des Schadens ist die Rechtsprechung des Bundesverfassungsgerichts zu berücksichtigen, vor allem dazu, inwieweit die Vermögensgefährdung als Vermögensschaden gewertet werden kann.[1233] Des Weiteren dürfte in diesem nicht leicht zu überschauenden Kontext auch die Feststellung des Vorsatzes Schwierigkeiten verursachen. Außerdem geht es anlässlich der Finanzkrise nicht in erster Linie um die Sachverhaltskonstellationen, die bereits von § 266 StGB erfasst waren. Im Verhältnis zu § 54a KWG wurde dargelegt, dass es vielmehr um Fälle geht, in welchen eine Bestandsgefährdung vorliegt, ohne dass diese zugleich eine Vermögensgefährdung im Sinne des § 266 StGB darstellt. Daher steht nicht die Notwendigkeit im Vordergrund, den Untreuetatbestand um ein Regelbeispiel zu erweitern. Erforderlich ist, einen Tatbestand zu formulieren, der von den bisher etablierten Strafnormen nicht erfasst ist, und das Rechtsgut die Stabilität des Finanzsystems zu schützen vermag. Beide Aspekte treffen auf den Untreuetatbestand nicht zu. Weder erfasst der Untreuetatbestand die Sachverhaltskonstellationen, noch soll durch die Untreue das Rechtsgut der Stabilität des Finanzsystems geschützt werden.

1229 *Kasiske,* Bestandsgefährdung systemrelevanter Kreditinstitute als eigener Straftatbestand, ZRP 2011, S. 137 (138).

1230 Siehe dazu C) I) 2).

1231 *Kasiske,* Bestandsgefährdung systemrelevanter Kreditinstitute als eigener Straftatbestand, ZRP 2011, S. 137 (137 f.).

1232 So auch *Brand,* Anmerkung zu BGH, Urteil vom 12.10.2016, NJW 2017, S. 582 (582).

1233 Grundlegend *BVerfG* NJW 2010, S. 3209 (3218 f.); darauf Bezug nehmend *Kasiske,* Bestandsgefährdung systemrelevanter Kreditinstitute als eigener Straftatbestand, ZRP 2011, S. 137 (138).

Die Lösung dieses Problems ist es ebenfalls nicht, einen Tatbestand wie dem der „politischen Untreue“ einzuführen. Als kleine Lösung zum politischen Wirtschaftsstrafrecht wird ein solcher Tatbestand von *Naucke* thematisiert. Eine „politische Untreue“ begeht danach, wer so viel wirtschaftliche Macht innehat, dass er dem Wirtschaftssystem und so dem Einzelnen, welcher von dem System abhängig ist, schweren Schaden zufügen kann, ohne aber das System selbst zu zerstören.[1234] Bei einem solchen Tatbestand dürfte der Nachweis der Verursachung des Vermögensschadens schwieriger als bei § 266 StGB zu führen sein[1235] und eine entsprechende Gesetzesänderung bereits deshalb eine strafrechtliche Aufarbeitung nicht fördern. Darüber hinaus dürfte die Zurechnung der freiheitsgefährdenden Beeinträchtigung des Wirtschaftssystems kaum gelingen, da der Schaden an der Wirtschaftsordnung nicht nur einem einzelnen Akteur zugerechnet werden kann.[1236] Diese Zurechnung wurde schon anlässlich der Finanzkrise bezweifelt[1237] und ließe sich nicht durch die Einfügung eines neuen Straftatbestands überwinden. Abschließend sei darauf hinzuweisen, dass die beschriebene Tathandlung der „politischen Untreue“ nicht mit dem Sinn und Zweck der Untreue vereinbar ist, sodass bereits die Bezeichnung irreführend ist. Es mangelt an demjenigen, der dem Handelnden der „politischen Untreue“ die Position tatsächlich oder rechtlich eingeräumt hat, um den Schaden verursachen zu können. Bei der „politischen Untreue“ geht es um eine wirtschaftliche Machtposition, die sich in dem Wirtschaftssystem herausentwickelt hat, aber nicht aktiv von Anfang an in der später vorhandenen, kritischen Größenordnung.[1238]

Daher ist die Einfügung eines Tatbestands der „politischen Untreue“ keine Lösung. Auch die Vorgabe von Fallgruppen oder die Erweiterung um eine Qualifikation oder ein Regelbeispiel sind keine Lösung für die Anwendungsschwierigkeiten der Untreue, oder um die bisher nicht erfassten Sachverhaltskonstellationen unter § 266 StGB subsumierbar werden zu lassen.

1234 *Naucke*, Der Begriff der politischen Wirtschaftsstraftat, S. 36.

1235 *Kubiciel*, Die Finanzmarktkrise zwischen Wirtschaftsstrafrecht und politischem Strafrecht, ZIS 2013, S. 53 (59).

1236 *Kubiciel*, Die Finanzmarktkrise zwischen Wirtschaftsstrafrecht und politischem Strafrecht, ZIS 2013, S. 53 (59).

1237 Siehe *Lüderssen*, Finanzmarktkrise, Risikomanagement und Strafrecht, S. 211 (218).

1238 *Naucke*, Der Begriff der politischen Wirtschaftsstraftat, S. 36.

4) Anpassung des § 283 Abs. 6 StGB

Des Weiteren wurde eine Anpassung des Bankrotttatbestands in § 283 StGB an die Sachverhalte der Finanzkrise vorgeschlagen. Ausgangspunkt der Überlegung war der Gesichtspunkt, dass nur aufgrund der staatlichen Rettungsmaßnahmen, welche die Insolvenz verhinderten, diese Strafnorm nicht einschlägig gewesen war.[1239] Durch das Fehlen der objektiven Strafbarkeitsbedingung, formuliert in § 286 Abs. 6 StGB, war diese Norm zumindest in der praktischen Aufarbeitung der Finanzkrise nicht von Relevanz.[1240] Ein Vorschlag von *Schünemann* knüpft an diesen Aspekt an. Der Vorschlag lautet, § 283 Abs. 6 StGB um eine dritte Variante zu erweitern:

> *„dass es allein deshalb nicht zum Insolvenzverfahren kommt, weil dieses durch eine staatliche Intervention verhindert wird.“*[1241]

Umstritten ist, ob eine solche Änderung mit der Schutzrichtung des Tatbestands in Einklang gebracht werden kann. Zum Teil wird in der Literatur angenommen, dass der Schutzzweck des § 283 StGB dem hier in Rede stehenden besonderen Unrechtscharakter in Form der Beeinträchtigung eines funktionierenden Finanzsystems entgegen steht.[1242] Die Schutzrichtung des § 283 StGB beschränkt sich nach dieser Ansicht auf das Vermögen der Gläubiger.[1243] Andererseits wird vertreten, dass § 283 StGB auch Belange der Gesamtwirtschaft und speziell die Funktionsbedingungen der Kreditwirtschaft schütze.[1244] Dies bedeute, dass das in der Finanzkrise geschehene Unrecht, und zwar die potenzielle finanzielle Vernichtung des Treugebers, erfasst sei.[1245] Zutreffend sind beide Ansichten. Durch den Schutz der Gläubiger wird auch die Gesamtwirtschaft und im Falle von Kreditinstituten auch die Funktionsbedingung der Kreditwirtschaft mittelbar

---

1239 Statt vieler etwa bei *Rönnau,* Globale Finanzkrise, S. 43 (62).

1240 *Tiedemann,* Wirtschaftsstrafrecht BT, Rn. 315; *Goeckenjan,* Die neuen Strafvorschriften, wistra 2014, S. 201 (201).

1241 *Schünemann,* Die sog. Finanzkrise, S. 71 (101).

1242 *Kasiske,* Bestandsgefährdung systemrelevanter Kreditinstitute als eigener Straftatbestand, ZRP 2011, S. 137 (138).

1243 *Kasiske,* Bestandsgefährdung systemrelevanter Kreditinstitute als eigener Straftatbestand, ZRP 2011, S. 137 (138).

1244 *Heine/Schuster,* in: *Schönke/Schröder,* StGB, Vorbem. §§ 283 ff. Rn. 2 hinsichtlich der Funktionsfähigkeit der Kreditwirtschaft verweisend auf *BGH* NJW 2003, S. 974 (975) und bezüglich des Schutzes der Gesamtwirtschaft verweisend unter anderem auf *Fischer,* StGB, Vor § 283 Rn. 3.

1245 *Schünemann,* Die sog. Finanzkrise, S. 71 (100).

geschützt. Allerdings ist der primäre Schutz weder von der Gesamtwirtschaft noch der Funktionsbedingungen der Kreditwirtschaft im Wortlaut des § 283 StGB angelegt. Es gibt keine Voraussetzung, die an eine Beeinträchtigung der Gesamt- oder Kreditwirtschaft anknüpft. Hingegen ist der Gläubigerschutz durch das Erfordernis der Zahlungseinstellung oder der Eröffnung des Insolvenzverfahrens direkt beabsichtigt. Nicht nur die Zahlungseinstellung, sondern auch die Eröffnung des Insolvenzverfahrens haben zur Konsequenz, dass eine vollständige Befriedigung der Forderungen aller Gläubiger nicht mehr zu erwarten ist. Der Tatbestand des § 283 StGB bezweckt daher bisher nicht den Schutz der genannten überindividuellen Rechtsgüter.

Bevor eine Erweiterung des Schutzzwecks des § 283 StGB in Betracht gezogen wird, sind die erfolgten Gesetzesänderungen im Bereich der Regulierung und Reorganisation von Kreditinstituten näher zu beleuchten. Durch diese wird die vorgeschlagene Erweiterung des § 283 StGB nicht mehr notwendig sein[1246], da staatliche Unterstützungsleistungen selbst entbehrlich sind.[1247]

Zunächst ist das Restrukturierungsgesetz[1248] zu nennen, welches am 1. Januar 2011 in Kraft getreten ist. Ziel des Gesetzes ist es, den Bankensektor zu stabilisieren und vor allem auch gegen künftige systemgefährdende Ereignisse abzusichern.[1249] Das Restrukturierungsgesetz enthält unter anderem das Gesetz zur Reorganisation von Kreditinstituten (KredReorgG), Art. 1 Restrukturierungsgesetz, Änderungen des Kreditwesengesetzes mit Maßnahmen gegenüber Kreditinstituten bei Gefahren für die Stabilität des Finanzsystems, Art. 2 Restrukturierungsgesetz, sowie das Gesetz zur Errichtung eines Restrukturierungsfonds für Kreditinstitute, Art. 3 Restrukturierungsgesetz. Der Gesetzgeber ging davon aus, dass das allgemeine Insolvenzrecht nicht das richtige Mittel sei, um eine geordnete Abwicklung zu garantieren, ohne dass eine Destabilisierung des Finanzsystems eintrete.[1250] Das Gesetz erweitert speziell die präventiven Aufsichtsbefugnisse der BaFin.[1251] Daneben wurden Möglichkeiten zur Sanierung und Reorganisation von Kreditinstituten geschaffen, die sich am Insolvenzplanverfahren der §§ 217 ff. InsO orientieren, allerdings erweiterte Sanierungs- und Reorganisationsmöglichkeiten insbesondere aufgrund der

1246 So *Brand,* Legitimität des Insolvenzstrafrechts, KTS 2012, S. 195 (199).
1247 Siehe dazu *Obermüller,* Das Bankenrestrukturierungsgesetz, NZI 2011, S. 81 (81).
1248 Dazu schon unter B) III) 1) d) bb).
1249 *Kube,* EU-Bankenabgabe und objektives Nettoprinzip, DStR 2016, S. 572 (572).
1250 BT-Drs. 17/3024, S. 1.
1251 *Wolfers/Voland,* Der Weg aus der Krise?, WM 2011, S. 1159 (1160).

Gefahr einer Systemkrise vorsehen.[1252] Das Sanierungsverfahren ist in den §§ 2-6 KredReorgG als eigenverantwortliche Sanierung durch das Management des Instituts vorgesehen, welche durch einen Antrag des Instituts beginnen kann. Das Reorganisationsverfahren erfolgt ebenfalls nur auf Antrag des Instituts.

Zudem wurde im Rahmen des Gesetzes auch das Restrukturierungsfondsgesetz (RStruktFG) erlassen, welches die Einrichtung eines – Restrukturierungsmaßnahmen finanziell abstützenden – Restrukturierungsfonds vorsah.[1253] Der Fonds wird durch Abgaben finanziert, welche die nach § 2 RStruktFG verpflichteten Institute jährlich abzuführen haben, die sogenannte Bankenabgabe.[1254] Im Falle einer Krise erhalten die Kreditinstitute finanzielle Unterstützung aus dem Fonds.

Ein ähnliches Ziel verfolgt das SAG[1255], welches auch die Regelungen des Restrukturierungsgesetzes erweitert hat. Das Ziel, die mögliche Insolvenz eines Kreditinstituts zu verhindern, wird im SAG durch die Vorschriften verfolgt, die einen Sanierungsplan vorschreiben. In § 12 Abs. 1 S. 2 SAG heißt es dazu, dass das Institut in dem Plan darzulegen hat, mit welchen von ihm zu treffenden Maßnahmen die finanzielle Stabilität gesichert oder wiederhergestellt werden kann, falls seine Finanzlage sich wesentlich verschlechtert und diese Verschlechterung zu einer Bestandsgefährdung führen kann. Die nähere Ausgestaltung sowie das Verfahren sind in den §§ 13 ff. SAG geregelt. Ferner besteht nach § 36 SAG die Möglichkeit einer Frühintervention der BaFin, um eine Verschlechterung der Finanzlage zu vermeiden. Sollte dennoch die Abwicklung eines Kreditinstituts notwendig werden, so sieht das SAG unterschiedliche Instrumente hierfür vor. Primär werden die Anteilsinhaber und Gläubiger beteiligt, §§ 89 ff. SAG. Es besteht die Möglichkeit, dass einzelne Anteile oder Vermögenswerte übertragen werden, §§ 107 ff. SAG. Ferner kann eine Unternehmensveräußerung stattfinden, §§ 126 f. SAG, oder die Übertragung auf ein Brückeninstitut, §§ 128 ff. SAG. Das bedeutet, dass sich die Situation, in welchem Kreditinstitute durch direkte staatliche Rettungsmaßnahmen gestützt werden müssen, wahrscheinlich nicht wiederholen wird. Insoweit hätte eine Änderung der Formulierung in § 283 Abs. 6 StGB, die ein solches Szenario erfasst, keine Auswirkung auf die Strafbarkeit Einzelner im Fall zukünftige Krisen eines Instituts.

1252 *Höche*, Das Restrukturierungsgesetz, WM 2011, S. 49 (53).

1253 *Kube*, EU-Bankenabgabe und objektives Nettoprinzip, DStR 2016, S. 572 (572).

1254 *Kube*, EU-Bankenabgabe und objektives Nettoprinzip, DStR 2016, S. 572 (572).

1255 Siehe dazu B) III) 1) d) bb) (2).

Eine Anpassung des § 283 StGB könnte jedoch an die beschriebenen Maßnahmen oder Vorgaben des SAG anknüpfen. Die Idee könnte sein, § 283 Abs. 6 StGB um die Variante des Erfassens einer aufsichtsrechtlichen Maßnahme zu erweitern.[1256] Der Vorschlag von *Brand* sieht vor, die objektive Bedingung der Strafbarkeit des § 283 StGB dahin gehend zu ändern, dass sie nicht an die Feststellung der Bestands- und Systemgefährdung, sondern an den Erlass einer aufsichtsrechtlichen Übertragungsanordnung gegenüber dem kriselnden Institut anknüpft.[1257] Eine Bankrottstrafbarkeit nach § 283 StGB käme dann auch für den Fall in Betracht, in welchem es trotz vollständiger Übertragungsanordnung nicht zur Eröffnung des Insolvenz-, sondern nur zur Durchführung des Liquidationsverfahrens kommen würde, da sämtliche Verbindlichkeiten des übertragenden beim übernehmenden Rechtsträger getilgt würden.[1258] Eine solche Lösung erscheint begrüßenswerter als ein neuer Straftatbestand, da es sich bei § 283 StGB um einen etablierten Tatbestand handelt, durch dessen Anpassung keine größere Rechtsunsicherheit verursacht werden würde. Zudem wäre auch das freiwillige Reorganisationsverfahren nicht beeinträchtigt. Allerdings vermag dieser Lösungsweg das Problem des unbestimmten Aufsichtsrechts nicht zu lösen. In den §§ 48a ff. KWG a. F. war als Folge der Finanzkrise vorgesehen, die systemrelevanten Bestandteile einer im Bestand gefährdeten Bank durch Hoheitsakt auf einen sicheren Rechtsträger zu übertragen, die sogenannte Übertragungsanordnung, und den verbleibenden nicht systemrelevanten Teil gegebenenfalls in einem üblichen Insolvenzverfahren abzuwickeln.[1259] Dennoch kann die erforderliche Tathandlung nicht durch die Vorschriften des Bankaufsichtsrechts konkretisiert werden. Das gilt unabhängig von der Frage, ob die Übertragungsanordnung nun im SAG normiert ist und an diesem angeknüpft werden soll.

Zudem sind die weiteren Gesetzesänderungen hinsichtlich der bedeutenden Institute und des Rettungsfonds zu berücksichtigen, welche einer solchen Lösung zuwiderlaufen.[1260] Problematisch ist an der Erweiterung des § 283 StGB auch, dass das primäre Rechtsgut des § 283 StGB angesichts der vollständigen Gläubigerbefriedigung überhaupt nicht beeinträchtigt wäre.[1261] Das bedeutet,

---

1256 *Brand,* Legitimität des Insolvenzstrafrechts, KTS 2012, S. 195 (211).

1257 *Brand,* Legitimität des Insolvenzstrafrechts, KTS 2012, S. 195 (210 Fn. 79).

1258 *Brand,* Legitimität des Insolvenzstrafrechts, KTS 2012, S. 195 (211).

1259 *Fridgen,* in: *Boos/Fischer/Schulte-Mattler,* Vorbem. KredReorgG Rn. 3.

1260 Siehe hierzu auch die Ausführungen unter C) III 2).

1261 *Brand,* Legitimität des Insolvenzstrafrechts, KTS 2012, S. 195 (211).

dass der Fall des Erlasses einer Übertragungsanordnung grundsätzlich nicht mit den anderen Varianten des § 283 StGB vereinbar ist.

Auch wäre allein mit der Änderung des § 283 Abs. 6 StGB nicht jedes Problem erfasst, da immerhin noch der Tatbestand des § 283 StGB erfüllt sein müsste. Für die im Rahmen der Finanzkrise in Rede stehenden Sachverhalte, welche das Eingehen von Risikogeschäften in solchem Umfang zum Inhalt hatten, dass sie für sich genommen eine Krise des Instituts auslösen konnten, könnte das vorliegen. In diesen Fallkonstellationen wäre der Anwendungsbereich des § 283 Abs. 2 StGB eröffnet. Danach sind aber nur solche Handlungen erfasst, die auch tatsächlich eine Überschuldung oder eine Zahlungsunfähigkeit herbeiführen. Eine drohende Zahlungsunfähigkeit reicht im Gegensatz zu § 283 Abs. 1 StGB nicht aus.[1262]

Der tatsächliche Eintritt der Krise soll bei Kreditinstituten vermieden werden. Das bedeutet, dass nicht nur § 283 Abs. 6 StGB, sondern auch § 283 Abs. 2 StGB angepasst werden müsste, mit der Maßgabe, dass bei ungehindertem weiteren Verlauf die Zahlungsunfähigkeit oder Überschuldung eintreten würde. Eine solche Erweiterung würde dem bisherigen Regelungsgedanken des § 283 Abs. 2 StGB, der den Eintritt dieser Szenarien erfordert, entgegenstehen.

Im Ergebnis müsste also ein objektiver Tatbestand eingefügt werden, der im Widerspruch zur bisherigen Regelung des § 283 StGB steht, sowie eine bisher nicht vorgesehene objektive Strafbarkeitsbedingung, wodurch der Schutzzweck des § 283 StGB insgesamt erweitert würde. Da sowohl der Schutzzweck als auch die Voraussetzungen abgeändert würden, könnte auch nicht auf eine etablierte Rechtsprechung zu § 283 StGB zurückgegriffen werden. Die Rechtsprechung fehlt nicht nur hinsichtlich der fingierten Zahlungsunfähigkeit, sondern auch hinsichtlich der Kausalität zwischen der Tathandlung und dem Taterfolg. Wie bereits dargelegt[1263], kann auch ebenfalls nicht auf eine etablierte Rechtsprechung zu den aufsichtsrechtlichen Vorgaben zurückgegriffen werden. Die Änderung dieses bekannten und etablierten Straftatbestands ist daher aufgrund der dadurch verursachten Rechtsunsicherheit abzulehnen.

1262 *Petermann*, in: Münchener Kommentar zum StGB, § 283 Rn. 69.
1263 B) IV) 2) d) bb).

5) Leitlinien für die Bestandsgefährdung systemrelevanter Institute?

Gehlen, der in seiner Arbeit ebenfalls einen Vorschlag präsentiert, orientiert sich am Tatbestand des § 283 StGB. Er kommt in seiner Untersuchung des § 54a KWG zu dem Ergebnis, dass die Norm aufzuheben sei.[1264] Im Anschluss werden Vorschläge und Leitlinien vorgegeben, an denen sich eine etwaige neue strafrechtliche Regelung orientieren könne.[1265] Die vorgeschlagenen Leitlinien sind in weiten Teilen an die Tatbestandsvoraussetzungen des § 283 StGB angelehnt und sollen diese Norm ergänzen, wobei der vorgeschlagene Tatbestand eine Vorverlagerung des Taterfolgs beinhaltet.[1266]

Fasst man die einzelnen Aspekte zusammen, geht es um einen Tatbestand für (systemrelevante) Kreditinstitute, der sich an jeden Mitarbeiter im Institut richtet, mit der Beschreibung einer Tathandlung i. S. des § 283 Abs. 1 Nr. 8 Var. 1 StGB, eines Taterfolgs i. S. einer Bestandsgefährdung und der Möglichkeit, dass eine leichtfertige Verursachung der Bestandsgefährdung genügt. Der Vorschlag ist hinsichtlich mehrerer Aspekte zu kritisieren.

1. Punkt: Anknüpfungspunkt Systemrelevanz

Der Vorschlag von *Gehlen* soll durch das Vorhandensein der Systemrelevanz legitimiert werden. Gleichzeitig soll diese auch Tatbestandsmerkmal sein.

Die Systemrelevanz eines Instituts soll Ursache für das Bedürfnis nach einem neuen Straftatbestand sein sowie dessen Rechtfertigung.[1267] Es wird zwar seitens *Gehlen* eingestanden, dass das Bedürfnis entfalle, sofern ein perfektes Sicherheitsnetz für die bedeutenden Kreditinstitute geschaffen werde, allerdings sei ein solches Szenario unwahrscheinlich.[1268] Das bedeutet, dass die Rechtfertigung für eine Strafnorm nicht in der Systemrelevanz an sich liegt, sondern in dem Potenzial, dass eine systemrelevante Bank die Stabilität des Finanzsystems gefährden kann. Anstatt also an die Systemrelevanz anzuknüpfen, müsste geklärt werden, ob die Stabilität des Finanzsystems auch ohne das Strafrecht ausreichend geschützt ist. Letzteres wird im Rahmen des Vorschlags bezweifelt und konstatiert, dass nicht mit hinreichender Sicherheit feststehe, ob und

---

1264 Siehe *Gehlen*, Die Strafbarkeit von Geschäftsleitern nach § 54a KWG, S. 362.

1265 *Gehlen*, Die Strafbarkeit von Geschäftsleitern nach § 54a KWG, S. 375 ff.

1266 *Gehlen*, Die Strafbarkeit von Geschäftsleitern nach § 54a KWG, S. 389.

1267 *Gehlen*, Die Strafbarkeit von Geschäftsleitern nach § 54a KWG, S. 390.

1268 *Gehlen*, Die Strafbarkeit von Geschäftsleitern nach § 54a KWG, S. 392.

in welchem Umfang die bisher ergriffenen Maßnahmen zur Stabilisierung des Finanzmarkts beitragen und ob sich der Staat als *lender of last resort* in Sicherheit wiegen dürfe.[1269]

Diese Unsicherheit rechtfertigt allerdings keinen Straftatbestand. Es überzeugt nicht, sich aus derartigen Zweifeln für einen Straftatbestand zu entscheiden. Das Strafrecht kann nicht für den Fall als Mittel zur Problemlösung gewählt werden, dass keine absolute Sicherheit besteht, dass es nicht zu einer weiteren Krise kommen wird. Legte man diese Annahme grundsätzlich zugrunde, müsste das Strafrecht stets bereits im Gefährdungsbereich von Rechtsgütern greifen. Ein solches Sicherheitsstrafrecht ist abzulehnen. In einer Gesellschaft, die auch die Freiheit des Einzelnen schützt, kann es keine absolute Sicherheit geben und damit einhergehend auch kein Strafrecht, das vor allen potenziellen Gefahren schützen soll. Der Gesetzgeber ist bei der Einführung neuer Tatbestände durch den Grundsatz der Verhältnismäßigkeit begrenzt, nach dem der Einsatz des Strafrechts nicht gerechtfertigt ist, wenn die Gefährdung nur nicht sicher ausgeschlossen werden kann. Neben den bisher thematisierten Facetten des Grundsatzes der Verhältnismäßigkeit[1270] ist hier auf die Angemessenheit, die Verhältnismäßigkeit im engeren Sinn, einzugehen. Das Gebot der Angemessenheit ist berücksichtigt, wenn die Schwere des Eingriffs bei einer Gesamtabwägung nicht außer Verhältnis zu dem Gewicht der ihn rechtfertigenden Gründe steht.[1271] Die Maßnahme darf nicht übermäßig belasten.[1272] Ein Strafgesetz zu erlassen für den Fall, dass die anderen getroffenen Maßnahmen nicht ausreichen, ohne Letzteres untersucht und festgestellt zu haben, verstößt gegen das Übermaßverbot. Dem Gesetzgeber steht bei der Einschätzung und Prognose dem Einzelnen oder der Allgemeinheit drohenden Gefahren ein weiter Beurteilungsspielraum zu.[1273] Das bedeutet nicht, dass der Gesetzgeber von der Feststellung einer Gefahr selbst befreit ist. Notwendig ist die Feststellung, dass ein bestimmtes Verhalten über sein Verbotensein hinaus in besonderer Weise sozialschädlich und für das geordnete Zusammenlaben der Menschen unerträglich ist.[1274] Die Vermutung, dass es

---

1269 *Gehlen,* Die Strafbarkeit von Geschäftsleitern nach § 54a KWG, S. 392.

1270 Siehe dazu B) I) 3) f) bb) und B) IV 2) a) cc).

1271 *BVerfG* NVwZ 2019, S. 1432 (1433).

1272 *Lang,* in: *Epping/Hillgruber,* BeckOK, GG, Art. 2 Rn. 26.

1273 *BVerfG* NJW 1994, S. 1577 (1579); *BVerfG* NJW 2008, S. 1137 (1138); *Lang,* in: *Epping/Hillgruber,* BeckOK, GG, Art. 2 Rn. 26.

1274 *BVerfG* NJW 2008, S. 1137 (1138).

noch eine Gefahr geben könnte, die Stabilität des Finanzsystems zu gefährden trotz der erlassenen Sicherungsmaßnahmen, stellt keine solche Feststellung dar.

Das bedeutet, dass die Entscheidung über eine Strafbewehrung im Zweifel für die Freiheit und gegen die Anwendung des Strafrechts auszugehen hat.[1275] Dass dies von *Gehlen* anders bewertet wird, ist daran ersichtlich, dass er selbst beim Fehlen einer Möglichkeit, die Systemrelevanz festzustellen, von der Einführung eines Straftatbestands nicht ganz abrücken möchte.[1276] Neben einer Streichung des Tatbestands wird auch eine nicht näher bezeichnete Modifizierung für den Fall, dass eine Gefährdung durch systemrelevante Institute ausgeschlossen sei, vorgeschlagen.[1277] Für einen modifizierten Tatbestand fehlt erst recht jegliche Legitimation, wenn die Stabilität des Finanzsystems nicht mehr beeinträchtigt werden kann.

Ferner ist zu bedenken, dass die Einstufung als systemrelevant mit dem Kriterium des bedeutenden Bankinstituts einhergeht.[1278] Das hätte jedoch zur Konsequenz, dass die Aufsicht für die infrage kommenden Institute bei der EZB liegen würde. *Gehlen* selbst weist hinsichtlich des § 54a KWG aber auf die Probleme, welche mit der Aufsichtskompetenz der EZB einhergehen, hin.[1279] Zwar schlägt er für eine neue Strafnorm keine Anordnungsbefugnis vor, aber wie bereits in der Vergangenheit die Einflussmöglichkeit der BaFin auf Ermittlungsverfahren bestand, hätte die EZB entsprechenden Einfluss auf die dann stattfindenden Verfahren.[1280]

2. Punkt: Geschäftstätigkeit als Tathandlung

Das Tatverhalten der vorgeschlagenen Strafnorm soll an die Geschäftstätigkeit anknüpfen. Insofern wird vorgeschlagen, eine Orientierung vor allem an § 283 Abs. 1 Nr. 8 Var. 1 StGB vorzunehmen und den Vorteil einer generalklauselartigen Verhaltensumschreibung zu nutzen.[1281]

Dabei wird durchaus erkannt, dass eine solche Formulierung eine gewisse Unschärfe beinhaltet, weswegen jedoch nur Verhaltensweisen zu erfassen seien, welche die Grenze des noch vertretbaren ökonomischen Handelns fraglos

---

1275 Vgl. *Vormbaum,* Fragmentarisches Strafrecht, ZStW 2011, S. 660 (667).

1276 *Gehlen,* Die Strafbarkeit von Geschäftsleitern nach § 54a KWG, S. 392.

1277 *Gehlen,* Die Strafbarkeit von Geschäftsleitern nach § 54a KWG, S. 392.

1278 Siehe zur europäischen Bankaufsicht C) III) 2).

1279 Vgl. *Gehlen,* Die Strafbarkeit von Geschäftsleitern nach § 54a KWG, S. 348 f.

1280 Siehe zu der Thematik der BaFin *Feigen,* Strafjustiz durch die BaFin?, S. 466 (478 f.).

1281 *Gehlen,* Die Strafbarkeit von Geschäftsleitern nach § 54a KWG, S. 384.

überschreiten würden.[1282] Auch wird davon ausgegangen, dass der Nachweis einer solchen Tathandlung leichter gelingen dürfte als bei § 54a KWG.[1283]

Letzteres muss jedoch bezweifelt werden.[1284] Der hier beschriebene Maßstab für die unbestimmte Tathandlung kann auch das Kriterium der Pflichtwidrigkeit i. S. der Untreue darstellen. Wie die Strafverfahren, welche im Zusammenhang mit der Finanzkrise geführt wurden, allerdings gezeigt haben, gelingt dieser Nachweis nicht ohne Weiteres.[1285] Daran wird auch eine neue Strafnorm, die im Vergleich zur Untreue auf das Kriterium des Eintritts eines Vermögensschadens verzichtet, nichts ändern können. Wie ausgeführt, muss jedes Tatbestandsmerkmal für sich nachgewiesen werden und das gelingt auch dann nicht[1286], wenn man die Tathandlung noch offener formuliert.

Eingeräumt wird in diesem Zusammenhang auch, dass „*Verhaltensweisen, wie sie im Vorfeld der Finanzkrise zu beobachten waren, keineswegs sicher hierunter gefallen wären*“[1287]. Zwar lassen sich grundsätzlich keine gesicherten Aussagen bezüglich möglicher Strafbarkeiten treffen, denn dafür müsste der jeweils zu beurteilende Sachverhalt feststehen. Wenn aber der Grund der Strafbewehrung darin liegt, bislang mitunter straffreies Verhalten künftig unter Strafe zu stellen, wird durch ein solches Eingeständnis der Sinn und Zweck der neuen Strafvorschrift infrage gestellt.

3. *Punkt: Adressatenkreis und Strafrahmen*

Bezüglich des Adressatenkreises wird eine Erweiterung im Vergleich zu § 54a KWG vorgeschlagen. Der zu schaffende Tatbestand solle nicht auf die Geschäftsleitungsebene beschränkt sein, sondern auch die Mitarbeiter nachgeordneter Ebenen erfassen, wobei dennoch das Hauptaugenmerk auf das Verhalten der Organmitglieder zu legen sei.[1288] Das bedeutet dennoch, dass der Anwendungsbereich durch den fehlenden Sonderdeliktscharakter unbeschränkt gelten würde.

Es ist nicht ersichtlich, wie sich dieser weite Anwendungsbereich rechtfertigt. Durch eine entsprechend offene Formulierung hinsichtlich der Tathandlung

1282 *Gehlen,* Die Strafbarkeit von Geschäftsleitern nach § 54a KWG, S. 385.
1283 *Gehlen,* Die Strafbarkeit von Geschäftsleitern nach § 54a KWG, S. 386.
1284 Siehe dazu B) IV) 2) f) bb).
1285 Siehe dazu C) I) 1).
1286 B) IV) 2) c) aa).
1287 *Gehlen,* Die Strafbarkeit von Geschäftsleitern nach § 54a KWG, S. 385.
1288 *Gehlen,* Die Strafbarkeit von Geschäftsleitern nach § 54a KWG, S. 387.

wird der Anwendungsbereich in Teilen noch weiter geöffnet. Der Hinweis auf den Vorschlag *Kasiskes*[1289] stellt für sich genommen keine Rechtfertigung dar.

Die strafausweitende Tendenz wird auch daraus ersichtlich, dass *Gehlen* die Absenkung des Strafrahmens ablehnt, obwohl der Anknüpfungspunkt eine Gefährdungssituation sein soll. Begründet wird dies damit, dass zum einen die reguläre Insolvenz abgewendet werde und der Schutzzweck zum anderen über den des § 283 StGB hinausgehe.[1290] Aber gerade weil nicht an die Insolvenz und damit an Individualrechtsgüter wie den Schutz der Gläubiger angeknüpft wird und der Schutzzweck abstrakter ist als bei § 283 StGB, wäre die Absenkung des Strafrahmens angemessen. Auf der anderen Seite soll nicht unerwähnt bleiben, dass für die Vorsatz-Fahrlässigkeits- und die reine Fahrlässigkeitsvariante eine niedrigere Strafandrohung und die Normierung eines unbenannten minder schweren Falles vorgeschlagen werden.[1291]

4. Punkt: Anforderungen an den subjektiven Tatbestand

Auf die Probleme hinsichtlich des Nachweises einer vorsätzlichen Begehung, insbesondere bezüglich des Vorsatzes einer Bestandsgefährdung und Systemgefährdung, weist *Gehlen* selbst hin.[1292]

Im Gegensatz zu § 54a KWG soll bei einer einzuführenden Strafnorm eine mögliche Vorsatz-Fahrlässigkeits-Kombination auf eine leichtfertige Herbeiführung der Bestandsgefahr beschränkt werden, wobei dies mit den bisher gemachten Ausführungen begründet wird.[1293] Jedoch wird auch hier der strafrechtsausweitende Ansatz ersichtlich. Rechtfertigungsbedarf löst jedoch nicht die Beschränkung der Vorsatz-Fahrlässigkeits-Kombination auf eine leichtfertige Herbeiführung der Bestandsgefährdung aus. Es bedarf vielmehr einer Begründung, warum überhaupt Fahrlässigkeit hinsichtlich des Taterfolgs als ausreichend erachtet wird. Die eingangs beschriebenen Schwierigkeiten, einen entsprechenden Tatnachweis zu führen, stellen keine Legitimation dar.

Dabei wird auch vorgeschlagen, von der gesetzgeberischen Entscheidung bei § 283 StGB abzuweichen. Dieser sieht in § 283 Abs. 5 Nr. 2 StGB vor, dass

---

1289 Siehe *Gehlen,* Die Strafbarkeit von Geschäftsleitern nach § 54a KWG, S. 387 mit Verweis Fn. 81 auf *Kasiske,* Bestandsgefährdung systemrelevanter Kreditinstitute als eigener Straftatbestand, ZRP 2011, S. 137 (139).

1290 *Gehlen,* Die Strafbarkeit von Geschäftsleitern nach § 54a KWG, S. 388.

1291 *Gehlen,* Die Strafbarkeit von Geschäftsleitern nach § 54a KWG, S. 389.

1292 *Gehlen,* Die Strafbarkeit von Geschäftsleitern nach § 54a KWG, S. 387.

1293 *Gehlen,* Die Strafbarkeit von Geschäftsleitern nach § 54a KWG, S. 387.

§ 283 Abs. 1 Nr. 8 StGB nicht hinsichtlich des Taterfolgs leichtfertig verwirklicht werden kann. *Gehlen* stellt diese Entscheidung mit dem Argument infrage, dass § 283 Abs. 1 Nr. 8 StGB der Grundtatbestand des § 283 StGB sei.[1294] Hervorgehoben wird von *Gehlen* in diesem Zusammenhang, dass immerhin die ähnliche Tathandlung in § 283 Abs. 1 Nr. 2 StGB von der Vorsatz-Fahrlässigkeits-Kombination erfasst sei.[1295] Jedoch beschreibt dieser Tatbestand präziser als der Auffangtatbestand in § 283 Abs. 1 Nr. 8 StGB, wie das Vermögen verringert wird, weswegen es auch hier an einer vergleichbaren Ausgangssituation mangelt. Außerdem wird der Grund übersehen, warum die Strafbarkeit nicht auf den Grundtatbestand anzuwenden ist. § 283 Abs. 5 Nr. 2 StGB stellt eine Ausweitung der Strafbarkeit dar. Da es hierfür einer Rechtfertigung bedarf, gilt sie nur für bestimmte Fälle des § 283 StGB und nicht für den Grundtatbestand in § 283 Abs. 1 Nr. 8 StGB. Zwar werden von *Gehlen* auch Bedenken hinsichtlich einer zu weitgehenden Einschränkung unternehmerischen Handelns durch das Strafrecht geäußert, dennoch wird dies mit Hinblick auf das Erfordernis der Systemrelevanz als vertretbar erachtet.[1296]

Hinsichtlich der Finanzkrise wird des Öfteren der Einwand angebracht, dass nicht absehbar gewesen sei, welche Konsequenzen das Handeln haben werde, sodass der strafrechtliche Vorsatz diesbezüglich entfalle.[1297] Ob dieser Argumentation so gefolgt werden kann, sei dahingestellt. Für die Formulierung einer Strafnorm ist es zwar naheliegend, zumindest einen Fahrlässigkeitstatbestand einzuführen, aber andernfalls sind hier die bestehenden Grenzen des Strafrechts zu berücksichtigen. Eine Vorsatz-Fahrlässigkeits-Kombination ist nicht dadurch zu rechtfertigen, dass diese leichter nachgewiesen werden kann. Hierfür bedarf es einer Rechtfertigung, um den Grundsatz der Verhältnismäßigkeit Rechnung zu tragen[1298], vor allem da es sich um ein Gefährdungsdelikt handeln soll und die Grenze zum strafbaren Handeln somit bereits vorverlagert wird.

5. *Punkt: Notwendigkeit einer Regelung*

Abschließend ist auf den Aspekt einzugehen, ob eine strafrechtliche Norm überhaupt erforderlich ist. Bei *Gehlen* wird dies befürwortet, vor allem mit der anderenfalls bestehenden Privilegierung von Mitarbeitern systemrelevanter

---

1294 *Gehlen,* Die Strafbarkeit von Geschäftsleitern nach § 54a KWG, S. 388.

1295 *Gehlen,* Die Strafbarkeit von Geschäftsleitern nach § 54a KWG, S. 388.

1296 *Gehlen,* Die Strafbarkeit von Geschäftsleitern nach § 54a KWG, S. 388.

1297 Vgl. *Schünemann,* Die sog. Finanzkrise, S. 71 (73).

1298 *Lang,* in: *Epping/Hillgruber,* BeckOK, GG, Art. 2 Rn. 25 f.

Institute.[1299] Auch wird an anderer Stelle darauf hingewiesen, dass keine Strafbarkeitslücke entstehen dürfe.[1300]

Es ist der Grundannahme, dass sogenannte Strafbarkeitslücken existieren, zu widersprechen. Dies läuft dem fragmentarischen Charakter des Strafrechts zuwider, auch wenn dieser Aspekt in aktuellen Gesetzesvorhaben keinen Anklang findet. Es ist nicht und kann insbesondere mit Blick auf den stets zu wahrenden Grundsatz der Verhältnismäßigkeit nicht Aufgabe des Strafrechts sein, umfassenden Schutz zu gewährleisten.

Hiervon zu unterscheiden ist der Punkt der faktischen Privilegierung der Mitarbeiter. Aber auch diesbezüglich wird anscheinend von zwei unzutreffenden Annahmen ausgegangen. Zum einen liegt im Vergleich weder mit anderen ähnlich großen Unternehmen noch mit kleineren Instituten eine vergleichbare Lage vor. Sonstige privatwirtschaftliche Unternehmen unterliegen in unserer Marktwirtschaft hinsichtlich ihres Geschäftsbetriebs keine Kontrollen, wie sie im Bankaufsichtsrecht vorzufinden sind[1301]. Einen Antrag auf Erlaubnis des Geschäftsbetriebs, wie er im KWG vorgesehen ist, ist derart vergleichbar nicht bei sonstigen Unternehmen vorgesehen. Gleiches gilt für die Informationspflichten gegenüber und den aufsichtsrechtlichen Sanktionskatalog der Aufsichtsbehörden. Zwar können die Sanktionen grundsätzlich auch gegenüber kleineren Institute Anwendung finden, wie allerdings bereits die Kompetenzverschiebung zugunsten der EZB verdeutlicht, sind vor allem die größeren Institute hier im Fokus. Das heißt, dass zwar das Bankaufsichtsrecht auch bei kleineren Instituten Anwendung finden kann, aber vor allem bei den größeren – durch *Gehlen* selbst als systemrelevant beschriebenen[1302] – Instituten auch angewendet wird.

Zum anderen mangelt es auch nicht an einer Strafbewehrung. *Löwer* hat in seiner Untersuchung deutlich gemacht, wie und unter welchen Umständen der Tatbestand der Untreue in den hier relevanten Sachverhaltskonstellationen verwirklicht sein kann.[1303] Die Entscheidung des Bundesgerichtshofs hat ebenfalls verdeutlicht, dass eine Untreuestrafbarkeit durchaus in Betracht kommen kann[1304]. Es mangelt insofern eher an der Aufarbeitung des Sachverhalts als an

---

1299 *Gehlen*, Die Strafbarkeit von Geschäftsleitern nach § 54a KWG, S. 375.

1300 Etwa hinsichtlich des Adressatenkreises der Norm *Gehlen*, Die Strafbarkeit von Geschäftsleitern nach § 54a KWG, S. 386.

1301 Siehe dazu C) III) 3).

1302 Der Unterschied zu den sonstigen Instituten wird auch dargelegt *Gehlen*, Die Strafbarkeit von Geschäftsleitern nach § 54a KWG, S. 371 f.

1303 *Löwer*, Die strafrechtliche Aufarbeitung der Wirtschafts- und Finanzkrise, S. 257 f.

1304 Siehe dazu C) II) 2).

einer anzuwendenden Strafnorm. Dem sollte jedoch nicht dadurch begegnet werden, dass auf Tatbestandsmerkmale verzichtet wird.

Neben der mangelnden Vergleichbarkeit ist aber auch der Ultima-Ratio-Grundsatz zu würdigen. Dieser ist sowohl mit dem Hinweis auf eine mögliche Untreuestrafbarkeit als auch hinsichtlich des Sanktionskatalogs des Bankaufsichtsrechts zu beachten[1305]. Zwar wird auch der Ultima-Ratio-Grundsatz und die unternehmerische Freiheit im Bankensektor von *Gehlen* genannt, aber lediglich als Rechtfertigung für eine etwaige Straflosigkeit der Bankverantwortlichen unter Geltung eines Tatbestands mit den vorgeschlagenen Strukturen.[1306]

Außerdem ist die geltende Rechtslage vorliegend anders zu bewerten. Es mangelt an einem vergleichbaren Strafbedürfnis, wenn das geltende Recht vorsieht, dass gefährdete Institute durch finanzielle Mittel, welche die Institute vorher für diesen Fall zur Verfügung gestellt haben, gerettet werden sollen. Denn auch insoweit liegt eine Sondersituation für derartige Institute vor, welche der Einführung eines Straftatbestands entgegensteht. Die Institute haben selbst durch eigene finanzielle Mittel für eine Krise vorzusorgen. Vergleichbare Regelungen für andere Unternehmen bestehen nicht.

6) Eigene Ansätze

Bei der Entwicklung eigener Ansätze aufgrund der Analyse des § 54a KWG und unterschiedlicher Ideen aus der Literatur ist vor allem der Legitimationsgrund für den Einsatz des Strafrechts entscheidend zu berücksichtigen. Strafrecht gilt nicht nur der Verbrechensbekämpfung, sondern hat auch einen verbrechensbegrenzenden Charakter.[1307] Durch das Strafrecht sollen bestimmte Verhaltensweisen durch die Sanktionsandrohung der Geld- oder Freiheitsstrafe verboten werden[1308]. Die Sanktionierung dieser Verhaltensweisen garantiert zugleich auch die Freiheit des Einzelnen, indem alles, was nicht verboten wird, erlaubt ist. Das Strafrecht mit dem Freiheitsentzugs als einschneidenster Sanktionsmöglichkeit gibt daher die grundsätzlichen Grenzen für den Einzelnen in der Gesellschaft vor. Es bedarf vor dem Hintergrund der Freiheitsgrundrechte i. S. des Art. 2 Abs. 1 GG einer Rechtfertigung, wenn diese Grenzen zulasten des

---

1305 Siehe dazu C) III) 3 b).

1306 *Gehlen*, Die Strafbarkeit von Geschäftsleitern nach § 54a KWG, S. 390.

1307 Dazu *Vormbaum*, Fragmentarisches Strafrecht, ZStW 2011, S. 660 (687 f.); und prägend *Naucke*, Die Kriminalpolitik des Marburger Programms 1882, ZStW 1982, S. 525 (563).

1308 Daneben sei die Sanktionsdrohung der Nebenstrafe erwähnt, vgl. § 44 StGB.

Einzelnen durch neue Straftatbestände verschoben werden. Für die Beantwortung der Frage, ob dies zulässig ist, muss eine Verhältnismäßigkeitsabwägung vorgenommen werden. Bei dieser Abwägung sind nicht nur die Szenarien mit und ohne das Strafrecht gegenüberzustellen. Es ist zu berücksichtigen, dass als mildere Mittel außerhalb des Strafrechts andere Sanktionsmechanismen bestehen. Diese verwaltungs- und/oder zivilrechtlichen Sanktionsmechanismen sind insbesondere in die Erforderlichkeitsprüfung miteinzubeziehen, sodass im Falle einer Einführung eines neuen Straftatbestands Ausführungen notwendig sind, warum die nicht-strafrechtlichen Sanktionsmechanismen unzureichend sind.

Das Argument, dass eine vermeintliche Strafbarkeitslücke geschlossen werden müsse, ist nicht mit dem fragmentarischen Charakter des Strafrechts[1309] und somit nicht mit dem Rechtsstaatsprinzip zu vereinbaren. Dies kann anlässlich aktueller Gesetzesentwicklungen im Bereich des Strafrechts und teils fast schon reflexartiger Reaktionen auf Geschehnisse nicht oft genug betont werden.[1310]

Erforderlich wäre zunächst ein zu schützendes Rechtsgut.[1311] Hierbei kann vorliegend auf die Ausführungen zum Rechtsgut des § 54a KWG Bezug genommen werden. Auch wenn die Norm in ihrer Formulierung verfassungsrechtlichen Anforderungen nicht genügt, ist das dort beschriebene Rechtsgut schützenswert.

Die Stabilität des Finanzsystems stellt ein Gut dar, das über die deutsche und auch über die europäischen Staatsgrenzen hinaus von großer Bedeutung für unser Wirtschaftssystem ist. Die großen Wirtschaftskrisen im Laufe der Zeit haben veranschaulicht, welche Auswirkungen Erschütterungen in diesem Bereich haben.[1312] Ein anderer, viel entscheidenderer Punkt ist es, eine entsprechende Handlung in einer Strafnorm formulieren zu können, die einerseits dieses Rechtsgut auch schützen und andererseits mit den Anforderungen des Strafrechts sowie der Verfassung in Einklang gebracht werden kann. Dabei ist eine Vorfeldkriminalisierung, welche durch den häufigen Einsatz des

---

1309 Siehe dazu *Vormbaum*, Fragmentarisches Strafrecht, ZStW 2011, S. 660 (688).

1310 Es gab hierzu in letzter Zeit Beispiele zu schneller Gesetzgebung, etwa die Verschärfungen des Sexualstrafrechts, ohne vorher die Ergebnisse der dafür eingesetzten Expertenkommission abzuwarten, siehe dazu *Franz/Hoheisel-Gruler*, Neuerung des Sexualstrafrechts, Krinialistik 2019, S. 55 (57).

1311 Umstritten ist grundsätzlich, ob die Rechtsgutlehre einen Beitrag zur Beschränkung oder Erweiterung des Strafrechts leistet, *Vormbaum*, Fragmentarisches Strafrecht, ZStW 2011, S. 660 (673).

1312 Zu einigen Beispielen, siehe dazu C) III) 1), da sie der Anlass waren für ein Bankaufsichtsrecht.

Deliktscharakters des abstrakten Gefährdungsdelikts weit fortgeschritten ist[1313], besonders legitimierungsbedürftig. Der Grund hierfür ist die bei einem Verzicht auf eine Rechtsgutverletzung stärkere Freiheitseinschränkung.

Hinsichtlich der Finanzkrise ist in Teilen der Literatur der Eindruck entstanden, dass Bankmanager „ungeschoren" davon gekommen seien.[1314] Wie die dargestellten Verfahren gezeigt haben, bestanden aber durchaus Normen, die als Anknüpfungspunkte für eine Aufarbeitung dienen konnten. Es wurden zahlreiche Ermittlungsverfahren anlässlich der Finanzkrise geführt.[1315] Der Zweck von einzuführenden Straftatbeständen kann nicht darin liegen, den Nachweis einer Tat durch das Streichen von ansonsten rechtsstaatlich gebotenen Voraussetzungen zu erleichtern.

Die Forderung nach Abschreckung kann aus verfassungsrechtlicher Sicht nicht als einziger Strafzweck angeführt werden.[1316] Das Abschreckungsargument ist hinsichtlich seiner Verfassungskonformität spätestens beim Vollzug der Strafe, im Grunde aber auch schon bei ihrer Verhängung fragwürdig, weil die Strafe gegenüber dem Täter gerechtfertigt werden muss und nicht dazu dienen darf, gesellschaftlich wichtige Ziele zu erreichen.[1317] Das Gleiche gilt für die Begründung, dass durch die Strafbarkeit die Compliance-Bemühungen verstärkt werden.[1318] Ob aufgrund der komplexen Materie solche Bemühungen verursacht werden können, ist zu bezweifeln.[1319] Unabhängig davon sind für die Erreichung eines solchen Ziels Compliance-Vorschriften zu normieren, statt sich des Strafrechts als Mittel zum Zweck zu bedienen. Vor dem Hintergrund, dass das Strafrecht Sanktionen regelt, die am weitesten in die Rechte der Bürger eingreifen kann, ist es zurückhaltend einzusetzen.

1313 Diese Tendenz bereits vor langer Zeit kritisierend: *Hassemer,* Kennzeichen und Krisen des modernen Strafrechts, ZRP 1992, S. 378 (381).

1314 Siehe *Brand,* Konfliktherde des § 54a KWG, ZVglRWiss 2014, S. 142 (143), welcher auch auf das Gesetzgebungsverfahren Bezug nimmt, wenn es dort heißt, dass unzureichende Möglichkeiten bestanden, Geschäftsleiter strafrechtlich zur Verantwortung zu ziehen, vgl. BT-Drs. 17/12601, S. 2.

1315 Siehe dazu C) I) 1).

1316 Vgl. *BVerfG* NJW 1977, S. 1525 (1531); *BGHSt* 20, S. 264 (267); *BGH,* Beschluss vom 21.03.1990 – 4 StR 29/90 –, juris KORE602049075, Rn. 10.

1317 *Lüderssen,* „Die Sachlogik des Finanzmarkts", S. 241 (283).

1318 Dies aber bei nur einzelnen Tatbeständen bezweifelnd *Kubiciel,* Die Finanzmarktkrise zwischen Wirtschaftsstrafrecht und politischem Strafrecht, ZIS 2013, S. 53 (60).

1319 *Kubiciel,* Die Finanzmarktkrise zwischen Wirtschaftsstrafrecht und politischem Strafrecht, ZIS 2013, S. 53 (60).

In diesem Zusammenhang sind auch die Vorschläge von *Helmut Schmidt* zu nennen, der vier unterschiedliche Strafbarkeiten vorschlug.[1320] Danach sollte folgendes Handeln unter Strafe gestellt werden:

1) Geschäfte der Finanzinstitute außerhalb der Bilanz und der Gewinn-und-Verlust-Rechnung;
2) der Handel der Finanzinstitute mit solchen Finanzderivaten und -zertifikaten, die nicht an einer anerkannten Wertpapierbörse zugelassen und notiert sind;
3) der Verkauf, durchgeführt von Finanzinstituten per zukünftigem Termin, von Wertpapieren und Finanzinstrumenten, die den Finanzinstituten zur Zeit des Verkaufs nicht gehören;
4) das Einrichten und die Gewährung von Finanzeinlagen zugunsten solcher Unternehmen und Personen, die rechtlich in Steuer- und Aufsichtsoasen registriert sind.[1321]

Ein Problem bei einer möglichen Umsetzung dieser Vorschläge wäre, dass sie zahlreiche Verweisungen beinhalten müssten und selbst dann und gerade dadurch wären Konflikte mit dem Bestimmtheitsgebot nicht ausgeschlossen.[1322] Allerdings ist *Schmidt* der Ansicht, dass Deutschland entsprechende Normen nicht alleine schaffen sollte.[1323] Vielmehr geht er davon aus, dass zumindest alle Eurostaaten diese Vorschläge umsetzen sollten. Dazu führt er aus, dass „*keiner der europäischen Staaten allein auf sich gestellt ein ausreichendes Gewicht und ausreichende Hebel besitzt, um wirksame Initiativen zu ergreifen*“[1324]. Daher ist der Vorschlag von *Schmidt* nicht als Vorschlag für konkrete Tatbestände zu verstehen. Es geht insgesamt mehr um politische Handhabe und Investitionsprogramme als um neue Straftatbestände, die aufgrund des Rückwirkungsverbots auch nicht in der Lage wären, vermeintlich vergangenes Unrecht zu bestrafen. Das spiegelt sich in dem Befund wider, dass die Vorschläge seitens der Literatur

---

1320 *H. Schmidt*, „Wie entkommen wir der Depressionsfalle?“, Die ZEIT vom 11. Januar 2009, S. 19.

1321 *H. Schmidt*, „Wie entkommen wir der Depressionsfalle?“, Die ZEIT vom 11. Januar 2009, S. 19.

1322 Vgl. *Lüderssen*, Warnung vor neuem Finanzstrafrecht, FAZ vom 19.01. 2009, S. 10, der sich grundsätzlich kritisch zu diesem Vorschlag äußert.

1323 *H. Schmidt*, „Wie entkommen wir der Depressionsfalle?“, Die ZEIT vom 11. Januar 2009, S. 19.

1324 *H. Schmidt*, „Wie entkommen wir der Depressionsfalle?“, Die ZEIT vom 11. Januar 2009, S. 19.

nicht aufgegriffen worden sind.[1325] Dies bedeutet allerdings nicht, dass die Vorschläge nicht als Ausgangspunkt für einen neuen Straftatbestand genutzt werden können.

Weitere Vorschläge zu Straftatbeständen wurden im Rahmen des Gesetzgebungsverfahrens zu § 54a KWG gefordert, beispielsweise das Fehlverhalten als solches – also den Verstoß gegen aufsichtsrechtliche Anforderungen – in einem eigenen Straftatbestand zu sanktionieren.[1326] Nach der Darstellung der Anwendungsschwierigkeiten von § 54a KWG durch den Verweis auf das Aufsichtsrecht und der mangelnden Möglichkeit, die dort enthaltenen Vorgaben unter Beachtung von Art. 103 Abs. 2 GG zu konkretisieren[1327], ist ersichtlich, warum eine solch pauschale Strafandrohung nicht umsetzbar ist. Wenn bereits die aufsichtsrechtlichen Vorschriften mit dem Regelungsziel der Etablierung eines funktionierenden Risikomanagements nicht konkretisierbar sind, kann erst recht nicht das ganze Aufsichtsrecht ohne Begrenzung auf bestimmte Aspekte den Anforderungen von Art. 103 Abs. 2 GG entsprechen. Zu bedenken ist zudem, dass bei der Frage eines neuen Straftatbestands vor allem rechtspolitische Entscheidungen getroffen werden müssen. *Lüderssen* stellt in diesem Zusammenhang grundsätzlich klar, dass eine Orientierung an anderen rechtlichen Regeln oder gar anderen Wissenschaften nicht weiterführend sein könne.[1328] Vorzugsweise ist daher ein Straftatbestand, dessen Kernelement nicht den Verweis auf andere Vorschriften beinhaltet.

a) Annäherung an einen neuen Straftatbestand

Um eine Formulierung eines Straftatbestands zu entwickeln, ist zunächst zu erwägen, eine der vorgestellten Änderungen oder Neuerungen zu modifizieren, um so zu einem passenden Ergebnis zu kommen.

Neben dem Vorschlag von *Kasiske*, der eine Bestandsgefährdung durch unwirtschaftliches Handeln empfiehlt, wurden weitere Vorschläge, etwa von *Brand*, mit dem Bankaufsichtsrecht als Anknüpfungspunkt angesprochen.[1329]

1325 Dies feststellend *Lüderssen*, Finanzmarktkrise, Risikomanagement und Strafrecht, StV 2009, S. 486 (486 Fn. 1).

1326 *Didier*, Protokoll Nr. 17/138 Sitzung des Finanzausschusses vom 22.04.2013, S. 41 (41).

1327 Siehe dazu B) IV) 2) d) bb).

1328 *Lüderssen*, Finanzmarktkrise, Risikomanagement und Strafrecht, StV 2009, S. 486 (493).

1329 Siehe dazu C) II) 1) und 4).

Solange die Vorschläge allerdings Bezug auf die aufsichtsrechtlichen Vorschriften nehmen, ist eine Konkretisierung nicht möglich[1330] und die Vorschrift somit insgesamt nicht mit dem Bestimmtheitsgrundsatz vereinbar. Ebenfalls wenig erfolgsversprechend war eine Anpassung der Bankrottstrafbarkeit § 283 StGB im Sinne von *Schünemann.*[1331] Eine Ergänzung des Vorschlags zur Einführung einer Strafnorm in § 93 AktG in Verbindung mit einem Tatbestandsmerkmal, welches einen Schaden erfordert, erscheint derzeit vor dem Hintergrund der (neueren) Rechtsprechung des Bundesgerichtshofs zu § 266 StGB überflüssig.[1332]

Es sind allerdings auch die positiven Aspekte der unterschiedlichen Vorschläge zu betonen, welche nutzbar gemacht werden könnten. Beispielsweise hat der Anknüpfungspunkt hinsichtlich einer Tathandlung bei dem Vorschlag von *Kasiske* oder einer etwaigen Strafnorm in § 93 AktG den Vorteil, dass auch die Gefährdung des Instituts durch die bewusste Umgehung des Aufsichtsrechts erfasst wäre.[1333] Wie durch die Finanzkrise deutlich wurde, war es das Eingehen von Risikogeschäften außerhalb der Bilanz, die letztlich beinahe zum Erliegen der Finanzwirtschaft geführt hätten.[1334] Daher könnte ein entsprechender Vorschlag daran anknüpfen.

Bei rechtlichen Programmen ist grundsätzlich folgende Herangehensweise (Dreiteilung) vorzunehmen: Es gilt ein Ziel zu ermitteln, dann müssen die Mittel zur Erreichung des Ziels festgesetzt werden und schließlich muss bei Zielkonflikten abgewogen werden.[1335]

Bei der Beschreibung eines Ziels für einen Straftatbestand bestehen keine Schwierigkeiten, sofern der Vergeltungsgedanke ausscheidet.[1336] Insoweit kommt zunächst eine Orientierung an der Gesetzesbegründung zum strafrechtlichen Teil des Trennbankengesetzes in Betracht, wenn es hinsichtlich der Finanzkrise darum geht, *„die verantwortlichen Geschäftsleiter strafrechtlich zur Rechenschaft zu ziehen“*.[1337] Das klingt plausibel und auch auf den ersten Blick selbstverständlich, ist es aber nicht. Bereits die Frage, wer diese handelnden Geschäftsleiter konkret sein sollen, lässt sich nicht ohne Weiteres beantworten. Allerdings ist es eine Aufgabe der Ermittlungsbehörden und nicht des Gesetzgebers, die jeweils

1330 Siehe dazu B) IV) 2) d) bb).

1331 Siehe dazu C) II) 4).

1332 Siehe dazu C) II) 2).

1333 Siehe zu *Kasiske* C) II) 1) und siehe zu § 94 AktG C) II 2).

1334 Siehe dazu B) I) 1).

1335 *Lüderssen,* „Die Sachlogik des Finanzmarkts“, S. 241 (279).

1336 Vgl. *Lüderssen,* „Die Sachlogik des Finanzmarkts“, S. 241 (279).

1337 BT-Drs. 17/12601, S. 3.

handelnden Personen zu identifizieren. Das größere Problem ist die in dieser Formulierung vorausgesetzte Tatsache, dass es „verantwortliche" Personen gegeben habe. Die Frage ist, ob diese Annahme der Wirklichkeit entspricht, oder ob es in der Finanzwelt nicht so etwas wie Naturkatastrophen gibt, die sich zwar abmindern aber nicht gänzlich verhindern lassen. Die Schwierigkeiten bezüglich der Zuweisung der Verantwortung zu einzelnen Personen wurden durch die strafrechtlichen Verfahren und deren Ergebnis veranschaulicht.[1338]

Mit Sicherheit gab es bestimmte Geschäfte, die einzelne Kreditinstitute im Worst-Case-Szenario überfordern konnten, nur wäre dieses Szenario auch ohne diese Geschäfte eingetreten, sie hatten die Gesamtsituation allerdings verschlechtert.[1339] Also geht es darum, dass keine zu stark riskanten Geschäfte mehr eingegangen werden, um eine etwaige Krise nicht weiter zu verstärken. Dabei dürfte die Bestimmung ex ante, welche Geschäfte objektiv als zu riskant einzustufen sind, fast ausgeschlossen sein. Wenn überhaupt, ist diese Frage nur mit ökonomischen Untersuchungen zu beantworten. Um die weiteren Aspekte aber besprechen zu können, wird zunächst angenommen, dass es möglich sei, hier eine entsprechende Grenze zu finden. Das Ziel hinsichtlich der Gesetzgebung lässt sich demnach wie folgt formulieren:

Seitens des Gesetzgebers muss dafür Sorge getragen werden, dass sich eine solche Krise nicht wiederholen kann. Als Ziel ergibt sich daraus das Absichern der Stabilität des Finanzsystems.

Als Nächstes sind die Mittel zu bedenken, welche geeignet und erforderlich sind, um dieses Ziel zu erreichen[1340]. Entscheidend sind hierfür die speziellen Vorschriften für den jeweiligen Finanzbereich und Ermächtigungen für die Aufsichtsbehörden, also das Bankaufsichtsrecht[1341]. Als weiteres Mittel könnte daran gedacht werden, die sonstigen gesetzgeberischen Reaktionen durch eine strafrechtliche Norm zu flankieren. Hierbei ist zu betonen, dass das Strafrecht selbst weder dafür gedacht noch dafür geeignet ist, den Finanzbereich insgesamt zu regulieren.[1342]

Sofern man zu dem Ergebnis kommt, dass eine solche strafrechtliche Norm aufgrund der Entwicklungen, die zur Finanzkrise geführt haben, weiterhin erforderlich sei, bietet es sich an, dass diese an das Eingehen von Risikogeschäften

---

1338 Zu den Verfahren C) I) 1).

1339 Zu den Ursachen der Finanzmarktkrise: B) I) 1).

1340 *Lüderssen*, „Die Sachlogik des Finanzmarkts", S. 241 (279).

1341 Auf dieses Rechtsgebiet eingehend C) III).

1342 Vgl. *Hassemer*, Die Basis des Wirtschaftsstrafrechts, wistra 2009, S. 169 (173).

anknüpft. Im Folgenden soll zunächst diese Möglichkeit thematisiert werden, bevor im Anschluss daran auf (andere) geeignete Mittel eingegangen wird. In diesem Rahmen wird auch eine Abwägung zwischen dem gewählten Mittel und dem zu erreichenden Ziel vorgenommen.

b) Vorschlag: Risikogeschäfte

Die Anknüpfung an das Eingehen von Risikogeschäften anstatt an die Einrichtung oder an die Anforderung eines Risikomanagements ist vor dem Hintergrund der Finanzkrise sinnvoll.[1343]

Vor der Finanzkrise bestand bereits ein Risikomanagement mit entsprechenden Anforderungen, auch wenn die Regelungsdichte deutlich geringer war.[1344] Zum Teil wurden aber selbst diese Anforderungen umgangen, um riskantere Geschäfte eingehen zu können.[1345] Daher könnte es hinsichtlich einer zu beschreibenden Tathandlung sinnvoll sein, wenn die Handlung zu riskante Risikogeschäfte erfasst oder sich an solchen ausrichtet.

In diesem Zusammenhang lässt sich ein Risiko als die Möglichkeit verstehen, dass Verluste aufgrund der Entwicklung von nicht deterministischen, wertbeeinflussenden Größen, sogenannten Risikofaktoren, eintreten können.[1346] Grundsätzlich ist jedoch zu berücksichtigen, dass bereits jedes Kreditgeschäft ein Risikogeschäft darstellt. Im Falle eines Kreditgeschäfts liegt eine geschäftliche Entscheidung vor, die mit einem bestimmten finanziellen Aufwand und mit wirtschaftlicher Belastung verbunden ist sowie die Gefahr eines Verlustes beinhaltet.[1347] Aber auch andere geschäftliche Entscheidungen, die diese Kriterien erfüllen, lassen sich unter den Begriff des Risikogeschäfts fassen.[1348] Dabei liegt eine wesentliche Funktion des Kreditgewerbes in der Vermittlung von anlagesuchendem Kapital an die kreditnehmende Wirtschaft sowie an Private und eine weitere darin, dass in der Folge durch Kapitalakkumulation, Risikosteuerung und Fristentransformation eine Optimierung der Kapitalallokation erreicht wird, welche wesentliche Bedingung für eine moderne Volkswirtschaft ist.[1349]

1343 Siehe dazu C) II) 1).

1344 Siehe dazu B) III) 3) a) aa) (1).

1345 *Florstedt*, Finanzkrise als Krise der Normbehauptung, ZBB 2013, S. 81 (92).

1346 *Martin/Reitz/Wehn*, Kreditderivate und Kreditrisikomodelle, S. 5.

1347 *Schumann*, in: *Müller-Gugenberger*, Wirtschaftsstrafrecht, § 67 Rn. 7.

1348 *Dierlamm*, in: Münchener Kommentar zum StGB, § 266 Rn. 228.

1349 *Fischer/Boegl*, in: *Schimansky/Bunte/Lwowski*, Bankrecht-Hdb., § 125 Rn. 19.

Daher sollen und können Risikogeschäfte an sich nicht pauschal untersagt oder gar unter Strafe gestellt werden. Das würde nicht nur jede unternehmerische Entscheidung betreffen[1350], sondern würde zunächst, isoliert betrachtet, jede natürliche Person erfassen, da es beispielsweise weitaus mehr Verträge gibt, die ein gewisses Maß an Risiko beinhalten. Gemeint sind nicht nur typische Risikoverträge wie der Darlehensvertrag, auch eine schlichte Vorleistungspflicht etwa beim Kaufvertrag bedeutet ein Risiko für den Vorleistungspflichtigen. Eine erste Korrektur dessen könnte zumindest durch Eingrenzung des Adressatenkreises der Strafnorm, wie bei § 54a KWG zumindest durch Beschränkung auf die Mitarbeiter eines Kreditinstituts, erfolgen. Die Strafnorm sollte ohnehin als Sonderdelikt formuliert werden. Dennoch würde dies die Einschränkung hinsichtlich der unternehmerischen Entscheidung der Kreditinstitute aufrechterhalten.

Am weitesten könnte eine Formulierung gehen, nach welcher Risikogeschäfte jeglicher Art verboten wären, durch welche das Institut in seinem Bestand gefährdet würde. In einem weiteren Absatz könnten bestimmte Risikogeschäfte ausgenommen werden. Zu denken wäre an einen Katalog mit unbedenklichen Geschäften. Dabei muss aber auch berücksichtigt werden, dass die Anzahl der einzelnen Geschäfte relevant wäre. Auch für sich genommen unbedenkliche kleinere Risikogeschäfte können, wenn sie missbräuchlich in exzessivem Umfang betrieben werden, eine Gefährdung verursachen. Problematisch ist bereits, diesen Umfang näher zu konkretisieren. Außerdem ist die Frage zu klären, welche Risikogeschäfte derart brisant sind, dass es erforderlich ist, deren Tätigung unter Strafe zu stellen, um die Gemeinschaft davor zu schützen.[1351]

Risikogeschäfte müssen grundsätzlich erlaubt bleiben, ansonsten könnte der Geschäftsbetrieb der Kreditinstitute und damit einhergehend das Wirtschaftsleben eingestellt werden.[1352] Ein Kreditinstitut könnte auch wesentlichen Aufgaben seiner volkswirtschaftlichen Funktion nicht nachkommen, wenn keine unternehmerischen Entscheidungen getroffen werden dürfen, die sich im Nachhinein als nachteilig erweisen.[1353] Die Formulierung eines Regel-Ausnahme-Verhältnisses als Straftatbestand wäre in diesem Zusammenhang nichts anderes

---

1350 Auf diese Problematik ebenfalls hinweisend *Hellwig*, Gutachten für den 68. Juristentag, S. 25.

1351 Vgl. *Lüderssen*, „Die Sachlogik des Finanzmarkts", S. 241 (279).

1352 Siehe beispielsweise *Schmid*, in: *Müller-Gugenberger*, Wirtschaftsstrafrecht, § 31 Rn. 156 kurz und prägnant „*Wirtschaften heißt Risikogeschäfte eingehen*"; so aber auch *Hellwig*, Gutachten für den 68. Juristentag, S. 25; dies bereits bei Unternehmen grundsätzlich feststellend *BGH* AG 2013, S. 640 (641).

1353 *Meyer*, Finanzmarktkrise und Organhaftung, CCZ 2011, S. 41 (47).

als die gesetzlich verankerte Umgehung des verfassungsrechtlich abgesicherten nemo-tenetur-Prinzips. Dementsprechend darf eine solche Formulierung nicht für einen Straftatbestand genutzt werden.

Die Frage ist dann allerdings, ob eine Eingrenzungs- oder auch Abgrenzungsmöglichkeit besteht, mit anderen Worten, ob sich nicht eine Formulierung finden lässt, mit der sich ausschließlich solche Geschäfte erfassen lassen, die als zu riskant für das jeweilige Institut gelten. Fraglich ist allerdings, ob man Risiken ohne Weiteres quantitativ und qualitativ messen kann. Im Falle von Risikogeschäften ist zunächst zwischen Eintrittswahrscheinlichkeit und Schadenshöhe zu unterscheiden.

Aus einer ökonomischen Perspektive betrachtet, gibt es keine Berechnungsmöglichkeit, mit der sich alle Arten von Risiken möglicher Geschäfte messen ließen, auch wenn hinsichtlich der Berechnungen von Risiken stets Verbesserungen angestrebt und auch erreicht werden.[1354] Das hängt bereits mit der Korrelation von Risikogeschäften zusammen, also die stets gegebene Abhängigkeit eines Geschäfts von anderen Faktoren. Ein anschauliches Beispiel hierfür sind der Verlauf und die zusammenhängenden Ursachen der Finanzkrise.[1355]

Das hat zur Folge, dass ein strafrechtlicher Tatbestand nicht ohne Weiteres an das Eingehen von zu riskanten Risikogeschäften anknüpfen kann, da sich das Kriterium des „zu riskant" schlichtweg nicht abstrakt-generell bestimmen lässt. Würde man eine strafrechtliche Vorschrift nur an die Geschäfte anknüpfen, deren Eintrittswahrscheinlichkeit sich sicher bestimmen ließe, könnte dies einen falschen Anreiz setzen. Denn die Vermeidung einer Strafbarkeit würde man dadurch erreichen, dass man solche Geschäfte eingeht, deren Risiko sich nicht einordnen ließe. Der gegenteilige Vorschlag, das Eingehen von Risiken unter Strafe zu stellen, deren Eintrittswahrscheinlichkeit sich nicht ausreichend bestimmen lasse, entspräche wiederum nicht den Anforderungen des Art. 103 Abs. 2 GG, da sich die strafrechtsrelevante Grenze nicht festlegen ließe.

Es besteht daher keine Möglichkeit, eine Strafnorm an eine potenzielle Eintrittswahrscheinlichkeit anzuknüpfen. Zudem bestehen schon Vorschriften, wonach dafür Sorge getragen werden muss, sowohl formale Anforderungen als auch die bankkaufmännische Sorgfalt zu berücksichtigen, da ansonsten eine Pflichtwidrigkeit i. S. des § 266 StGB angenommen werden kann.[1356]

1354 Siehe etwa *Rudolph,* Bankregulierung nach der Finanzkrise, S. 2407 (2413 f.).

1355 Siehe dazu B) I) 1).

1356 Siehe etwa *Ahlbrecht,* Banken im strafrechtlichen Regulierungsfokus, BKR 2014, S. 98 (101).

c) *Kopplung bei Risikogeschäften an das Eigenkapital?*

Ein strafrechtlicher Tatbestand, der die Bestimmung der Geschäfte abstrakt als „zu riskant“ zum Inhalt hat, ist nicht umsetzbar. Durch die fehlende Möglichkeit, Risiken durchgängig bemessen zu können, kann sich eine zu beschreibende Tathandlung nicht an der Eingehung „zu riskanter“ Geschäften orientieren, da sich diese Schwelle schlicht nicht abstrakt beschreiben lässt.

Es wäre jedoch denkbar, anhand des Eigenkapitals eine abstrakte Schwelle zu bestimmen. Grundsätzlich ist die Idee, Vorgaben an die Eigenkapitalquote zu koppeln, nicht neu. So wurde als Reaktion auf die Deutsche Bankenkrise von 1931 erstmals eine Meldepflicht für Großkredite in § 12 KWG a. F. eingeführt, da diese nach damaliger Ansicht zu leichtfertig vergeben worden waren.[1357] Grund hierfür ist, dass die Vergabe von Großkrediten an einzelne Kreditnehmer dem Grundsatz der Risikostreuung widerspricht.[1358] Die Streuung soll gerade davor schützen, dass der wirtschaftliche Zusammenbruch eines Kreditnehmers das wirtschaftliche Ende auch der kreditgebenden Bank bedeutet.[1359] Auslöser der damaligen Bankenkrise war die Darmstädter und Nationalbank, Danat-Bank, die einen solchen großen Kredit vergeben hatte, der ausfiel.[1360] Im Vorfeld der dann erfolgten Gesetzesänderung wurde auch die Bestimmung eines festen Verhältnisses zwischen Kreditvergabe und Einlage diskutiert, aber letztlich abgelehnt.[1361] Nach weiteren Krisen wurde schließlich eine Regulierungsvorschrift bezüglich der Großkredite eingefügt, die sich sowohl hinsichtlich der einzelnen Kreditvergabe als auch des gesamten Kreditgeschäfts an dem jeweiligen Eigenkapital des Instituts orientierte.[1362] Eine aktuelle Regelung hierzu findet sich in Art. 392 CRR. Nach dieser Norm liegt ein Großkredit bei der Vergabe von Risikoposition eines Instituts an einen Kunden oder eine Gruppe verbundener Kunden vor, wenn deren Wert 10 % der anrechenbaren Eigenmittel des Instituts erreicht oder überschreitet. Dem Normadressaten in den Kreditinstituten

---

1357 Vgl. dazu *Müller,* Die Entstehung des Reichsgesetzes über das Kreditwesen, ab S. 238 ff.

1358 *Müller,* Die Entstehung des Reichsgesetzes über das Kreditwesen, S. 238.

1359 Vgl. dazu *Müller,* Die Entstehung des Reichsgesetzes über das Kreditwesen, S. 238. *Fischer,* in: *Boos/Fischer/Schulte-Mattler,* Einführung KWG Rn. 17.

1360 Vgl. *Fischer/Boegl,* in: *Schimansky/Bunte/Lwowski,* Bankrecht-Hdb., § 125 Rn. 28; ausführlich dazu *Müller,* Die Entstehung des Reichsgesetzes über das Kreditwesen, S. 238.

1361 *Müller,* Die Entstehung des Reichsgesetzes über das Kreditwesen, S. 248.

1362 *Fischer,* in: *Boos/Fischer/Schulte-Mattler,* Einführung KWG Rn. 17.

sind daher Vorgaben, die eine Kopplung an das Eigenkapital beinhalten, nicht wesensfremd.

Allerdings eignet sich eine Strafbarkeit, die daran anknüpft, aus zwei Gründen nicht. Zum einen handelt es sich bei den Eigenkapitalanforderungen um ein komplexes Thema. Allein die Frage der unterschiedlichen Arten von Eigenkapitalanforderungen gestaltet sich schwierig. Ein Ansatz der Eigenkapitalanforderungen ist risikogewichtet, das bedeutet grob dargestellt, dass lediglich für den riskanten Teil eines Risikogeschäfts Eigenkapital vorhanden sein muss, wobei das Institut selbst festlegt, wie risikobehaftet ein Geschäft ist.[1363] Letzteres ist zu berücksichtigen, wenn es um die Einführung einer neuen Strafnorm gehen würde, da ein zusätzlicher Anreiz dafür gesetzt werden würde, ein Geschäft eher nicht als risikobehaftet zu bewerten. Zum anderen stellen die stetigen Anpassungen in diesem Bereich ein Problem dar. Aufgrund der Bedeutung des Bereichs bestehen hierzu nicht nur nationale, sondern auch europäische Vorgaben, welche wiederum auf die Vorgaben des Basler Ausschusses zurückgehen.[1364] Ferner wird durchaus vorgeschlagen, die Umgehung von zwingenden Regeln, wie die Eigenkapitalunterlegung, als Indiz für eine Pflichtverletzung von § 266 StGB zu werten.[1365] Das bedeutet, dass eine etwaige Pflichtwidrigkeit diesbezüglich durch § 266 StGB erfasst wird. Eine darüber hinaus gehende eigenständige Regelung ist jedoch nicht umsetzbar.

d) Kopplung bei Risikogeschäften an die Schadenshöhe?

Weder lässt sich eine pauschale Risikomessung noch eine sichere Einschätzung der Eintrittswahrscheinlichkeit abstrakt-generell bestimmen. Es bliebe noch, lediglich solche Geschäfte zu erfassen, die bereits als einzelnes Geschäft ein Risiko in sich tragen, welches das jeweilige Institut in seinem Bestand gefährden kann. Die Eintrittswahrscheinlichkeit darf jedoch nicht außerhalb der gewöhnlichen Lebenserwartung liegen.

Abgesehen von der Problematik, eine solche Handlung zu formulieren, ob sie sich stets bestimmen lässt und wie eine entsprechende Kontrolle aussehen müsste, ist es fraglich, wie sinnvoll eine solche Normierung wäre.

Dabei sind keine strafzwecktheoretischen Erwägungen gemeint. Anzustellen sind praktische Erwägungen bezüglich der Sinnhaftigkeit einer potenziellen

---

1363 Vgl. zu dieser Thematik eine Analyse von *Finance-Watch*, Eigenkapital der Banken.

1364 Vgl. etwa dazu *Sprengard/Waßmann*, in: *Boos/Fischer/Schulte-Mattler*, § 13 KWG Rn. 1–8 sowie unter C) III) 2).

1365 *Fischer*, Die strafrechtliche Bewältigung der Finanzkrise, ZStW 2011, S. 816 (825).

Regelung, die notwendig sind, damit es sich nicht um bloße Symbolpolitik in Form der Sanktionierung derjenigen Verhaltensweisen – insbesondere der Auslagerung in Zweckgesellschaften – handelt, die die letzte Krise maßgeblich mit verursacht haben, sich jedoch nicht notwendig in Zukunft exakt gleich gelagert wiederholen werden.

Bei der Anknüpfung an ein einzelnes Geschäft, welches das Institut in eine solche Situation bringen könnte, wäre eine Umgehung durch die Eingehung zweier ähnlich gelagerter Geschäfte leicht zu erreichen. Als Variante bietet sich an, auf den Begriff des „Geschäftsmodells" abzustellen, darunter ließe sich dann das vor der Finanzkrise beliebte System der Zweckgesellschaften subsumieren, mit denen es möglich war, aufsichtsrechtliche Vorschriften zu vermeiden. Allerdings ist es fraglich, ob der Begriff mit dem Bestimmtheitsgebot vereinbar ist oder sich ausreichend konkretisieren lässt.

Erfolg versprechender könnte daher eine Formulierung sein, die an die potenzielle Schadenshöhe eines Risikogeschäfts anknüpft. Es soll um Szenarien gehen, bei welchen ein Kreditinstitut durch das Eingehen riskanter Geschäfte im Bestand gefährdet wird. Hinsichtlich des Begriffs der Bestandsgefährdung können die Ausführungen zu § 54a KWG genutzt werden. Schwieriger wird die Bestimmung der Geschäfte, die zu einer solchen Gefährdung führen können. Zum einen ist hier an die Eingehung von „Klumpenrisiken" zu denken und zum anderen an Risikogeschäfte, die beim Eintritt des Verlustfalles zu einer Existenzgefährdung führen können.

Klumpenrisiko wird definiert als die Häufung ähnlicher Ausfallrisiken.[1366] Ein Klumpenrisiko wird in der zivilrechtlichen Rechtsprechung in der Regel als Sorgfaltsverletzung und somit als Pflichtverletzung gewertet.[1367] Um ein existenzgefährdendes oder -bedrohendes Risiko handelt es sich zum einen dann, wenn die Wahrscheinlichkeit eines Verlustes hoch ist und der zu erwartende Verlust das freie, zur Abdeckung dieses Verlusts verfügbare Eigenkapital auch nur geringfügig übersteigt.[1368] Zum anderen ist auch dann ein solches Risiko gegeben, wenn der bei Eintritt des Risikos zu erwartende Ausfallbetrag sehr viel höher ist als das verfügbare Eigenkapital, und der Eintritt dieses Verlusts vernünftigerweise nicht ausgeschlossen werden kann.[1369] Anhand dieser

---

1366 *OLG Düsseldorf* ZIP 2010, S. 28 (32).
1367 *OLG Düsseldorf* ZIP 2010, S. 28 (32).
1368 *Baums*, Risiko und Risikosteuerung im Aktienrecht, ZGR 2011, S. 218 (254).
1369 *Baums*, Risiko und Risikosteuerung im Aktienrecht, ZGR 2011, S. 218 (254).

Definitionen wird ersichtlich, dass es sich nicht um zwei völlig unterschiedliche Risikogeschäfte handelt.

Unter anderem werden diese Arten von Risikogeschäften der Kreditinstitute bereits im Rahmen der Untreue unter dem Stichwort der „Bankuntreue" diskutiert.[1370] Nun ist zu klären, ob diese Art von Geschäften stets als pflichtwidriges Verhalten unter § 266 StGB subsumierbar ist. Denn ein neuer Straftatbestand lässt sich nur dann rechtfertigen, wenn der Sachverhalt nicht bereits unter eine andere Norm subsumierbar ist. In diesem Zusammenhang ist auf die zivilrechtliche Bewertung einzugehen, denn was zivilrechtlich erlaubt ist, kann keine strafrechtliche Pflichtwidrigkeit i. S. des Untreuetatbestands begründen.[1371] Außerdem ist dieses Thema in der strafrechtlichen Rechtsprechung bisher nicht ausführlich behandelt worden.[1372]

Grundsätzlich wird im Rahmen dieser Geschäftspraxis thematisiert, ob beispielsweise eine Pflicht des Vorstands besteht, existenzgefährdende Risiken zu vermeiden.[1373] Auf den ersten Blick erscheint es nachvollziehbar, derartige Risiken zu untersagen. Jedoch ist bereits grundlegend darauf hinzuweisen, dass das Eingehen solcher Risiken in gewissen Situationen schlichtweg unumgänglich ist.[1374] Unvermeidbar und zu dulden ist ein existenzbedrohendes Risiko bei neugegründeten Unternehmen. Würde hier gleichwohl im Fall des Scheiterns stets eine Haftung des Privatvermögens in Betracht kommen, hielte dies bereits viele Gründer von dem Schritt in die Selbstständigkeit ab.[1375] Jedoch muss in diesem Zusammenhang beachtet werden, dass es sich bei den meisten Kreditinstituten nicht um neugegründete Unternehmen handelt. Die Voraussetzungen, um überhaupt ein Kreditinstitut gründen zu können und eine Erlaubnis nach § 32 KWG zu erhalten, sind hoch. Das bedeutet, dass ein Kreditinstitut nicht mit einem sonstigen Unternehmen verglichen werden kann, was sich aus der besonderen Stellung des Kreditinstituts in einer Volkswirtschaft ergibt. Eine Konsequenz

---

1370 So bspw. *Schünemann,* Die „gravierende" Pflichtverletzung bei der Untreue, NStZ 2005, S. 473 (475).

1371 *Dierlamm,* in: Münchener Kommentar zum StGB, § 266 Rn. 173.

1372 Bspw. in *LG Hamburg,* Urteil vom 09.07.2014 – 608 KLs 12/11, juris JURE150003048, Rn. 941, werden „‚Klumpen'-Risiken" nur erwähnt, aber nicht ausführlicher diskutiert.

1373 *Perron,* in: *Schönke/Schröder,* StGB, § 266 Rn. 21b f.

1374 *Drygala,* Die Pflicht des Managements zur Vermeidung existenzgefährdender Risiken, S. 541 (543).

1375 *Drygala,* Die Pflicht des Managements zur Vermeidung existenzgefährdender Risiken, S. 541 (543).

dieser Stellung ist auch die Existenz des Bankaufsichtsrechts und die Kontrolle der Aufsicht über die Geschäftstätigkeit.[1376]

Problematisch im Bereich der Kreditinstitute ist, dass Spekulationsgeschäfte regelmäßig potenziell existenzgefährdend sein können, allerdings – sofern sich der Vorstand im Rahmen des Unternehmensgegenstands bewegt – dennoch in der Regel nicht mal ein Verstoß gegen die *Business Judgement Rule* vorliegt.[1377] Auch das Geschäftsmodell der Fristentransformation birgt grundsätzlich existenzgefährdende Risiken in sich. Beispielsweise ist es möglich, dass auch das Geschäft einer Universalbank dadurch zusammenbrechen kann, dass alle Anleger das angelegte Geld abheben.[1378] Dieses eher im Krisenfall – dann als *bank run* bekannte – Phänomen verdeutlicht, dass die Eintrittswahrscheinlichkeit nicht von der potenziellen Schadenshöhe zu trennen ist, um ein Risikogeschäft bewerten zu können. Die Eintrittswahrscheinlichkeit für ein solches Szenario ist gering, auch wenn die Schadenshöhe existenzvernichtend wäre, solange das jeweilige Institut nicht durchgängig alle Einlagen einbehält. Das würde allerdings bedeuten, dass ein Kreditinstitut seinen wesentlichen Tätigkeiten, wie beispielsweise der Kreditvergabe, nicht nachkommen könnte.

Hinsichtlich beider Risiken, also sowohl der Klumpenrisiken als auch der existenzbedrohenden Risiken, ist daher zu beachten, dass die Bewertung von Risiken nicht unabhängig von der jeweiligen Eintrittswahrscheinlichkeit qualifiziert werden kann.[1379] Deswegen wird vertreten, dass die entscheidende Frage bei existenzbedrohenden Geschäften sei, wie wahrscheinlich ein positiver Verlauf des Geschäfts ist und nicht, ob dieses existenzgefährdend sein wird.[1380] Mit anderen Worten muss zu Beginn des Geschäfts durchdacht werden, wie wahrscheinlich ein negativer Ausgang ist.

Das pauschale Verbot existenzgefährdende Risiken einzugehen, ist daher für die Annahme eines Verstoßes gegen die *Business Judgement Rule* zu weitgreifend[1381] und kann daher erst recht nicht Anknüpfungspunkt einer strafrechtlichen

---

1376 Siehe dazu *Fischer/Boegl*, in: *Schimansky/Bunte/Lwowski*, Bankrecht-Hdb., § 125 Rn. 19–21.

1377 Vgl. *Meyer*, Finanzmarktkrise und Organhaftung, CCZ 2011, S. 41 (46).

1378 Vgl. *Meyer*, Finanzmarktkrise und Organhaftung, CCZ 2011, S. 41 (47).

1379 *Drygala*, Die Pflicht des Managements zur Vermeidung existenzgefährdender Risiken, S. 541 (558).

1380 *Spindler*, in: Münchener Kommentar zum AktG, § 93 Rn. 64; *Drygala*, Die Pflicht des Managements zur Vermeidung existenzgefährdender Risiken, S. 541 (541).

1381 Vgl. dazu *Meyer*, Finanzmarktkrise und Organhaftung, CCZ 2011, S. 41 (43).

Sanktionsandrohung sein[1382]. Gleiches gilt für das Verbot bezüglich der Eingehung von Klumpenrisiken.[1383] Sofern hierbei bestimmte Mechanismen eingehalten werden, ist es durchaus vertretbar derartige Geschäfte einzugehen.[1384]

Die Subsumtion beider Szenarien unter den Straftatbestand der Untreue wurde und wird ebenfalls ausreichend diskutiert. Dabei besteht Einigkeit darüber, dass diese Konstellationen in gewissen Fällen vom Tatbestand der Untreue erfasst sind.[1385] In Teilen der Literatur wird gefordert, dass die Eingehung von existenzgefährdenden oder Klumpenrisiken stets als Indiz für eine Pflichtverletzung im Sinne des § 266 StGB zu werten sei, wobei selbstverständlich auch Gegenindizien zu berücksichtigen wären.[1386] Die Diskussion der Frage, wann eine Pflichtverletzung im Rahmen der Untreue vorliegt, ist nicht neu. Wenig hilfreich für eine klare Abgrenzung zu pflichtgemäßem Verhalten sind jedenfalls die Kriterien, dass der Täter wie ein Spieler handelt oder die Grenzen des verkehrsüblichen Risikos überschreitet.[1387]

Einigkeit besteht hinsichtlich der Thematik der Risikogeschäfte jedenfalls darüber, dass riskante Geschäfte, die sich noch im Rahmen des Erlaubten bewegen, nicht den objektiven Tatbestand der Untreue erfüllen.[1388] Dieser Ansatz kann das Problem allerdings nicht lösen, wenn es um die Frage geht, welche Risiken erlaubt sind und welche verbindliche Vorgaben hierbei gemacht werden dürfen, die eine Einschränkung für den dahinter stehenden Vermögensinhaber bedeuten.

Für die Untersuchung eines neuen Straftatbestands soll es daher bezüglich der bestandsgefährdenden Geschäfte um ein Szenario gehen, welches von vornherein nicht durch den Tatbestand der Untreue erfasst ist. Dafür ist jedoch zu klären, welche Sachverhalte in diesem Zusammenhang noch unter den Tatbestand

---

1382 Dazu, dass die *Business Judgement Rule* auch im Strafrecht gilt, vgl. etwa *BGHSt* 46, S. 30 (34 f.); 47, S. 148 (149); aus jüngerer Zeit *BGH* NJW 2017, S. 578 (579).

1383 *Meyer*, Finanzmarktkrise und Organhaftung, CCZ 2011, S. 41 (469).

1384 Vgl. *Baums*, Risiko und Risikosteuerung im Aktienrecht, ZGR 2011, S. 218 (240).

1385 *Becker/Walla/Endert*, Wer bestimmt das Risik?, WM 2010 S. 875(878); zu dem Aspekt des Einverständnisses in die Existenzgefährdung der Gesellschaft *Dierlamm*, in: Münchener Kommentar zum StGB, § 266 Rn. 145 ff.

1386 So *Fischer*, Die strafrechtliche Bewältigung der Finanzkrise, ZStW 2011, S. 816 (824 f.).

1387 *Hadamitzky*, in: *Müller-Gugenberger*, Wirtschaftsstrafrecht, § 32, Rn. 159; auf die praktischen Probleme ebenfalls hinweisend *Fischer*, StGB, § 266 Rn. 67.

1388 *Seier/Lindemann*, in: *Achenbach/Ransiek/Rönnau*, Hdb. Wirtschaftsstrafrecht, S. 846 Rn. 392.

der Untreue subsumiert werden. Grundsätzlich ist es so, dass die Pflichtverletzung sich nach dem Innenverhältnis richtet. Sofern die Vornahme des Risikogeschäfts durch dieses Verhältnis gedeckt ist, kommt eine Pflichtverletzung nicht in Betracht.[1389] Da der Schutzzweck des Untreuetatbestands darin liegt, das anvertraute fremde Vermögen zu schützen, scheidet die Annahme einer Pflichtverletzung grundsätzlich aus, wenn der Vermögensinhaber sein Einverständnis mit der Vermögensschädigung erklärt hat.[1390] Dieses Einverständnis könnte hinsichtlich der Kreditinstitute dergestalt gegeben sein, dass unter anderem der Unternehmenszweck darauf hinausläuft, solch riskante Geschäfte vorzunehmen. Zu klären ist im Folgenden, wann ein Einverständnis bei der Eingehung von riskanten Geschäften wirksam erklärt werden kann, da in dem Fall eine Strafbarkeit nach § 266 StGB ausgeschlossen ist. Für gewisse Fallkonstellationen wird vertreten, dass ein Einverständnis unbeachtlich bleiben solle. Die Frage, ob bei Kapitalgesellschaften das Einverständnis der Gesellschafter die Pflichtwidrigkeit von Vermögensverschiebungen entfallen lässt, ist umstritten.[1391] Im Falle von Einverständniserklärungen für Kreditinstitute sind zwei Szenarien darzulegen, in denen die Erklärung als unwirksam diskutiert wird. Zunächst geht es um allgemeine Erwägungen des Gesellschaftsrechts, und zum anderen könnten die Vorgaben des KWG ein solches Einverständnis ausschließen.

Für die weitere Untersuchung ist daher zu klären, ob eine Strafbarkeit nach § 266 StGB auch dann infrage kommt, wenn das Geschäft dem Interesse des Vermögensinhabers dient oder der durch den Vermögensinhaber erteilte Auftrag darin besteht, solche Geschäfte einzugehen. Nur wenn das nicht der Fall ist, wäre eine notwendige, jedoch keine hinreichende Bedingung – ein Verhalten, das bisher nicht strafrechtlich erfasst ist – für die Einführung einer neuen Strafnorm erfüllt.

1389 *Dierlamm,* in: Münchener Kommentar zum StGB, § 266 Rn. 229, 231.

1390 Vgl. etwa *BGH* NJW 2006, S. 522 (525); aber auch *Perron,* in: *Schönke/Schröder,* StGB, § 266 Rn. 21; vgl. zu dieser Thematik bereits *Hillenkamp,* Risikogeschäft und Untreue, NStZ 1981, S. 161 (165), der von einem straflosen Risikogeschäft ausgeht, wenn der Vermögensinhaber bspw. von dem Handelnden erwartet, dass er sich wie ein Spieler verhalten wird.

1391 Ausführlich zu dieser Problematik *Dierlamm,* in: Münchener Kommentar zum StGB, § 266 Rn. 145 ff.

aa) Beschränkung der Dispositionsbefugnis aufgrund des Gläubigerschutzes

Die Rechtsprechung vertritt die Ansicht, dass ein Einverständnis unter anderem dann als unbeachtlich zu gelten hat, wenn die Liquidität oder die Existenz der Gesellschaft gefährdet wird.[1392] Begründet wird diese Ansicht damit, dass die Gesellschafter zwar berechtigt sind, die Liquidation zu beschließen, allerdings wird deren Durchführung und damit eine ordnungsgemäße Abwicklung durch existenzgefährdende Vermögensverschiebungen erschwert.[1393] Diese Ansicht geht allerdings davon aus, dass Gläubigerinteressen zu schützen sind. Diese sind vom Schutzzweck des § 266 StGB indes nicht erfasst.[1394] Diese Missbrauchsbeschränkung führt zu einer strafrechtlichen Einschränkung der Dispositionsbefugnis über das eigene Vermögen der Gesellschaftergesamtheit im Interesse fremder Vermögensinteressen.[1395] Dabei hat die Gesellschaft auch bei eigener Rechtspersönlichkeit keinen Anspruch auf Gewährleistung ihres Bestands.[1396]

Ferner ist zu kritisieren, dass es weder Bedarf noch Notwendigkeit dafür gibt, neben einer zivilrechtlichen Haftung die Begründung einer Strafbarkeit anzunehmen.[1397] Zudem macht die von der Rechtsprechung selbst angeführte Möglichkeit der jederzeitigen Liquidation deutlich, dass es nicht darum geht, die Gesellschaft als solche zu schützen oder deren Bestand abzusichern.[1398] Trotz der Kritik, welche zwar von der Rechtsprechung wahrgenommen, aber nicht berücksichtigt wird, bleibt sie bei einer entsprechenden Bewertung der Fälle.[1399] Dies ist zu beachten, da nicht davon ausgegangen werden kann, dass sich die Rechtsprechung in diesem Punkt in naher Zukunft ändern wird. Das bedeutet, dass bereits eine Strafbarkeit trotz Einverständnis gegeben sein kann.

1392 Siehe etwa *BGH* NStZ 1989, S. 23 (23 f.); *BGH* NJW 2000, S. 154 (155); aber auch durch die neuere zivilgerichtliche Rechtsprechung zur Haftungsgrundlage wurde diese Ansicht nicht beeinflusst *BGH* NStZ 2010, S. 89 (91).

1393 *Dierlamm,* in: Münchener Kommentar zum StGB, § 266 Rn. 148.

1394 *Perron,* in: *Schönke/Schröder,* StGB, § 266 Rn. 21b; *Fischer,* StGB, § 266 Rn. 99. *Dierlamm,* in: Münchener Kommentar zum StGB, § 266 Rn. 148.

1395 *Fischer,* StGB, § 266 Rn. 99.

1396 *BGHSt* 49, S. 147 (157); *BGH* NStZ 2010, S. 89 (91).

1397 Vgl. *Perron,* in: *Schönke/Schröder,* StGB, § 266 Rn. 21b.

1398 *Dierlamm,* in: Münchener Kommentar zum StGB, § 266 Rn. 156.

1399 Siehe etwa *BGH* NStZ 2010, S. 89 (90).

bb) Beschränkung der Dispositionsbefugnis aufgrund des KWG

Da es sich vorliegend nicht nur um Kapitalgesellschaften, sondern auch um Kreditinstitute handelt, können sich hieraus weitere Aspekte für eine Einschränkung der Dispositionsbefugnis aus dem KWG ergeben. Aufgrund der besonderen Stellung, die Kreditinstitute innehaben, und ihrer besonderen Bedeutung für die Gesamtwirtschaft, könnten sich weitere Einschränkungen rechtfertigen.

Grundsätzlich ist seit langem anerkannt, dass die Dispositionsbefugnis der Kreditinstitute eingeschränkt ist, um die Aufrechterhaltung eines soliden Kreditwesens abzusichern.[1400] So gilt die Vorgaben und Einschränkungen der Kreditvergabe des § 18 KWG unabhängig von der Rechtsform, Größe und Art der beschriebenen Bankgeschäfte.[1401] Ein Verstoß hiergegen kann eine Pflichtwidrigkeit i. S. des § 266 StGB bedeuten und damit eine Strafbarkeit zur Folge haben.[1402] Auf der anderen Seite wird diese Einschränkung seitens der Rechtsprechung auch relativiert.[1403] Der bloße Hinweis auf einen Verstoß gegen eine Vorschrift des KWG reicht nicht aus, um eine Pflichtverletzung im Rahmen des § 266 StGB zu begründen.[1404] Eine Pflichtverletzung ist in den Konstellationen ausgeschlossen, in denen der Zweck der Regelung des KWG auf anderem Wege erreicht wird.[1405] Hiervon geht zumindest überwiegend auch die Literatur aus, und zwar, dass lediglich die „einfache" Verletzung einer Vorgabe des KWG, wenn deren Zweck auf anderem Weg erreicht wird, nicht zu der Annahme einer Pflichtverletzung führt.[1406] Das Bundesverfassungsgericht hat die Vorgehensweise, dass der Verstoß gegen die Vorschriften des KWG für die Annahme einer Pflichtwidrigkeit Indizwirkung zukommen und als Orientierungshilfe dienen könne, akzeptiert.[1407] Danach sei diesbezüglich des § 18 KWG a. F. auch zulässig, da die Norm zumindest faktisch das Vermögen der Bank schütze und es sich

---

1400 Vgl. *Hillenkamp*, Risikogeschäft und Untreue, NStZ 1981, S. 161 (168), unter anderem mit dem Hinweis auf *BGH*, Entscheidung vom 31. Mai 1960 – 1 StR 106/60 juris JURE900000687, Rn. 1 ff.

1401 *Bock*, in: *Boos/Fischer/Schulte-Mattler*, § 18 KWG Rn. 12.

1402 *Wastl*, Trennbankengesetz, Strafrecht, verschärfte Sanktionen, WM 2013, S. 1401 (1404).

1403 Vgl. *BGH* NJW 2000, S. 2364 (2365).

1404 *Dierlamm*, in: Münchener Kommentar zum StGB, § 266 Rn. 236.

1405 Vgl. *BGH* NJW 2000, S. 2364 (2365).

1406 Vgl. dazu auch *Feigen*, Untreue durch Kreditvergabe, S. 445 (451).

1407 Vgl. *BVerfG* NJW 2010, S. 3209 (3218).

bei der Verletzung dieser Vorschrift des KWG nur um eine notwendige, jedoch keine hinreichende Voraussetzung handele.[1408]

Eine solche Schutzwirkung des KWG kann jedoch auch berechtigterweise abgelehnt werden. In § 4 Abs. 4 FinDAG, ehemals § 6 Abs. 4 KWG, ist ausdrücklich normiert, dass die BaFin ihre Aufgaben und Befugnisse im öffentlichen Interesse wahrnimmt. Hintergrund hierfür waren zwei Entscheidungen des Bundesgerichtshofs[1409], nach welchen eine Pflichtverletzung der Bankaufsicht zu einem Schadensersatzanspruch auch zugunsten der einzelnen Gläubiger angenommen wurde, indem die Bankaufsicht auch auf den Schutz der Gläubiger ausgedehnt wurde.[1410] Eine solche Annahme sollte durch die Normierung, dass die BaFin die Aufgaben nur im öffentlichen Interesse wahrnimmt, zukünftig verhindert werden.[1411] Im Folgenden wurde eine Staatshaftung im Falle von unzureichender Staatsaufsicht abgelehnt.[1412]

Wenn die Bankaufsicht oder eines der ausübenden Organe der Bankaufsicht ausdrücklich die Aufgaben nach dem Gesetzeswortlaut „nur" im öffentlichen Interesse wahrnimmt, spricht dieses Verständnis gegen eine strafrechtliche Berücksichtigung im Rahmen der Untreue für die (mittelbare) Adressaten, die Kreditinstitute, aufsichtsrechtlicher Vorschriften. Jedenfalls, sofern die strafrechtliche Berücksichtigung damit begründet werden soll, dass die Vorschriften des KWG mittelbar auch die Interessen der Gläubiger schützen sollen. Diese Annahme scheint dem ausdrücklichen Willen des Gesetzgebers zu widersprechen, nach dem die durch öffentliche Träger ausgeübte Bankaufsicht nicht zivilrechtlich haftbar sein soll, da die Bankaufsicht nur im öffentlichen Interesse ausgeübt wird.

Im Ergebnis haften derzeit juristische Personen des Privatrechts einem größeren Personenkreis gegenüber als die Aufsichtsbehörde. Das erfolgt aufgrund der Vorschriften des KWG, die primär die Aufsichtsbehörde legitimieren und adressieren.

1408 *BVerfG* NJW 2010, S. 3209 (3218).

1409 Zum einen das sogenannte Wetterstein-Urteil, *BGH* NJW 1979, S. 1354 ff.; und zum anderen das sogenannte Herstatt-Urteil, *BGH* NJW 1979, S. 1879 ff.

1410 Siehe dazu *Fischer/Boegl*, in: *Schimansky/Bunte/Lwowski*, Bankrecht-Hdb., § 125 Rn. 24.

1411 *Fischer/Boegl*, in: *Schimansky/Bunte/Lwowski*, Bankrecht-Hdb., § 125 Rn. 24.

1412 *BGH* NJW 2005, S. 742 (743).

cc) Zwischenergebnis

Wie damit umzugehen ist, dass der Schutzbereich der Untreue mittelbar erweitert wird, ist an dieser Stelle nicht weiter zu diskutieren. Relevant ist hierbei, dass die Notwendigkeit für eine neue Strafnorm allenfalls begrenzt vorhanden ist. Indem selbst riskante Geschäfte erfasst werden, die mit der Einwilligung des Vermögensinhabers vorgenommen werden, wird der Schutzzweck des § 266 StGB weiter ausgedehnt. Für die Frage einer vermeintlich neuen Strafnorm fehlt es damit jedenfalls bereits an einem Sachverhalt, der nicht bereits unter eine bestehende Strafnorm zu fassen ist. Ausreichend geschützt sind Gläubigerinteressen durch die §§ 283 ff. StGB, aber auch durch § 15a InsO. Im Ergebnis sind Handlungen, die den Bestand eines Kreditinstituts gefährden, nach Ansicht der Rechtsprechung, wonach das Einverständnis des Vermögensinhabers unbeachtlich ist, potenziell strafbar. Bei der Vornahme solcher Geschäfte liegt eine Pflichtverletzung i. S. des § 266 StGB vor. Fraglich bleibt dabei, wenn gleichzeitig davon ausgegangen wird, dass hier die Untreue lediglich das Vermögen des dahinterstehenden Vermögensinhabers schützt[1413], warum dieser nicht darin einwilligen kann. Dies vermag nicht zu überzeugen.

Es verbleibt aufgrund einer – zu kritisierenden – Ausweitung des Anwendungsbereichs der Untreue kein Anwendungsbereich für eine neue Strafnorm. Selbst wenn der Gesellschaftszweck des jeweiligen Instituts die existenzgefährdende Vermögensverletzung abdecken würde, ist nach der Rechtsprechung dennoch eine Pflichtwidrigkeit i. S. des § 266 StGB gegeben. Diese Rechtsprechung ist zu kritisieren und sie verfehlt den Schutzzweck der Untreue. Allerdings ist sie zu berücksichtigen, wenn der Gesetzgeber neue Strafvorschriften schaffen will, um damit vermeintliche Strafbarkeitslücken zu schließen. An solchen Lücken fehlt es in diesem Bereich.

Die Frage ist dann allerdings, wieso es an Verurteilungen „mangelt". Wenn ein bestimmtes Verhalten nicht strafrechtlich erfasst ist, in dem Sinne, dass die handelnde Person strafrechtlich rechtskräftig verurteilt werden kann, kommen dafür vor allem zwei Gründe in Betracht. Zum einen kann es daran liegen, dass – wovon der Gesetzgeber ausgeht[1414] – das Verhalten von keiner Strafnorm erfasst ist. Zum anderen ist denkbar, dass der Tatnachweis nicht gelingt. Bei beiden Möglichkeiten isoliert oder zusammenbetrachtet ist aber nicht zwingend, dass der Gesetzgeber tätig werden muss.

1413 So etwa das *BVerfG* NJW 2010, S. 3209 (3212).

1414 Siehe dazu B) I) 2).

Allerdings ist bereits die Grundannahme, dass es ein bestimmtes verantwortliches Verhalten gab, unrichtig. Problematisch ist nicht nur, ein gewisses Verhalten ausfindig zu machen, sondern auch zumindest dessen Mitursächlichkeit für die eingetretenen Schäden im Rahmen der Finanzkrise zu begründen. Dies ist im Rahmen ihrer strafrechtlichen Aufarbeitung allerdings nicht gelungen und um die Vermeidung einer weiteren Krise dieses Ausmaßes geht es dem Gesetzgeber.

Dass das alleinige Handeln einer einzigen Person für die Krise verantwortlich sein soll, wird nicht vertreten. So kommt nur eine kumulative Kausalität in Betracht.[1415] Problematisch ist hierbei wiederum, dass zusätzlich mitursächliche Bedingungen infrage kommen, die sich nicht ohne Weiteres unmittelbar auf menschliches Verhalten zurückführen lassen und daher nicht entsprechend zurechenbar sind. Das Strafrecht ist weder dafür geeignet, ein systemisch bedingtes Verhalten zu verhindern, noch dieses im Nachhinein aufarbeiten zu können. Jedoch gibt es durchaus Rechtsgebiete, deren Sanktionsmöglichkeiten auch derart einschneidend sein können, dass ohne Rückgriff auf das Strafrecht eine ausreichende Motivation zur Verhaltensänderung geschaffen werden kann.

Es existieren Rechtsgebiete, in welchen Beweisschwierigkeiten überwunden werden können, und Bereiche, in denen eine flexible Anwendung des Rechts vorgesehen ist. Dabei handelt es sich um Rechtsgebiete, die bezüglich der Kreditinstitute ohnehin eher heranzuziehen sind als das Strafrecht, um Fehlentwicklungen zu verhindern und zu sanktionieren. Den Gläubigern ist im Ergebnis am meisten geholfen, wenn es nicht zu einer Krise des Instituts kommt.

7) Zwischenergebnis

Da die Tatbestandsmerkmale des § 54a KWG nicht mit dem Grundgesetz vereinbar sind und die daneben bestehenden Straftatbestände nicht sämtliche relevanten Sachverhaltskonstellationen erfassen, war die Frage zu klären, ob ein Straftatbestand diesen beiden Anforderungen genügen kann.

Ideen für neue oder Änderungen bestehender Straftatbestände gab es in der Literatur vor und nach der Einführung des § 54a KWG. Gegen die Vorschläge sprechen jedoch praktische oder verfassungsrechtliche Erwägungen. Im Anschluss wurden dann unterschiedliche Ansätze dargestellt, die infrage kommen könnten, um § 54a KWG zu ersetzen.

Die unterschiedlichen Vorschläge, die hinsichtlich der Einführung eines Straftatbestands in der Literatur gemacht wurden, haben verdeutlicht, dass es

1415 Siehe zu den Ursachen der Finanzkrise B) I) 1).

nicht ohne Weiteres möglich ist, eine Formulierung zu finden, die praktisch anwendbar sowie mit den Grundprinzipien des Strafrechts vereinbar ist und nicht im Widerspruch zum Grundgesetz steht. Die Ausführungen zu einem eigenen Vorschlag sollten aufzeigen, woran eine mögliche Strafandrohung als Konsequenz aus der Finanzkrise anknüpfen sollte. Es lassen sich allerdings keine Formulierungen ausarbeiten, an denen sich der Gesetzgeber orientieren könnte. Die Frage ist, ob dies erforderlich ist.

Ein neuer Straftatbestand bedarf der Legitimierung. Notwendig ist nicht nur, dass ein Rechtsgut geschützt wird, sondern die neu zu beschreibende Tathandlung von keinem bestehenden Straftatbestand erfasst ist. Die Erfüllung der letztgenannten Voraussetzung ist aber zu bezweifeln, da der Anwendungsbereich der Untreue von der Rechtsprechung – vom primären Schutzzweck losgelöst – ausgedehnt wird. Durch die Untreue wird so nicht nur das Vermögen des Vermögensinhabers geschützt, sondern darüber hinaus auch das Funktionieren des Finanzwesens und die Gläubigerinteressen. Dies war für den Fall herauszuarbeiten, dass der Vermögensinhaber die Eingehung solch riskanter Geschäfte zu seinem Geschäftszweck oder zumindest sein Einverständnis erklärt hat. Das Einverständnis schließt eine Strafbarkeit nach § 266 StGB jedoch nicht aus. Da die Untreue bereits für sämtliche Konstellationen von Risikogeschäften Anwendung findet, ist eine weitere Strafnorm nicht erforderlich. Der Untreuetatbestand erfasst insoweit bereits ausreichend die hier infrage stehenden Fälle.[1416]

Selbst wenn es eine Regelung geben würde, deren Formulierung mit dem Bestimmtheitsgebot vereinbar wäre, so besteht dennoch ein anderer Gegeneinwand. Das Strafrecht darf nach dem ebenfalls verfassungsrechtlichen Grundsatz der Verhältnismäßigkeit nur dann eingreifen, wenn kein milderes Mittel infrage kommt.[1417]

Statt den Anwendungsbereich der Untreue zu vergrößern, besteht eine weitere Möglichkeit. Es ist vorzugswürdig, präventiv zu agieren, um das Entstehen einer solchen Krise zu verhindern. Dies ist auch im Interesse der Gläubiger und der Gesamtwirtschaft, kann allerdings allein durch das Strafrecht nicht geleistet werden. Statt auf eine abschreckende oder steuernde Wirkung des Strafrechts zu vertrauen, kann durch das Aufsichtsrecht unmittelbar gesteuert werden. Dessen Vorgaben sind dazu geeignet, Fehlverhalten auch außerhalb des strafrechtlich relevanten Bereichs der Untreue oder des Bankrotts zu ahnden.[1418]

1416 Siehe dazu *Löwer*, Die strafrechtliche Aufarbeitung der Wirtschafts- und Finanzkrise, S. 257 f.

1417 Siehe etwa*BVerfG* NJW 2008, S. 1137 (1338).

1418 *Brand*, Konfliktherde des § 54a KWG, ZVglRWiss 2014, S. 142 (164 f.).

Daher sollen im Folgenden einige aufsichtsrechtliche Vorschriften und deren Entwicklung dargestellt werden, um zu verdeutlichen, dass die dort geregelten Sanktionsmöglichkeiten ausreichend können, um den erstrebten Schutz zu erreichen.

III) Bankaufsichtsrechtliche Alternative

In der Gesetzesbegründung zu § 54a KWG wird die Einführung der Strafbarkeit unter anderem damit begründet, dass keine alternativen Gesetzgebungsinitiativen zur gesetzlichen Ausgestaltung der Geschäftsleiterpflichten im Risikomanagement und der daran anknüpfenden Strafbarkeit bestehen und dass die Regelungen erforderlich zum Schutz der Rechtsgüter seien.[1419] § 54a KWG bezweckt die Stabilität des Finanzsystems zu schützen.[1420] Die Erforderlichkeit des Schutzes durch eine strafrechtliche Regelung ist zu überprüfen. Ausgangspunkt der Überprüfung ist, dass umso weniger strafrechtliche Sanktionen benötigt werden, je mehr wirtschaftsverwaltungsrechtliche Kontrollen des Finanzmarkts bestehen.[1421] Dieser Ansatz entspricht dem fragmentarischen Charakter des Strafrechts sowie dem verfassungsrechtlich abgesicherten Ultima-Ratio-Grundsatz.[1422] Der Gesetzgeber ist aufgrund des Grundsatzes der Verhältnismäßigkeit gehindert, das Strafrecht dann einzusetzen, wenn ein milderes, gleich wirksames Mittel zur Verfügung steht.[1423]

1) Ausgangspunkt: Bankaufsichtsrecht

Zunächst ist zu berücksichtigen, dass in einer marktwirtschaftlichen Ordnung staatliche Hilfen eine Anomalie darstellen, da durch sie die konstitutiven Haftungsmechanismen ausgeschaltet werden.[1424] Wenn die Steuerungsmechanismen eines Sektors zu einer Krise führen, in welcher Staatshilfen als unentbehrlich betrachtet werden, müssen daher die Mechanismen selbst überprüft werden.[1425] Die wichtigsten Kontrollmechanismen für die Kreditinstitute sind

---

1419 Siehe BT-Drs. 17/12601, S. 29.

1420 Siehe dazu B) I) 3) c) und f).

1421 *Lüderssen,* Warnung vor neuem Finanzstrafrecht, FAZ vom 19.01.2009, S. 10.

1422 Vgl. *Jahn,* Die strafrechtliche Aufarbeitung der Finanzmarktkrise, wistra 2013, S. 41 (41); zur Bedeutung des Ultima-Ratio-Grundsatzes *Strafrechtsausschuss und Verfassungsausschuss des DAV,* Stellungnahme gegenüber dem BVerfG, S. 7.

1423 Siehe dazu B) I) 3) f) aa).

1424 *Hellwig,* Gutachten für den 68. Juristentag, S. 4.

1425 *Hellwig,* Gutachten für den 68. Juristentag, S. 4.

im Bankaufsichtsrecht geregelt. Bei dem Strafrecht hingegen handelt es sich um eine sekundäre Ordnung[1426], sodass das Bankaufsichtsrecht als sachnähere Materie anzuwenden ist. Dort können ebenfalls Sanktionen normiert werden, die im Falle von eingetretenen Missständen einschlägig sind und so größeren Anreiz zur Befolgung von Vorgaben schaffen. Wie weitreichend die einzelnen Maßnahmen nicht-strafrechtlicher Sanktionierung sein können, zeigte das Beispiel der *Maple-Bank*[1427] Anfang 2016. Deren Geschäftsverkehr in Deutschland wurde durch die BaFin wegen drohender bilanzieller Überschuldung stillgelegt.[1428] Eine solche Maßnahme dürfte eine höhere Abschreckungswirkung als die Einleitung eines Ermittlungsverfahrens gegen einzelne Personen der Geschäftsleitung haben, da die Stilllegung eine stärkere Einschränkung der Gewinnerwartung bedeutet. Die Frage ist daher, ob nur das Strafrecht, welches sich an dem Handeln einzelner orientiert, eine erforderliche Motivation schaffen kann, um den Normadressaten zu einer Verhaltensänderung zu veranlassen oder ob vielleicht andere Sanktionsmöglichkeiten bestehen, die diese Motivation ausreichend auslösen können. Die Fokussierung auf Ertragsraten und die Vernachlässigung von Risiken bei den vorgenommenen Geschäften durch die Banken vor der Finanzkrise sind letztlich auch auf das Versagen und teilweise durch das Fehlen von Steuerungs- und Kontrollmechanismen zurückzuführen.[1429] Die Finanzkrise hat wiederum verdeutlicht, dass man mit einem elastischen Normgefüge, wie dem Finanzaufsichtsrecht, schnell und flexibel auf die sich stetig und gegebenenfalls kurzfristig wandelnden Finanzmärkte mit entsprechenden Maßnahmen reagieren können muss.[1430] Allerdings lässt sich eine so schnelle und flexible Anwendung von Rechtsnormen nicht mit den rechtsstaatlichen Garantien, welche im Straf- und Strafprozessrecht gelten, in Einklang bringen.[1431]

Im Folgenden soll im Überblick auf die unterschiedlichen Reaktionen anlässlich der Finanzkrise eingegangen werden, denn anders als es in der Gesetzgebungsbegründung zunächst den Eindruck erwecken mag, gab es nach der

---

1426 *Lüderssen,* Finanzmarktkrise, Risikomanagement und Strafrecht, StV 2009, S. 486 (492).

1427 Gemeint ist die Maple Bank GmbH, deren Alleingesellschafterin die Maple Financial Europe SE ist, welche wiederum eine hundertprozentige Tochtergesellschaft der Konzernobergesellschaft Maple Financial Group Inc. ist, vgl. *BaFin,* Pressemitteilung vom 07. Februar 2016.

1428 *BaFin,* Pressemitteilung vom 07. Februar 2016.

1429 *Hellwig,* Gutachten für den 68. Juristentag, S. 28.

1430 *Krause,* Symbolische Gesetzgebung, S. 113 (120).

1431 *Krause,* Symbolische Gesetzgebung, S. 113 (129).

Krise einen enormen Regulierungsschub. Dieser begann 2008 und entwickelte sich fortlaufend, wie auf EU-Ebene die Einigung der Finanzminister über die Grundsätze einer Richtlinie zur Festlegung eines Rahmens zur Sanierung und Abwicklung insolventer Kreditinstitute und Wertpapierfirmen zeigt[1432], und dauert noch fort, wie zuletzt die Verabschiedung des EU-Bankenpakets und dessen Veröffentlichung im Juni 2019 zeigt.[1433] Im Vorfeld dieser Reformen gab es vielfältige Verbesserungsvorschläge, welche allerdings von der jeweiligen Sichtweise ihrer Autoren geprägt waren, abhängig davon, ob sie von Bankinstituten, Ratingagenturen, Wirtschaftsprüfungsgesellschaften, Notenbanken, der Politik oder Bankkunden gemacht wurden.[1434] Innerhalb der EU war unter anderem der Bericht der *De-Larosiére*-Kommission maßgebend. Eine Darstellung des Bankaufsichtsrechts kann sich aufgrund des internationalen Einflusses nicht auf das nationale Recht beschränken. Schon im Vorfeld der Finanzkrise gab es in der EU Bestrebungen hinsichtlich der Vereinheitlichung mit dem Ziel einer Bankenunion.[1435] Die Finanzkrise verdeutlichte die Notwendigkeit, dieses Projekt voranzutreiben. Mit Blick auf die Finanzkrise sahen der Rat der Europäischen Union, die Europäische Kommission und das Europäische Parlament dann die Notwendigkeit, eine effektivere Finanzaufsicht für den europäischen Binnenmarkt zu schaffen.[1436]

Die folgenden Ausführungen geben im Überblick die vorgenommenen und geplanten Maßnahmen wieder. Durch den Überblick soll deutlich werden, dass durchaus bessere Regelungsoptionen bestehen, als durch das Strafrecht regulierend einzugreifen. In diesem Zusammenhang ist es daher auch erforderlich, die Sanktionsbefugnisse der Bankenaufsicht darzulegen.[1437] Das Bankaufsichtsrecht sah bereits vor der Finanzkrise nicht-strafrechtliche Sanktionen vor.[1438] Diese

1432 *Breilmann/Fuchs*, Bankenregulierung, Insolvenzrecht, WM 2013, S. 1437 (1437), zu der dann folgenden Umsetzung im Form der BRRD, siehe C) III) 2).

1433 Siehe zu den Rechtsakten ABl. EU L 150/1 vom 07.06.2019, S. 1 ff.

1434 Vgl. *Rudolph*, Bankregulierung nach der Finanzkrise, S. 2407 (2407).

1435 Etwa Umsetzung der Änderungsrechtlinien zur EG-Bankrechtskoordinierungsrichtlinie, RL 2006/48/EG des Europäischen Parlaments und des Rates vom 14.06.2006 über die Aufnahme und Ausübung der Tätigkeit der Kreditinstitute (Neufassung), ABl. EG L 177/1 vom 04.07.2008.

1436 *Tonner/Krüger*, Bankrecht, § 1 Rn. 8.

1437 Darauf bereits hinweisend: *Strafrechtsausschuss des DAV*, Stellungnahme, NZG 2013, S. 577 (577). *Tonner/Krüger*, Bankrecht, § 1 Rn. 8.

1438 Diese wurden allerdings nicht vollständig wahrgenommen, siehe dazu *Florstedt*, Finanzkrise als Krise der Normbehauptung, ZBB 2013, S. 81 (92).

wurden in der Zeit danach weiter ausgebaut. Selbst wenn es gute und nachvollziehbare Gründe gibt, warum ein gewisses Rechtsgut zu schützen ist[1439], ist die Auswahl des mildesten Mittels zu berücksichtigen. Allerdings soll auf der anderen Seite auch nicht die Kritik unerwähnt bleiben, immerhin war bereits die Antwort auf die große Krise von 1929 die Regulierung.[1440] Jedoch muss auch bei der Regulierung und der damit einhergehenden Forderung nach mehr Sicherheit und Stabilität darauf geachtet werden, dass die individuelle Freiheit zur Eingehung von Risiken möglichst wenig beschnitten wird, da in ihr die Triebfeder liquider Finanzmärkte liegt.[1441] Im Strafrecht geht es um die Schuld des Einzelnen und nicht um ein Systemversagen, sodass man andere Mittel als derer des Strafrechts bedarf, wenn es um die Lösung struktureller Probleme geht.[1442]

2) Bankaufsichtsrecht in Deutschland

Mit dem Reichsgesetz über das Kreditwesen vom 5. Dezember 1934, welches durch das Gesetz über das Kreditwesen vom 25. September 1939 novelliert wurde, wurde nach der sogenannten Bankenkrise im Jahr 1931 ein einheitliches Bankaufsichtsrecht geschaffen.[1443] Vorher gab es nur vereinzelte Regulierungsansätze wie die Regelung des Sparkassenrechts durch das preußische Sparkassenreglement von 1839 oder die Unterstellung der privaten Hypothekenbanken unter staatliche Aufsicht durch das Hypothekenbankengesetz vom 13. Juli 1899.[1444]

Das geschaffene Bankaufsichtsrecht und die staatliche Bankenaufsicht wurden als Abwehr gegen eine Wiederkehr einer Krise solchen Ausmaßes geschaffen.[1445] Die mit der eingesetzten Aufsicht einhergehende Einschränkung der Gewerbefreiheit war und ist durch die hohe Bedeutung der Finanzbranche für die Volkswirtschaft gerechtfertigt.[1446] Die wesentliche Funktion des Kreditgewerbes liegt, wie darlegt[1447], in der Vermittlung von anlagesuchendem Kapital an die kreditnehmende Wirtschaft und Private[1448]. Die Aufgabe des öffentlichen

1439 Bspw. *Goeckenjan*, Die neuen Strafvorschriften, wistra 2014, S. 201 (205) m. w. N.
1440 Vgl. *Oehlrich u.a.*, Finanzmarktkrise damals und heute, ZRP 2011, S. 40 (42).
1441 *Blaurock*, Regelbildung und Grenzen des Rechts, JZ 2012, S. 226 (227).
1442 So auch *Ransiek*, Asset Backed Securities und Strafrecht, WM 2010, S. 869 (875).
1443 *Kirchhartz*, in: *Claussen*, Bank- und Börsenrecht, § 1 Rn. 121.
1444 *Fischer/Boegl*, in: *Schimansky/Bunte/Lwowski*, Bankrecht-Hdb., § 125 Rn. 15.
1445 *Kirchhartz*, in: *Claussen*, Bank- und Börsenrecht, § 1 Rn. 21.
1446 *Kirchhartz*, in: *Claussen*, Bank- und Börsenrecht, § 1 Rn. 123.
1447 Siehe dazu C) II) 6) b).
1448 *Fischer*, in: *Schimansky/Bunte/Lwowski*, Bankrecht-Hdb., § 125 Rn. 15.

Bankrechts besteht hingegen darin, dem Bankwesen einen Ordnungsrahmen vorzugeben sowie Bankgeschäfte gesetzlich zu regeln, allerdings gehört dazu auch, die Einhaltung der gesetzten Regeln zu überwachen.[1449] Die Bankenregulierung und Bankenaufsicht sollen verhindern, dass die Risiken einer Bank das Finanzsystem oder den Steuerzahler belasten.[1450] Der Zweck der Bankaufsicht ist daher, ein funktionsfähiges, stabiles und integres deutsche Finanzsystems im Interesse der Gesamtwirtschaft zu gewährleisten.[1451] Die wesentlichste Voraussetzung hierbei ist die Erhaltung des Vertrauens in die Zahlungsfähigkeit der Kreditinstitute, gemeint ist der Schutz der Gläubiger, aber auch die ordnungsgemäße Durchführung der Bankgeschäfte, gerade weil der einzelne Kunde in der Regel die Seriosität seiner Bank nicht überblicken kann.[1452]

Ein elementares Ziel der Bankenaufsicht ist es demnach, durch vorbeugende Überwachung allgemein das Entstehen von Schäden im Kreditwesen und Verlusten der Institutsgläubiger zu verhindern.[1453] Die Bankenaufsicht soll daher Missständen in der Kreditwirtschaft entgegenwirken und derart das Vertrauen der Öffentlichkeit in die Funktion der Kreditwirtschaft gewährleisten, § 6 Abs. 2 KWG.[1454] Für die Öffentlichkeit ist dieses Vertrauen deswegen erforderlich, da der Gegenstand der Bankgeschäfte, das Geld, auf Vertrauen aufbaut.[1455] Außerdem sind Störungen in der Kreditwirtschaft – wie auch die Finanzkrise 2008 gezeigt hat – schwer zu begrenzen. Solche Störungen haben das Potenzial, zu national sowie international verheerenden volkswirtschaftlichen, flächenbrandähnlichen Störungen des Finanzsektors zu werden.[1456] Die laufende Aufsicht über die Institute und die Bekämpfung von Missständen im Kredit- und Finanzdienstleistungsgewerbe oblag als Hauptaufgaben der BaFin, wobei sie von der Bundesbank unterstützt wurde.[1457]

1449 *Kirchhartz,* in: *Claussen,* Bank- und Börsenrecht, § 1 Rn. 21; vgl. dazu *BGH* NJW 1979, S. 1354 (1355).

1450 *Hellwig,* Gutachten für den 68. Juristentag, S. 33.

1451 *Fischer/Boegl,* in: *Schimansky/Bunte/Lwowski,* Bankrecht-Hdb., § 125 Rn. 23.

1452 *Fischer/Boegl,* in: *Schimansky/Bunte/Lwowski,* Bankrecht-HdB, § 125 Rn. 23.

1453 *Fischer,* in: *Boos/Fischer/Schulte-Mattler,* Einf. KWG Rn. 137; *Kirchhartz,* in: *Claussen,* Bank- und Börsenrecht, § 1 Rn. 123.

1454 *Kirchhartz,* in: *Claussen,* Bank- und Börsenrecht, § 1 Rn. 21.

1455 *Kirchhartz,* in: *Claussen,* Bank- und Börsenrecht, § 1 Rn. 21.

1456 *Kirchhartz,* in: *Claussen,* Bank- und Börsenrecht, § 1 Rn. 21 f.; siehe auch B) I) 1).

1457 *Fischer/Boegl,* in: *Schimansky/Bunte/Lwowski,* Bankrecht-Hdb., § 125 Rn. 31.

3) Änderungen unter internationalem Einfluss

Aufgrund der Lehman Brothers-Insolvenz, der weltweiten Finanzkrise und dem damit einhergehenden faktischen Erliegen des Interbankenmarkts wegen einer Vertrauenskrise im Bank- und Finanzsektor musste der Gesetzgeber Maßnahmen treffen, um eine Schieflage von Banken rechtzeitig verhindern zu können.[1458]

In Europa wurde im Nachgang der Krise die Vereinheitlichung des europäischen Finanzbinnenmarkts in den darauffolgenden Jahren mit weitreichenden Maßnahmen vorangetrieben.[1459] Als Reaktion auf die Finanzkrise wurden auf globaler Ebene durch Initiativen der G-20-Staaten und des *Basel Committee on Banking Supervision*[1460], auf Ebene der Europäischen Union sowie in Deutschland durch den Gesetzgeber mannigfaltige Verschärfungen der regulatorischen Anforderungen sowohl für Finanzmärkte als auch für Finanzinstitute und andere Marktteilnehmer auf den Weg gebracht.[1461]

Vor den langfristiger angelegten Entscheidungen waren auf nationaler wie internationaler Ebene bereits Sofortmaßnahmen ergriffen worden. So legte die Bundesregierung nach erfolgter internationaler Abstimmung, insbesondere im Rahmen von Beratungen der Finanzminister der G-7-Staaten am 10. Oktober 2008 und der Staats- und Regierungschefs der Mitgliedsstaaten der Eurozone am 12. Oktober 2008, innerhalb weniger Tage den Entwurf eines Finanzmarktstabilisierungsgesetzes[1462] vor.[1463] Das Gesetz wurde ebenso kurzfristig von den gesetzgebenden Organen verabschiedet und trat bereits am 20. Oktober 2008 in Kraft.[1464] Dabei handelt es sich um ein Gesetz, welches vor allem zeitlich befristete Maßnahmen enthielt und keine längerfristige Lösung des Problems darstellen sollte.[1465] Nach der Gesetzesbegründung wurde mit dem Gesetz bezweckt, durch ein Maßnahmenpaket ein tragfähiges Instrumentarium zu schaffen, um die bestehenden Liquiditätsengpässe zeitnah zu überwinden und die Stabilität des deutschen Finanzmarkts zu stärken.[1466] Das verabschiedete

---

1458 *Wolfers/Voland,* Der Weg aus der Krise?, WM 2011, S. 1159 (1159).

1459 *Kirchhartz,* in: *Claussen,* Bank- und Börsenrecht, § 1 Rn. 22.

1460 Abgekürzt mit BCBS; auch bekannt als Basler Ausschuss für Bankenaufsicht.

1461 *Wittig,* Reform der Corporate Governance, WM 2010, S. 2337 (2337).

1462 Kurz FMStG, Gesetz zur Umsetzung eines Maßnahmenpakets zur Stabilisierung des Finanzmarktes vom 17.10.2008, BGBl. 2008 I S. 1982 (Nr. 46).

1463 *Fischer,* in: *Boos/Fischer/Schulte-Mattler,* Einf. KWG Rn. 137.

1464 Näher *Fischer,* in: *Boos/Fischer/Schulte-Mattler,* Einf. KWG Rn. 137.

1465 Siehe *Wolfers/Voland,* Der Weg aus der Krise?, WM 2011, S. 1159 (1159 Fn. 4).

1466 BT-Drs. 16/10600, S. 1.

Gesetz beinhaltete insbesondere das Finanzmarktstabilisierungsfondsgesetz, ein Gesetz zur Beschleunigung und Vereinfachung des Erwerbs von Anteilen an sowie Risikopositionen von Unternehmen des Finanzsektors durch den Finanzmarktstabilisierungsfonds, das sogenannte Beschleunigungsgesetz, begleitende Regelungen im KWG, im Versicherungsaufsichtsgesetz und der Insolvenzordnung.[1467] Dabei sind die Ausführungsbestimmungen in der Verordnung zur Durchführung des Finanzmarktstabilisierungsfondsgesetzes (FMStFV) vom 20. Oktober 2008 geregelt. Diese enthält neben Bestimmungen über die Verwaltung des Finanzmarkstabilisierungsfonds[1468] in den §§ 2-4 FMStFV Verfahrensregelungen für Garantieübernahmen, Rekapitalisierung und Risikoübernahmen sowie die in diesem Zusammenhang mit den Antragstellern zu vereinbarenden Bedingungen und Auflagen.[1469] Für die Umsetzung der unterschiedlichen Stabilisierungsmaßnahmen, vor allem zur Verwaltung des Sonderfonds Finanzmarktstabilisierung, wurde nach § 3a FMStFG eine rechtlich unselbstständige Finanzmarktstabilisierungsanstalt (FMSA) eingerichtet, welche der Rechts- und Fachaufsicht des Bundesministeriums der Finanzen untersteht.[1470]

Für längerfristige Lösungen war ein Gipfeltreffen der G-20-Staaten der Ausgangspunkt, bei welchem verschärfte Aufsichtsrechtsregime für Banken gefordert wurden.[1471] Als Reaktion auf den von den G-20-Staaten beschlossenen Aktionsplan zur Stärkung der Finanzsysteme veröffentlichte der Basler Ausschuss für Bankenaufsicht im Dezember 2010 neue Eigenkapital- und Liquiditätsregeln für Banken, das sogenannte Basel III-Rahmenwerk (Basel III), und setzte darin die aufsichtsrechtlichen Vorgaben des Aktionsplans um.[1472] Basel III sollte die Problematik der unzureichenden Risikovorsorge wegen des Fehlens von qualitativ hochwertigem Eigenkapital lösen.[1473] Beabsichtigt war mit Basel III, eine Verstärkung der Widerstandskraft des Finanzsektors für zukünftige Krisen durch eine Verbesserung der Quantität und Qualität des Eigenkapitals von Kreditinstituten und durch strengere Liquiditätsanforderungen zu erreichen.[1474]

Die Umsetzung der Vorgaben erfolgte zunächst auf EU-Ebene. Die Rahmenregelung zu Basel III beinhaltet das CRD IV-Paktet, also die CRD IV und die CRR.

1467 *Fischer,* in: *Boos/Fischer/Schulte-Mattler,* Einf. KWG Rn. 139.
1468 Abgekürzt FMS, auch bezeichnet als Sonderfonds Finanzmarktstabilisierung.
1469 *Fischer,* in: *Boos/Fischer/Schulte-Mattler,* Einf. KWG Rn. 139.
1470 *Fischer,* in: *Boos/Fischer/Schulte-Mattler,* Einf. KWG Rn. 140.
1471 *Kirchhartz,* in: *Claussen,* Bank- und Börsenrecht, § 1 Rn. 23.
1472 *Kirchhartz,* Europäisches Bankaufsichtsrecht 1.0, GWR 2013, S. 395 (395).
1473 Vgl. *Herdegen,* Internationales Wirtschaftsrecht, § 14 Rn. 30.
1474 *Kirchhartz,* Europäisches Bankaufsichtsrecht 1.0, GWR 2013, S. 395 (395).

Angestrebt wurde hierbei eine Harmonisierung im Bereich der Aufsicht.[1475] Die CRD IV wurde durch das CRD IV-Umsetzungsgesetz in nationales Recht überführt[1476], wobei der Begriff der CRR-Kreditinstitute eingeführt wurde, welcher dem bisherigen Begriff des Einlagenkreditinstituts entspricht.[1477]

Bereits zuvor war im Jahr 2011 ein Europäisches System der Finanzaufsicht (ESFS) mit der Europäischen Bankaufsichtsbehörde (EBA) eingerichtet worden, um ein Frühwarnsystem für künftige Krisen des Finanzmarkts zu etablieren und in den einzelnen Mitgliedsstaaten eine Vereinheitlichung der Finanzaufsicht zu erreichen.[1478] Die Bankaufsicht obliegt hierbei als solche weiterhin den nationalen Aufsichtsbehörden, die EBA koordiniert hingegen deren Zusammenarbeit.[1479] Wesentliche Aufgaben der EBA sind die Erarbeitung von Vorschlägen für ein einheitliches Regelwerk zu Aufsichtsstandards, die Beilegung von Meinungsverschiedenheiten zwischen nationalen Aufsichtsbehörden, soweit diese zur Zusammenarbeit oder Einigung verpflichtet sind, sowie die Förderung einer konsequenten Anwendung technischer Unionsvorschriften.[1480] In der Annahme im Rahmen der Staatsschuldenkrise, dass der ESFS nicht ausreiche, um die Finanzmarktstabilität dauerhaft zu sichern, einigten sich die Staats- und Regierungschefs der Eurozone, dass es notwendig sei, die gegenseitige Abhängigkeit von Banken und Staaten zu beenden, und stellten die Möglichkeit der direkten Rekapitalisierung von Banken aus dem Europäischen Stabilitätsmechanismus (ESM) in Aussicht, sobald es einen europäischen Aufsichtsmechanismus geben werde.[1481]

Die Idee einer Bankenunion wurde auch vor diesem Hintergrund weiter vorangetrieben. Die europäische Bankenaufsicht stellt die erste von ursprünglich drei geplanten Säulen der Europäischen Bankenunion dar.[1482]

1475 *Fischer,* in: *Boos/Fischer/Schulte-Mattler,* Einf. KWG Rn. 102.

1476 Gesetz zur Umsetzung der Richtlinie 2013/36/EU über den Zugang zur Tätigkeit von Kreditinstituten und Wertpapierfirmen und zur Anpassung des Aufsichtsrechts an die Verordnung (EU) Nr. 575/2013 über Aufsichtsanforderungen an Kreditinstitute und Wertpapierfirmen, CRD IV-Umsetzungsgesetz vom 28. August 2013, BGBl. 2013 I S. 3395 (Nr. 53).

1477 *Fischer,* in: *Boos/Fischer/Schulte-Mattler,* Einf. KWG Rn. 102.

1478 *Kirchhartz,* in: *Claussen,* Bank- und Börsenrecht, § 1 Rn. 122.

1479 *Peters,* Die geplante europäische Bankenunion, WM 2014, S. 396 (397).

1480 *Hopt,* Auf dem Weg zu einer neuen Finanzmarktarchitektur, NZG 2009, S. 1401 (1407).

1481 *Peters,* Die geplante europäische Bankenunion, WM 2014, S. 396 (397).

1482 *Tusch/Herz,* Die Entwicklung des europäischen Bankaufsichtsrechts, EuZW 2015, S. 814 (814).

Grundvoraussetzungen für eine solche Union sind eine zentrale Bankenaufsicht, ein zentraler Mechanismus für die Rekapitalisierung und Abwicklung von Banken im Krisenfall sowie eine zentrale Einlagensicherung.[1483]

Für alle EU-Mitgliedsstaaten ist materiell die Harmonisierung der europäischen Bankaufsicht vor allem durch das CRD IV-Paket, welches die Umsetzung der Basler Aufsichtsprinzipien darstellt, vorangekommen.[1484] Institutionell ist unter dem Stichwort der EU-Bankenunion durch EU-Verordnung, die bereits erwähnte sogenannte SSM-Verordnung[1485], für alle Euroländer vor allem zu beachten, dass eine bei der EZB angesiedelte Beaufsichtigung von Einlagenkreditinstituten eingeführt wurde, die einem einheitlichen Aufsichtsmechanismus folgt.[1486] Infolgedessen wurde die bisher rein nationale Bankenaufsicht durch eine gänzlich neue Aufgaben- und Zuständigkeitsverteilung zwischen EZB und nationalen Aufsichtsbehörden ersetzt.[1487] Im Rahmen des einheitlichen Bankenaufsichtsmechanismus, dem sogenannten *Single Supervisory Mechanism* (SSM), unterstehen zwar alle Banken dem Mechanismus, jedoch werden nur die bedeutenden Banken und Bankgruppen unmittelbar von der EZB beaufsichtigt.[1488] Die restlichen Banken werden von den nationalen Aufsichtsbehörden nach den allgemeinen Anweisungen der EZB beaufsichtigt, wobei ursprünglich sogar geplant war, der EZB die direkte Aufsicht über alle in den Eurostaaten niedergelassenen Banken zu übertragen.[1489]

Ziel der Umsetzung der CRD IV und der CRR ist die Schaffung eines einheitlichen aufsichtsrechtlichen Rahmens für den gesamten EU-Finanzbinnenmarkt, das sogenannte *Single Rule Book*.[1490] Darüber hinaus sollen die Ausnutzung regulatorischer Schlupflöcher und die Entstehung von Wettbewerbsverzerrungen verhindert werden.[1491]

1483 Siehe *Peters*, Die geplante europäische Bankenunion, WM 2014, S. 396 (396).

1484 *Haug*, in: *Schimansky/Bunte/Lwowski*, Bankrecht-Hdb., § 123 Rn. 89.

1485 Siehe dazu B) III) 3) a) aa) (1).

1486 *Haug*, in: *Schimansky/Bunte/Lwowski*, Bankrecht-Hdb., § 123 Rn. 89.

1487 Rechtsgrundlage hierbei Verordnung (EU) Nr. 468/2014 der Europäischen Zentralbank vom 16. April 2014 zur Einrichtung eines Rahmenwerks für die Zusammenarbeit zwischen der Europäischen Zentralbank und den nationalen zuständigen Behörden und den nationalen benannten Behörden innerhalb des einheitlichen Aufsichtsmechanismus, SSM-Rahmenverordnung, ABl. EU L 141/1 vom 14.05.2013.

1488 *Peters*, Die geplante europäische Bankenunion, WM 2014, S. 396 (397).

1489 *Peters*, Die geplante europäische Bankenunion, WM 2014, S. 396 (397).

1490 *Kirchhartz*, in: *Claussen*, Bank- und Börsenrecht, § 1 Rn. 39.

1491 *Kirchhartz*, in: *Claussen*, Bank- und Börsenrecht, § 1 Rn. 40.

Die CRR ist an die beaufsichtigten Institute adressiert[1492] und normiert im Wesentlichen die Anforderungen an die aufsichtsrechtlich bereit zu haltenden Eigenmittel, daneben eigenmittelbezogene Risikovorschriften, Großkreditvorschriften, Liquiditätsvorschriften, Vorschriften zu Kontrahentenausfallrisiken, ein Verfahren zur Ermittlung und Meldung einer Institutsverschuldensquote, sogenannte *Leverage Ratio* sowie Offenlegungspflichten.[1493] Hingegen richtet sich die CRD IV an die Mitgliedstaaten[1494] und beinhaltet die von ihnen in das nationale Recht umzusetzenden Vorgaben für die Zulassung und Beaufsichtigung von Kredit- und Finanzdienstleistungsinstituten, die Anforderungen an unterschiedliche Kapitalpuffer, Vorgaben zum aufsichtsrechtlichen Meldewesen, zur Geschäftsorganisation sowie zu aufsichtsrechtlichen Sanktionen.[1495]

Im Rahmen der Finanzkrise kam es unter Einsatz öffentlicher Mittel zur Rettung von Kreditinstituten, die durch die Krise in eine Schieflage geraten waren. Um sogenannte *bail-outs* in Zukunft zu verhindern und größere Kreditinstitute ohne staatliche Mittel abwickeln zu können, wurden weltweit Grundzüge von entsprechenden Abwicklungsmechanismen entwickelt.[1496]

Als eine deutsche Bestrebung mit dem Ziel, den Bankensektor zu stabilisieren und vor allem auch gegen künftige systemgefährdende Ereignisse abzusichern, wurde das Restrukturierungsgesetz[1497] im Jahr 2010 erlassen.[1498] Dabei ging der Gesetzgeber davon aus, dass das allgemeine Insolvenzrecht nicht das richtige Mittel sei, um eine geordnete Abwicklung zu garantieren, ohne dass eine Destabilisierung des Finanzsystems eintrete.[1499] Es wurden durch das Gesetz vor allem die präventiven Aufsichtsbefugnisse der BaFin erweitert.[1500] So beinhaltet der Kernbereich des Gesetzes mit Artikel 2 Änderungen, welche zu einem zusätzlichen Abschnitt im KWG führten, den §§ 48a–48s KWG a. F. Aufgrund der darin vorgesehenen aufsichtsrechtlichen Sonderbefugnisse hatte die BaFin die Möglichkeit, einzelne als systemrelevant bezeichnete Geschäftsbereiche eines

---

1492 Vgl. Art. 288 Abs. 2 AEUV.

1493 *Kirchhartz,* Europäisches Bankaufsichtsrecht 1.0, GWR 2013, S. 395 (395).

1494 Vgl. Art. 288 Abs. 3 AEUV.

1495 *Kirchhartz,* Europäisches Bankaufsichtsrecht 1.0, GWR 2013, S. 395 (395).

1496 *Deutsche Bundesbank,* Monatsbericht Juni 2014, S. 31.

1497 Siehe dazu C) II) 4).

1498 *Kube,* EU-Bankenabgabe und objektives Nettoprinzip, DStR 2016, S. 572 (572).

1499 BT-Drs. 17/3024, S. 1.

1500 *Wolfers/Voland,* Der Weg aus der Krise?, WM 2011, S. 1159 (1160).

Instituts per Verwaltungsakt auf eine andere Einheit auszugliedern.[1501] Dadurch sollte der Aufsicht ermöglicht werden, die für die Finanzmarktstabilität wesentlichen Unternehmensteile weiterzuführen und den verbleibenden Rest des Unternehmens gefahrlos nach allgemeinen insolvenzrechtlichen Regeln abwickeln zu können.[1502] Zudem wurde im Rahmen des Gesetzes, als Artikel 3 ausgestaltet, das Restrukturierungsfondsgesetz erlassen, welches die Einrichtung eines – Restrukturierungsmaßnahmen finanziell abstützenden – Restrukturierungsfonds vorsah.[1503] Der Fonds wird durch Abgaben finanziert, die die verpflichteten Institute jährlich abzuführen hatten, die sogenannte Bankenabgabe.[1504]

Zu der Umsetzung eines europäischen Konzepts wurden zwei Gesetzgebungsprojekte initiiert. Zum einen wurde durch eine weitere Richtlinie (*Bank Recovery and Resolution Directive*, BRRD)[1505] die Harmonisierung der Sanierungs- und Abwicklungsinstrumente angestrebt, wobei ihre Anwendung in der Zuständigkeit nationaler Abwicklungsbehörden belassen wurde.[1506] Wesentliches Ziel dieser Maßnahme ist es, die Finanzsystemstabilität dadurch zu erhalten, dass im Falle der Krise eine Bank geordnet aus dem Markt austreten kann, ohne dass dies Rückwirkungen auf andere Marktteilnehmer oder Kunden hat.[1507] Ferner wurde allen EU-Mitgliedsstaaten vorgegeben, Abwicklungsfonds aufzubauen und eine entsprechende Bankenabgabe zu erheben.[1508]

Zum anderen wurde eine Verordnung zur Errichtung eines einheitlichen Abwicklungsmechanismus, sogenannter *Single Resolution Mechanism* (SRM)[1509],

---

1501 *Lehmann/Hoffmann*, Bankenrestrukturierung mit Hindernissen, WM 2013, S. 1389 (1389).

1502 *Lehmann/Hoffmann*, Bankenrestrukturierung mit Hindernissen, WM 2013, S. 1389 (1389).

1503 *Kube*, EU-Bankenabgabe und objektives Nettoprinzip, DStR 2016, S. 572 (572).

1504 *Kube*, EU-Bankenabgabe und objektives Nettoprinzip, DStR 2016, S. 572 (572).

1505 Sogenannte Abwicklungsrichtlinie, Richtlinie 2014/59/EU des Europäischen Parlaments und des Rates vom 15. Mai 2014 zur Festlegung eines Rahmens für die Sanierung und Abwicklung von Kreditinstituten und Wertpapierfirmen, ABl. EU L 173/190 vom 12.06.2014.

1506 *Deutsche Bundesbank*, Monatsbericht Juni 2014, S. 31.

1507 *Lehmann*, in: Münchener Kommentar zum BGB, Bd. 12, Teil 12, D. Internationales Finanzmarktprivatrecht Rn. 570.

1508 *Kube*, EU-Bankenabgabe und objektives Nettoprinzip, DStR 2016, S. 572 (572).

1509 Verordnung (EU) Nr. 806/2014 des Europäischen Parlaments und des Rates vom 15. Juli 2014 zur Festlegung einheitlicher Vorschriften und eines einheitlichen Verfahrens für die Abwicklung von Kreditinstituten und bestimmten Wertpapierfirmen im Rahmen eines einheitlichen Abwicklungsmechanismus und eines einheitlichen

erlassen.[1510] Dabei baute die Verordnung auf den Instrumenten der BRRD auf und erweiterte den bereits vorangeschrittenen Aufbau eines einheitlichen Aufsichtsmechanismus für Banken, den SSM.[1511] Die BRRD bezweckt die Wiederherstellung marktwirtschaftlich konformer Grundsätze dadurch, dass im Falle des Scheiterns einer Bank zunächst die Anteilseigner und Gläubiger Risiken und Verluste tragen und erst danach ein dedizierter, von der Bankindustrie finanzierter Abwicklungsfonds.[1512]

Für die am SSM teilnehmenden Mitgliedsstaaten wurde die Rechtslage bezüglich des Abwicklungsfonds insoweit geändert, als dass mit Wirkung ab dem 1. Januar 2016 die SRM-Verordnung den Abwicklungsmechanismus institutionell vergemeinschaftet hat und in diesem Zusammenhang auch einen einheitlichen europäischen Abwicklungsfonds, *Single Resolution Fund* (SRF), vorsah[1513], sodass der SoFFin in Deutschland nicht mehr gebraucht wurde.[1514] Dabei werden die materiell-rechtlichen Regelungen der BRRD zu Frühinterventions- und Abwicklungsmaßnahmen einschließlich der Regelungen über die Bemessung und Erhebung der Bankenabgabe weitgehend gespiegelt.[1515]

In Deutschland wurde die BRRD mit dem SAG umgesetzt.[1516] Die möglichen Instrumente nach dem SAG lassen sich in drei Kategorien einteilen.

Zunächst ist fast für alle Institute vorgegeben, Sanierungs- und Abwicklungspläne zu erstellen.[1517] Für den Fall des tatsächlichen Eintritts der Verschlechterung der Finanzlage eines Instituts kann die Aufsichtsbehörde Maßnahmen der Frühintervention ergreifen, und sobald ein Institut auszufallen droht, kann die Abwicklungsbehörde entsprechende Abwicklungsmaßnahmen durchführen.[1518]

Für eine mögliche Bankenrestrukturierung wurden unterschiedliche Abwicklungsinstrumente geschaffen, geregelt vor allem in den §§ 89 ff. SAG. Eines der wichtigsten Instrumente stellt der in den §§ 89–106 SAG geregelte *bail-in*

Abwicklungsfonds sowie zur Änderung der Verordnung (EU) Nr. 1093/2010, SRM-Verordnung, ABl. EU L 225/1 vom 30.07.2014.

1510 *Deutsche Bundesbank,* Monatsbericht Juni 2014, S. 31.

1511 *Deutsche Bundesbank,* Monatsbericht Juni 2014, S. 31.

1512 *Deutsche Bundesbank,* Monatsbericht Juni 2014, S. 31..

1513 *Kube,* EU-Bankenabgabe und objektives Nettoprinzip, DStR 2016, S. 572 (572).

1514 Vgl. *Bundesministerium der Finanzen,* Monatsbericht, Oktober 2019, S. 8.

1515 *Kube,* EU-Bankenabgabe und objektives Nettoprinzip, DStR 2016, S. 572 (572).

1516 Siehe dazu B) III) 1) d) bb) (2).

1517 *Engelbach/Friedrich,* Die Umsetzung der BRRD in Deutschland, WM 2015, 662 (662).

1518 *Engelbach/Friedrich,* Die Umsetzung der BRRD in Deutschland, WM 2015, 662 (662).

dar[1519], das bedeutet eine Beteiligung der Gesellschafter und Gläubiger durch die Kürzung oder Umwandlung ihrer Rechte. Ein weiteres Instrument ist der Vermögenstransfer nach den §§ 107–135 SAG, wonach die Übertragung von Vermögenswerten der kriselnden Bank auf eine andere Bank, ein Brückeninstitut oder eine Vermögensverwaltungsgesellschaft vorgesehen ist, § 107 Abs. 1 SAG. Sowohl der *bail-in* als auch die Vermögensübertragung werden durch einen Verwaltungsakt vollzogen, die sogenannte Abwicklungsanordnung.[1520]

Hinsichtlich der Bankenabgabe bedeutet dies im Ergebnis für die betroffenen deutschen Finanzinstitute, dass sie die Abgabe für die Beitragsjahre bis 2014 nach dem Restrukturierungsfondsgesetz, für das Beitragsjahr 2015 auf Grundlage der BRRD und des entsprechenden, unter anderem das Restrukturierungsfondsgesetz ändernden Umsetzungsrechts an den nationalen Abwicklungsfonds, also den Restrukturierungsfonds und für die Beitragsjahre ab 2016 auf Grundlage der SRM-Verordnung und des nationalen Umsetzungsrechts an den einheitlichen Abwicklungsfonds abführen mussten.[1521] Die restlichen Institute zahlen nach nationalem Recht an den nationalen Fonds.

Am 7. Juni 2019 wurde das europäische Bankenpaket veröffentlicht.[1522] Damit werden weitere zentrale Bestandteile des Ende 2017 endgültig fertiggestellten Basel-III-Rahmenwerks auf europäischer Ebene durch Änderungen der CRR, nun CRR II, sowie CRD IV, nun CRD V, und BRRD, nun BRRD II, sowie des SRMR umgesetzt.[1523]

Das Paket beinhaltet unterschiedliche und vielfältige Vorgaben für Kreditinstitute. Hierzu gehören risikosensiblere Kapitalanforderungen.[1524] Konkret erfolgen beispielsweise durch die CRR II Vorgaben zur Begrenzung der Verschuldung von Instituten (*Leverage Ratio*) sowie zur stabilen Refinanzierung (*Net stable Funding Ratio*), welche zuvor nur als Meldeverpflichtungen in der EU bestanden, nun jedoch als verbindliche Mindestquoten gelten.[1525] Um zu verhindern, dass für die Rettung eines Instituts öffentliche Gelder verwendet werden, werden

1519 *Lehmann,* in: Münchener Kommentar zum BGB, Bd. 12, Teil 12, D. Internationales Finanzmarktprivatrecht Rn. 571.

1520 *Lehmann,* in: Münchener Kommentar zum BGB, Bd. 12, Teil 12, D. Internationales Finanzmarktprivatrecht Rn. 571.

1521 *Kube,* EU-Bankenabgabe und objektives Nettoprinzip, DStR 2016, S. 572 (572).

1522 Siehe dazu ABl. EU L 150/1 vom 07.06.2019, S. 1 ff.

1523 *Deutsche Bundesbank,* Monatsbericht Juni 2019, S. 31 f.

1524 *Deutsche Bundesbank,* Monatsbericht Juni 2019, S. 32.

1525 *Deutsche Bundesbank,* Monatsbericht Juni 2019, S. 33–35.

Vorgaben für systemrelevante Banken gemacht, wonach Gläubiger an der Rettung des Instituts beteiligt werden (*Total Loss Absorbing Capacity*).[1526]

Zudem müssen Banken künftig einen Mindestbetrag an Kapital halten (*Minimum Requirements for Eligibe Own Funds and Liabilities*), welches im Sanierungs- oder Abwicklungsfall zur Deckung von Verlusten zur Verfügung zu stehen hat.[1527]

Die internationalen und nationalen Bemühungen um einen sicheren Finanzmarkt haben auch über zehn Jahre nach der Finanzkrise nicht abgenommen. Wie die Umsetzung der Vorgaben von Basel III zeigt, wird auf einer internationalen, über die europäischen Grenzen hinaus gehende Ebene zusammengearbeitet.

4) Nationale bankaufsichtsrechtliche Befugnisse

Nachdem die unterschiedlichen gesetzgeberischen Reaktionen im Überblick dargestellt und so auch die Möglichkeiten gerade im Bereich des internationalen Bankaufsichtsrechts deutlich wurden, soll abschließend auf die Befugnisse der Aufsichtsbehörden eingegangen werden. Hervorzuheben sind in diesem Zusammenhang die Befugnisse, die den Aufsichtsbehörden zur Verfügung stehen, wenn einem Institut eine Krise droht.

a) Unterschiedliche Aufsichtsbehörden

Für die Ausübung der Bankaufsicht sind in Deutschland unterschiedliche nationale Stellen zuständig, abgesehen von der beschriebenen Kompetenz der EZB. Neben der Bundesbank und der BaFin ist hier auch die Bundesregierung zu nennen.[1528] Für Letztere ist in den §§ 46g und 46h KWG[1529] die Ermächtigungsgrundlage geregelt, wenn wirtschaftliche Schwierigkeiten bei Kreditinstituten auf die Gesamtwirtschaft überzugreifen drohen. Die Regelung stellt eine Reaktion auf die Krise von 1931 dar.[1530] Hingegen obliegen der BaFin die aufsichtsrechtlichen Maßnahmen als Verwaltungsaufgaben nach den Vorschriften des KWG.[1531] Zudem wirkt die Bundesbank nach den angeführten Regelungen an Maßnahmen der anderen an der Beaufsichtigung beteiligten Stellen mit, die

---

1526 *Deutsche Bundesbank,* Monatsbericht Juni 2019, S. 43.

1527 *Deutsche Bundesbank,* Monatsbericht Juni 2019, S. 32.

1528 *Haug,* in: *Schimansky/Bunte/Lwowski,* Bankrecht-Hdb., § 123 Rn. 91.

1529 Früher in §§ 47, 48 KWG geregelt.

1530 Vgl. dazu *Lindemann,* in: *Boos/Fischer/Schulte-Mattler,* § 46g KWG Rn. 1.

1531 *Haug,* in: *Schimansky/Bunte/Lwowski,* Bankrecht-Hdb., § 123 Rn. 92.

ihr Aufgabengebiet betreffen und ansonsten arbeitet sie auf allen Gebieten der Bankenaufsicht mit der BaFin zusammen und führt die laufende Bankenaufsicht durch, soweit nicht aufsichtsrechtliche Maßnahmen erforderlich sind.[1532]

Der BaFin stehen unterschiedliche aufsichtsrechtliche Maßnahmen zur Verfügung. Diese können zum Teil besser geeignet sein, zur Einhaltung der bankaufsichtsrechtlichen Anforderungen zu motivieren, da sie weitaus weitreichendere Sanktionsandrohungen beinhalten, als eine mögliche Strafnorm dies veranlassen könnte. Wie bereits dargelegt, ist die Aufsicht geteilt zwischen der EZB und den nationalen Aufsichtsbehörden.[1533] Die BaFin ist zusammen mit der Bundesbank zuständig für Finanzdienstleistungsinstitute sowie für weitere Bereiche, wie die Aufsicht über Wertpapierhandelsunternehmen, Kapitalanlagegesellschaften, Zahlungsinstitute, Versicherungen.[1534] Hingegen ist, wie bereits dargestellt, die EZB grundsätzlich die zuständige Aufsichtsbehörde für alle CRR-Kreditinstitute[1535], sie übt die laufende Bankenaufsicht unmittelbar jedoch nur über bedeutende Institute aus.[1536] Im Übrigen überwacht sie aber die gesamte nationale Aufsichtstätigkeit über CRR-Kreditinstitute, kann europaweit gültige Aufsichtsgrundsätze vorgeben und die Aufsicht über weitere CRR-Kreditinstitute an sich ziehen.[1537] Über die unterschiedlichen Möglichkeiten, die entsprechende Bedeutung festzustellen, soll an dieser Stelle nicht eingegangen werden. Derzeit werden 21 deutsche Institute von der EZB als solche eingestuft.[1538]

Auf Rechtsgrundlagen vor allem aus dem KWG erlässt die BaFin bestimmte allgemeine Anordnungen und Verfügungen sowie gegebenenfalls auf der Grundlage einzelner vom Bundesministerium der Finanzen subdelegierten Ermächtigungen Rechtsverordnungen.[1539] Die Zusammenarbeit der BaFin und der Bundesbank ergibt sich aus § 7 Abs. 1 S. 1 KWG. Dabei ist die Bundesbank für die laufende Aufsicht nach § 7 Abs. 1 S. 2 KWG zuständig. Vorliegend ist

---

1532 *Haug*, in: *Schimansky/Bunte/Lwowski*, Bankrecht-Hdb., § 123 Rn. 93.

1533 Siehe dazu C) III) 2).

1534 *Fischer/Boegl*, in: *Schimansky/Bunte/Lwowski*, Bankrecht-Hdb., § 126 Rn. 1; siehe dazu bereits B) III) 3) a) aa) (1).

1535 Für die Bestimmung eines Instituts als CRR-Kreditinstitut wird in § 1 Abs. 3d KWG auf Art. 4 Abs. 1 Nr. 1 der CRR verwiesen, wonach ein Kreditinstitut ein Unternehmen ist, dessen Tätigkeit darin besteht, Einlagen oder andere rückzahlbare Gelder des Publikums entgegenzunehmen und Kredite für eigene Rechnung zu gewähren.

1536 *Fischer/Boegl*, in: *Schimansky/Bunte/Lwowski*, Bankrecht-Hdb., § 126 Rn. 1.

1537 *Fischer/Boegl*, in: *Schimansky/Bunte/Lwowski*, Bankrecht-Hdb., § 126 Rn. 1.

1538 *BaFin*, Einheitlicher Bankenaufsichtsmechanismus – SSM.

1539 *Haug*, in: *Schimansky/Bunte/Lwowski*, Bankrecht-Hdb., § 123 Rn. 92.

insbesondere § 7 Abs. 2 S. 6 KWG relevant. Danach legt die Bundesanstalt die von der Deutschen Bundesbank getroffenen Prüfungsfeststellungen und Bewertungen in der Regel ihren aufsichtsrechtlichen Maßnahmen zugrunde.

Als zentrale Aufgabe sieht § 6 Abs. 1 KWG für die BaFin vor, dass diese nach den Vorschriften des KWG, der CRR, der auf Grundlage dieser sowie der CRD IV erlassenen Rechtsakte und nach den Vorschriften der SSM-Verordnung und der SSM-Rahmenverordnung gegenüber jedem einzelnen Institut die Aufsicht ausübt.

Sofern die BaFin beispielsweise davon ausgeht, dass Missstände im Sinne des § 6 Abs. 2 KWG gegeben sind, erlässt sie Verlautbarungen, an die sich die einzelnen Institute zu halten haben.[1540] Werden diese Verlautbarungen nicht beachtet, so kann die BaFin dies beanstanden. Entsprechende Verstöße stellen nach ihrer Ansicht Mängel in der Geschäftsleitung dar, welche im Extremfall zu deren Abberufung nach § 36 KWG führen können.[1541] Damit korrelierend stehen der BaFin weitreichende Auskunfts-, Prüfungs- und Untersuchungsrechte zur Verfügung.[1542] Hinzu kommen zahlreiche Informationsverpflichtungen der Institute und anderer Stellen und Beteiligter gegenüber der BaFin, wodurch Letztere ihrer Aufgabe der vorbeugenden Überwachung gerecht werden kann.[1543]

Grundsätzlich stehen der BaFin im Rahmen der Überwachungsaufgabe unterschiedliche Maßnahmen zur Verfügung, vor allem handelt es sich um die Möglichkeit, Verwaltungsakte – unter Umständen auch in Form von Allgemeinverfügungen – oder subdelegierte Rechtsverordnungen zu erlassen.[1544] Ferner stehen der BaFin als Handlungsmöglichkeiten Richtlinien, Mitteilungen und Rundschreiben zur Verfügung.[1545] Bei Richtlinien handelt es sich um die Adressaten nicht unmittelbar bindende, organisatorische oder normkonkretisierende Verwaltungsvorschriften im Sinne einer Selbstbindung der BaFin.[1546] Um die ausreichende Sachkenntnis für die Durchführung der Maßnahmen zu haben, sind in den §§ 44 ff. KWG grundsätzlich weitreichende Informationspflichten gegenüber der BaFin und deren Prüfungsmöglichkeit normiert. Hinzu kommen weitere Anzeige-, Melde- und Berichtspflichten.[1547]

1540 *Fischer/Boegl*, in: *Schimansky/Bunte/Lwowski*, Bankrecht-Hdb., § 125 Rn. 33.
1541 *Fischer/Boegl*, in: *Schimansky/Bunte/Lwowski*, Bankrecht-Hdb., § 125 Rn. 33.
1542 *Schäfer*, in: *Boos/Fischer/Schulte-Mattler*, § 6 KWG Rn. 1.
1543 *Schäfer*, in: *Boos/Fischer/Schulte-Mattler*, § 6 KWG Rn. 3.
1544 *Schäfer*, in: *Boos/Fischer/Schulte-Mattler*, § 6 KWG Rn. 9 f.
1545 *Schäfer*, in: *Boos/Fischer/Schulte-Mattler*, § 6 KWG Rn. 22.
1546 *Habetha/Schwennicke*, in: *Schwennicke/Auerbach*, KWG, § 25a Rn. 11.
1547 Vgl. eine Aufzählung bei *Braun*, in: *Boos/Fischer/Schulte-Mattler*, § 44 KWG Rn. 2.

Zudem ist auch das informelle Verfahren als überwiegende Handlungsform der BaFin zu erwähnen.[1548] Diese ist allerdings aufgrund der mangelnden Möglichkeit und Durchführung gerichtlicher Überprüfung zu kritisieren.[1549] Die BaFin kann im Rahmen des informellen Verfahrens Informationen anfordern, ihre Auffassung mitteilen, mehr oder weniger deutlich Mahnungen oder Missbilligungen aussprechen und Konsequenzen ankündigen, die dann in einem förmlichen Verfahren umgesetzt werden müssten.[1550] Die Geschäftsleitung wird hierbei jedoch stets bemüht sein, auch rechtlich unverbindliche Anforderungen der BaFin einzuhalten.[1551] Dabei stellt das schärfste informelle Instrument die Ankündigung dar, bei Zuwiderhandlungen die Ordnungsmäßigkeit der Geschäftsführung und die Qualifikation der Geschäftsführung zu überprüfen.[1552]

b) *Aufsichtsrechtliche Maßnahmen*

Geregelt ist die Möglichkeit der Abberufung der Geschäftsleitung im dritten Abschnitt des Kreditwesengesetzes. Der Abschnitt beginnt zunächst mit den Erlaubnisvorschriften, wonach es für den Bankbetrieb der Erlaubnis der Bundesanstalt bedarf, § 32 KWG. Wichtiger im Zusammenhang mit kriselnden Instituten ist allerdings die Möglichkeit der Entziehung der Erlaubnis in § 35 KWG. Auf die Einzelheiten muss an dieser Stelle nicht eingegangen werden. Zu erwähnen ist jedoch, dass nach § 35 Abs. 2 Nr. 4 KWG die Aufsichtsbehörde die Erlaubnis beispielsweise wieder entziehen kann, wenn Gefahr für die Erfüllung der Verpflichtungen des Instituts gegenüber seinen Gläubigern, insbesondere für die Sicherheit der dem Institut anvertrauten Vermögenswerte, besteht und die Gefahr nicht durch andere Maßnahmen nach dem KWG abgewendet werden kann. Für die CRR-Kreditinstitute erfolgt der Entzug der Erlaubnis durch die EZB entweder in Zusammenarbeit mit der BaFin oder allein durch die EZB.[1553] Dabei wird durch den Wortlaut des § 35 KWG, unabhängig von dem insbesondere bei Ermessensentscheidungen grundsätzlich zu beachtenden Grundsatz der Verhältnismäßigkeit[1554], nochmals die Subsidiarität betont.

1548 Vgl. *Cichy/Cziupka/Wiersch,* § 54a KWG n. F., NZG 2013, S. 846 (848).

1549 *Fischer/Boegl,* in: *Schimansky/Bunte/Lwowski,* Bankrecht-Hdb., § 126 Rn. 71.

1550 *Fischer/Boegl,* in: *Schimansky/Bunte/Lwowski,* Bankrecht-Hdb., § 126 Rn. 71.

1551 *Schäfer,* in: *Boos/Fischer/Schulte-Mattler,* § 6 KWG Rn. 16.

1552 *Fischer/Boegl,* in: *Schimansky/Bunte/Lwowski,* Bankrecht-Hdb., § 126 Rn. 71.

1553 *Fischer/Müller,* in: *Boos/Fischer/Schulte-Mattler,* § 35 KWG Rn. 52.

1554 Vgl. etwa *BVerwG* NJW-RR 2007, S. 492 (492); *OVG Lüneburg* NVwZ-RR 2005, S. 394 (395).

Eine mildere Maßnahme stellt beispielsweise die Abberufung von Geschäftsleitern nach § 36 KWG dar. Voraussetzung hierfür ist, dass entweder die Aufhebung der Erlaubnis zum Geschäftsbetrieb der Bank nach § 35 KWG gerechtfertigt wäre oder dass ein Geschäftsleiter nachhaltig gegen aufsichtsrechtliche Bestimmungen verstoßen hat.[1555] Zwar stellt die Abberufung im Vergleich zum Entzug der Erlaubnis das mildere Mittel dar, allerdings ist auch hier der Grundsatz der Verhältnismäßigkeit zu beachten. Die BaFin hat daher auch in diesem Fall zu prüfen, ob nicht weniger einschneidende Maßnahmen zur Durchsetzung ordnungsmäßiger Verhältnisse genügen.[1556] In Betracht kommt hier neben der Verwarnung nach § 36 Abs. 2 KWG als Vorstufe der Abberufung, etwa eine schriftliche Missbilligung.[1557] Auch gehen beispielsweise Anordnungen nach § 6 Abs. 3 KWG der Androhung einer Abberufungsprüfung vor.[1558]

Als ein weiteres milderes Mittel ist zudem § 46 KWG zu berücksichtigen. Sofern eine Gefahr für die Erfüllung der Verpflichtungen eines Instituts gegenüber seinen Gläubigern besteht, vor allem für die Sicherheit der ihm anvertrauten Vermögenswerte, oder wenn der begründete Verdacht besteht, dass eine wirksame Aufsicht über das Institut nicht möglich ist, kann die BaFin zur Abwendung dieser Gefahr einstweilige Maßnahmen treffen, § 46 Abs. 1 S. 1 KWG. Hier ist beispielsweise vorgesehen, Anweisungen für die Geschäftsleitung zu erlassen, § 46 Abs. 1 S. 2 Nr. 1 KWG, oder sogar den Geschäftsleitern die Ausübung ihrer Tätigkeit zu beschränken oder zu untersagen, § 46 Abs. 1 S. 2 Nr. 3 Var. 2 KWG.

Weitere Maßnahmen, welche das KWG vorsieht, sind in §§ 45c und 46g KWG normiert. Nach § 45c Abs. 1 S. 1 KWG kann die BaFin einen Sonderbeauftragten bestellen, diesen mit der Wahrnehmung von Aufgaben bei einem Institut betrauen und ihm die hierfür erforderlichen Befugnisse übertragen. Neben der Möglichkeit, einen Geschäftsleiter abzuberufen oder die Erlaubnis zum Geschäftsbetrieb zu entziehen, steht der BaFin so eine flexible Regelung zur Verfügung. Zu berücksichtigen ist, dass der Sonderbeauftragte allgemein die Aufgaben und Befugnisse eines Geschäftsleiters übertragen bekommen kann, § 45c Abs. 2 Nr. 1 KWG, oder speziell, die für die Herstellung und Sicherung einer ordnungsgemäßen Geschäftsorganisation erforderlich sind, § 45c Abs. 2 Nr. 5 KWG.

1555 *Fischer/Müller*, in: *Boos/Fischer/Schulte-Mattler*, § 36 KWG Rn. 1.
1556 *VGH Kassel* WM 2007, S. 392 (395).
1557 *VGH Kassel* WM 2007, S. 392 (395).
1558 *Fischer/Müller*, in: *Boos/Fischer/Schulte-Mattler*, § 36 KWG Rn. 7.

Hingegen sieht § 46g KWG vor, dass die Bundesregierung durch Rechtsverordnung unterschiedliche Aspekte regeln kann. Dies gilt für den Fall, dass wirtschaftliche Schwierigkeiten bei Kreditinstituten zu befürchten sind, welche schwerwiegende Gefahren für die Gesamtwirtschaft, insbesondere den geordneten Ablauf des allgemeinen Zahlungsverkehrs erwarten lassen. Die Bundesregierung kann durch Rechtsverordnung regeln, dass dem Kreditinstitut ein Aufschub für die Erfüllung seiner Verbindlichkeiten gewährt wird, und zwar dergestalt, dass während der Dauer des Aufschubs Zwangsvollstreckungen, Arreste und einstweilige Verfügungen gegen das Kreditinstitut sowie das Insolvenzverfahren über das Vermögen des Kreditinstituts nicht zulässig sind, § 46g Abs. 1 Nr. 1 KWG. Auf der anderen Seite kann die Bundesregierung nach § 46g Abs. 1 Nr. 2 KWG auch anordnen, dass ein Kreditinstitut für den Verkehr mit seiner Kundschaft vorübergehend geschlossen bleibt und im Kundenverkehr Zahlungen und Überweisungen weder leisten noch entgegennehmen darf, wobei die Anordnung auf Arten oder Gruppen von Kreditinstituten sowie auf bestimmte Bankgeschäfte beschränkt werden kann.

Ferner sind im SAG umfangreiche Regelungen enthalten, um die Insolvenz eines Kreditinstituts zu vermeiden, beginnend mit der Erstellung eines Sanierungsplans durch das Institut selbst, § 12 SAG, mit welchem das Institut darzulegen hat, welche Maßnahmen für die Sicherung oder Wiederherstellung der finanziellen Stabilität getroffen werden. Daneben ist aber auch die Möglichkeit der Frühintervention durch die BaFin in § 36 SAG normiert, um eine Verschlechterung der Finanzlage zu vermeiden. Sollte dennoch eine Abwicklung eines Kreditinstituts notwendig werden, so sieht das SAG unterschiedliche Instrumente hierfür vor. Primär werden die Anteilsinhaber und Gläubiger beteiligt, §§ 89 ff. SAG. Es besteht die Möglichkeit, dass einzelne Anteile oder Vermögenswerte übertragen werden, §§ 107 ff. SAG. Ferner kann eine Unternehmensveräußerung stattfinden, §§ 126 f. SAG oder die Übertragung auf ein Brückeninstitut, §§ 128 ff. SAG.

Das bedeutet, dass die jeweils zuständigen Aufsichtsbehörden entweder eine Verwarnung aussprechen oder den Geschäftsleiter abberufen, stattdessen aber auch vertrauenswürdige Personen vorübergehend einsetzen können, welche für bestimmte Bereiche oder den ganzen Geschäftsbetrieb zuständig sein können. Das Bankaufsichtsrecht sieht ein abgestuftes Sanktionssystem vor, welches an die Schwere des Verstoßes angepasst werden kann. Sollte es dennoch zu einer finanziellen Schieflage eines Kreditinstituts kommen, steht der Aufsichtsbehörde wiederum ein abgestuftes Instrumentarium an Maßnahmen zur Verfügung. Ein solches Spektrum an Möglichkeiten hinsichtlich des Sanktionskatalogs sieht jedenfalls das Erwachsenenstrafrecht nicht vor.

5) Zwischenergebnis

Das Bankaufsichtsrecht ist durch den flexiblen und abgestuften Anwendungskatalog nicht nur besser geeignet als das Strafrecht, es allein reicht auch aus, um den Finanzmarkt zu schützen. Der internationale Einfluss wurde veranschaulicht, der ebenfalls einen wesentlichen Vorteil im Vergleich zum Strafrecht darstellt.

IV) Stellungnahme zu den verfassungskonformen Alternativen

Zunächst zeigen die Strafverfahren, gleich, in welchem Stadium sie beendet wurden, dass es durchaus strafrechtliche Anknüpfungspunkte für das Verhalten um die Finanzkrise gab. Der Untreue kam hierbei eine herausragende Stellung. Kein Vorschlag in der Literatur ist geeignet, eine verfassungskonforme Alternative zu § 54a KWG zu sein. Gleiches gilt für einen eignen Vorschlag, der sich an den Risikogeschäften als Anknüpfungspunkt orientiert hat. Ein entscheidender Grund ist die zu kritisierende exzessive Anwendung des Untreuetatbestands, aufgrund derer sich neuer Tatbestand erübrigt.

Eine einschlägige und zu unterstützende verfassungskonforme Alternative stellt das originäre Rechtsgebiet dar, dass für die Kontrolle und Steuerung des Kreditwesens geschaffen wurde. Die Vorteile des Bankaufsichtsrechts sind deutlich geworden. Die Kontrollmöglichkeiten der BaFin, der Börsen- und der Wirtschaftsprüferaufsicht sind durch neue gesetzliche Regelungen gestiegen, sodass mehr Einfluss auf die Geschäftspraktiken der Kredit-, Finanzdienstleistungs- und Finanzinstitute genommen werden kann.[1559] Nicht nur lassen sich hier Anpassungen und Änderungen schneller und leichter vornehmen, es ist grundsätzlich auch viel internationaler angelegt. Dadurch, dass die Regelungen auf internationale Absprachen zurückzuführen sind und diese nicht nur in Deutschland, sondern sogar über die europäischen Grenzen hinweg umgesetzt werden, ist deren Wirkungskraft um ein Vielfaches höher, als dies bei einer national strafrechtlichen Regelung sein kann.[1560] Zudem ist die Sanktionsbandbreite ebenfalls besser geeignet, um angemessen auf die einzelne Krisensituation zu reagieren.

1559 *Knierim*, in: *Wabnitz/Janovsky/Schmitt*, Hdb. Wirtschafts- und Steuerstrafrecht, Kap. 10 Rn. 2.

1560 Auf einen internationalen Lösungsansatz hatte bereits *H. Schmidt*, „Wie entkommen wir der Depressionsfalle?", Die ZEIT vom 11. Januar 2009, S. 19 verwiesen.

Zwar könnte dahin gehend argumentiert werden, dass eine strafrechtliche Regelung die Aufsichtsanforderungen flankieren kann, allerdings muss es eine Rechtfertigung für den Einsatz des Strafrechts geben. An einer solchen fehlt es, da, wie aufgezeigt, die Sanktionsmöglichkeiten des Aufsichtsrechts viel weitreichender als die strafrechtlichen Sanktionsmöglichkeiten sind. Das gilt auch dann, wenn man die Möglichkeit des Einsatzes des Ordnungswidrigkeitenrechts mit den Bußgeldandrohungen in den §§ 30, 130 OWiG berücksichtigt. Die Entziehung der Geschäftserlaubnis, die Abberufung eines Geschäftsleiters und die Einstellung des Geschäftsbetriebs stellen härtere Sanktionen dar, als ein Ermittlungsverfahren gegen die Geschäftsleiter, welches im Zweifelsfall und damit in der Regel eingestellt wird.

Das mögliche Versagen der Aufsicht dadurch, dass Aufsichtsmechanismen bewusst umgangen werden[1561], könnte einen Ansatzpunkt für eine Strafbewehrung darstellen. Eine solcher Verstoß lässt sich jedoch nicht strafrechtlich normieren. Das Bankaufsichtsrecht ist zu komplex dafür. Deutlich wurde dies allein schon hinsichtlich der Anforderungen an das Risikomanagement und der bereits hier bestehenden mangelnden Möglichkeiten, einen strafrechtlichen Tatbestand anknüpfen zu können.[1562] Dass eine Strafnorm darüber hinaus an sämtliche aufsichtsrechtlichen Vorgaben anknüpft, indem sie deren Negierung als Tatbestandsvoraussetzung beinhaltet, und gleichzeitig die verfassungsrechtlichen Vorgaben einhalten kann, erscheint vor diesem Hintergrund ausgeschlossen. Abgesehen von den Umsetzungsschwierigkeiten bei der Formulierung einer solchen Strafnorm, fehlt aufgrund der nun höheren Regelungsdichte im Aufsichtsrecht die Notwendigkeit dazu. Aber auch von den Kreditinstituten selbst gibt es stetige Fortentwicklung unterschiedlicher Instrumente, die zur Begrenzung und Verminderung von Kreditrisiken eingesetzt werden.[1563]

Erschwerend treten die negativen Aspekte eines Straftatbestands hinzu. Durch das Bestehen einer Strafvorschrift, deren Anwendungsbereich nicht deutlich und bestimmt genug ist, ist die Vermutung naheliegend, dass der Informationsverpflichtung seitens der Institute zurückhaltender nachgekommen wird. Da allerdings das Aufsichtsrecht auf einer guten Zusammenarbeit zwischen Aufsichtsbehörde und dem jeweiligen Institut beruht, droht durch eine Strafvorschrift mehr Schaden als Nutzen für die Aufsicht und damit für die Finanzmarktstabilität insgesamt.[1564]

1561 Vgl. *Kasiske*, Das Kapitalmarktstrafrecht, ZIS 2013, S. 257 (263).

1562 Siehe dazu B) IV) 2) d) bb).

1563 *Rudollph u.a.*, Kreditrisikotransfer, S. 10.

1564 Siehe dazu B) III) 3) a) aa) (1).

In diesem Kontext sind die weiteren bestehenden Aufsichten über das Finanzsystem in Deutschland zu beachten, beispielsweise der beim Bundesministerium der Finanzen angesiedelte Ausschuss für Finanzstabilität. Dieser sieht bei der Abstimmung über Warnungen oder Empfehlungen, welche an die Bundesregierung, die BaFin oder eine andere inländische öffentliche Behörde gerichtet sind, für die Bundesbank eine Sonderrolle vor, da sie stets zuzustimmen hat.[1565] Dabei ist es die Aufgabe der Bundesbank, durch Analysen der maßgeblichen Sachverhalte Gefahren für die Finanzmarktstabilität zu identifizieren, wobei hierunter insbesondere Entwicklungen, Verhaltensweisen, Strukturen und Innovationen im Finanzsystem zu verstehen sind, die das Potenzial für schwerwiegende negative Folgen für das Finanzsystem und damit letztendlich für die gesamtwirtschaftliche Entwicklung beinhalten können.[1566]

Auch der Sanktionscharakter spielt im Bankaufsichtsrecht keine untergeordnete Rolle. Durch die Abberufung der Geschäftsleiter beispielsweise können diese auch persönlich zur Verantwortung gezogen werden. Darüber hinaus bestehen Möglichkeiten, das dahinterstehende Institut zu sanktionieren. Daher gibt es kein Bedürfnis für einen Rückgriff auf Vorschriften des OWiG. Das Beispiel der *Maple Bank* veranschaulicht, dass auch gravierende Sanktionsentscheidungen getroffen werden.

Zwar geht die Gesetzesbegründung zu § 54a KWG auch auf das Restrukturierungsgesetz und das Kreditinstitute-Reorganisationsgesetz ein[1567], allerdings ist, wie dargelegt, der Gesetzgeber auch darüber hinaus tätig geworden. Dies bedeutet, dass im Bereich außerhalb des Strafrechts weitere Handlungsmöglichkeiten bestanden, die im Nachhinein erst umgesetzt wurden und belegt, dass das Strafrecht nicht als letztes Mittel gewählt wurde. Aufgrund des weitreichenden Tätigwerdens des Gesetzgebers in anderen Regelungsbereichen wäre vor einer strafrechtlichen Regelung ein Abwarten vorzugswürdiger gewesen, da zu diesem Zeitpunkt bereits der Bedarf nach dem Einsatz des Strafrechts bezweifelt werden könnte.[1568] Ferner spricht für eine rein außerstrafrechtliche Regelung, dass die betroffenen Institute und Geschäftsleiter die vorgesehenen Verfahren zur Sanierung nutzen können, ohne Sorge vor den möglichen Folgen eines Ermittlungsverfahrens haben zu müssen, welches aufgrund des § 54a KWG in Betracht kommen kann.[1569]

1565 *Fischer/Boegl,* in: *Schimansky/Bunte/Lwowski,* Bankrecht-Hdb., § 126 Rn. 31, 33 f.

1566 *Fischer/Boegl,* in: *Schimansky/Bunte/Lwowski,* Bankrecht-Hdb., § 126 Rn. 33.

1567 BT-Drs. 17/12601, S. 1.

1568 Siehe auch *Brand,* Legitimität des Insolvenzstrafrechts, KTS 2012, S. 195 (211).

1569 Vgl. *Brand,* Konfliktherde des § 54a KWG, ZVglRWiss 2014, S. 142 (161 f.).

Naheliegender ist daher eine Schließung der Regelungslücken im Aufsichtsrecht. Das Strafrecht kann in diesem Bereich erst in Betracht kommen, wenn gegen die Vorschriften des Aufsichtsrechts verstoßen wird. Sofern aber Regelungslücken im Aufsichtsrecht oder Möglichkeiten bestehen, dieses zu umgehen, kann hierbei auch das Strafrecht nicht helfen. Eine Strafvorschrift, die hinsichtlich der Tathandlung an die Umgehung des Aufsichtsrechts anknüpft, ist unter keinen Umständen mit der Verfassung zu vereinbaren.

Da der Gesetzgeber tätig geworden ist und weitere Lücken im Bankaufsichtsrecht geschlossen hat, reicht dies bereits aus. Vor diesem Hintergrund ist auch zu berücksichtigen, dass der Gesetzgeber Warnungen hinsichtlich der Regulierung des Finanzmarkts ignoriert hat und damit auch eine Bedingung für den Ausbruch der Krise geschaffen hat.[1570] Sinnvoller wäre es daher gewesen, entsprechende Warnungen zu beachten und Regulierungslücken zu schließen. Die Schließung der Regelungslücken im Bankaufsichtsrecht soll allerdings nicht dazu genutzt werden, dass über Umwege wie den Untreuetatbestand das Strafrecht sehr wohl wieder zum Einsatz kommt.[1571] Im Strafrecht geht es um die Schuld des Einzelnen und nicht um ein Systemversagen, sodass man andere Mittel als derer des Strafrechts bedarf, wenn es um die Lösung struktureller Probleme geht.[1572] Ein solches anderes Mittel ist das Bankaufsichtsrecht, dessen Zweck die Sicherstellung der Finanzmarktstabilität ist. Das Bankaufsichtsrecht ist das Instrument, das die Gläubiger vor Verlusten effektiv schützen, aber auch Bankeninsolvenzen verhindern kann.[1573]

1570 *Janssen*, in: Münchener Kommentar zum StGB (2015), § 54a KWG Rn. 4.

1571 Dazu bereits *Lüderssen*, Risikomanagement und Risikoerhöhungstheorie, S. 345 (345).

1572 So auch *Ransiek*, Asset Backed Securities und Strafrecht, WM 2010, S. 869 (875).

1573 *Koppensteiner*, Bankenaufsicht und Bankengruppen, S. 1.

D) Ergebnisse

Zu Beginn der Untersuchung wurde der gesetzgeberische Hintergrund dargelegt. Der Ausgangspunkt für die Einführung des § 54a KWG ist die Finanzkrise. Die Finanzkrise war ein Ereignis, dass durch viele unterschiedliche Aspekte verursacht wurde, die es aber aufgrund der massiven Konsequenzen für den nationalen und internationalen Finanzmarkt zukünftig zu verhindern gilt.[1574] Der Zweck des § 54a KWG ist es zukünftig Geschäftsleiter strafrechtlich zur Verantwortung ziehen zu können für den Fall, dass ein Kreditinstitut in eine Schieflage gebracht wird, dass es staatliche Hilfe benötigt.[1575] Die unzutreffenden Annahme des Gesetzgebers, dass anlässlich der Finanzkrise keine strafrechtlichen Tatbestände in Betracht kamen, war der Grund für den im KWG eingeführten Tatbestand.

Als Rechtsgut des § 54a KWG hat sich die Stabilität des Finanzsystems herauskristallisiert, die anderen in der Gesetzesbegründung genannten Aspekte sind weder weitere Rechtsgüter noch liefern sie einen Beitrag, um das Rechtsgut näher zu bestimmen.[1576] Mithin handelt sich bei der Stabilität des Finanzsystems um ein schutzwürdiges Rechtsgut, wie die vergangenen Krisen im Finanzsektor gezeigt haben.

Für die weitere Untersuchung des Straftatbestands im KWG waren beiden Aspekte des Bestimmtheitsgrundsatzes von Bedeutung. Es ging sowohl um die Vorhersehbarkeit für den Normadressaten als auch darum, dass der Gesetzgeber selbst abstrakt-generell das strafrechtlich relevante Verhalten bestimmt.[1577]

Der Tatbestand des § 54a KWG ist nicht eindeutig formuliert. Das liegt nicht daran, dass es sich um eine verwaltungsakzessorische Strafnorm handelt oder dass weitere Tatbestandsvoraussetzungen in § 54a KWG formuliert sind[1578], sondern das Problem sind die Vorschriften, auf die verwiesen wird. Die von der MaRisk (BA) nun auch im Gesetz normierten Risikomanagementpflichten beinhalten Ziele, nicht jedoch konkrete Vorgaben, wie diese Ziele zu erreichen sind.[1579] Das bedeutet, dass sich keine allgemeingültigen Aussagen für

1574 Siehe dazu B) I) 1).
1575 Siehe dazu B) I) 2).
1576 Siehe dazu B) I 3) e) und f).
1577 Siehe dazu B) II).
1578 Siehe dazu B) III) 3) b).
1579 Siehe dazu B) III) 1) b).

Kreditinstitute treffen lassen. Auch die Bestandsgefährdung als weitere Vorverlagerung eines möglichen Schadenseintritt bedeutet eine schwierigere Anwendung des § 54a KWG.[1580]

Mit der Ergänzung des § 54a KWG um einen weiteren Absatz hat der Gesetzgeber für ein klares Warnsignal bezüglich einer möglichen Strafbarkeit gesorgt.[1581] Dieser Absatz gibt aber auch Anlass eine bekannte Diskussion um den Rechtsschutz gegen die Vollziehbarkeit eines Verwaltungsaktes, die Voraussetzung der Strafbarkeit ist, erneut zu thematisieren.[1582] Zu präferieren ist hier eine differenzierende Lösung, wonach eine Strafbarkeit durchaus unbeeinträchtigt von einer späteren Aufhebung des Verwaltungsaktes oder deren Vollziehbarkeit sein kann, sofern ein formelles Ordnungsinteresse geschützt werden soll. Allerdings nur für den Fall, dass der Gesetzgeber diesen Schutz beabsichtigt und begründet hat. Es kann nicht pauschal von einem formellen Ordnungsinteresse ausgegangen werden, welches mit der Strafbewehrung geschützt werden soll.[1583] Für § 54a KWG bedeutet dies, dass die Anordnung der aufschiebenden Wirkung für die Anordnung i. S. des § 54a Abs. 3 KWG einen Strafaufhebungsgrund zur Folge hat und die Strafbarkeit beseitigt.

Der Tatbestand des § 54a KWG verstößt jedoch gegen den Bestimmtheitsgrundsatz. Das liegt nicht an den Merkmalen der Bestandsgefährdung[1584] oder daran, dass sämtliche Institute von § 54a KWG erfasst sind, obwohl es Institute gibt, die das Rechtsgut nicht gefährden können[1585]. Die Sorgetragungspflichten sind unbestimmt. Dieses Ergebnis wird weder durch den Sonderdeliktscharakter der Norm geändert[1586] noch durch den dritten Absatz, der wegen des Verschleifungsverbots anderer Tatbestandsmerkmale nicht konkretisieren kann[1587]. Diese Pflichten sind weder derzeit konkretisiert noch ist eine solche Konkretisierung durch eine zukünftige Rechtsprechung möglich.[1588] Der Verweis auf Vorschriften, die von Institut zu Institut anzupassen sind, verhindert dies. Die Unbestimmtheit der Norm konnte jedoch nicht durch die unterschiedlichen Lösungsansätze, die bezüglich anderer Tatbestände in der Vergangenheit

---

1580 Siehe dazu B) III) 1) d).
1581 Siehe dazu B) III) 3) c).
1582 Siehe dazu B) III) 3) aa) (3).
1583 Siehe dazu B) III) 3) aa) (3) (gg).
1584 Siehe dazu B) IV) 2) bb).
1585 Siehe dazu B) IV) 2) cc).
1586 Siehe dazu B) IV) 2) b).
1587 Siehe dazu B) IV) 2) c).
1588 Siehe dazu B) IV) 2) d).

gemacht wurden, beseitigt werden.[1589] Hingegen war ein in der Literatur angenommener Verstoß gegen den Gewaltenteilungsgrundsatz aufgrund der Anordnungsbefugnis der BaFin abzulehnen, da diese nicht allein über eine mögliche Strafbarkeit entscheiden kann.[1590]

Die Ausführungen zu den unterschiedlichen Strafverfahren haben veranschaulicht[1591], dass die Grundannahme des Gesetzgebers unzutreffend war. Es gab und gibt durchaus Straftatbestände, die für die strafrechtliche Aufarbeitung der Finanzkrise relevant waren. Einer besonderen Bedeutung kommt dem Untreuetatbestand zu.[1592]

Die gemachten Vorschläge in der Literatur für neue Tatbestände anlässlich der Finanzkrise erweisen sich nicht als umsetzbar oder notwendig.[1593] Das liegt entweder daran, dass ebenfalls an das Bankaufsichtsrecht angeknüpft wird[1594], die Rechtsprechung die Tatbestände bereits exzessiv anwendet[1595] oder die Schutzrichtung einer Norm vollständig geändert werden würde[1596]. Auch der Vorschlag von *Gehlen* war abzulehnen, der selbst von ihm infrage gestellt wird und es bereits an einem legitimen Zweck mangelt.[1597] Auch eigene Ansätze konnten nicht für die Eingehung von Risikogeschäften, die eine wichtige Ursache der Finanzkrise darstellen[1598], formuliert werden. Sofern sich solche Geschäfte abstrakt-generell bestimmen lassen[1599], wird der Tatbestand der Untreue über den Schutzzweck der Norm hinaus angewendet, weswegen es keines neuen Straftatbestand bedarf[1600].

Allerdings ist nicht die kritisch zu betrachtende weite Anwendung des Untreuetatbestands der Grund für den mangelnden Bedarf eines neuen Tatbestands, sondern dass die primäre Rechtsordnung für Kreditinstitute die Stabilität des Finanzsystems ausreichend schützen kann. Das Bankaufsichtsrecht hat sich in Deutschland[1601] aber auch international[1602] weiterentwickelt. Die

1589 Siehe dazu B) IV) 4).
1590 Siehe dazu B) IV) 2) c) bb).
1591 Siehe dazu C) I) 1).
1592 Siehe dazu C) I) 2).
1593 Siehe dazu C) II) 1)-4).
1594 Siehe dazu C) II) 1).
1595 Siehe dazu C) II) 2).
1596 Siehe dazu C) II) 4).
1597 Siehe dazu C) II) 5).
1598 Siehe dazu B) I) 1).
1599 Siehe dazu C) II) 6) c)-d).
1600 Siehe dazu C) II) 6) d).
1601 Siehe dazu C) III) 2).
1602 Siehe dazu C) III) 3).

internationale Herangehensweise und die weitreichenden flexibel einzusetzenden Befugnisse[1603] lassen keinen Bedarf übrig für den Einsatz des Strafrechts. Das Aufsichtsrecht selbst wird angepasst, entwickelt sich fort und beinhaltet für den Fall von Verstößen Sanktionen, die weit über die Einleitung eines Ermittlungsverfahrens gegen einzelne Mitarbeiter eines Kreditinstituts hinausgehen. Das Bankaufsichtsrecht ist daher besser geeignet, um die Stabilität des Finanzsystems zu wahren.

1603 Siehe dazu C) III) 4).

E) Fazit

Hassemer hatte bereits vor Jahrzehnten festgestellt, „*je vager der Begriff des Rechtsguts ausfällt und je mehr Gegenstände er in sich aufnimmt, desto geringer sind die Chancen einer Antwort auf unsere Frage, ob das Strafrecht seine präventiven Aufgaben erfüllt.*“[1604] Die vorliegende Untersuchung zu § 54a KWG hat diese Aussage bestätigt. Bei der Stabilität des Finanzsystems handelt es sich um ein vages Rechtsgut. Das Strafrecht kann insoweit seine präventive Aufgabe nicht erfüllen.

Wie die Untersuchung gezeigt hat, wird diese Aufgabe aber durch das Bankaufsichtsrecht wahrgenommen.

> „*Das Strafrecht ist … nur die letzte unter allen in Betracht kommenden Schutzmaßnahmen, d.h. es darf nur eingesetzt werden, wenn andere Mittel der sozialen Problemlösung – wie die zivilrechtliche Klage, polizei- oder gewerberechtliche Anordnungen, nichtstrafrechtliche Sanktionen usw. – versagen.*“[1605]

Dadurch, dass sowohl der deutsche als auch der europäische Gesetzgeber in den letzten Jahren hinsichtlich der Regulierung und möglichen Sanierungen von Kreditinstituten tätig geworden ist, ist derzeit noch nicht ersichtlich, ob diese Maßnahmen versagt haben. Ein derart empfindliches Thema wie die drohende Insolvenz eines Kreditinstituts und deren Konsequenzen für den gesamten Finanzmarkt sollten nicht mit einer unzureichenden Strafvorschrift behandelt werden. Erst recht sollte das Strafrecht nicht als Problemlöser in Betracht kommen, wenn sich die Ursächlichkeit eines Schadens oder einer Gefahr nicht sicher feststellen lassen. Bei der Bewertung eines Sachverhalts ex post müssen Rückschaufehler vermieden werden, also die falsche Gewichtung und Zuschreibung einzelner Bedingungen.[1606]

Unabhängig davon, ob man der Ansicht ist, dass den Aufsichtsbehörden zur Zeit des Ausbruchs der Finanzkrise bereits genug Befugnisse zur Verfügung standen, wurden diese zumindest ausgeweitet. Aber auch von den Kreditinstituten selbst gibt es stetige Fortentwicklung unterschiedlicher Instrumenten, die zur Begrenzung und Verminderung von Kreditrisiken eingesetzt werden.

1604 *Hassemer*, Symbolisches Strafrecht und Rechtsgüterschutz, NStZ 1989, S. 553 (557).

1605 *Roxin*, Strafrecht AT I, § 2 Rn. 97.

1606 Darauf hinweisend *Binder*, Zivilrechtliche und strafrechtliche Aufarbeitung der Finanzmarktkrise, ZGR 2016, S. 229 (251).

Kommt es dennoch zu Pflichtverstößen, sind im Bankaufsichtsrecht unterschiedliche Sanktionsmechanismen normiert. Auch wenn gerade in einer Krisenzeit die Ersetzung des Vorstands schwierig sein dürfte, ist beispielsweise die Sanktionsmöglichkeit der Stilllegung des Betriebs gravierender als die mögliche Einleitung eines Ermittlungsverfahrens. Während im letzteren Fall die Geschäfte des Kreditinstituts weitergeführt werden können, besteht bei der Stilllegung des Geschäftsbetriebs diese Möglichkeit nicht. Das bedeutet, dass durch die bankaufsichtsrechtliche Sanktionsmöglichkeit eine ausreichende Motivation vorhanden ist, die entsprechenden Regeln einzuhalten. Die Kontrollmöglichkeiten der BaFin, sind durch neue gesetzliche Regelungen gestiegen. Die Schlagkräftigkeit des Bankaufsichtsrechts ist nicht zu unterschätzen. Wie bereits angedeutet, bestehen nicht zuletzt im KWG auch andere Eingriffsmöglichkeiten seitens der BaFin. So gibt es nicht nur die Möglichkeit, Geschäftsleiter abzuberufen, wogegen nur ein langwieriger Verwaltungsrechtsweg Abhilfe schaffen kann, sondern auch die Möglichkeit einer Einflussnahme auf das Ermittlungsverfahren, die bereits vor der Normierung des § 54a KWG bestand.

Gerade anhand der Finanzmarktkrise wurde zudem deutlich, dass die Flexibilität des Aufsichtsrechts dazu geeignet ist, auf Schwankungen gut reagieren zu können. Das Bankaufsichtsrecht ist das eigentliche Instrument zum Schutz der Gläubiger und vor Insolvenzen. Die Mängel im Aufsichtsrecht wurden durch die Normierung umfangreicher Eingriffskompetenzen der Aufsichtsbehörden beseitigt. Mit den Änderungen im Aufsichtsrecht, vor allem auch auf europäischer Ebene, werden internationale Transaktionen erfasst und können auf diese Weise besser bewertet werden.

Ein weiterer Vorteil des Bankaufsichtsrechts wurde ebenfalls deutlich, und zwar, dass Möglichkeiten bestehen, je nach Situation und Lage entsprechend zu reagieren. Während das Erwachsenenstrafrecht nur die Sanktionsmöglichkeit einer Geld- oder Freiheitsstrafe vorsieht, ist die Auswahl der möglichen Maßnahmen der BaFin um ein Vielfaches höher. Das bedeutet, dass nach dem Aufsichtsrecht bereits ausreichend und individuell anpassungsfähige Sanktionsmöglichkeiten zur Verfügung stehen.

Auch wenn eine lang anhaltende gesetzgeberische Tendenz dies anders bewerten mag, soll Strafrecht als Ultima Ratio eingesetzt werden und gerade nicht als Prima oder Sola Ratio.[1607] Selbst wenn man das Bedürfnis eines strafrechtlichen Eingreifens sähe, sind in diesem Zusammenhang noch zu viele Fragen ungeklärt.

1607 So bereits *Hassemer*, Kennzeichen und Krisen des modernen Strafrechts, ZRP 1992, S. 378 (380), der auf diese Entwicklung hinwies.

So wird zunächst gefordert, dass der neue „Tätertyp" erforscht werden müsse, der mögliche Risiken, die Auswirkung auf die Stabilität des Finanzsystems haben können, eingeht.[1608] Aber auch eine weitere Frage müsste geklärt werden, und zwar, wie Risiken aussehen, die einzelne Personen nicht mehr überblicken können.[1609] Dann erst können der Gesetzgeber und die Rechtsprechung tätig werden und sollten sich bis dahin im strafrechtlichen Bereich zurückhalten.[1610] Nicht zu Unrecht hat der Deutsche Anwaltsverein darauf hingewiesen, dass die gerechte Ahndung von Fehlverhalten im Wirtschaftsleben in der Öffentlichkeit als defizitär wahrgenommen wird.[1611] Allerdings liegt die Ursache dafür eher in der Überforderung der Strafjustiz und in der Rechtsunsicherheit infolge des Bestehens von vielen Straftatbeständen mit zu unbestimmten Merkmalen *de lege lata*, als am Fehlen noch weitergehender Vorverlagerungen des Strafrechtsschutzes, Sanktionsmöglichkeiten und Zugriffsrechten *de lege ferenda*.[1612]

Auf eine komplexe Problemkonstellation wie die Finanzkrise gibt es selten eine einfach strukturierte Lösung. Natürlich ist es sinnvoll, auf eingetretene Krisen zu reagieren und erfreulich, wenn der Gesetzgeber auch bei schwierigen Sachverhalten an einer Aufarbeitung und präventiv an einer Verhinderung derartiger Krisen interessiert ist. Dennoch ist gerade beim Einsatz des Strafrechts mehr Zurückhaltung geboten. Ein anderer Weg ist hier vorzugswürdiger. Um es mit Beccaria zu halten:

> *„Es ist besser, den Verbrechen vorzukommen, als sie zu bestrafen."*[1613]

Die Devise lautet daher insgesamt, umso besser die wirtschaftsverwaltungsrechtlichen Kontrollen werden, desto weniger wird eine strafrechtliche Kontrolle benötigt.[1614] Die vorher stattgefundene Deregulierung wurde zurückgeschraubt

---

1608 *Lüderssen,* Finanzmarktkrise, Risikomanagement und Strafrecht, StV 2009, S. 486 (494).

1609 *Lüderssen,* Finanzmarktkrise, Risikomanagement und Strafrecht, StV 2009, S. 486 (494).

1610 *Lüderssen,* Finanzmarktkrise, Risikomanagement und Strafrecht, StV 2009, S. 486 (494).

1611 *Strafrechtsausschuss des DAV,* Stellungnahme Nr. 33 (Fn. 1276), S. 8.

1612 *Strafrechtsausschuss des DAV,* Stellungnahme Nr. 33 (Fn. 1276), S. 8.

1613 *Beccaria,* Von den Verbrechen und von den Strafen (1767), S. 176; daran erinnernd: *Seminara,* Das Werk „Von den Verbrechen und von den Strafen", JZ 2014, S. 1121 (1124).

1614 So auch *Lüderssen,* Warnung vor neuem Finanzstrafrecht, FAZ vom 19.01.2009, S. 10.

und die Kontrolldichte hat zugenommen.[1615] In diesem Zusammenhang ist auch darauf hinzuweisen, dass bisher beispielsweise mit dem SSM gute Erfahrungen gemacht wurden.[1616]

Es besteht bereits im Grundsatz keine Erforderlichkeit für eine neue Strafnorm. Das (Wirtschafts-)Strafrecht stößt hier an seine Grenzen[1617] und diese Grenzen sind auch zu akzeptieren. Daher ist § 54a KWG auch durch keine andere Strafvorschrift zu ersetzen, die nicht weniger angreifbar wäre, als § 54a KWG es ist.[1618] Im Ergebnis verdeutlicht die vorliegende Untersuchung, dass das Wirtschaftsverwaltungsrecht als Instrument zur Lösung der Krise besser geeignet ist.[1619]

Die Ergebnisse der vorliegenden Untersuchung lassen sich in folgende Thesen zusammenfassen:

1. § 54a KWG weist erhebliche Mängel auf:
   a. Ein Verweis auf Normen mit Prinzipiencharakter ist für das Strafrecht ungeeignet.
   b. Es werden auch unbedeutende Kreditinstitute erfasst.
   c. Die Feststellung einer Bestandsgefährdung ist für ein Gericht bereits schwierig, die zusätzlich notwendige Kausalität ist fast unmöglich nachzuweisen.
2. § 54a KWG ist nicht mit dem Grundgesetz in Einklang zu bringen.
   a. Die Norm verstößt gegen den Bestimmtheitsgrundsatz aufgrund des in Bezug genommenen Pflichtenkatalogs.
   b. Die Unbestimmtheit kann auch nicht durch das Hinzufügen weiterer Strafbarkeitsvoraussetzungen, wie im dritten Absatz enthalten, beseitigt werden.
   c. Ferner wird auch der Gewaltenteilungsgrundsatz verletzt.
   d. Auch wird der Ultima-Ratio-Grundsatz missachtet.
3. Es bedarf keiner neuen Strafnorm.

1615 Bereits vor der Einführung des § 54a KWG vorgeschlagen *Heun,* Finanzaufsicht im Wandel, JZ 2012, S. 235 (242).

1616 Vgl. *Bundesministerium der Finanzen,* Monatsbericht, Januar 2018, S. 12.

1617 *Kubiciel,* Die Finanzmarktkrise zwischen Wirtschaftsstrafrecht und politischem Strafrecht, ZIS 2013, S. 53 (57).

1618 Mit dieser Schlussfolgerung *Gehlen,* Die Strafbarkeit von Geschäftsleitern nach § 54a KWG, S. 393.

1619 Dies anfangs auch ausführend *Gehlen*, Die Strafbarkeit von Geschäftsleitern nach § 54a KWG, S. 72.

   a. Die Gesetzeslage vor Ausbruch der Finanzkrise führte zur Eröffnung von Ermittlungsverfahren.
   b. Es ist nicht ersichtlich, dass die strafrechtlich geführten Verfahren anlässlich der Finanzkrise mangels einer entsprechenden Strafnorm beendet wurden.
4. Die Alternativvorschläge für eine Strafnorm sind abzulehnen.
   a. Sie genügen entweder nicht den verfassungsrechtlichen Anforderungen der Bestimmtheit oder
   b. sie übersehen, dass die vorgeschlagenen Sachverhaltskonstellationen bereits unter bestehende Straftatbestände subsumiert werden können.
5. Das Bankaufsichtsrecht eignet sich aufgrund seiner
   a. Flexibilität des Anwendungsbereichs sowie
   b. der Vielfalt der unterschiedlichen Sanktionen

besser, um etwaige Verstöße zu ahnden.

Literaturverzeichnis

Achenbach, Hans: Haftung und Ahndung – Wider die Vertauschung zweier disparater Rechtsfolgenmodelle, ZIS 2012, Heft 5, S. 178–182.

Achenbach, Hans/Ransiek, Andreas/Rönnau, Thomas [Hrsg]: Handbuch Wirtschaftsstrafrecht, 5. Auflage, Heidelberg 2019.

Ahlbrecht, Heiko: Banken im strafrechtlichen Regulierungsfokus – Trennbankengesetz und Steuerhinterziehungsinstitute, BKR 2014, Heft 3, S. 98–105.

Ders.: Strafbarkeitsrisiko Bankvorstand, Deutscher AnwaltSpiegel, Heft 03, S. 3–4.

Altenhain, Karsten: „Strafrechtliche Regelungen für die Arbeit des Bankvorstands", in: Corporate Governance von Kreditinstituten – Anforderungen – Instrumente – Compliance, hrsg. von *Paetzmann, Karsten/Schöning, Stephan,* S. 237–256, Berlin 2014.

Apfelbacher, Gabriele/Metzner, Manuel: Mitglied im Aufsichtsorgan eines Kreditinstituts im Jahr 2013 – Aktuelle Rechtsentwicklungen bei den Anforderungen an die interne Organisation, die Qualifikation und die Überwachungsfunktion der Mitglieder des Aufsichtsorgans von Kreditinstituten, AG 2013, Heft 21, S. 773–789.

Andres, Dirk/Leithaus, Rolf/Dahl, Michael [Hrsg.]: Insolvenzordnung (InsO) – Kommentar, 4. Auflage, München 2018.

Arnhold, Dieter: Strafbarer Ungehorsam gegen rechtswidrige Verwaltungsakte – Anmerkung zu OLG Karlsruhe JZ 1977, S. 478, JZ 1977, Heft 23/24, S. 789–790.

Arzt, Gunther/Weber, Ulrich/Heinrich, Bernd/Hilgendorf, Eric: Strafrecht Besonderer Teil, 3. Auflage Bielefeld 2015.

BaFin: Aufgaben und Geschichte der BaFin,

https://www.bafin.de/DE/DieBaFin/AufgabenGeschichte/aufgabengeschichte_node.html, (zuletzt aufgerufen am: 15.04.2020)

Dies.: Einheitlicher Bankenaufsichtsmechanismus – SSM, https://www.bafin.de/DE/Aufsicht/BankenFinanzdienstleister/EUBankenaufsicht/SSM/ssm_node.html (zuletzt aufgerufen am: 15.04.2020).

Dies.: Pressemitteilung der BaFin vom 7. Februar 2016, https://www.bafin.de/SharedDocs/Veroeffentlichungen/DE/Pressemitteilung/2016/pm_160207_maple.html (zuletzt aufgerufen am 15.04.2020).

Dies.: Rundschreiben 09/2017 (BA) – Mindestanforderungen an das Risikomanagement – MaRisk, https://www.bafin.de/SharedDocs/Veroeffentlichungen/

DE/Rundschreiben/2017/rs_1709_marisk_ba.html (zuletzt aufgerufen am 15.04.2020).

Baumbach, Adolf/Hopt, Klaus J. [Hrsg.]: Handelsgesetzbuch – mit GmbH & Co., Handelsklauseln, Bank- und Börsenrecht, Transportrecht (ohne Seerecht), 39. Auflage, München 2020.

Baumbach, Adolf/Hueck, Alfred [Begr.]: GmbHG – Gesetz betreffend die Gesellschaften mit beschränkter Haftung, 22. Auflage, München 2019.

Baums, Theodor: Risiko und Risikosteuerung im Aktienrecht, ZGR 2011, Heft 3, S. 218–274.

Beccaria, Cesare: Von den Verbrechen und von den Strafen von 1764 (ins Deutsche übersetzt 1767 von Albrecht Friedrich Bartholomäi), Ulm 1767.

Beck, Lukas: Das Konzernverständnis im Gesetzentwurf zum Kerninsolvenzrecht, DStR 2013, Heft 46, S. 2468–2472.

Becker, Christian/Walla, Fabian/Endert, Volker: Wer bestimmt das Risiko? – Zur Untreuestrafbarkeit durch riskante Wertpapiergeschäfte in der Banken-AG –, WM 2019, Heft 19, S. 875–881.

Becker, Christoph: Insolvenzrecht, 3. Auflage, Köln 2010.

Beckemper, Katharina: Das Rechtsgut „Vertrauen in die Funktionsfähigkeit der Märkt“, ZIS 2011, Heft 5, S. 318–323.

Becker, Bernhard/Janker, Bernd/Müller Stefan: Die Optimierung des Risikomanagements als Chance für den Mittelstand, DStR 2004, Heft 37, S. 1578–1584.

Beukelmann, Stephan: Strafbarkeit von Bankern bei fehlendem Risikomanagement, NJW-Spezial 2013, Heft 4, S. 120.

Binder, Jens-Hinrich: Die Auswirkungen der Basel II – Umsetzung auf die aufsichtsrechtlichen Eingriffskompetenzen nach dem Kreditwesengesetz, WM 2006, Heft 45, S. 2114–2123.

Ders.: Vorstandshandeln zwischen öffentlichem und Verbandsinteresse – Pflichten- und Kompetenzkollisionen im Spannungsfeld von Bankaufsichts- und Gesellschaftsrecht, ZGR 2013, Heft 6, S. 760–801.

Ders.: Zivilrechtliche und strafrechtliche Aufarbeitung der Finanzmarktkrise, ZGR 2016, Heft 2–3, S. 229–251.

Binding, Karl: Die Normen und ihre Übertretung – eine Untersuchung über die rechtmässige Handlung und die Arten des Delikts, Band 1 – Normen und Strafgesetze, 2. Auflage, Leipzig 1890.

Birnbaum, Johann Michael Franz: „Über das Erfordernis einer Rechtsverletzung, Archiv d. Criminalrechts, Bd. 15 (1834), S. 149–194.

Bittmann, Folker [Hrsg.]: Praxishandbuch Insolvenzstrafrecht, 2. Auflage, Berlin/Boston 2017.

Ders.: Verschleifungsverbot, Quantifizierungsgebot (§§ 263, 266 StGB) und Pflichtwidrigkeit, wistra 2013, Heft 1, S. 1–8.

Blasche, Sebastian: Auswirkungen von Verstößen gegen das KWG sowie von Abweichungen von den MaRisk auf die zivilrechtliche Haftung des Bankvorstands, WM 2011, Heft 8, S. 343–351.

Blaurock, Uwe: Regelbildung und Grenzen des Rechts – Das Beispiel der Finanzkrise, JZ 2012, Heft 5, S. 226–234.

Blüte, Jens: Blankette und normative Tatbestandsmerkmale: Zur Bedeutung von Verweisungen in Strafgesetzen, JuS 2015, Heft 9, S. 769–777.

Böckenförde, Ernst-Wolfgang: Recht, Staat, Freiheit: Studien zur Rechtsphilosophie, Staatstheorie und Verfassungsgeschichte, 5. Auflage, Frankfurt am Main 2013.

Boos, Karl-Heinz/Fischer, Reinfrid/Schulte-Mattler, Hermann: Kreditwesengesetz – Kommentar zu KWG und Ausführungsvorschriften, 4. Auflage, München 2012.

Boos, Karl-Heinz/Fischer, Reinfrid/Schulte-Mattler, Hermann: Kreditwesengesetz – Kommentar zu Kreditwesengesetz, VO (EU) 575/2013 (CRR) und Ausführungsvorschriften, 5. Auflage, München 2016.

Boldt, Timo/Büll, Karsten/Voss, Michael: Implementierung einer Compliance – Funktion in einer mittelständischen Bank unter Berücksichtigung der neuen Mindestanforderungen an das Risikomanagement (MaRisk), CCZ 2013, Heft 6, S. 248–254.

Bork, Reinhard: Einführung in das Insolvenzrecht, 9. Auflage, Tübingen 2019.

Ders.: Wie erstellt man eine Fortbestehensprognose?, ZIP 2000, Heft 39, S. 1709–1713.

Brand, Christian: Anmerkung zu BGH, Urteil vom 12.10.2016 – 5 StR 134/15, NJW 2017, Heft 8, S. 582.

Ders.: Konfliktherde des § 54a KWG – Einige Bemerkungen zu der praktischen Handhabbarkeit einer neuen Strafvorschrift, ZVglRWiss 113 (2014), S. 142–165.

Ders.: Legitimität des Insolvenzstrafrechts – Zur Strafwürdigkeit der Insolvenzdelikte angesichts der Finanzkrise, KTS 2012, Heft 2, S. 195–214.

Braun, Eberhard [Hrsg.]: Insolvenzordnung (InsO) – Kommentar, 8. Auflage, München 2020.

Breilmann, Anja/Fuchs, Karl: Bankenregulierung, Insolvenzrecht, Kapitalanlagegesetzbuch, Honorarberatung – Bericht über den Bankrechtstag am 28. Juni 2013 in Berlin, WM 2013, Heft 31, S. 1437–1445.

Brocker, Till/Andrzejewski, Nils: Geheimnisschutz durch die BaFin in den Grenzen es Informationsfreiheitsgesetzes, GWR 2011, Heft 16, S. 378–380.

Brüning, Janique/Samson Erich: Bankenkrise und strafrechtliche Haftung wegen Untreue gem. § 266 StGB, ZIP 2009, Heft 23, S. 1089–1094.

Buck-Heeb, Petra: Kapitalmarktrecht, 10. Auflage, Heidelberg [u.a.] 2019.

Bülte, Jens: Blankette und normative Tatbestandsmerkmale: Zur Bedeutung von Verweisungen in Strafgesetzten, JuS 2015, Heft 9, S. 769–777.

Bundesministerium der Finanzen: Monatsbericht, Januar 2018, https://www.bundesfinanzministerium.de/Monatsberichte/2018/01/Inhalte/Kapitel-3-Analysen/3-1-Single-Supervisory-Mechanism.html (zuletzt aufgerufen am 15.04.2020).

Dass. Monatsbericht, Oktober 2019, https://www.bundesfinanzministerium.de/Monatsberichte/2019/10/Downloads/monatsbericht-2019-10-deutsch.pdf?__blob=publicationFile&v=5 (zuletzt aufgerufen am 15.04.2020).

Bürgers, Tobias/Körber, Torsten [Hrsg.]: Aktiengesetz – Kommentar, 4. Auflage, Heidelberg [u. a.] 2017.

Bürkle, Jürgen: Die rechtliche Dimension von Solvency II, VersR 2007, Heft 34, S. 1595–1601.

Cichy, Patrick/Cziupka, Johannes/Wiersch, Rachid René: Voraussetzungen der Strafbarkeit der Geschäftsleiter von Kreditinstituten nach § 54a KWG n. F., NZG 2013, Heft 22, S. 846–852.

Claussen, Peter [Begr.]: Bank- und Börsenrecht, 5. Auflage, München 2014.

Ders.: „Bankrechtliche Fragen zur Finanzmarktkrise" in: Festschrift für Klaus J. Hopt zum 70. Geburtstag am 24. August 2010 – Unternehmen, Markt und Verantwortung – Band 2, hrsg. von *Grundmann, Stefan/u. a.,* Berlin/New York 2010, S. 1695–1712.

De Larosière-Bericht im Auftrag der Europäischen Kommission (unter Präsident Barroso, José Manuel; Vors. de Larosière, Jacques) vom 25. Februar 2009, hrsg. von der *Europäischen Kommission,* https://www.esrb.europa.eu/shared/pdf/de_larosiere_report_de.pdf?27ac25e3e0132be567ddc3fa2590d579 (zuletzt aufgerufen am 15.04.2020).

Der Tagesspiegel Bürgschaftsbank wird abgewickelt Aufsicht ordnet Einstellung an, Der Tagesspiegel vom 22. Juni 2002, https://www.tagesspiegel.de/wirtschaft/buergschaftsbank-wird-abgewickelt-aufsicht-ordnet-einstellung-an/323076.html (zuletzt aufgerufen am 15.04.2020).

Deutsche Bundesbank: Bankstellenbericht 2018 – Entwicklung des Bankstellennetzes im Jahr 2018 vom 08.07.2019, https://www.bundesbank.de/resource/blob/802016/391887c18ebd8b1bdafcd1523ce8518d/mL/bankstellenbericht-2018-data.pdf (zuletzt aufgerufen am 15.04.2020).

Dies.: Monatsbericht: Die neuen europäischen Regeln zur Sanierung und Abwicklung von Kreditinstituten, Juni 2014, S. 31–58, abrufbar unter: https://www.bundesbank.de/resource/blob/652134/f9108ad039dbeec1d0aa30db7717eb48/mL/2014-06-monatsbericht-data.pdf (zuletzt aufgerufen am 15.04.2020).

Dies.: Monatsbericht: Das europäische Bankenpaket – Die Überarbeitung der EU-Bankenregulierung, Juni 2019, S. 31–50, https://www.bundesbank.de/resource/blob/799102/5d6274b2b4d2a561a54f9611cbaaed48/mL/2019-06-bankenpaket-data.pdf (zuletzt aufgerufen am 15.04.2020).

Deutsche Kreditwirtschaft: Stellungnahme zum Entwurf eines Gesetzes zur Abschirmung von Risiken und zur Planung der Sanierung und Abwicklung von Kreditinstituten und Finanzgruppen (BT-Drucks. 17/12601) vom 17. April 2013, https://bankenverband.de/media/files/DK-StN_17042013.pdf (zuletzt aufgerufen am: 15.04.2020).

Dreher, Meinrad: „Ordnungswidrigkeitenrecht statt Strafrecht im Kartellrecht – Folgerungen für die Regulierung und Kontrolle der Finanzmärkte“ in: Ökonomie versus Recht im Finanzmarkt?, hrsg. von *Kempf, Eberhard/Lüderssen, Klaus/Volk, Klaus,* Berlin/Boston 2011, S. 217–238.

Drukarczyk, Jochen/Schüler, Andreas: Insolvenztatbestände, prognostische Elemente und ihre gesetzeskonforme Handhabung – zugleich Entgegnung auf den Beitrag von *Groß/Amen,* WPg 2002, S. 225–240, WPg 2003, Heft 3, S. 56–67.

Drygala, Tim: „Die Pflicht des Managements zur Vermeidung existenzgefährdender Risiken“ in: Festschrift für Klaus J. Hopt zum 70. Geburtstag am 24. August 2010 – Unternehmen, Markt und Verantwortung – Band 1, hrsg. von *Grundmann, Stefan/u. a.,* Berlin/New York 2010, S. 541–558.

Eidam, Gerd [Hrsg.]: Nachtrag zu Unternehmen und Strafe – Vorsorge- und Krisenmanagement, 4. Auflage, Köln 2014.

Engelbach, Sascha/Friedrich, Till: Die Umsetzung der BRRD in Deutschland, WM 2015, Heft 14, S. 662–671.

Epping, Volker/Hillgruber, Christian: Beck'scher Online Kommentar Grundgesetz, 42. Edition (01.12.2019), München 2019.

Epping, Volker/Hillgruber, Christian Grundgesetz – Kommentar, 3. Auflage, München 2020.

Erbs, Georg/Kohlhaas, Max/Ambs, Friedrich [Hrsg.]: Strafrechtliche Nebengesetze, 228. Ergänzungslieferung, München (Stand: Januar 2020).

Ernst, Christoph/Seidler, Holger: Gesetz zur Modernisierung des Bilanzrecht nach Verabschiedung durch den Bundestag, BB 2009, Heft 15, S. 766–771.

Feigen, Hanns W.: „Strafjustiz durch die BaFin?", in: Strafverteidigung im Rechtsstaat – 25 Jahre Arbeitsgemeinschaft Strafrecht des Deutschen Anwaltsvereins, hrsg. von der Arbeitsgemeinschaft Strafrecht des Deutschen Anwaltsvereins, Baden-Baden 2009, S. 466–479.

Ders.: „Untreue durch Kreditvergabe", in: Festschrift für Hans-Joachim Rudolphi zum 70. Geburtstag, hrsg. von *Rogall, Klaus/Puppe, Ingeborg/Stein, Ulrich/Wolter, Jürgen,* München 2004, S. 445–462.

Finance-Watch Die Finanzwelt verstehen Nr. 4 – Eigenkapital der Banken – die Rückkehr eines Mythos, https://www.finance-watch.org/uf/die-finanzwelt-verstehen-4-eigenkapital-der-banken-die-ruckkehr-eines-mythos/ (zuletzt aufgerufen am 15.04.2020).

Fischer, Reinfrid: Haftung und Abberufung von Bankvorständen, DStR 2007, Heft 25, S. 1083–1090.

Fischer, Thomas: Die strafrechtliche Bewältigung der Finanzkrise am Beispiel der Untreue – Finanzkrise und Strafrecht, ZStW 123 (2011), Heft 4, S. 816–826.

Fischer, Thomas: Strafgesetzbuch und Nebengesetze – Kommentar, 67. Auflage, München 2020.

Florstedt, Tim: Finanzkrise als Krise der Normbehauptung – Zur Legalität der „eigenmittelschonenden" Finanzinvestitionen von Schattenbanken, ZBB 2013, Heft 2, S. 81–93.

Forkel, Hans-Walter: Zwischenruf – Finanzmarktkrise und Untreue, ZRP 2010, Heft 5, S. 158–159.

Franz Fabian/Hoheisel-Gruler, Roland: Neuerung des Sexualstrafrechts in Bezug auf die Silvesternacht 2015/16 in Köln, Kriminalistik 2019, Heft 01, S. 55–57.

Fromm, Thomas/Radomsky, Stephan: Die deutsche Finanzkrise ist abgehakt – für 43 000 Euro Süddeutsche Zeitung vom 29. September 2017, https://www.sueddeutsche.de/wirtschaft/hre-prozess-die-deutsche-finanzkrise-ist-abgehakt-fuer-euro-1.3689498 (zuletzt aufgerufen am 15.04.2020).

Gallandi, Volker: Strafrechtliche Aspekte der Asset Backed Securities, wistra 2009, Heft 2, S. 41–47.

Gehlen, Leonhard: Die Strafbarkeit von Geschäftsleitern nach § 54a KWG – Zugleich ein Beitrag zur strafrechtlichen Behandlung von Bankenkrisen, Diss. (Köln 2016), Berlin 2017.

Gerhards, Wolfgang: Die Strafbarkeit des Ungehorsams gegen Verwaltungsakte, NJW 1978, Heft 3, S. 86–89.

Goeckenjan, Ingke: Die neuen Strafvorschriften nach dem Trennbankengesetz (§ 54a KWG und § 142 VAG), wistra 2014, Heft 6, S. 201–206.

Greil, Stefan/Herden, Eva: Drohende Zahlungsunfähigkeit und Fortbestehensprognose, ZInsO 2011, Heft 3, S. 109–113.

Groß, Paul J./Amen, Matthias: Das Beweismaß der „*überwiegenden Wahrscheinlichkeit*" im Rahmen der Glaubhaftmachung einer Fortbestehensprognose, – zugleich Replik auf die Entgegnung von *Drukarczyk/Schüler,* WPg 2003, S. 56–67, WPg 2003, Heft 3, S. 67–89.

Hageböke, Jens/Leuering, Dieter: Übertragung risikoreicher Aktivitäten nach dem „Trennbankengesetz", NJW-Spezial 2013, Heft 15, S. 463–464.

Hamm, Rainer: „Modern Crimes", in: Festschrift für Wolf Schiller zum 65. Geburtstag am 12. Januar 2014, hrsg. von *Lüderssen, Klaus/Volk, Klaus/Wahle, Eberhard,* Baden-Baden 2014, S. 259–277.

Hamm, Rainer/Richter, Thomas: Symbolisches und hypertrophes Strafrecht im Entwurf eines „Trennbankengesetzes", WM 2013, Heft 19, S. 865–870.

Hammen, Horst: Insiderstrafrecht und Bestimmtheitsgebot – Eine Polemik, ZIS 2014, Heft 7–8, S. 303–308.

Handelsblatt Geldauflagen für Ex-LBBW – Vorstände, Handelsblatt vom 24. April 2014, https://www.handelsblatt.com/finanzen/banken-versicherungen/geldauflagen-fuer-ex-lbbw-vorstaende-50-000-euro-fuer-gute-zwecke-statt-langer-prozess/9797976.html (zuletzt aufgerufen am 15.04.2020).

Handelsblatt Geringe Schuld – Untreue-Prozess gegen SachsenLB-Vorstände eingestellt, Handelsblatt vom 1. Dezember 2016, https://www.handelsblatt.com/finanzen/banken-versicherungen/geringe-schuld-untreue-prozess-gegen-sachsenlb-vorstaende-einge-stellt/14919454.html?ticket=ST-2382303-CJFvKU01eX4aqjU3vouN-ap6 (zuletzt aufgerufen am 15.04.2020).

Hassemer, Winfried Die Basis des Wirtschaftsstrafrechts, wistra 2009, Heft 5, S. 169–174.

Hassemer, Winfried: Kennzeichen und Krisen des modernen Strafrechts, ZRP 1992, Heft 10, S. 378–383.

Hassemer, Winfried: Symbolisches Strafrecht und Rechtsgüterschutz, NStZ 1989, Heft 12, S. 553–559.

v. Heintschel-Heinegg, Bernd: BeckOK StGB, 45. Edition (Stand: 01.05.2020), München 2020.

Hellwig, Martin: Finanzkrise und Reformbedarf – Finanzkrise und Reformbedarf – Gutachten für den 68. Deutschen Juristentag, Bonn 2010.

Herdegen, Matthias: Internationales Wirtschaftsrecht, 12. Auflage, München 2020.

Hetzer, Wolfgang: Finanzmafia – Wieso Banker und Banditen ohne Strafen davonkommen, Frankfurt am Main 2011.

ders.: Kriegserklärung der Finanzmafia?, Kriminalistik 2013, Heft 8–9, S. 558–564.

Heun, Werner: Finanzaufsicht im Wandel, JZ 2012, Heft 5, S. 235–242.

Hillenkamp, Thomas: Risikogeschäft und Untreue, NStZ 1981, Heft 5, S. 161–168.

Höche, Thorsten: Das Restrukturierungsgesetz Neue Wege in der Bankenaufsicht (mit Seitenblicken auf die Schweiz und das Vereinigte Königreich), WM 2011, Heft 2, S. 49–58.

Hofer, Markus/Bothe, Christian: Die Erfolgsgeschichte der MaRisk, BaFin-Journal 2012, Heft 8, S. 5–7.

Hölters, Wolfgang: Aktiengesetz – Kommentar, 3. Auflage, München 2017.

Hopt, Klaus J.: Auf dem Weg zu einer neuen europäischen und internationalen Finanzmarktarchitektur, NZG 2009, Heft 36, S. 1401–1408.

Ders.: Die Verantwortlichkeit von Vorstand und Aufsichtsrat: Grundsatz und Praxisprobleme – unter besonderer Berücksichtigung der Banken, ZIP 2013, Heft 38, S. 1793–1806.

Hopt, Klaus J./Wohlmannstetter, Gottfried [Hrsg.]: Handbuch Corporate Governance von Banken, München 2011.

Hufen, Friedhelm: Verwaltungsprozessrecht, 11. Auflage, München 2019.

Hugger, Heiner: Der geplante Straftatbestand mangelhaften Risikomanagements in Banken und Versicherungen, BB 2013, Heft 14, Die erste Seite.

Hüffer, Uwe/Koch, Jens: Aktiengesetz – Kommentar, 14. Auflage, München 2020.

Hüls, Silke: Bestimmtheitsgrundsatz, § 266 StGB und § 370 Abs. 1 Nr. 1 AO – Die Beschlüsse des Bundesverfassungsgerichts vom 23.6.2010 (2 BvR 2559/08, 2 BvR 105/09, 2 BvR 491/09) und vom 16.6.2011 (2 BvR 542/09), NZWiSt 2012, Heft 1, S. 12–18.

Ipsen, Jörn: Allgemeines Verwaltungsrecht, 11. Auflage, München 2019.

Jahn, Matthias: „Absprachen im Finanzmarktstrafrecht", in: Ökonomie versus Recht im Finanzmarkt?, hrsg. von Kempf, Eberhard/Lüderssen, Klaus/Volk, Klaus, Berlin/Boston 2011, S. 157–173.

Ders.: „Compliance an der Verfassungsgrenze – Droht Bankvorständen in einer neuen Finanzkrise Gefängnis?", FAZ vom 31. Juli 2013, Nr. 175, S. 19.

Ders.: „Die Aufarbeitung der Finanzmarktkrise: Wiederkehr des guten Prinzen Strafrecht?", in: Wirtschaftsstrafrecht: Plage oder Gewinn für den Standort Deutschland? – Gemeinsame Fachtagung der Behörde für Justiz und Gleichstellung und der Bucerius Law School (Hamburg 2012), Hamburg 2013.

Ders.: Die strafrechtliche Aufarbeitung der Finanzmarktkrise, wistra 2013, Heft 2, S. 41–43.

Ders. Entwicklungen und Tendenzen zwei Jahre nach Inkrafttreten des Verständigungsgesetzes, StV 2011, Heft 8, S. 497–505.

Ders.: Moralunternehmergewinne und Gewissheitsverluste – Der Beitrag strafprozessualer Verständigung zum Kapitalmarktstrafrecht der Finanzmarktkrise, JZ 2011, Heft 7, S. 340–347.

Jahn, Matthias/Ziemann, Sascha: Die Frankfurter Schule des Strafrechts: Versuch einer Zwischenbilanz, JZ 2014, Heft 19, S. 943–947.

Jakobs, Günther Kriminalisierung im Vorfeld einer Rechtsgutsverletzung, ZStW 97 (1985), Heft 4, S. 751–785.

Karlsruher Kommentar zum Gesetz über Ordnungswidrigkeiten, hrsg. von *Mitsch, Wolfgang,* 5. Auflage, München 2018.

Karlsruher Kommentar zur Strafprozessordnung – mit GVG, EGGVG und EMRK, hrsg. von *Hannich, Rolf,* 8. Auflage, München 2019.

Kann, Jürgen van/Rosak, Philip: Das geplante Trennbankengesetz – Ausgliederung spekulativer Geschäfte zur Abschirmung von Risiken, NZG 2013, Heft 15, S. 572–575.

Kann, Jürgen van/Rosak, Philip: Der Regierungsentwurf des Trennbankengesetzes, BB 2013, Heft 25, S. 1475–1483.

Kasiske, Peter: „Aufarbeitung der Finanzkrise durch das Strafrecht? Zur Untreuestrafbarkeit durch Portfolioinvestments in Collateralized Debt Obligations via Zweckgesellschaften", in: „Die sogenannte Finanzkrise – Systemversagen oder global organisierte Kriminalität", hrsg. von *Schünemann, Bernd,* Berlin 2010, S. 13–42.

Ders.: Bestandsgefährdung systemrelevanter Kreditinstitute als eigener Straftatbestand?, ZRP 2011, Heft 5, S. 137–140.

Ders.: Das Kapitalmarktstrafrecht im Treibsand prinzipienorientierter Regulierung – Die neuen Strafvorschriften in § 54a KWG und § 142 VAG, ZIS 2013, Heft 6, S. 257–265.

Kempf, Eberhard/Schilling, Hellen: Revisionsrichterliche Rechtsfortbildung in Strafsachen, NJW 2012, Heft 26, S. 1849–1854.

Kiethe, Kurt: Die zivil- und strafrechtliche Haftung von Vorstandsmitgliedern einer Sparkasse für riskante Kreditgeschäfte, BKR 2005, Heft 5, S. 177–186.

Kindhäuser, Urs Strafrecht Allgemeiner Teil, 9. Auflage, Baden-Baden 2020.

Kindhäuser, Urs/Neumann, Ulfrid/Paeffgen, Hans [Hrsg.]: Nomos Kommentar zum Strafgesetzbuch,

Band 3 – Besonderer Teil §§ 232–358, 5. Auflage, Baden-Baden 2017.

Kirchhartz, Marcel: Europäisches Bankaufsichtsrecht 1.0: Das CRD IV-Paket und seine Auswirkungen auf das Kreditwesengesetz, GWR 2013, Heft 19, S. 395–398.

Köhler, Peter Ex-WestLB-Chef Thomas Fischer muss Strafe zahlen, Handelsblatt vom 30. Juli 2010 https://www.handelsblatt.com/unternehmen/management/ex-westlb-chef-thomas-fischer-muss-strafe-zahlen/3503 440.html?ticket=ST-2523162-FrhXuJ1fBpAC3NciQfYh-ap6 (zuletzt aufgerufen am 15.04.2020).

Koller, Ingo/Kindler, Peter/Roth, Wulf-Henning/Drüen, Klaus-Dieter [Hrsg.]: Handelsgesetzbuch Kommentar, 9. Auflage, München 2019.

Köllner, Rolf E./Cyrus, Vera: Aktuelle strafrechtliche Fragen in Krise und Insolvenz – November 2013 bis Mai 2014, NZI 2014, Heft 13, S. 555–558.

Koppensteiner, Hans-Georg: Bankenaufsicht und Bankengruppen, Heidelberg 1991.

Kraatz, Erik: Der Untreuetatbestand ist verfassungsgemäß – gerade noch! – zugleich eine Anmerkung zu BVerfG 2 BVR 2559/08 –, JR 2011, Heft 10, S. 434–440.

Krause, Daniel M.: „Symbolische Gesetzgebung: Der strafrechtliche Teil des » Gesetzes zur Abschirmung von Risiken und zur Planung der Sanierung und Abwicklung von Kreditinstituten und Finanzgruppen« – ein fehlgeschlagener Versuch“, in: „Strafverteidigung im Wirtschaftsleben – Festgabe für Hanns W. Feigen“, hrsg. von *Livonius, Barbara,* u. a., Köln 2014, S. 113–128.

Krell, Paul: Das Verbot der Verschleifung strafrechtlicher Tatbestandsmerkmale, ZStW 126 (2014), Heft 4, S. 902–924.

Krüger, Matthias: Neues aus Karlsruhe zu Art. 103 II GG und § 266 StGB – Bespr. von BVerfG, Beschl. vom 23.6.2010 – 2 BvR 2559/08, NStZ 2011, Heft 7, S. 369–375.

Kube, Hanno: EU-Bankenabgabe und objektives Nettoprinzip, DStR 2016, Heft 10, S. 572–578.

Kubiciel, Michael: Das Trennbankengesetz als Mittel der Sittenbildung?, StV 2013, Heft 10, Editorial, S. I.

Ders.: Die Finanzmarktkrise zwischen Wirtschaftsstrafrecht und politischem Strafrecht, ZIS 2013, Heft 2, S. 53–60.

Kudlich, Hans: Konkretisierungsauftrag erfüllt? – Eine Zwischenbilanz nach der Untreue – Entscheidung des BVerfG, ZWH 2011, Heft 1, S. 1–6.

Kühl, Kristian: „Probleme der Verwaltungsakzessorietät des Strafrechts, insbesondere im Umweltstrafrecht“, S. 247–288, in: Festschrift für Karl Lackner zum 70. Geburtstag am 18. Februar 1987, hrsg. von *Küper, Wilfried/Puppe, Ingeborg/Tenckhoff, Jörg,* Berlin 1987.

Kuhlen, Lothar: Gesetzlichkeitsprinzip und Untreue – zugleich eine Besprechung des Beschlusses des Bundesverfassungsgerichts vom 23.6.2010, JR 2011, Heft 6, S. 246–254.

Ders.: „Grundfrage von Compliance und Strafrecht", in: Compliance und Strafrecht, hrsg. von *Kuhlen, Lothar/Kudlich, Hana/Ortiz de Urbina, Íñigo,* Heidelberg [u. a.] 2013.

Lackner, Karl/Kühl, Kristian: Strafgesetzbuch – Kommentar, 29. Auflage, München 2018.

Lagodny, Otto: Strafrecht vor den Schranken der Grundrechte – Die Ermächtigung zum strafrechtlichen Vorwurf im Lichte der Grundrechtsdogmatik dargestellt am Beispiel der Vorfeldkriminalisierung, Habil., (Freiburg i. Br. 1995) Tübingen 1996.

Langen, Markus: Die Zweite MaRisk – Novelle in der Bankenaufsicht, BKR 2009, Heft 8, S. 309–316.

Langenbucher, Katja: Aktien- und Kapitalmarktrecht, 4. Auflage, München 2018.

Lehleiter, Gunther/Hoppe, Christian: Die Haftung des Bankverantwortlichen bei der Kreditvergabe, BKR 2007, Heft 5 S. 178–185.

Lehmann, Matthias/Hoffmann, Stefan: Bankenrestrukturierung mit Hindernissen: Die Übertragung im Ausland belegender systemrelevanter Funktionen, WM 2013, Heft 30, S. 1389–1401.

Leipziger Kommentar Strafgesetzbuch – Großkommentar, hrsg. von *Laufhütte, Heinrich Wilhelm/Rissing-van Saan, Ruth/Tiedemann, Klaus,* Band 9 – §§ 263 bis 283d

1. Teilband: § 263 bis 266b, 12. Auflage, Berlin/Boston 2012;

2. Teilband: §§ 267 bis 283d 12. Auflage, Berlin 2009.

Lorenz, Dieter: Die Folgepflicht gegenüber rechtswidrigen Verwaltungsakten und die Strafbarkeit des Ungehorsams, DVBl. 1971, Heft 2, S. 165–172.

Löwe-Rosenberg Die Strafprozessordnung und das Gerichtsverfassungsgesetz – Großkommentar, hrsg. von *Erb, Volker/Esser, Robert/Franke, Ulrich [u.a.],*

Band 7 (§§ 296–373a) – Zweiter Teilband (§§ 312–373a), 26. Auflage, Berlin/Boston 2013.

Löwer, Steffen: Die strafrechtliche Aufarbeitung der Wirtschafts- und Finanzkrise – Eine Analyse der Rolle des Strafrechts vor und zu Zeiten der Krise anhand der zentralen Norm des § 266 StGB, Diss. (Frankfurt a. M. 2016), Berlin 2017.

Lüderssen, Klaus: „‚Die Sachlogik des Finanzmarkts' – Grenzen oder Herausforderung juristischer Intervention?", in: Ökonomie versus Recht im

Finanzmarkt?, hrsg. von Kempf, Eberhard/Lüderssen, Klaus/Volk, Klaus, Berlin/Boston 2011, S. 241–295.

Ders. Finanzmarktkrise, Risikomanagement und Strafrecht, in: Die Finanzkrise, das Wirtschaftsstrafrecht und die Moral, hrsg. von *Kempf, Eberhard/Lüderssen, Klaus/Volk, Klaus*, Berlin 2010, S. 211–238.

Ders.: Finanzmarktkrise, Risikomanagement und Strafrecht, StV 2009, Heft 8, S. 486–494.

Ders.: „Risikomanagement und, Risikoerhöhungstheorie' – auf der Suche nach Alternativen zu § 266 StGB", in: „In dubio pro libertate" – Festschrift für Klaus Volk zum 65. Geburtstag, hrsg. von *Hassemer, Winfried/Kempf, Eberhard/Moccia, Sergio,* München 2009, S. 346–363.

Ders.: „Warnung vor neuem Finanzstrafrecht", FAZ vom 19. Januar 2009, Nr. 15, S. 10.

Lunk, Stefan/Besenthal, Friederike: Die neuen EU Regelungen zu Banker Boni – Auswirkungen der Boni – Deckelung auf bestehende Verträge?, NZG 2013, Heft 26, S. 1010–1014.

Lutter, Marcus: Bankenkrise und Organhaftung, ZIP 2009, Heft 5, S. 197–201.

Luz, Günther/Maaß, Marlon: „Der aufsichtliche Überprüfungsprozess auf der Grundlage des Baseler Regelwerks", in: Basel III und MaRisk – Regulatorische Vorgaben, bankinterne Verfahren, Risikomanagement, hrsg. von *Hofmann, Gerhard,* Frankfurt am Main 2011.

Luz, Günther/Neus, Werner/Schaber, Mathias [u.a.]: KWG und CRR – Kommentar zum KWG, CRR, FKAG, SolvV, WuSolvV, GroMiKV, LiqV und weiteren aufsichtsrechtlichen Vorschriften, MaRisk, 3. Auflage, Stuttgart 2015.

Martin, Marcus R.W./Reitz, Stefan/Wehn, Carsten S.: Kreditderivate und Kreditrisikomodelle – eine mathematische Einführung, 2. Auflage, Wiesbaden 2014.

v. Mangoldt, Herrmann/Klein, Friedrich/Starck, Christian: Kommentar zum Grundgesetz, Band 3 – Artikel 83–146, 7. Auflage, München 2018.

Matejko, Christian: Der Irrtum über Verwaltungsnormen im Rahmen der Verwaltungsakzessorietät – Ein Beitrag zur strafrechtlichen Irrtumslehre unter besonderer Berücksichtigung des Umweltstrafrechts, Diss. (Gießen 2007), Baden-Baden 2008.

Maunz, Theodor/Dürig, Günter [Begr.]: Grundgesetz – Kommentar,

Band VI – Art. 86 – 106b, München, 89. EL. (Stand: Oktober 2019).

Maurer, Hartmut/Waldhoff, Christian: Allgemeines Verwaltungsrecht, 19. Auflage, München 2017.

Meixner, Rüdiger: Strafbewehrung von Risikomanagementpflichten der Banks- und Versicherungsgeschäftsleiter, ZAP 2014, Heft 10, Fach 8, S. 557–561.

Meyer, Andreas: Finanzmarktkrise und Organhaftung, CCZ 2011, Heft 2, S. 41–47.

Meyer-Goßner, Lutz/Schmitt, Bertram: Strafprozessordnung, Gerichtsverfassungsgesetz, Nebengesetze und ergänzende Bestimmungen, 63. Auflage, München 2020.

Mülbert, Peter O.: Bankenaufsicht und Corporate Governance – Neue Organisationsanforderungen im Finanzdienstleistungsbereich, BKR 2006, Heft 9, S. 349–360.

Müller, Christoph: Die Entstehung des Reichsgesetzes über das Kreditwesen vom 5. Dezember 1934, Diss (Kiel 2001), Berlin 2003.

Müller-Gugenberger, Christian [Hrsg.]: Wirtschaftsstrafrecht – Handbuch des Wirtschaftsstraf- und ordnungswirdrigkeitenrechts, 6. Auflage, Köln 2015.

Münchener Kommentar zum Aktiengesetz, Band 2 – §§ 76–117 – MitbestG – DrittelbG, hrsg. von *Goette, Wulf/Habersack, Mathias/Kalss, Susanne,* 5. Auflage, München 2019.

Münchener Kommentar zum Bilanzrecht, hrsg. von *Hennrichs, Joachim/Kleindiek, Detlef/Watrin, Christoph,* Band 2 – München 2013.

Münchener Kommentar zum Bürgerlichen Gesetzbuch, hrsg. von *Säcker, Franz Jürgen/Rixecker, Roland/Oetker, Helmut/Limberg, Bettina,*

Band 12 – 7. Auflage, München 2018.

Münchener Kommentar zum Handelsgesetzbuch

Band 4 – Drittes Buch. Handelsbücher §§ 238–342e HGB, hrsg. von *Schmidt, Karsten/Ebke, Werner F.,* 3. Auflage, München 2013.

Münchener Kommentar zum Insolvenzordnung, hrsg. von *Kirchhof, Hans – Peter/Eidenmüller, Horst/Stürner, Rolf,*

Band 1 – §§ 1–79 – Insolvenzrechtliche Vergütungsverordnung (InsVV), 3. Auflage, München 2013.

Münchener Kommentar zum Strafgesetzbuch, hrsg. von *Joecks, Wolfgang/ Miebach, Klaus,*

Band 1 – §§ 1–37 StGB, 3. Auflage, München 2017;

Band 3 – §§ 80–184j StGB, 3. Auflage, München 2017;

Band 5 – §§ 263–358 StGB, 3. Auflage, München 2019;

Band 7 – Nebengesetze II, 2. Auflage, München 2015;

Band 7 – Nebengesetze II, 3. Auflage, München 2019.

Münchener Kommentar zur Strafprozessordnung,

Band 2, §§ 151–332 StPO, hrsg. von *Schneider, Hartmut*, München 2016.

Nack, Armin: Untreue im Bankbereich durch Vergabe von Großkrediten, NJW 1980, Heft 30, S. 1599–1602.

Naucke, Wolfgang: Der Begriff der politischen Wirtschaftsstraftat – Eine Annäherung, Münster 2012.

Ders. Die Kriminalpolitk des Marbuger Programms 1882, ZStW 94 (1982), Heft 3, S. 525–563.

NDR Strafverfahren gegen alle HSH-Vorstände eingestellt, NDR 90,3 vom 04. Juli 2019, https://www.ndr.de/nachrichten/hamburg/Strafverfahren-gegen-alle-HSH-Vorstaende-eingestellt,hshnordbank1136.html (zuletzt aufgerufen am 15.04.2020).

Obermüller, Manfred: Das Bankenrestrukturierungsgesetz – ein kurzer Überblick über ein langes Gesetz, NZI 2011, Heft 3, S. 81–90.

Odenthal, Hans-Jörg: Strafbewehrter Verwaltungsakt und verwaltungsrechtliches Eilverfahren, NStZ 1991, Heft 9, S. 418–421.

Oehlrich, Marcus/Baltes, Anamaria/Geldermann, Juliane [u.a.]: Finanzmarktkrise damals und heute – Über den Sinn einer immer umfassenderen Regulierung der Unternehmensführung, ZRP 2011, Heft 2, S. 40–44.

Park, Tido [Hrsg.]: Kapitalmarktstrafrecht – Straftaten/Ordnungswidrigkeiten/Finanzaufsicht/Compliance – Handkommentar, 5. Auflage, Baden-Baden 2019.

Otto, Harro: „Ethik, rechtlicher Rahmen und strafrechtliche Sanktionen beim unternehmerischen Handeln", in: Festschrift für Volker Krey zum 70. Geburtstag am 9. Juli 2010, hrsg. von *Amelung, Knut/Günther Hans – Ludwig und Hans-Heiner Kühne,* Stuttgart 2010.

Otto, Mathias: „Die Strafvorschriften des Trennbankengesetzes im System des Aufsichtsrechts", in: Unternehmenskultur und Wirtschaftsstrafrecht, hrsg. von *Kempf, Eberhard/Lüderssen, Klaus/Volk, Klaus,* Berlin/Boston 2015, S. 61–80.

Peine, Franz-Joseph: Allgemeines Verwaltungsrecht, 13. Auflage, Heidelberg [u.a.] 2020.

Pelka, Jürgen/Petersen, Karl [Hrsg.]: Beck'sches Steuerberater – Handbuch 2019/2020, 17. Auflage, München 2019.

Penski, Ulrich: Rechtsgrundsätze und Rechtsregeln – Ihre Unterscheidung und das Problem der Positivität des Rechts, JZ 1989, Heft 3, S. 105–114.

Peters, Kerstin: Die geplante europäische Bankenunion – eine kritische Würdigung, WM 2014, Heft 9, S. 396–404.

Petersen, Karl/Zwirner, Christian [Hrsg.]: Bilanzrechtsmodernisierungsgesetz (BilMoG) – Gesetze – Materialien – Erläuterungen, München 2009.

Pietzke, Rudolf: Die Verantwortung für Risikomanagement und Compliance im mehrköpfigen Vorstand, CCZ 2010, Heft 2, S. 45–53.

Pöhlmann, Peter/Fandrich, Andreas/Bloehs, Joachim [Hrsg.]: Genossenschaftsgesetz – Gesetz betreffend die Erwerbs- und Wirtschaftsgenossenschaften nebst umwandlungsrechtlichen Vorschriften für Genossenschaften, 4. Auflage, München 2012.

Preussner, Joachim/Pananis, Panos: Risikomanagement und strafrechtliche Verantwortung – Corporate Governance am Beispiel der Kreditwirtschaft, BKR 2004, Heft 9, S. 347–356.

Radomsky, Stephan: Ex-BayernLB-Vorstände zahlen und gehen, Süddeutsche Zeitung vom 26. August 2016, https://www.sueddeutsche.de/wirtschaft/prozess-wegen-debakel-um-hypo-alpe-adria-bayernlb-vorstaende-kommen-glimpflich-davon-1.2101986 (zuletzt aufgerufen am 15.04.2020).

Ransiek, Andreas: Asset Backed Securities und Strafrecht, WM 2010, Heft 19, S. 869–875.

Riethmüller, Tobias C.: Das Restrukturierungsgesetz im ökonomischen und internationalen Kontext, WM 2010, Heft 49, S. 2295–2304.

Rönnau, Thomas: „Globale Finanzkrise – Quellen möglicher Strafbarkeitsrisiken“, in: Die sogenannte Finanzkrise – Systemversagen oder global organisierte Kriminalität, hrsg. von Schünemann, Bernd, Berlin 2010 S. 43–62.

Roxin, Claus: Strafrecht Allgemeiner Teil,

Band I – Grundlagen – Der Aufbau der Verbrechenslehre, 4. Auflage, München 2006;

Band II – Besondere Erscheinungsformen der Straftat, München 2003.

Rudolph, Bernd: *„Bankregulierung nach der Finanzkrise“* in: Festschrift für Klaus J. Hopt zum 70. Geburtstag am 24. August 2010 – Unternehmen, Markt und Verantwortung – Band 2, hrsg. von *Grundmann, Stefan/u. a.*, Berlin/New York 2010, S. 2406–2425.

Ders.: Lehren aus den Ursachen und dem Verlauf der internationalen Finanzkrise, zfbf 2008, Heft 6, S. 713–741.

Rudolph, Bernd/Hofmann, Bernd/Schaber, Albert/Schäfer, Klaus: Kreditrisikotransfer – Moderne Instrumente und Methoden, 2. Auflage, Berlin/Heidelberg 2012.

Safferling, Christoph: Bestimmt oder nicht bestimmt? Der Untreuetatbestand vor den verfassungsrechtlichen Schranken – Anmerkung zum Beschluss des BVerfG 23. 6. 2010 – 2 BvR 2559/08; 105/09/491/09, NStZ 2011, Heft 7, S. 376–379.

Saliger, Frank: Das Untreuestrafrecht auf dem Prüfstand der Verfassung, NJW 2010, Heft 44, S. 3195–3198.

Ders.: Wider die Ausweitung des Untreuetatbestands – Eine kritische Analyse der neueren Rechtsprechung zum Begriff des Vermögennachteils in § 266 StGB, ZStW 112 (2000), Heft 3, S. 563–613.

Satzger, Helmut/Schluckebier, Wilhem/Widmaier, Gunter: StGB – Strafgesetzbuch: Kommentar, 4. Auflage, Köln 2019.

Schall, Hero: Umweltschutz durch Strafrecht: Anspruch und Wirklichkeit, NJW 1990, Heft 20, S. 1263–1273.

Schäuble, Wolfgang: „Die übertriebene Deregulierung war ein Fehler", FAZ vom 6. Februar 2013, https://www.faz.net/aktuell/wirtschaft/schaeuble-zum-trennbankengesetz-die-uebertriebene-deregulierung-war-ein-fehler-12053381.html (zuletzt aufgerufen am 01.05.2020).

Schelo, Sven: Neue Restrukturierungsregeln für Banken, NJW 2011, Heft 4, S. 186–191.

Schenke, Wolf-Rüdiger: Strafbarkeit der Zuwiderhandlung gegen einen sofort vollziehbaren, nachträglich aufgehobenen strafbewehrten Verwaltungsakt?, JR 1970, Heft 12, S. 449–454.

Schimansky, Herbert/Bunte, Herman-Josef/Lwowski, Hans-Jürgen: Bankrechts-Handbuch, Band I – II, 5. Auflage, München 2017.

Schmidt, Helmut: „Wie entkommen wir der Depressionsfalle?", in: Die ZEIT vom 11. Januar 2011, Nr. 4, S 19.

Schmidt-Salzer, Joachim: Konkretisierung der strafrechtlichen Produkt- und Umweltverantwortung, NJW 1996, Heft 1, S. 1–8.

Schmitt, Bertram: Untreue von Bank- und Sparkassenverantwortlichen bei der Kreditvergabe, BKR 2006, Heft 4, S. 125–133.

Schönke, Adolf/Schröder, Horst: Strafgesetzbuch – Kommentar, 30. Auflage, München 2019.

Schork, Alexander/Groß, Bernd: Bankstrafrecht, München 2013.

Schork, Alexander/Reichling, Tilman: Der strafrechtliche Schutz des Risikomanagements durch das sog. Trennbankengesetz, CCZ 2013, Heft 06, S. 269–271.

Schröder, Christian: Handbuch Kapitalmarktstrafrecht, 3. Auflage, Köln 2015.

Ders.: Keine Strafbarkeitsrisiken für verantwortungsvoll handelnde Geschäftsleiter nach § 54a KWG, WM 2014, Heft 3, S. 100–106.

Ders.: Untreue durch Investitionen in ABS-Anleihen, NJW 2010, Heft 17, S. 1169–1174.

Schünemann, Bernd: Die „gravierende" Pflichtverletzung bei der Untreue: dogmatischer Zauberhut oder taube Nuss?, NStZ 2005, Heft 9, S. 473–476.

Ders.: Die sog. Finanzkrise – Systemversagen oder global organisierte Kriminalität?, S. 71 – 105 in: *Schünemann,* Die sogenannte Finanzkrise – Systemversagen oder global organisierte Kriminalität?, Berlin 2010.

Schwennicke, Andreas/Auerbach, Dirk [Hrsg.]: Kreditwesengesetz (KWG) – Kommentar, 3. Auflage, München 2016.

Schwerdtfeger, Max: Strafbarkeitsrisiken für Geschäftsleiter von Banken gem. § 54a KWG – Teleologische Reduktion des Tatbestands auf systemrelevante Institute und Verhältnis zu § 266 StGB, ZWH 2014, Heft 9, S. 336–343.

Schwirten, Christian/Zattler, Michaela: Die Mindestanforderungen an das Risikomanagement (MaRisk) als Beitrag zur prinzipienbasierten und risikoorientierten Aufsicht, in: Basel II und MaRisk – Regulatorische Vorgaben, bankinterne Verfahren, Risikomanagement, hrsg. von *Hofmann, Gerhard,* Frankfurt am Main 2007, S. 446–453.

Seminara, Sergio: Das Werk „Von den Verbrechen und von den Strafen" von Cesare Beccaria zwischen Philosophie, Strafrecht und Kriminalpolitik, JZ 2014, Heft 23, S. 1121–1131.

Staatsanwaltschaft München I: Pressemitteilung 7 vom 29. September 2014: „Pressemitteilung der Staatsanwaltschaft München I vom 29.09.2014 – Anklageerhebung in Sachen HRE" (https://www.justiz.bayern.de/gerichte-und-behoerden/staatsanwaltschaft/muenchen-1/presse/2014/7.php, zuletzt aufgerufen am 15.04.2020).

Staatsanwaltschaft Stuttgart: Pressemittelung vom 28. November 2012: „Anklage gegen LBBW-Vorstände wegen Bilanzfälschung erhoben" http://www.staatsanwaltschaft-stuttgart.de/pb/,Lde/1235836?QUERYSTRING=LBBW, zuletzt aufgerufen am 15.04.2020).

Stelkens, Paul/Bonk, Heinz-Joachim/Sachs, Michael [Hrsg.]: Verwaltungsverfahrensgesetz – Kommentar, 9. Auflage, München 2018.

Stocker, Frank: Amerika wiederholt fatale Fehler der Finanzkrise, in: „Die Welt" vom 10. März 2015, http://www.welt.de/wirtschaft/article138242252/Amerika-wiederholt-fatale-Fehler-der-Finanzkrise.html (zuletzt aufgerufen am 15.04.2020).

Strafrechtsausschuss des Deutschen Anwaltsvereins: Stellungnahme zum strafrechtlichen Teil des „Entwurfs eines Gesetzes zur Abschirmung von Risiken und zur Planung der Sanierung und Abwicklung von Kreditinstituten und Finanzgruppen, NZG 2013, Heft 15, S. 577–581.

Ders.: Stellungnahme 33/2012 zu dem Beschlussvorschlag der Herbstkonferenz der Justizministerinnen und Justizminister vom 9. November 2011 mit einem

Vorschlag für „Gesetzliche Maßnahmen zur Stärkung der Bekämpfung der Wirtschaftskriminalität“, https://anwaltverein.de/de/newsroom/id-2012-33?file=files/anwaltverein.de/downloads/newsroom/stellungnahmen/2012/SN-33-2012-zu-JuMiKo-WiStrR.pdf (zuletzt aufgerufen am 15.04.2020).

Strafrechtsausschuss und Verfassungsausschuss des Deutschen Anwaltsvereins: Stellungnahme 8/2016 gegenüber dem Bundesverfassungsgericht zu dem Aussetzungs- und Vorlagebeschluss des LG Berlin vom 16. April 2015 – 2 BvL 1/15, https://anwaltverein.de/de/newsroom/sn-8-2016-zu-dem-aussetzungs-und-vorlagebeschluss-des-lg-berlin-vom-16-april-2915-2-bvl-1-15 (zuletzt aufgerufen am 15.04.2020)

Strate, Gerhard: Der Preis der Freiheit – Kommentar zur (Nicht-)Aufarbeitung der Finanzmarktkrise im Vergleich zum sog. Sengera-Urteil des BGH (BGH HRRS 2009 Nr. 900), HRRS 2009, Heft 10, S. 441–442.

Ders.: Strafrechtliche Aufarbeitung der Finanzmarktkrise, HRRS 2012, Heft 10, S. 416–420.

Stratenwerth, Günter/Kuhlen, Lothar: Strafrecht Allgemeiner Teil – Die Straftat, 6. Auflage, München 2011.

Tiedemann, Klaus: Wirtschaftsstrafrecht – Besonderer Teil mit wichtigen Rechtstexten, 3. Auflage, München 2011.

ders.: Wirtschaftsstrafrecht – Einführung und Allgemeiner Teil mit wichtigen Rechtstexten, 4. Auflage, Köln 2014.

Tonner, Martin/Krüger, Thomas: Bankrecht, 3. Auflage, Baden-Baden 2019.

Tusch, Sebastian/Herz, Benjamin: Die Entwicklung des europäischen Bankaufsichtsrechts in den Jahren 2014/2015, EuZW 2015, Heft 21, S. 814–821.

Uhlenbruck, Wilhelm/Hirte, Heribert/Vallender, Heinz [Hrsg.]: Insolvenzordnung – Kommentar, Band 1, 15. Auflage, München 2015.

Volk, Klaus [Hrsg.]: Münchener Anwalts Handbuch – Verteidigung in Wirtschafts- und Steuerstrafsachen, 2. Auflage, München 2014.

Ders.: „Strafrecht ohne Grenzen im neuen Trennbankengesetz“, in: Festschrift für Wolf Schiller zum 65. Geburtstag am 12. Januar 2014, hrsg. von *Lüderssen, Klaus/Volk, Klaus/Wahle, Eberhard*, Baden-Baden 2014, S. 672–683.

Ders.: „Über strafrechtliche Kontrolle und Systemrelevanz“, in: Ökonomie versus Recht im Finanzmarkt?, hrsg. *von Kempf, Eberhard/Lüderssen, Klaus/Volk, Klaus*, Berlin/Boston 2011, S. 177–181.

Ders.: „Untreue und Gesellschaftsrecht – Ein Dschungelbuch“, in: Festschrift für RAINER HAMM zum 65. Geburtstag am 24. Februar 2008, hrsg. von *Michalke, Regina [u.a.]*, Berlin 2008, S. 803–814.

Vormbaum, Thomas: Fragmentarisches Strafrecht in Geschichte und Dogmatik, ZStW 123 (2011), Heft 4, S. 660–690.

Votsmeier, Volker: HSH-Verfahren endet mit Geldauflage in Millionenhöhe gegen Ex-Chef, Handelsblatt vom 6. Juni 2019 https://www.handelsblatt.com/finanzen/banken-versicherungen/dirk-jens-nonnenmacher-hsh-verfahren-endet-mit-geldauflage-in-millionenhoehe-gegen-ex-chef/24428360.html?ticket=ST-14143343-R7zalSLkPazjcfWNRH2U-ap3 (zuletzt aufgerufen am 15.04.2020).

Wabnitz, Heinz-Bernd/Janovsky, Thomas/Schmitt, Lothar [Hrsg.]: Handbuch des Wirtschafts- und Steuerstrafrechts, 5. Auflage, München 2020.

Wagner, Markus: Die Akzessorietät des Wirtschaftsstrafrechts – Zugleich ein Beitrag zu Begriff und Wesen des Wirtschaftsstrafrechts, Diss. (Gießen 2015), Heidelberg 2016.

Walter, Christian/Grünewald, Benedikt: BeckOK BVerfGG, 8. Edition (Stand: 01.01.2020), München 2020.

Wastl, Ulrich: Trennbankengesetz, Strafrecht, verschärfte Sanktionen… oder einfach nur ein gesetzgeberisches Paradoxon, WM 2013, Heft 30, S. 1401–1407.

Weber, Martin: Die Entwicklung des Kapitalmarktrechts im ersten Halbjahr 2013, NJW 2013, Heft 32, S. 2324–2329.

Weyland, Dag [Hrsg.]: Bundesrechtsanwaltsordnung – Berufsordnung – Fachanwaltsordnung – Partnerschaftsgesellschaftsgesetz – Recht für Anwälte aus dem Gebiet der Europäischen Union – Patenanwaltsordnung, 10. Auflage, München 2020.

Wieland, Joachim: Der Staat als Aktionär der letzter Instanz: zum krisenbedingten Wandel der Staatsaufgaben, ZSE 2009, Heft 3–4, S. 470–489.

Ders.: Die Zukunft Europas – Krise als Chance, JZ 2012, Heft 5, S. 213–219.

Wiersch, Rachid Rene: Geschäftsleiterpflichten bei der Gewährung von Kulanzleistungen, NZG 2013, Heft 31, S. 1206–1211.

Wimmer, Konrad: MaRisk: Überblick und Konsequenzen für die Geschäftsleitung, BKR 2006, Heft 4, S. 146–153.

Winkelbauer, Wolfgang: Zur Verwaltungsakzessorietät des Umweltstrafrechts, Diss. (Tübingen 1984), Berlin 1985.

Wittig, Arne: Reform der Corporate Governance von Finanzinstituten als Reaktion auf die Finanzkrise, WM 2010, Heft 50, S. 2337–2343.

Wittig, Petra: Wirtschaftsstrafrecht, 5. Auflage, München 2020.

Wolter, Jürgen: SK-StPO – Systematischer Kommentar zur Strafprozessordnung – Mit GVG und EMRK,

Band VII – §§ 333–373a, 5. Auflage, Köln 2018.

Wolfers, Benedikt/Voland, Thomas: Der Weg aus der Krise? – Ein Überblick über das Restrukturierungsgesetz, WM 2011, Heft 25, S. 1159–1168.

Wundenberg, Malte: Compliance und die prinzipiengeleitete Aufsicht über Bankengruppen, Tübingen 2013.

Zeising, Michael: Asset Backed Securities (ABS) – Grundlagen und neuere Entwicklungen, BKR 2007, Heft 8, S. 311–317.

FRANKFURTER KRIMINALWISSENSCHAFTLICHE STUDIEN

Band 1 Peter Böning: Die Lehre vom Unrechtsbewußtsein in der Rechtsphilosophie Hegels. 100 S., 1978.

Band 2 Wolfgang Schneider: Kriminelle Straßenverkehrsgefährdung (§ 315c Abs. 1 Ziff. 2, Abs. 3 StGB). Eine kriminologische und strafrechtliche Untersuchung zur Problematik dieser Verkehrsstraftaten unter Berücksichtigung ausländischer Rechte. 342 S., 1978.

Band 3 Lothar Kuhlen: Die Objektivität von Rechtsnormen. Zur Kritik des radikalen labeling approach in der Kriminalsoziologie. 178 S., 1978.

Band 4 Günther Grewe: Straßenverkehrsdelinquenz und Marginalität. Untersuchungen zur institutionellen Regelung von Verhalten. 148 S., 1978.

Band 5 Dieter Haberstroh: Strafverfahren und Resozialisierung. Eine Studie über Verstehen und Nicht-Verstehen, über Verstanden-Werden und Nicht-Verstanden-Werden und deren Bedingungen in der Hauptverhandlung. 202 S., 1979.

Band 6 Thomas Vogt: Die Forderungen der psychoanalytischen Schulrichtungen für die Interpretation der Merkmale der Schuldunfähigkeit und der verminderten Schuldfähigkeit (§§ 51 a.F., 20, 21 StGB). 182 S., 1979.

Band 7 Andreas Michael: Der Grundsatz in dubio pro reo im Strafverfahrensrecht. Zugleich ein Beitrag über das Verhältnis von materiellem Recht und Prozeßrecht. 214 S., 1981.

Band 8 Ilias G. Anagnostopoulos: Haftgründe der Tatschwere und der Wiederholungsgefahr (§§ 112 Abs. 3, 112 a StPO). Kriminalpolitische und rechtssystematische Aspekte der Ausweitung des Haftrechts. 1984.

Band 9 Helga Müller: Der Begriff der Generalprävention im 19. Jahrhundert. Von P.J.A. Feuerbach bis Franz v. Liszt. 1984.

Band 10 Frowin Jörg Kurth: Das Mitverschulden des Opfers beim Betrug. 1984.

Band 11 Martin J. Worms: Die Bekenntnisbeschimpfung im Sinne des § 166 Abs. 1 StGB und die Lehre vom Rechtsgut. 1984.

Band 12 Jong-Dae Bae: Der Grundsatz der Verhältnismäßigkeit im Maßregelrecht des StGB. 1985.

Band 13 Helmut Fünfsinn: Der Aufbau des fahrlässigen Verletzungsdelikts durch Unterlassen im Strafrecht. 1985.

Band 14 Christoph Krehl: Die Ermittlung der Tatsachengrundlage zur Bemessung der Tagessatzhöhe bei der Geldstrafe. 1985.

Band 15 Walter-Hermann Kiehl: Strafrechtliche Toleranz wechselseitiger Ehrverletzungen - Zur ratio legis der §§ 199, 233 Strafgesetzbuch -. 1986.

Band 16 Matthias Krahl: Die Rechtsprechung des Bundesverfassungsgerichts und des Bundesgerichtshof zum Bestimmtheitsgrundsatz im Strafrecht (Art. 103 Abs. 2 GG). 1986.

Band 17 Patrick Carroll Campbell: § 220a StGB. Der richtige Weg zur Verhütung und Bestrafung von Genozid? 1986.

Band 18 Winfried Hassemer (Hrsg.): Strafrechtspolitik. Bedingungen der Strafrechtsreform. 1987.

Band 19 Felix Herzog: Prävention des Unrechts oder Manifestation des Rechts. Bausteine zur Überwindung des heteronom-präventiven Denkens in der Strafrechtstheorie der Moderne. 1987.

Band 20 Astrid Michalke-Detmering: Die Mindestanforderungen an die rechtliche Begründung des erstinstanzlichen Strafurteils. Zur Auslegung des § 267 StPO. 1987.

Band 21 Lothar Kuhlen: Die Unterscheidung von vorsatzausschließendem und nichtvorsatzausschließendem Irrtum. 1987.

Band 22 Michael Buttel: Kritik der Figur des Aufklärungsgehilfen im Betäubungsmittelstrafrecht (§ 31 BtMG). 1988.

Band 23 Matthias Kögler: Die zeitliche Unbestimmtheit freiheitsentziehender Sanktionen des Strafrechts. Eine vergleichende Untersuchung zur Rechtslage und Strafvollstreckungspraxis in der Bundesrepublik Deutschland und den USA. 1988.

Band 24 Klaus Lüderssen / Cornelius Nestler-Tremel / E wa Weigend(Hrsg.): Modernes Strafrecht und ultima-ratio-Prinzip. 1990.

Band 25 Jürgen Taschke: Die behördliche Zurückhaltung von Beweismitteln im Strafprozeß. 1989.

Band 26 Daniela Westphalen: Karl Binding (1841-1920). Materialien zur Biographie eines Strafrechtsgelehrten. 1989.

Band 27 Sigrid Jans: Die Aushöhlung des Klageerzwingungsverfahrens. 1990.

Band 28 Dimitris Spirakos: Folter als Problem des Strafrechts. Kriminologische, kriminalsoziologische und (straf-)rechtsdogmatische Aspekte unter besonderer Berücksichtigung der Folterschutzkonvention und der Pönalisierung der Folter in Griechenland. 1990.

Band 29 Stephan Moll: Strafrechtliche Aspekte der Behandlung Opiatabhängiger mit Methadon und Codein. 1990.

Band 30 Stefan Werner: Wirtschaftsordnung und Wirtschaftsstrafrecht im Nationalsozialismus. 1991.

Band 31 Xanthi Bassakou: Beiträge zur Analyse und Reform des Absehens von Strafe nach § 60 StGB. 1991.

Band 32 Rainer Runte: Die Veränderung von Rechtfertigungsgründen durch Rechtsprechung und Lehre. Moderne Strafrechtsdogmatik zwischen Rechtsstaatsprinzip und Kriminalpolitik. 1991.

Band 33 Olaf Hohmann: Das Rechtsgut der Umweltdelikte. Grenzen des strafrechtlichen Umweltschutzes. 1991.

Band 34 Klaus Jochen Müller: Das Strafbefehlsverfahren (§§ 407 ff. StPO). Eine dogmatisch-kriminalpolitische Studie zu dieser Form des schriftlichen Verfahrens unter besonderer Berücksichtigung der geschichtlichen Entwicklung – zugleich ein Beitrag zum StVÄG 1987. 1993.

Band 35 Sang-Don Yi: Wortlautgrenze, Intersubjektivität und Kontexteinbettung. Das strafrechtliche Analogieverbot. 1991.

Band 36 Birgit Malsack: Die Stellung der Verteidigung im reformierten Strafprozeß. Eine rechtshistorische Studie anhand der Schriften von C. J. A. Mittermaier. 1992.

Band 37 Rüdiger Schäfer: Die Privilegierung des "freiwillig-positiven" Verhaltens des Delinquenten nach formell vollendeter Straftat. Zugleich ein Beitrag zum Grundgedanken des Rücktritts vom Versuch und zu den Straftheorien. 1992.

Band 38 Cornelius Nestler-Tremel: AIDS und Strafzumessung. 1992.

Band 39 Christine Gutmann: Freiwilligkeit und (Sozio-)Therapie – notwendige Verknüpfung oder Widerspruch? 1993.

Band 40 Walter Kargl: Der strafrechtliche Vorsatz auf der Basis der kognitiven Handlungstheorie. 1993.

Band 41 Jürgen Rath: Zur strafrechtlichen Behandlung der aberratio ictus und des error in objecto des Täters. 1993.

Band 42 Martin Fischer: Wille und Wirksamkeit. Eine Untersuchung zum Problem des *dolus alternativus.* 1993.

Band 43 Regina Harzer: Der Naturzustand als Denkfigur moderner praktischer Vernunft. Zugleich ein Beitrag zur Staats- und Rechtsphilosophie von Hobbes und Kant. 1994.

Band 44 Helmut Pollähne: Lockerungen im Maßregelvollzug. Eine Untersuchung am Beispiel der Anwendung des nordrhein-westfälischen Maßregelvollzugsgesetzes im Westfälischen Zentrum für Forensische Psychiatrie (Lippstadt). 1994.

Band 45 Hans-Joachim Leonhardt: Rechtsmittelermessen der Staatsanwaltschaft. Eine Gegenüberstellung von § 296 StPO mit

Nummern 147 und 148 Richtlinien für das Strafverfahren und das Bußgeldverfahren (RiStBV). 1994.

Band 46 Rolf Grünebaum: Zur Strafbarkeit des Therapeuten im Maßregelvollzug bei fehlgeschlagenen Lockerungen. 1996.

Band 47 Barbara Bialas: Promille-Grenzen, Vorsatz und Fahrlässigkeit. 1996.

Band 48 Christine Pott: Die Außerkraftsetzung der Legalität durch das Opportunitätsdenken in den Vorschriften der §§ 154, 154a StPO. Zugleich ein Beitrag zu einer kritischen Strafverfahrensrechtstheorie. 1996.

Band 49 Wolfgang Köberer: *Iudex non calculat.* Über die Unmöglichkeit, Strafzumessung sozialwissenschaftlich-mathematisch zu rationalisieren. 1996.

Band 50 Institut für Kriminalwissenschaften Frankfurt a.M. (Hrsg.): Vom unmöglichen Zustand des Strafrechts. 1995.

Band 51 Petra Kamberger: Treu und Glauben (§ 242 BGB) als Garantenstellung im Strafrecht? 1996.

Band 52 Anastassios Triantafyllou: Das Delikt der gefährlichen Körperverletzung (§ 223a StGB) als Gefährdungsdelikt. (Zugleich ein Beitrag zur Dogmatik der Gefährdungsdelikte). 1996.

Band 53 Norbert Kissel: Aufrufe zum Ungehorsam und § 111 StGB. Grundrechtlicher Einfluß bei der Feststellung strafbaren Unrechts. 1996.

Band 54 Susanne Ehret: Franz von Liszt und das Gesetzlichkeitsprinzip. Zugleich ein Beitrag wider die Gleichsetzung von Magna-charta-Formel und Nullum-crimen-Grundsatz. 1996.

Band 55 Stefan Braum: Geschichte der Revision im Strafverfahren von 1877 bis zur Gegenwart. Zugleich eine Kritik der Kontinuität politischer Macht im Recht. 1996.

Band 56 Katja Diel: Das Regreßverbot als allgemeine Tatbestandsgrenze im Strafrecht. 1997.

Band 57 Christoph Koller: Die Staatsanwaltschaft – Organ der Judikative oder Exekutivbehörde? Die Stellung der Anklagebehörde und die Gewaltenteilung des Grundgesetzes. 1997.

Band 58 Frank Schößler: Anerkennung und Beleidigung. Rechtsgut und Strafzweck des § 185 StGB. 1997.

Band 59 Regina Engelstädter: Der Begriff des Unfallbeteiligten in § 142 Abs. 4 StGB. Zugleich eine Kritik an aktuellen Zurechnungslehren. 1997.

Band 60 Jörg Reinhardt: Der Ausschluß und die Ablehnung des befangen erscheinenden Staatsanwaltes. 1997.

Band 61 Jens Christian Müller-Tuckfeld: Integrationsprävention. Studien zu einer Theorie der gesellschaftlichen Funktion des Strafrechts. 1998.

Band 62 Peter Maria Rohe: Verdeckte Informationsgewinnung mit technischen Hilfsmitteln zur Bekämpfung der Organisierten Kriminalität. Zugleich eine rechtsvergleichende Analyse der polizeilichen Abhörbefugnisse in den U.S.A. 1998.

Band 63 Dirk Fabricius: Was ein Lehrbuch lehrt ... Eine exemplarische Untersuchung von Jakobs *Strafrecht – Allgemeiner Teil*. 1998.

Band 64 Stefan Sinner: Der Vertragsgedanke im Strafprozeßrecht. 1999.

Band 65 Sebastian Schattenfroh: Die Staatsphilosophie Giovanni Gentiles und die Versuche ihrer Verwirklichung im faschistischen Italien. 1999.

Band 66 Athanassia Dionyssopoulou: Der Tatbestand der Geldwäsche. Eine Analyse der dogmatischen Grundlagen des § 261 StGB. 1999.

Band 67 Klaus von Lampe: *Organized Crime*. Begriff und Theorie organisierter Kriminalität in den USA. 1999.

Band 68 Christian Hanssen: "Trennung der Märkte". Rechtsdogmatische und rechtspolitische Probleme einer Liberalisierung des Drogenstrafrechts. 1999.

Band 69 Institut für Kriminalwissenschaften und Rechtsphilosophie Frankfurt a.M. (Hrsg.): Irrwege der Strafgesetzgebung. 1999.

Band 70 Konstantinos Chatzikostas: Die Disponibilität des Rechtsgutes Leben in ihrer Bedeutung für die Probleme von Suizid und Euthanasie. 2000.

Band 71 Bettina Wirmer-Donos: Die Strafrechtstheorie Karl Christian Friedrich Krauses als theoretische Grundlage des spanischen Korrektionalismus. 2001.

Band 72 Christine Löw: Die Erkundigungspflicht beim Verbotsirrtum nach § 17 StGB. 2001.

Band 73 Florian Ufer: Der Verwertungswiderspruch in Theorie und Praxis. Prozessuale Obliegenheiten des Verteidigers und ihre Bedeutung für die Rechtsposition des Beschuldigten. 2002.

Band 74 Katja Melzer: Psychisch kranke Straftäterinnen. Frauen im Maßregelvollzug. 2001.

Band 75 Gregor Kuntze-Kaufhold: Lebenswelt und Unparteilichkeit. Kriterien für eine Rechtsanwendungslehre am Beispiel der Analyse von fünf Hauptverhandlungen in Strafverfahren. 2002.

Band 76 Iris Kristina Passek: Die erstinstanzliche Zuständigkeit der Oberlandesgerichte in Staatsschutzstrafsachen. Historische Entwicklung und aktuelle Probleme. 2002.

Band 77 Michael Krebs: Die Weisungsgebundenheit des Staatsanwalts unter besonderer Berücksichtigung des rechtstatsächlichen Aspekts. 2002.

Band 78 Kerstin Degenhardt: Europol und Strafprozeß. Die Europäisierung des Ermittlungsverfahrens. 2003.

Band 79 Domenico Siciliano: Das Leben des fliehenden Diebes: Ein strafrechtliches Politikum. 2., überarbeitete und ergänzte Auflage. 2013.

Band 80 Marc Colussi: Produzentenkriminalität und strafrechtliche Verantwortung. 2003.

Band 81 Thilo Lars Hild: Grenzen einer strafrechtlichen Regulierung des Kapitalmarktes. Eine kriminalrechtliche Untersuchung von Börsengängen und Aktienhandel in Deutschland und den USA. 2004.

Band 82 Philipp Rau: Schweigen als Indiz der Schuld. Ein Vergleich des deutschen und englischen Rechts zur Würdigung des Schweigens des Beschuldigten. 2004.

Band 83 Alexandra Pfeiffer: Die Regelung der Lebendorganspende im Transplantationsgesetz. 2004.

Band 84 Elena Fischer: Recht auf Sterben?! Ein Beitrag zur Reformdiskussion der Sterbehilfe in Deutschland unter besonderer Berücksichtigung der Frage nach der Übertragbarkeit des Holländischen Modells der Sterbehilfe in das deutsche Recht. 2004.

Band 85 Jörg Ziethen: Grundlagen probabilistischer Zurechnung im Strafrecht. 2004.

Band 86 Stefanie Schork: Ausgesprochen schuldig. Dogmatische und metadogmatische Untersuchungen zum Schuldspruch. 2005.

Band 87 Claudia Schubert: Verbotene Worte? Versuch einer Neubestimmung im Umgang mit rassistischen Äußerungen jenseits des Strafrechts. 2005.

Band 88 Ulfrid Neumann / C ornelius Prittwitz (Hrsg.): Kritik und Rechtfertigung des Strafrechts. 2005.

Band 89 Denis Basak: Die Zuständigkeitsregeln internationaler Strafgerichte und Art. 101 GG. Zum Verhältnis der deutschen Strafgerichtsbarkeit zu den Internationalen Tribunalen für Jugoslawien und Ruanda sowie zum Ständigen Internationalen Strafgerichtshof. 2005.

Band 90 Hsiao-Wen Wang: Der universale Strafanspruch des nationalen Staates. Eine Untersuchung über das Weltrechtsprinzip im Internationalen Strafrecht. 2005.

Band 91 Leonie Frenz: Faktizität des Rechts in der forensischen Psychiatrie. Eine Untersuchung im LKH Moringen. 2005.

Band 92 Eva-Maria Unger: Schutzlos ausgeliefert? Der Europäische Haftbefehl. Ein Beispiel für die Missachtung europäischer Bürgerrechte. 2005.

Band 93 Marcus Bastelberger: Die Legitimität des Strafrechts und der *moralische Staat*. Utilitaristische und retributivistische Strafrechtsbegründung und die rechtliche Verfassung der Freiheit. 2006.

Band 94 Marc Reiß: Rechtliche Aspekte der Präimplantationsdiagnostik. Unter besonderer Berücksichtigung der Rechte der von einem Verbot betroffenen Paare. 2006.

Band 95 Alexander Kolz: Einwilligung und Richtervorbehalt. 2006.

Band 96 Vasco Reuss: Eine Kritik der juristischen Vernunft. Rezeptionsversuche der Negativen Dialektik Adornos für die Dogmatik des Strafrechts. 2007.

Band 97 Lutz Eidam: Die strafprozessuale Selbstbelastungsfreiheit am Beginn des 21. Jahrhunderts. 2007.

Band 98 Christiane Rüdiger: Schutzinteresse und Deliktsstruktur der „Bestechungsdelikte“ (§§ 331 ff. StGB). 2007.

Band 99 Urte Eisenhardt: Das nemo tenetur-Prinzip: Grenze körperlicher Untersuchungen beim Beschuldigten. Am Beispiel des § 81a StPO. 2007.

Band 100 Institut für Kriminalwissenschaften und Rechtsphilosophie Frankfurt a. M. (Hrsg.): Jenseits des rechtsstaatlichen Strafrechts. 2007.

Band 101 Nils Möckelmann: Die rechtliche, psychiatrische und gesellschaftliche Beurteilung jugendlicher Straftäter in der jüngeren deutschen Geschichte. Eine Analyse anhand zweier Strafverfahren mit Gutachten des Psychiaters Ernst Rüdin aus den Jahren 1915/1917 unter Berücksichtigung der Entwicklungen bis zur Gegenwart. 2007.

Band 102 Alexa Albrecht: Zur Erosion der Menschenrechte im demokratischen Rechtsstaat. Reaktionen der Systeme und der Zivilgesellschaft. 2007.

Band 103 Dirk Lange: Die politisch motivierte Tötung. 2007.

Band 104 Ulfrid Neumann / C ornelius Prittwitz (Hrsg.): „Personale Rechtsgutslehre" und „Opferorientierung im Strafrecht". 2007.

Band 105 Lisa Kathrin Sander: Grenzen instrumenteller Vernunft im Strafrecht. Eine Kritik der Präventionsdoktrin aus strafrechtsgeschichtlicher und empirischer Perspektive. 2007.

Band 106 Stephan Werner: Zur Notwendigkeit der Verteidigeranwesenheit während der polizeilichen Beschuldigtenvernehmung. 2008.

Band 107 Inti Schubert: Europol und der virtuelle Verdacht. Die Suspendierung des Rechts auf informationelle Selbstbestimmung. 2008.

Band 108 Bong-Jin Ko: Menschenwürde und Biostrafrecht bei der embryonalen Stammzellenforschung. 2008.

Band 109 Wanja Andreas Welke: Die Repersonalisierung des Rechtskonflikts. Zum gegenwärtigen Verhältnis von Straf- und Zivilrecht. 2008.

Band 110 Jan Helmrich: Die Berufung gewerblicher Sicherheitskräfte auf Notwehr und Nothilfe. Zugleich ein Beitrag zu den Grundlagen des Notwehr- und Nothilferechts. 2008.

Band 111 Alexander Köstler-Loewe: Strafrecht US-Style: „Three Strikes and You're Out!" Baseball, Rückfall und Kriminalpolitik? 2008.

Band 112 Christina Bott: Die Medienprivilegien im Strafprozess. Zeugnisverweigerungsrecht und Beschlagnahmeverbot zum Schutz der Medien im Strafverfahren. 2009.

Band 113 Mario Riechmann: Organisierte Kriminalität und Terrorismus. Zur Funktionalisierung von Bedrohungsszenarien beim Abbau eines rechtsstaatlichen Strafrechts. 2009.

Band 114 Dirk Simon: Präzeptoraler Sicherheitsstaat und Risikovorsorge. 2009.

Band 115 Stefan Kirsch: Der Begehungszusammenhang der Verbrechen gegen die Menschlichkeit. 2009.

Band 116 Heng-da Hsu: Zurechnungsgrundlage und Strafbarkeitsgrenze der Fahrlässigkeitsdelikte in der modernen Industriegesellschaft. 2009.

Band 117 Dennis Teschner: Die soziale Kontrolle im virtuellen Raum. Eine juristische, soziologische und soialpsychologische Untersuchung der Instrumentalisierbarkeit von Internetkriminalität. 2009.

Band 118 Daniel Schilling: Fragmentarisch oder umfassend? Wege strafrechtlichen Zugriffs bei der Veruntreuung fremden Vermögens am Beispiel des deutschen und des italienischen Untreuestrafrechts. 2009.

Band 119 Andreas Stüdemann: Die Entwicklung der zwischenstaatlichen Rechtshilfe in Strafsachen im nationalsozialistischen Deutschland zwischen 1933 und 1945. Kontinuität und Diskontinuität im Auslieferungsrecht am Beispiel der Rechtsentwicklung im NS-Staat. 2009.

Band 120 Matthias Achenbach: Strafrechtlicher Schutz des Wettbewerbs? Eine kritische Analyse von Sinn und Zweck der Straftatbestände zum Schutz des Wettbewerbs. 2009.

Band 121 Vera Backhaus: Der gesetzliche Richter im Staatsschutzstrafrecht. Zur Verfassungsmäßigkeit des § 120 Abs. 2 GVG. 2010.

Band 122 Verena Maria Brenneis: Rechtspolitische Implikationen von Gefährlichkeitsprognosen im Vollzug von Maßregeln nach § 63 StGB. Zum Subjektstatus von Eingewiesenen. 2010.

Band 123 Maike Hoenigs: Zur Existenzberechtigung des Straftatbestandes der Rechtsbeugung. Korrelat oder Widerspruch zur richterlichen Unabhängigkeit. 2010.

Band 124 Christine Würfel: Freiheit als Grundlage der Schuld. 2012.

Band 125 Charlotte Rau: Compliance und Unternehmensverantwortlichkeit. Materiellrechtliche Fragen der sanktionsrechtlichen Unternehmensverantwortlichkeit unter Berücksichtigung von Compliance-Maßnahmen. 2010.

Band 126 Marc Fornauf: Die Marginalisierung der Unabhängigkeit der Dritten Gewalt im System des Strafrechts. 2010.

Band 127 Sabine Benthin: Subventionspolitik und Subventionskriminalität. Zur Legitimität und Rationalität des Tatbestandes zum Subventionsbetrug (§ 264 StGB). 2011.

Band 128 Philipp Horrer: Bestechung durch deutsche Unternehmen im Ausland. Strafrechtsentwicklung und Probleme. 2011.

Band 129 Marianne Varwig: Zum Tatbestandsmerkmal des Vermögensschadens (§ 263 StGB). Eine kritische Untersuchung mittels der vier klassischen Auslegungsmethoden. 2011.

Band 130 Alexander Rieger: Verfassungsrechtliche Legitimationsgrundlagen richterlicher Unabhängigkeit. Zugleich eine Auseinandersetzung mit der Debatte um eine Selbstverwaltung der Justiz. 2011.

Band 131 Moritz von Schenck: Pönalisierung der Folter in Deutschland – de lege lata et ferneda. 2011.

Band 132 Kerstin Bohn: Der gesetzliche Richter als rechtsstaatstragendes Prinzip in europäischen Staaten. Eine Untersuchung der Fallzuteilung unter besonderer Berücksichtigung Englands. 2011.

Band 133 Cornelius Trendelenburg: Ultima ratio? Subsidiaritätswissenschaftliche Antworten am Beispiel der Strafbarkeit von Insiderhandel und Firmenbestattungen. 2011.

Band 134 Susana Campos Nave: Rechtsstaatliche Regeltreue? Corporate Compliance als zwingende Antwort des freiheitsliebenden Unternehmens im Wirtschaftsstrafrecht. 2012.

Band 135 Christine Ditscher: Europäische Beweise. Der Rahmenbeschluss über die Europäische Beweisanordnung zur Erlangung von Sachen, Schriftstücken und Daten zur Verwendung in Strafsachen. 2012.

Band 136 Fedor Brunner: Das Phänomen des Mietnomaden in der Rechtspraxis. Strukturelle Hintergründe, zivilrechtliche Mechanismen und Perspektiven. 2012.

Band 137 Konstantinos Diakonis: Die Geringfügigkeitsvorschriften als Teil der Problematik der Kollision zwischen primären und sekundären Prinzipien des Rechts. 2012.

Band 138 Gustavo Chan Mora: Kritik des Schuldbegriffs im Jugendstrafrecht. Eine metadogmatische Begründung des Schuldfähigkeits- und Verbotsirrtumsbegriffs. 2012.

Band 139 Julia Anna Bargenda: *Australian Law Reform Commission*. Ein Modell für Deutschland? 2012.

Band 140 Katharina Schermuly: Grenzen funktionaler Integration. Anforderungen an die Kontrolle europäischer Strafgesetzgebung durch den EuGH. 2013.

Band 141 Florian Conradi: Die Sicherungsverwahrung – Ausdruck einer zunehmenden Sicherheitsorientierung im Strafrecht? Die Entwicklung der Sicherungsverwahrung im Kontext des Spannungsverhältnisses von Freiheit und Sicherheit. 2013.

Band 142 Hyun Kyong Joo: Die positive Generalprävention im Straßenverkehr. 2013.

Band 143 Ulfrid Neumann / Cornelius Prittwitz / Paulo Abrão / Lauro Joppert Swensson Jr. / Marcelo D. Torelly (Hrsg.): Transitional Justice. Das Problem gerechter strafrechtlicher Vergangenheitsbewältigung. 2013.

Band 144 Frederico Figueiredo: Zur Möglichkeit des unmöglichen Strafrechts. Ein Versuch über die Dissonanz im System der ultima ratio. 2014.

Band 145 Moritz Bermel: Banken und Pflichten. Moderne Bankmanager und traditionelles Strafrecht. 2014.

Band 146 Björn Kruse: Compliance und Rechtsstaat. Zur Freiheit von Selbstbelastung bei Internal Investigations. 2014.

Band 147 Charlotte Schultz: Spiegelungen von Strafrecht und Gesellschaft. Eine systemtheoretische Kritik der Sicherungsverwahrung. 2014.

Band 148 Daniel Wegerich: Moderne Kriminalgesetzgebung: Produzent von Parteiverrat? Auswirkungen strafprozessualer Absprachen und Aufklärungshilfen auf den Parteiverrat in Strafsachen (§ 356 StGB). 2015.

Band 149 Lauro Joppert Swensson Jr: Vor dem Gesetz. *Transitional Justice* in Brasilien und die Problematik der strafrechtlichen Verantwortung für Straftaten der Militärdiktatur. 2015.

Band 150 Frederic Raue: Steueramnestien, Selbstanzeige und die verfassungsrechtliche Bewertung von Straffreiheitsgesetzen. Eine Untersuchung anlässlich des gescheiterten deutsch-schweizerischen Steuerabkommens. 2015.

Band 151 Ali Mosfer: Fragilitäten des Rechtsstaates seit dem 11. September 2001 im Spiegel der Rechtsprechung des Bundesverfassungsgerichts. 2015.

Band 152 Johann Amos Münch: Kollektive Haftung im Wirtschaftsstrafrecht. Ein kompetitiver und evaluativer Vergleich der Sanktionssysteme Deutschlands, Großbritanniens und Italiens. Unter besonderer Berücksichtigung von Dogmatik, Gerechtigkeit und Zweckmäßigkeit. 2016.

Band 153 Madeleine Arens: Die Strafverfahrenswirklichkeit am Khmer Rouge Tribunal im völkerstrafprozessualen Kontext. Eine Analyse der strafprozessualen Verfahrenspraxis an den ECCC und ihre Bedeutung für zukünftige Völkerstrafprozesse. 2016.

Band 154 Chun-Wei Chen: Gefährdungsvorsatz im modernen Strafrecht. Zugleich unzeitgemäße Überlegungen über die Wiederbelebung des Gefährdungsstrafrechts in der Sicherheitsgesellschaft. 2016.

Band 155 Mathias Alexander Grzesiek: Wirtschaftsdelikte im Vertrags- und Privatarztsektor. Ein Beitrag zum Prinzip der Strafgesetzlichkeit im Gesundheitswesen. 2016.

Band 156 Sugil An: Vorfeldkriminalisierung in der Risikogesellschaft. 2016.

Band 157 Franceline Delgado Ariza: Die Rolle des Strafrechts in Übergangsprozessen ohne Übergang. Überlegungen anhand des Falls Kolumbien. 2017.

Band 158 Daniel Wicklein: Steuerdaten-CDs und demokratischer Rechtsstaat. 2017.

Band 159 Sonja Geiring: Risiken von Social Media und User Generated Content. Social Media Stalking und Mobbing sowie datenschutzrechtliche Fragestellungen. 2017.

Band 160 Marc Reichhardt: Zur Bedeutung der nach § 130 OWiG verlangten Aufsichtsmaßnahmen für die Ausgestaltung eines Compliance-Systems im Unternehmen. 2017.

Band 161 Dennis Bodenbenner: Präventive und repressive Datenverarbeitung unter besonderer Berücksichtigung des Zweckbindungsgedankens. 2017.

Band 162 Tobias Philipp Groscurth: Sicherheit durch Sicherung. Der Bedeutungszuwachs des Sicherungsgedankens im Strafrecht am Beispiel der nachträglichen Sicherungsverwahrung als Konsequenz gesellschaftlicher und kriminalpolitischer Veränderungen im Zusammenspiel mit den Medien. 2017.

Band 163 Felix Fleckenstein: Kampf den Feinden oder Schutz der Minderheiten? Der Einfluss staats- und gesellschaftstheoretischer Auffassungen auf die strafrechtliche Theorie, Rechtsprechung und Gesetzgebung. Eine Untersuchung feindstrafrechtlicher Tendenzen unter Zugrundelegung der Positionen von Carl Schmitt und Hans Kelsen. 2017.

Band 164 Svenja Jacob: Die Einführung des Eröffnungsplädoyers in die Strafprozessordnung – das Ende der Debatte?. 2019.

Band 165 Kai Michael Helmken: Das Opfer im Strafverfahrensrecht. Zwischen europäischem Mindestschutz und deutschem Gestaltungsspielraum. 2019.

Band 166 Lisa Mareike Ostendorf: Das Gewissen im Recht – oder: Wo kann das Gewissen noch Recht haben? Eine Untersuchung zur Krise des modernen Gewissens und ihrer Bewältigung. 2020.

Band 167 Marco Schaum: Verfassungsrechtliche Grenzen einer Vorverlagerung der Strafbarkeit dargestellt am Beispiel der omissio libera in causa bei § 266a Abs. 1 StGB. 2021.

Band 168 Laura Harandt-Wüst: Selbstregulierung im Lichte der Privatisierung der Strafverfolgung – zugleich ein Beitrag zum Sanktionssystem der Weltbankgruppe. 2021.

Band 169 Julius Horst Friedrich Henneberg: Vermeidung einer zukünftigen Finanzkrise durch das Strafrecht? - Zugleich eine Untersuchung des § 54a KWG unter besonderer Berücksichtigung der verfassungsrechtlichen Rechtsprechung zum Bestimmtheitsgrundsatz. 2022.

www.peterlang.com

www.ingramcontent.com/pod-product-compliance
Ingram Content Group UK Ltd.
Pitfield, Milton Keynes, MK11 3LW, UK
UKHW021837290926
8980IPUK00004B/518

9 783631 866382